W0463054

neue frau
herausgegeben von
Angela Praesent

Marjorie Shostak

NISA ERZÄHLT

Das Leben einer Nomadenfrau in Afrika

Deutsch von Manfred Ohl
und Hans Sartorius

rororo

Rowohlt

Die amerikanische Originalausgabe erschien 1981
unter dem Titel «Nisa, The Life and Words of a !Kung Woman»
bei Harvard University Press Cambridge, Massachusetts
Umschlagentwurf Isa Petrikat-Velonis
(Foto der Autorin von M. K. Kelly)
Deutsche Erstausgabe

Veröffentlicht im Rowohlt Taschenbuch Verlag GmbH,
Reinbek bei Hamburg, Juli 1982
Copyright © 1982 by Rowohlt Taschenbuch Verlag GmbH,
Reinbek bei Hamburg
«Nisa, The Life and Words of a !Kung Woman»
Copyright © 1981 by Marjorie Shostak
Satz Bembo (Mono Lasercomp 3000) LibroSatz, Kriftel
Gesamtherstellung Clausen & Bosse, Leck
Printed in Germany
980 – ISBN 3 499 14978 8

Die rororo-Reihe «neue frau» legt erzählende Texte aus den Literaturen aller Länder vor, deren Thema die konkrete sinnliche und emotionale Erfahrung von Frauen und ihre Suche nach einem selbstbestimmten Leben ist. Die monatlich erscheinenden Bände wenden sich an alle, die mit Spannung verfolgen, wie sich die Beziehung der Geschlechter und das Selbstverständnis der Frau wandeln.

Inhalt

1. Früheste Erinnerungen 11
2. Familienleben 31
3. Leben im Busch 45
4. Entdeckung der Sexualität 67
5. Probeehen 87
6. Ehe 107
7. Frauen und Nebenfrauen 127
8. Das erste Kind 135
9. Mutterschaft und Verlust 157
10. Veränderungen 169
11. Frauen und Männer 189
12. Liebhaber 213
13. Das Ritual der Heilung 235
14. Weitere Verluste 247
15. Altern 259
Nachwort 283
Anmerkungen 335

Ich zerschlage die Schale der Geschichte,
und ich erzähle dir, was darin ist.
Und ich beende sie wie die anderen,
die in den Sand gefallen sind,
und der Wind wird sie davontragen.

Nisa

I

Früheste Erinnerungen

Bringe meine Stimme so auf die Maschine, daß meine Worte klar herauskommen. Ich bin eine alte Frau, die viel erlebt hat, und ich kann über viele Dinge sprechen. Ich will alles erzählen, was ich zu sagen habe. Ich will von den Dingen berichten, die ich getan habe, und von den Dingen, die meine Eltern und andere getan haben. Aber meine Leute sollen nicht hören, was ich sage.

Der Name unseres Vaters war Gau, und unsere Mutter hieß Chuko. Natürlich war ich nicht da, als mein Vater meine Mutter heiratete. Aber bald danach bekamen sie einen Sohn, den sie Dau nannten. Dann bekamen sie mich, Nisa, und danach wurde mein jüngerer Bruder geboren – ihr jüngstes Kind, und sie nannten ihn Kumsa.[1]

Ich erinnere mich daran, wie meine Mutter mit Kumsa schwanger war. Ich war noch klein, und ich fragte sie: «Mami, das Baby in dir . . . wenn das Baby geboren wird, kommt es dann aus deinem Nabel? Wird es wachsen und wachsen, bis Papa dir den Bauch mit einem Messer aufschneidet und es herausholt?» Sie antwortete: «Nein, so geht das nicht. Wenn ein Baby geboren wird, kommt es hier heraus», und sie deutete auf ihr Geschlecht. Dann sagte sie: «Und wenn es geboren ist, kannst du dein Brüderchen oder Schwesterchen herumtragen.» Ich sagte: «Ja, das will ich tun!»

Später fragte ich sie: «Ich möchte trinken. Willst du mir nichts geben?» Sie antwortete: «Du kannst nicht mehr bei mir trinken. Wenn du das tust, wirst du sterben.» Ich ging weg und spielte eine

Weile allein. Als ich zurückkam, wollte ich wieder trinken. Aber sie ließ es nicht zu. Sie nahm eine Salbe aus Dschawurzeln und rieb sich damit die Brustwarzen ein. Ich nahm sie in den Mund sagte: «Sie schmecken bitter!»

Während der Schwangerschaft meiner Mutter mit Kumsa weinte ich immer. Ich wollte an ihrer Brust trinken! Einmal als wir allein im Busch lebten, war mein Herz besonders voll von Tränen. Ich weinte die ganze Zeit. Damals sagte mein Vater, er würde mich totschlagen.[2] Mein Herz war voller Tränen, und ich konnte nur noch weinen. Er hielt einen großen Ast in der Hand und packte mich, aber er schlug mich nicht. Er versuchte nur, mir Angst einzujagen. Ich schrie: «Mami, komm und hilf mir! Mami! Komm! Hilf mir!» Als meine Mutter kam, sagte sie: «Nein, Gau, du bist ein Mann. Wenn du Nisa schlägst, wirst du ihr eine Krankheit bringen, und sie wird sehr krank werden. Laß sie in Ruhe. Ich schlage sie, wenn es nötig ist. Mein Arm hat nicht die Macht, sie krank zu machen. Dein Arm, der Arm eines Mannes, tut das.»

Als ich schließlich aufhörte zu weinen, saßen die Schmerzen in meinem Hals. Die vielen Tränen hatten meinen Hals wund gemacht.

Ein anderes Mal nahm mich mein Vater mit und ließ mich allein im Busch. Wir hatten ein Dorf verlassen und waren auf dem Weg in ein anderes. Unterwegs hielten wir an, um zu schlafen. Sobald die Nacht kam, begann ich zu weinen. Ich weinte und weinte und weinte. Mein Vater schlug mich, aber ich weinte weiter. Wahrscheinlich hätte ich die ganze Nacht geweint. Aber schließlich stand er auf und sagte: «Ich bringe dich in den Busch und lasse dich dort, damit die Hyänen kommen und dich fressen. Was bist du für ein Kind? Wenn du die Milch des Babys trinkst, wirst du sterben!» Er nahm mich auf den Arm, trug mich aus dem Lager und setzte mich im Busch auf den Boden. Er rief: «Hyänen! Hier ist Fleisch . . . Hyänen! Kommt und holt euch das Fleisch!» Dann drehte er sich um und machte sich auf den Rückweg ins Dorf.

Nachdem er gegangen war, fürchtete ich mich schrecklich! Ich begann zu rennen und lief ihm weinend nach. Ich rannte weinend zurück zu meiner Mutter und legte mich neben sie. Ich hatte Angst vor der Nacht und den Hyänen, und deshalb verhielt ich mich ruhig. Als mein Vater zurückkam, sagte er: «Heute werde ich dafür sorgen, daß du dich vor Angst vollmachst.[3] Du siehst doch, wie groß der Bauch deiner Mutter ist, und willst immer noch trinken.» Ich fing wieder an zu weinen. Ich weinte und weinte. Dann war ich still und legte mich wieder hin. Mein Vater sagte: «Gut, bleib liegen und sei still. Morgen fange ich ein Perlhuhn. Das kannst du dann essen.»

Am nächsten Tag ging er auf die Jagd und fing ein Perlhuhn. Als er zurückkam, kochte er es für mich, und ich aß und aß und aß. Aber als ich fertig war, sagte ich, daß ich wieder an der Brust meiner Mutter trinken wollte. Mein Vater griff nach einem Riemen und begann mich zu schlagen: «Nisa, hast du keinen Verstand? Kannst du nicht verstehen? Laß die Brust deiner Mutter in Frieden!» Und ich begann wieder zu weinen.

Ein anderes Mal, als wir zusammen durch den Busch gingen, sagte ich: «Mami ... trag mich!» Sie sagte ja, aber mein Vater hinderte sie daran. Er sagte, ich sei groß genug, um allein zu gehen. Außerdem war meine Mutter schwanger. Er wollte mich schlagen, aber mein älterer Bruder Dau hielt ihn davon ab: «Du hast sie soviel geschlagen. Sie ist ganz dünn. Sie ist nur Haut und Knochen. Hör auf, sie so zu behandeln!» Dann nahm Dau mich hoch und trug mich auf seinen Schultern.

Während meine Mutter mit Kumsa schwanger war, weinte ich immer. Ja, so war es. Ich weinte eine Weile, dann war ich still, saß herum und aß das normale Essen: süße Ninbeeren, nährendes Chon und Klaruknollen – das Essen der Regenzeit. Eines Tages, als ich gerade gegessen hatte und satt war, sagte ich: «Mami, darf ich nicht wenigstens ein bißchen Milch trinken? Laß mich bitte bei dir trinken.» Sie rief: «Mutter![4] Meine Brüste sind voll Scheiße! Scheiße! Ja, die Milch ist wie Kotze und stinkt entsetzlich. Du kannst sie nicht trinken. Wenn du es tust, wirst du ‹Uuaah ... Uuaah ...› machen und dich übergeben.» Ich antwortete: «Nein. Ich werde mich nicht übergeben. Ich will nur trinken.» Aber sie ließ es nicht zu und sagte: «Dein Vater wird morgen einen Springhasen in der Schlinge fangen, und du darfst ihn ganz allein essen.» Als ich das hörte, wurde mein Herz wieder froh.

Am nächsten Tag fing mein Vater einen Springhasen. Als ich ihn damit nach Hause kommen sah, rief ich: «Ho, ho Papa! Ho, ho Papa ist wieder da. Papa hat einen Springhasen. Papa bringt Fleisch nach

Hause. Jetzt werde ich essen, und ich gebe ihr nichts.» Mein Vater kochte das Fleisch, und als es gar war, aß ich und aß. Ich sagte zu ihr: «Du hast mir deine Milch nicht gegönnt, und ich gönne dir kein Fleisch. Du glaubst, deine Brüste seien so wunderbar. O nein, sie sind abscheulich.» Sie antwortete: «Nisa, hör mir bitte zu. Meine Milch ist nicht mehr gut für dich.» Ich sagte: «Großmutter! Ich will sie nicht mehr. Ich esse statt dessen Fleisch. Ich will nichts mehr mit deinen Brüsten zu tun haben. Ich esse nur noch das Fleisch, das mir Papa und Dau bringen.»

Der Bauch meiner Mutter wurde sehr dick. Die ersten Wehen setzten nachts ein und dauerten bis zum Morgengrauen. An diesem Morgen gingen alle sammeln. Mutter und ich blieben zurück. Eine Zeitlang saßen wir beisammen, dann ging ich zu den anderen Kindern, und wir spielten. Später kam ich zurück und aß die Nüsse, die sie für mich geöffnet hatte. Sie stand auf und machte sich fertig. Ich sagte: «Mami, komm, wir gehen zur Wasserstelle. Ich habe Durst.» Sie antwortete: «Uhn, uhn, ich will ein paar Mongongonüsse sammeln.» Ich sagte den anderen Kindern Bescheid, und wir verließen das Dorf. Es waren keine anderen Erwachsenen in der Nähe.

Wir gingen nicht weit. Dann setzte sie sich unter einen großen Nehnbaum. Sie lehnte sich an den Stamm, und der kleine Kumsa wurde geboren. Anfangs stand ich einfach da. Dann setzte ich mich und sah zu. Ich dachte: «So geht das also? Man setzt sich einfach hin, und da kommt das Baby heraus? Bin ich auch so?» Verstand ich überhaupt etwas?

Nachdem er geboren war, lag er da und weinte. Ich begrüßte ihn: «Ho ho, mein kleines Brüderchen. Ho ho, ich habe einen kleinen Bruder! Eines Tages werden wir zusammen spielen.» Aber meine Mutter sagte: «Was glaubst du, was dieses Ding ist? Warum redest du so mit ihm? Steh auf, geh zurück ins Dorf und bring mir meinen Grabstock.» Ich fragte: «Was willst du graben?» Sie antwortete: «Ein Loch. Ich grabe ein Loch, damit ich das Baby begraben kann. Dann kann ich dich wieder stillen, Nisa.»[5] Ich weigerte mich: «Mein Brüderchen? Mein kleines Brüderchen? Mami, er ist mein Bruder. Nimm ihn und trag ihn ins Dorf. Ich möchte nicht mehr gestillt werden!» Dann sagte ich: «Ich werde es Papa sagen, wenn er nach Hause kommt!» Sie antwortete: «Das wirst du nicht tun. Lauf jetzt ins Dorf und bring meinen Grabstock. Ich werde ihn begraben, damit du wieder an meiner Brust trinken kannst. Du bist viel zu dünn.» Ich wollte nicht gehen und fing an zu weinen. Ich saß auf der Erde, die Tränen rollten mir übers Gesicht, und ich weinte und weinte. Aber sie sagte, ich solle gehen. Sie sagte, ich müsse groß und stark werden. Schließlich verließ ich sie und ging zurück ins Dorf. Aber ich weinte noch immer.

Ich weinte, als ich im Dorf ankam. Ich ging in die Hütte und holte den Grabstock. Die jüngere Schwester meiner Mutter war gerade vom Nüssesammeln zurückgekommen. Sie legte die Mongongonüsse vor ihre Hütte und setzte sich. Dann begann sie, die Nüsse zu rösten. Als sie mich sah, sagte sie: «Was ist los, Nisa? Wo ist deine Mutter?» Ich antwortete: «Am Nehnbaum dort draußen. Wir sind zusammen hingegangen, und dort hat sie ein Baby bekommen. Sie hat mir aufgetragen, ins Dorf zurückzugehen und ihren Grabstock zu holen, damit sie . . . es begraben kann! Das ist furchtbar!» Und ich fing wieder an zu weinen. Dann sagte ich: «Als ich das Baby begrüßte und es ‹mein kleines Brüderchen› nannte, verbot sie es mir. Was sie tun will, ist schlecht . . . deshalb weine ich. Jetzt muß ich ihr den Grabstock bringen!»

Die Schwester meiner Mutter sagte: «Oooo . . . Leute! Das ist ganz bestimmt nicht richtig von Chuko, so etwas zu sagen. Und sie sitzt allein da draußen mit dem Baby! Ganz allein, was es ist – ein Junge oder ein Mädchen –, sie sollte es behalten.» Ich sagte: «Ja, es ist ein kleiner Junge mit einem kleinen Penis zwischen den Beinen.» Sie rief: «Mutter! Komm! Komm, wir wollen mit ihr reden. Wenn ich bei ihr bin, werde ich die Nabelschnur durchschneiden und ihn zurück ins Dorf tragen.»

Ich ließ den Grabstock liegen, und wir liefen zu der Stelle, wo meine Mutter auf mich wartete. Vielleicht hatte sie ihre Meinung geändert, denn als wir ankamen, sagte sie: «Weil du so geweint hast, Nisa, werde ich das Baby behalten und ins Dorf bringen.» Meine Tante ging zu Kumsa, der neben meiner Mutter lag, und sagte: «Chuko, wolltest du dein Gesicht in Stücke spalten?[6] Du kannst doch sehen, was für einen großen Jungen du geboren hast. Und trotzdem sollte Nisa dir den Grabstock bringen? Du wolltest dieses große, kräftige Baby begraben? Dein Vater hat gearbeitet, um dich zu ernähren und am Leben zu halten. Der Vater dieses Kindes hätte dich sicher umgebracht, wenn du den kleinen Jungen begraben hättest. Du mußt den Verstand verloren haben, ein so schönes großes Baby töten zu wollen.»

Meine Tante durchtrennte die Nabelschnur, wischte das Baby ab, legte es in ihren Fellmantel und trug es ins Dorf. Meine Mutter stand auf und folgte ihr. Die Worte ihrer Schwester beschämten sie. Schließlich sagte sie: «Verstehst du nicht? Nisa ist noch sehr klein. Ich bin sehr traurig darüber, daß sie keine Milch mehr trinken kann. Ihr Körper ist schwach. Ich möchte, daß sie stark und kräftig wird.» Aber meine Tante erwiderte: «Wenn Gau das erfährt, wird er dich schlagen. Eine erwachsene Frau, die ein Kind nach dem anderen bekommt, tut das nicht.» Als wir ins Dorf zurückkamen, nahm meine Mutter das Baby und legte sich hin.

Alle kehrten jetzt vom Nüssesammeln zurück. Sie legten die gesammelte Nahrung ab und kamen, um sich Kumsa anzusehen. Alle Frauen sagten: «Oooo . . . diese Frau hat keinen Verstand! Sie hat ein so großes Baby geboren, und trotzdem wollte sie es töten!» Meine Mutter antwortete: «Ich wollte seine ältere Schwester noch stillen. Und wenn ich allein gewesen wäre, hätte ich es auch getan! Ich habe den Fehler gemacht, meinen Grabstock nicht mitzunehmen. Aber die anderen haben den Fehler gemacht, ihn mir wegzunehmen. Deshalb bin ich überhaupt mit ihm hier.» Die Frauen widersprachen ihr. Sie sagten zu meiner Tante: «Das hast du gut gemacht. Du hattest recht, Chuko das Baby wegzunehmen und es dem Vater zu überlassen. Hätte Chuko ihm nicht Rede stehen müssen, wenn sie sein Baby getötet hätte?»

Als die Sonne tief am Himmel stand, kam mein Vater von der Jagd nach Hause. Ich begrüßte ihn: «Ho, ho, Papa! Ho, ho, Papa ist zurück! Papa ist wieder da!» Er setzte sich vor die Hütte. Er fragte meine Mutter: «Was ist los? Warum hast du dich hingelegt? Hast du Schmerzen?» Sie antwortete: «Nein, ich habe mich einfach hingelegt.» Dann sagte er: «Eh-hey . . . meine Frau hat geboren. Ist es ein Junge, Chuko?» Sie antwortete: «Ja, es ist ein kleiner Junge.» Ihre Schwester sagte: «Und es ist ein großes Baby! Aber Chuko wollte . . .» Ich fiel ihr ins Wort: «. . . ihn umbringen!» Hastig fügte ich hinzu: «Ich sollte zurück ins Dorf und ihren Grabstock holen, damit sie meinen kleinen Bruder umbringen konnte. Ich weinte und ging zurück. Aber Tante Koka begleitete mich und nahm ihr das Baby weg.» Meine Tante sagte: «Ja, ich habe das Baby aus dem Grab geholt und zurückgetragen.» Dann sagte ich: «Dort drüben liegt es. Mami wollte es umbringen.»

Mein Vater sagte: «Chuko, warum wolltest du meinen Sohn töten? Ich hätte dich umgebracht. Ich hätte dich mit dem Speer zu Tode geprügelt. Denkst du, ich würde das nicht tun? Oh, ja! Was hat dir solche Schmerzen gemacht, daß du so ein großes Baby töten wolltest? Du behältst beide Kinder. Nisa wird groß werden und richtig essen.»

Nach Kumsas Geburt spielte ich manchmal allein für mich. Ich nahm den großen Fellmantel und legte mich hinein. Ich dachte: «Oh, ich bin ein Kind, das ganz allein spielt. Wohin könnte ich allein gehen?» Dann setzte ich mich und sagte: «Mami, nimm meinen kleinen Bruder aus deinem Mantel und laß mich mit ihm spielen.» Aber jedesmal, wenn sie das tat, schlug ich ihn und brachte ihn zum Weinen. Ich schlug ihn, obwohl er ein kleines Baby war. Meine Mutter sagte dann: «Du möchtest noch immer bei mir trinken, aber ich lasse dich nicht. Wenn Kumsa trinken will, lasse ich ihn trinken. Aber wenn du willst, halte ich meine Hände vor die Brüste, und du mußt dich schämen.»

Ich wollte die Milch, die sie in ihren Brüsten hatte, und wenn Kumsa trank, beobachtete ich, wie die Milch hervorquoll. Ich weinte die ganze Nacht. Ich weinte und weinte bis zum Morgengrauen. Manchmal stand ich morgens vor der Hütte, und mir kamen die Tränen. Ich weinte und weigerte mich, etwas zu essen, denn ich sah, wie er trank. Ich sah mit meinen Augen, wie die Milch hervorquoll, die Milch, die ich wollte. Ich dachte, das sei meine Milch.

Eines Tages kam mein älterer Bruder von der Jagd zurück und brachte eine Antilope. Ich spielte allein. Und als ich ihn sah, rief ich: «Mami! Mami! Sieh mal! Mein großer Bruder hat eine Antilope mitgebracht. Sieh mal her! Er hat eine Antilope getötet.» Meine Mutter sagte: «He, hab ich dir nicht heute morgen gesagt, daß du aufhören sollst zu weinen. Ich habe dir gesagt, warte, bis dein älterer Bruder zurückkommt. Siehst du, was er für dich mitgebracht hat!»

Mein Bruder häutete die Antilope, und ich sah ihm zu.

«Oooo ... eine männliche Antilope. Mami ... sieh mal, es ist ein Männchen.» Ich deutete mit dem Finger: «Hier sind die Hoden, und da ist der Penis.» Mein älterer Bruder sagte: «Ja, dies sind die Hoden, und hier ist der Penis.»

Nachdem er sie gehäutet hatte, gab er mir die Füße. Ich legte sie zum Braten ins Feuer. Dann gab er mir Fleisch von der Keule, und ich legte es ebenfalls ins Feuer. Als es gar war, aß ich und aß und aß. Mutter sagte, ich solle ihr etwas geben. Aber ich weigerte mich. «Du hast mir deine Brust nicht gegönnt! Hatte ich nicht gesagt, daß ich bei dir trinken wollte? Ich werde das Fleisch allein essen. Ich geb dir nichts!» Sie antwortete: «Die Milch, die du möchtest, gehört deinem Bruder. Warum möchtest du immer noch bei mir trinken?» Ich sagte: «Mein großer Bruder hat diese Antilope gejagt. Du bekommst nichts davon. *Du* nicht! Den Rest schneidet er in Streifen und hängt sie zum Trocknen auf, damit ich es später essen kann. Du hast dich geweigert, mich trinken zu lassen, damit dein Sohn trinken konnte. Jetzt sagst du, ich soll dir Fleisch geben.»

Einmal lag meine Mutter mit Kumsa im Arm und schlief. Ich schlich mich leise heran, nahm Kumsa und legte ihn auf die andere Seite der Hütte. Dann ging ich zurück und legte mich neben sie. Während sie schlief, nahm ich ihre Brustwarze in den Mund und begann zu trinken. Ich trank und trank und trank. Sie glaubte sicher, es sei mein kleiner Bruder. Aber er lag noch immer dort, wo ich ihn hingelegt hatte, während ich seine Milch stahl. Ich fühlte mich schon wunderbar satt, als sie aufwachte. Sie sah mich und schimpfte: «Wo ... sag mir ... was hast du mit Kumsa gemacht? Wo ist er?» In diesem Moment begann er zu weinen. Ich sagte: «Er liegt da drüben.»

Sie packte mich und stieß mich heftig von sich. Ich fiel zu Boden und blieb dort weinend liegen. Sie holte Kumsa und legte ihn wieder neben sich. Sie beschimpfte mich und verwünschte meine Genitalien[7]: «Bist du verrückt geworden? Was ist los mit dir, Nisa-mit-den-großen-Schamlippen? Was ist über dich gekommen? Was fällt dir ein, Kumsa wegzunehmen, ihn irgendwohin zu legen und bei mir zu trinken? Nisa-mit-den-großen-Schamlippen, du mußt verrückt sein! Ich dachte, Kumsa würde trinken!» Ich lag weinend auf dem Boden. Dann sagte ich: «Ich habe getrunken. Ich bin satt. Jetzt laß dein Baby trinken. Füttere ihn. Ich geh jetzt spielen.» Ich stand auf und ging hinaus spielen. Später kam ich zurück und blieb bei meiner Mutter und ihrem Sohn. Wir blieben den Rest des Tages beisammen.

Später, als mein Vater aus dem Busch zurückkam, sagte sie: «Siehst du, was für eine Tochter du hast?! Schlag sie! Hör dir an, was sie getan hat, und bestrafe sie dann. Deine Tochter hat Kumsa beinahe umgebracht. Sie hat mir dieses winzige kleine Baby, dieses winzige kleine Ding aus dem Arm genommen und irgendwo hingelegt. Ich hatte mich mit ihm hingelegt und war eingeschlafen. Sie nahm ihn mir weg und ließ ihn allein liegen. Sie kam zurück und begann bei mir zu trinken. Bestrafe deine Tochter!»

Ich log: «Was? Sie lügt! Ich ... Papa, ich habe nicht getrunken. Ich habe Kumsa nicht geholt und alleine liegenlassen. Wirklich nicht! Sie macht dir etwas vor. Sie lügt. Ich habe nicht getrunken. Ich will ihre Milch überhaupt nicht mehr.» Mein Vater sagte: «Wenn ich das noch einmal höre, bekommst du Prügel. Tu so etwas nicht noch einmal!» Ich antwortete: «Ja. Er ist doch mein kleiner Bruder. Mein Brüderchen, mein kleines Brüderchen, und ich *liebe* ihn. Ich tu das nie wieder. Er kann die Milch alleine trinken. Auch wenn du nicht hier bist, Papa, werde ich nichts von Mamis Brüsten stehlen. Die Milch gehört meinem Bruder.» Er sagte: «Ja, meine Tochter. Aber wenn du noch einmal versuchst, an der Brust deiner Mutter zu trinken, schlage ich dich so, daß es wirklich weh tut.» Ich antwortete: «Eh, von jetzt an begleite ich dich überallhin. Wenn du in den Busch gehst, komme ich mit. Wir fangen zusammen Springhasen und Perlhühner, und du gibst sie alle mir.»

In dieser Nacht schlief mein Vater neben mir. Im Morgengrauen gingen er und mein älterer Bruder auf die Jagd. Ich beobachtete, wie sie aufbrachen. Ich dachte: «Wenn ich hierbleibe, läßt Mutter mich doch nicht trinken. Deshalb stand ich auf und rannte ihnen nach. Aber als mein Bruder mich sah, schickte er mich wieder ins Dorf zurück: «Geh zurück und bleibe im Dorf. Wenn die Sonne so heiß ist wie heute, kann sie dich töten. Warum willst du überhaupt mit uns gehen?»

In dieser Zeit stahl ich auch Essen, obwohl das nur gelegentlich vorkam. An manchen Tagen stahl ich nichts. Ich spielte nur, ohne etwas anzustellen. Aber dann wieder, wenn sie mich im Dorf zurückließen, stahl ich und plünderte ihre Vorräte. Das sagten sie zumindest, wenn sie mich schlugen und mit mir schimpften. Sie sagten, ich hätte keinen Verstand.

Ich nahm mir alles Eßbare: süße Ninbeeren oder Klaruknollen und manchmal auch Mongongonüsse. Ich dachte: «Sie werden mir nichts davon geben, aber wenn ich stehle, schlagen sie mich.» Bevor meine Mutter sammeln ging, hängte sie manchmal Vorräte in einem Beutel an einen hohen Ast in der Hütte. Wenn es Klaruknollen waren, schälte sie sie vorher.

Aber sobald sie gegangen war, holte ich mir alles, was in dem Beutel war. Ich suchte mir die dicksten Knollen, hängte den Beutel wieder an den Ast und ging irgendwohin, um zu essen. Wenn meine Mutter zurückkam, rief sie: «Oh, Nisa war in der Hütte und hat alle Knollen gestohlen!» Sie schlug mich und schrie: «Du sollst nicht stehlen! Was ist los mir dir, was geht in dir vor, daß du immer stiehlst? Hör auf, dir einfach etwas zu nehmen. Warum hast du nichts anderes im Kopf?»

Eines Tages, nachdem sie gerade gegangen waren, kletterte ich auf den Baum, an den sie den Beutel gehängt hatte, nahm ein paar Knollen heraus, hängte den Beutel zurück und zerstampfte die Knollen mit Wasser in einem Mörser. Ich goß den Brei in einen Topf und kochte ihn. Als er fertig war, aß ich ihn und ließ nichts übrig.

Ein anderes Mal holte ich mir ein paar Klaruknollen, legte sie neben mich und aß langsam eine nach der anderen. Plötzlich kam meine Mutter zurück und sah, was ich tat. Sie packte mich und schlug mich: «Nisa, hör auf zu stehlen. Du bist nicht die einzige, die Klarus essen möchte. Gib mir, was übrig ist, und ich koche sie für uns alle. Hast du wirklich geglaubt, du könntest die Knollen allein essen?» Ich antwortete nicht und begann zu weinen. Sie röstete die Klaruknollen, und die ganze Familie aß davon. Ich saß dabei und weinte. Meine Mutter sagte: «Oh, dieses Mädchen hat keinen Verstand und nimmt sich einfach die Klaruknollen. Ich hatte sie geschält und in den Beutel gelegt. Hat sie denn überhaupt keinen Verstand?» Ich weinte: «Mama, sag so etwas nicht.» Sie wollte mich schlagen, aber mein Vater ließ es nicht zu.

Ein anderes Mal war ich mit meiner Mutter, meinem Vater und meinem älteren Bruder beim Sammeln. Nach einer Weile sagte ich:

«Mama, gib mir ein paar Klarus.» Sie antwortete: «Ich muß sie erst schälen. Sobald ich damit fertig bin, gehen wir zurück ins Dorf und essen sie.» Ich hatte ebenfalls Klaruknollen gegraben; aber ich aß sie alle auf. Meine Mutter sagte: «Willst du sie gleich hier essen? Was willst du essen, wenn wir zurück im Dorf sind?» Ich begann zu weinen. Auch mein Vater sagte: «Iß nicht alle Klaruknollen hier. Laß sie in deinem Beutel, dann ist er bald voll.» Aber das wollte ich nicht: «Was soll ich denn jetzt essen, wenn ich alle Klaruknollen in den Beutel lege?»

Später setzte ich mich unter einen Baum in den Schatten, während sie in der Nähe sammelten. Sobald sie weit genug weg waren, kletterte ich auf den Baum, an den sie einen Beutel voller Klarus gehängt hatten, und nahm die Knollen heraus. Ich hatte einen kleinen Beutel, den mir mein Vater gemacht hatte, und ich füllte ihn mit den Knollen. Dann kletterte ich herunter und wartete darauf, daß sie zurückkamen.

«Nisa, du hast die Klarus gegessen! Warum hast du das getan?» Ich antwortete: «Uhn, uhn . . . ich habe sie nicht genommen.» Meine Mutter sagte: «Du fürchtest dich also vor Schlägen. Du hast Angst davor, daß deine Haut brennt.» Ich erwiderte: «Uhn, uhn . . . ich habe die Klarus nicht gegessen.» Sie schimpfte: «Du hast sie gegessen, ganz sicher! Tu das nicht wieder! Warum hörst du nicht auf zu stehlen?»

Mein älterer Bruder sagte: «Mutter, bestrafe sie heute nicht. Du hast sie schon zu oft geschlagen. Laß sie in Ruhe! Sie sagt, sie hat die Klaruknollen nicht gestohlen. Wer hat sie dann gegessen? Wer war sonst noch hier?»

Ich begann zu weinen. Meine Mutter brach einen Ast ab und schlug mich: «Du sollst nicht stehlen! Begreifst du das nicht? Ich sage es dir immer wieder, aber du hörst nicht auf mich. Bist du taub?» Ich sagte: «Uhn, uhn . . . Mami schimpft nur noch mit mir. Ich gehe zur Großmutter und bleibe bei ihr. Mami sagt immer wieder, daß ich stehle, und schlägt mich, daß meine Haut brennt. Ich gehe und bleibe bei meiner Großmutter. Ich gehe, wohin sie geht, und schlafe, wo sie schläft. Und wenn sie Klaruknollen gräbt, esse ich alles, was sie mitbringt.»

Aber als ich zu meiner Großmutter kam, sagte sie: «Nein, ich kann jetzt nicht für dich sorgen. Wenn du bei mir bleibst, mußt du hungern. Ich bin alt und gehe nur noch an wenigen Tagen sammeln. Morgens bleibe ich meistens hier. Wir werden hier sitzen, und du wirst vor Hunger sterben. Geh zurück zu deiner Mutter und deinem Vater.» Ich antwortete: «Nein, Papa schlägt mich, Mama schlägt mich. Meine Haut brennt von den vielen Schlägen. Ich will bei dir bleiben.»

Ich lebte eine Weile bei ihr. Aber mir kamen immer wieder die Tränen. Ich weinte und weinte und weinte. Ich saß bei ihr, und gleichgültig, ob die Sonne unterging oder hoch am Himmel stand, ich weinte. Eines Tages, als der Mond nach dem Sonnenuntergang beinahe voll aufging, lief ich zurück zur Hütte meiner Mutter und sagte: «Mami, du haßt mich. Du schlägst mich immer. Ich bleibe bei meiner Großmutter. Du haßt mich und schlägst mich, bis ich es nicht mehr ertragen kann. Ich halte das nicht mehr aus.»

Als ich wieder einmal zu meiner Grußmutter ging, lebten wir in einem anderen Dorf in der Nähe. Während ich dort war, sagte mein Vater zu meiner Mutter: «Geh und hole Nisa zurück. Bring sie her, damit sie bei mir sein kann. Was hat sie getan, daß du sie weggejagt hast?» Als ich erfuhr, daß sie mich zurückhaben wollten, sagte ich: «Nein, ich gehe nicht zurück. Ich tu nicht, was er sagt. Ich will nicht bei meiner Mutter leben. Ich will bei meiner Großmutter bleiben. Meine Haut brennt noch immer. Heute, ja, genau heute werde ich einfach hierbleiben und neben meiner Großmutter schlafen.»

Und so blieb ich bei ihr. Eines Tages sagte sie: «Ich bringe dich zu deiner Mutter und deinem Vater zurück.» Sie ging mit mir zu ihnen und sagte: «Heute gebe ich euch Nisa zurück. Aber gibt es hier keinen Menschen, der gut für sie sorgt? Man schlägt ein kleines Kind nicht einfach immer wieder. Sie hat Hunger und ißt gern. Ihr seid alle faul. Ihr habt euch nicht um sie gekümmert, und deshalb ist sie nicht richtig gewachsen. Wenn es noch einfach wäre, genügend Essen zu finden, würde ich weiter für sie sorgen. Sie würde bei mir aufwachsen und erst gehen, wenn sie erwachsen wäre. Ihr habt dieses Kind verhungern lassen. Ihr habt sie mit euren Händen geschlagen, als wäre sie keine Zhuntwasi.[8] Sie hat immer geweint. Seht euch an, wie klein sie noch immer ist.» Aber meine Mutter sagte: «Nein, hör mir zu. Deine kleine Enkeltochter . . . wann immer ihre Augen etwas zu essen entdeckten, begann sie einfach zu weinen.»

Oh, mein Herz war froh! Großmutter schimpfte mit meiner Mutter! Ich war so glücklich, daß ich lachte und lachte. Aber als Großmutter nach Hause ging und mich zurückließ, weinte ich und weinte. Mein Vater schrie mit mir, aber er schlug mich nicht. Das war seine Art, seinem Zorn Luft zu machen. «Du bist so unvernünftig! Begreifst du nicht, daß alles weniger wichtig war, nachdem du gegangen warst?! Wir wollen, daß du bei uns bist. Ja, auch deine Mutter will dich und vermißte dich. Wenn du heute bei uns bleibst, ist alles gut! Deine Mutter wird dich mitnehmen, wohin sie auch geht. Ihr könnt zusammenbleiben und zusammen sammeln. Warum weigerst du dich, deine Großmutter zu verlassen?»

Aber ich weinte und weinte. Ich wollte mich nicht von ihr trennen. «Mami, laß mich zurückgehen und bei der Großmutter bleiben. Ich will ihr nachgehen.» Aber mein Vater sagte: «Es reicht! Ich will nichts mehr davon hören. Hier wird dich niemand schlagen. Sei jetzt ruhig.» Und ich war ruhig. Von jetzt an aß ich die Klaruknollen und die Chonknollen, die mein Vater ausgrub. Ich aß alles, was sie mir gaben, und sie schimpften mich nicht mehr aus.

Als Kind blieb ich manchmal ein paar Tage bei meiner Tante. Ich wohnte bei ihr, dann ging ich zurück und wohnte bei meiner Mutter. Danach ging ich zu meiner Großmutter und blieb ein paar Nächte bei ihr.

Sie alle zogen mich groß. Alle halfen dabei. Meine Tante sorgte für mich, mein Vater und meine Mutter sorgten für mich, und meine Großmutter sorgte für mich. Aber ich war sehr klein. Meine Mutter ließ mich zu früh nicht mehr an ihrer Brust trinken. Und ich war winzig! Deshalb bin ich heute, obwohl ich alt bin, noch immer klein. Sieh dir meinen älteren Bruder Dau und meinen jüngeren Bruder Kumsa an! Sie sind groß und stark. Nur ich bin klein.

Meine Leute sorgten in der Kindheit nicht richtig für mich. Ich war ihnen zu schwierig.

Kungkinder verbringen ihre ersten Lebensjahre in beinahe ständigem engen Kontakt mit der Mutter. Das Kind kann Tag und Nacht an der Mutterbrust trinken. Im allgemeinen stillt die Mutter das Kind in den ersten drei Jahren – wenn das Baby danach verlangt, mehrmals in der Stunde. Nachts schläft es neben der Mutter; tagsüber wird es in einer Schlinge an der Hüfte der Mutter getragen. Sie nimmt das Baby überall mit, sei es zur Arbeit oder zum Spiel. (Das Baby befindet sich so in idealer Höhe für die älteren Kinder, die sich gerne mit ihm beschäftigen.) Die Mutter nimmt das Baby immer wieder aus der Schlinge, um ihm etwas vorzusingen, mit ihm zu sprechen oder es zu schaukeln. Der Körperkontakt wird meist nur für kurze Zeit unterbrochen, wenn der Vater, Geschwister, Cousins, Großeltern, Tanten, Onkel oder Freunde der Familie mit dem Kind spielen, während die Mutter dicht daneben sitzt. Ab der Mitte des zweiten Lebensjahres kommt es häufiger zur Trennung von der Mutter. Aber meist wird sie dann ausschließlich von dem Kind herbeigeführt, das mit den anderen Kindern im Dorf spielen möchte. Trotzdem ist die Mutter üblicherweise jederzeit für das Kind erreichbar.

Die Kungväter sind nachsichtig, liebevoll und fürsorglich. Sie bemühen sich um eine sehr intensive Beziehung zu ihren Kindern. Im Vergleich zu den Frauen verbringen die Männer jedoch nur einen Bruchteil ihrer Zeit mit den Kindern, besonders wenn sie noch klein sind. Sie fühlen sich für die weniger angenehmen Aufgaben der Kinderpflege, wie Trockenlegen, Saubermachen, Baden und Naseputzen, nicht verantwortlich. Ein schreiendes oder unleidliches Baby geben sie meist schnell wieder der Mutter zurück, die es dann beruhigt. Väter und Mütter gelten nicht als achtungsgebietende Autoritätspersonen. Ihre Beziehungen zu den Kindern ist eng, fürsorglich und körperlich intim. Sie leben und schlafen mit den Kindern zusammen; und wenn die Eltern in der Nähe sind, können die Kinder jederzeit zu ihnen kommen. Sobald die Kinder – besonders die Jungen – älter werden, beschäftigen sich die Väter mehr mit ihnen.

Wird das Kind nicht ernsthaft krank, bedeutet das Entwöhnen die erste große Erschütterung im angenehmen und gesicherten Leben des Kleinkindes. Meist ist das Kind dann etwa drei Jahre alt, und die Mutter ist wieder schwanger. Die meisten Kung halten es für gefährlich, wenn ein Kind von seiner schwangeren Mutter gestillt wird. Sie sagen, die Muttermilch gehöre dem Fötus. Entweder schade es dem Ungeborenen, oder das Kind würde krank, wenn es weiterhin an der Mutterbrust trinkt. Man glaubt, es sei wichtig, das Kind schnell zu entwöhnen. Aber das Kind wehrt sich energisch; und es kann Monate dauern, bis es sich an die Umstellung gewöhnt hat. Die Mutter trägt meist eine Paste aus bitteren Wurzeln auf ihre Brustwarzen auf (in neuerer Zeit Tabaksaft) und hofft, daß der unangenehme Geschmack das Kind vom Trinken abhalten wird. Das Entwöhnen wird von einem starkem psychologischen Druck begleitet. Eine Frau erinnert sich an diese Zeit: «Man sagte mir, wenn ich weiterhin Muttermilch trinken würde, werde mich das Brüderchen oder Schwesterchen nach der Geburt beißen und schlagen. Natürlich sagte man mir das nur, damit ich nicht mehr gestillt werden wollte.»

Nach einer Fehlgeburt, Totgeburt oder dem Tod des Neugeborenen erlaubt die Mutter dem älteren Kind vielleicht wieder, an der Brust zu trinken, wenn es noch nicht lange entwöhnt war. Aber eine solche Situation hält man keineswegs für ideal.

Da das Stillen großes körperliches und emotionales Wohlbefinden verschafft, lassen sich die meisten Kinder nicht ohne weiteres davon abbringen. Da es außerdem keine Haustiere gibt, die Ersatzmilch liefern könnten, besteht die einzige Alternative zum Stillen darin, größere Mengen Buschnahrung zu essen. Aber sie ist keineswegs so attraktiv wie die Muttermilch. Die Kinder fühlen sich deshalb während der Zeit der Entwöhnung sehr unglücklich und geben ihrem Mißfallen oft sehr dramatisch Ausdruck. So sind Zornesausbrüche nicht selten, und die generelle psychische Belastung ist unübersehbar. Ein Mann erinnert sich: «Nachdem mein jüngerer Bruder geboren war, wollte ich weiterhin gestillt werden, aber meine Mutter wies mich zurück. Ich weinte, und meine Großmutter nahm mich mit in ein anderes Dorf, damit ich nicht mehr ans Stillen denken würde. Aber ich konnte es nicht vergessen. Ich bat meine Großmutter, mich nach Hause zu bringen, damit ich wieder bei meiner Mutter trinken konnte. Ich fühlte mich sehr elend.»

Dem letzten Kind, dessen Mutter bei der Geburt meist Ende Dreißig oder Anfang Vierzig ist, bleibt der Schmerz der plötzlichen Entwöhnung erspart. Es kann bis zum Alter von fünf Jahren oder noch länger an der Mutterbrust trinken und wird dies erst aufgeben, wenn der soziale Druck es suggeriert – etwa wenn sich andere Kinder darüber lustig machen.

Das ältere Kind muß dem Baby auch den bevorzugten Schlafplatz neben der Mutter überlassen. Vielleicht darf es noch eine Zeitlang zwischen den Eltern schlafen, aber man erwartet von ihm, daß es früher oder später am äußeren Rand der Schlafstelle liegt. So ist es nicht verwunderlich, daß das Kind Ablehnung oder Zorn gegenüber Eltern und manchmal auch gegenüber dem Neugeborenen zeigt.

Nachdem das Kind von der Brust entwöhnt wurde, wird es innerhalb eines Jahres auch von der Schlinge »entwöhnt«. Kungkinder lassen sich gerne tragen. Sie lieben den Kontakt zur Mutter und laufen nicht gern unter dem Zwang, Schritt halten zu müssen. Wenn die Mutter das Kind auffordert, neben ihr herzugehen, und später darauf besteht, kommt es zu neuen Zornesausbrüchen. Die Kinder weigern sich zu laufen; sie wollen getragen werden und möchten nicht im Dorf zurückbleiben, wenn die Mutter sammeln geht. Andere Erwachsene erleichtern dem Kind die Umstellung, indem sie ihm anbieten, es zu tragen. Bei langen Wanderungen trägt der Vater das Kind meist auf den Schultern. Aber schon von einem Sechs- bis Siebenjährigen erwartet man, daß er allein geht und sich nicht mehr tragen läßt – und sei es auch nur eine kurze Strecke.

Die Eltern achten darauf, daß die Umstellung das Kind nicht zu hart trifft. Aber da die Kinder nicht allein aufwachsen, ist diese Zeit bestenfalls schwierig. Meist versucht der Vater, sich mehr mit dem Kind zu beschäftigen, oder es bleibt bei einer fürsorglichen Großmutter oder Tante (die es mit Sicherheit verwöhnt) in einem nahe gelegenen Dorf. Aber die Eltern wissen, daß das große Maß an Liebe und Zuneigung in den ersten Lebensjahren den Kindern die nötige Sicherheit und Fähigkeit gibt, diesen emotionalen Stress zu bewältigen. Die äußerst enge Beziehung zur Mutter scheint das Kind zu stärken. Andererseits ist ein Drei- oder Vierjähriges auch nicht mehr so sehr auf die Zuwendung der Mutter angewiesen. Das übermütige Spiel mit den anderen Kindern wird schließlich attraktiver, und der ungelöste Konflikt mit der Mutter tritt in den Hintergrund. Schon wenige Monate nach der Geburt eines Babys spielen die älteren Geschwister ausgelassen mit den anderen Kindern im Dorf, und es kommt nur noch gelegentlich zu heftigen Auseinandersetzungen mit den Eltern. Bald sind auch diese Schwierigkeiten im wesentlichen überwunden, und das Kind übernimmt gern die Rolle des älteren Bruders oder der älteren Schwester. In der Rückschau können sich Erwachsene zwar nicht mehr an Einzelheiten, aber sehr wohl an die Gefühle erinnern, die mit der Entwöhnung von Brust und Schlinge einhergingen. Manche sind der Überzeugung, daß diese Ereignisse einen wesentlichen Einfluß auf ihr Leben hatten.

Die Ökonomie der Kung basiert auf dem Teilen. Deshalb hält man die Kinder schon sehr früh dazu an, alles zu teilen. Zu den ersten Worten, die ein Kind lernt, gehören *Na* (gib mir) und *Ihn* (nimm es). Es ist nicht einfach für Kinder zu lernen, daß man teilen muß, besonders wenn sie mit jemandem teilen sollen, den sie ablehnen oder nicht mögen. Nahrung oder Besitz zu geben oder vorzuenthalten kann zur machtvollen Dokumentation von Zorn, Eifersucht, Ablehnung, aber auch der Liebe werden.

Es fällt auch schwer zu lernen, daß man nicht einfach etwas nehmen kann, das man haben möchte. Kungkinder müssen selten hungern. Selbst wenn gelegentlich die Nahrung knapp ist, werden sie bevorzugt bedacht. Manchmal wird ihnen das Essen als Form der Strafe vorenthalten, weil sie Nahrungsmittel verdorben oder weggeworfen haben. Aber eine solche Bestrafung ist immer nur von kurzer Dauer. Trotzdem erinnern sich viele Erwachsene daran, als Kinder Essen «gestohlen» zu haben. Solche Geschichten spiegeln die generelle Sorge der Kung um Nahrungsmittelvorräte, aber auch ihren Genuß am Essen wider – beides ist bereits in der Kindheit deutlich ausgeprägt.

Kungeltern reagieren gelassen auf die Zornesausbrüche ihrer Kinder. Die meisten jugendlichen Übertretungen kommentieren sie mit den nachsichtigen Worten: «Kinder haben keinen Verstand», oder «Ihre Vernunft wird noch kommen». Das Verhalten wird beurteilt, kommentiert und gelegentlich kritisiert. Die Eltern schimpfen auch mit den Kindern, aber sie glauben, daß Kinder grundsätzlich nicht zur Verantwortung zu ziehen sind. Sie zweifeln nicht daran, daß sie mit zunehmendem Alter lernen, vernünftig zu handeln – mit oder ohne Erziehung. Sie betrachten Vernunft als Ergebnis des Reifens, des sozialen Drucks und des Wunsches, sich mit den Werten der Gruppe zu identifizieren. Da die meisten Erwachsenen kooperativ und großzügig sind und hart arbeiten, scheinen sie nicht egoistischer zu sein als andere Menschen. Zumindest für die Kung ist diese Theorie offensichtlich richtig.

Die Kung sagen zwar, ihre Kinder müssen Disziplin lernen, aber Bemühungen in dieser Richtung sind minimal. Die Einstellung der Erwachsenen zu Disziplin wird von einem Kind nicht immer richtig verstanden – jedoch wird ein älteres Kind deutlich den Druck zur Anpassung spüren. Ein junges Mädchen hielt zum Beispiel die ausbleibende Reaktion einer Frau auf die verbalen Angriffe ihres kleinen Sohns für ebenso «unvernünftig» wie das Verhalten des Jungen: «Seine Mutter reagierte nicht. Sie schimpfte noch nicht einmal mit ihm. So sind die Erwachsenen ... ohne jeden Verstand. Wenn ein Kind sie beschimpft, sitzen sie einfach da und lachen.»

Trotzdem bleiben diese frühen Jahre oft als eine Zeit des intensiven Konflikts zwischen Eltern und Kindern in Erinnerung. Beinahe alle erwachsenen Kung erinnern sich an Schläge und die Androhung von Schlägen in der Kindheit. Aber Beobachtungsstudien haben gezeigt, daß Kungeltern mit Kindern jeden Alters sehr nachsichtig sind. Körperliche Bestrafung wurde sehr selten beobachtet. Vermutlich werden die tatsächlichen Schläge in der Erinnerung lebendiger und übertrieben; in der Rückschau werden auch die üblicheren Androhungen von Schlägen zur Realität. Wie die Wirklichkeit auch aussehen mag, solche Erinnerungen dramatisieren die echten Spannungen, die in Kungfamilien ebenso wie überall auf der Welt herrschen.

An Großeltern (und oft auch andere Verwandte) erinnert man sich meist sehr viel freundlicher. Zur älteren Generation hat man im allgemeinen eine besondere Beziehung, ganz speziell dann, wenn man den Namen von Großvater oder Großmutter trägt. Das Kind bespricht persönliche und intime Themen mit den Eltern nicht so offen und freimütig wie mit den Großeltern. Und die Großeltern vertreten die Interessen des Enkelkindes oft auf Kosten der Eltern. Da die Alten weniger zur Nahrungsbeschaffung beitragen als die Jüngeren, haben sie meist mehr Zeit, um mit den Enkeln zu spielen. Es überrascht daher nicht, daß die Kinder besonders in Zeiten des Konflikts mit den Eltern gern bereit sind, bei den Großeltern oder näheren Verwandten zu leben. Ein junges Mädchen drückte das so aus: «Als ich klein war, wohnte ich oft Wochen, manchmal sogar Monate bei meiner Tante. Wenn ich bei ihr war, weinte ich nicht. Sie war meine zweite Mutter.»

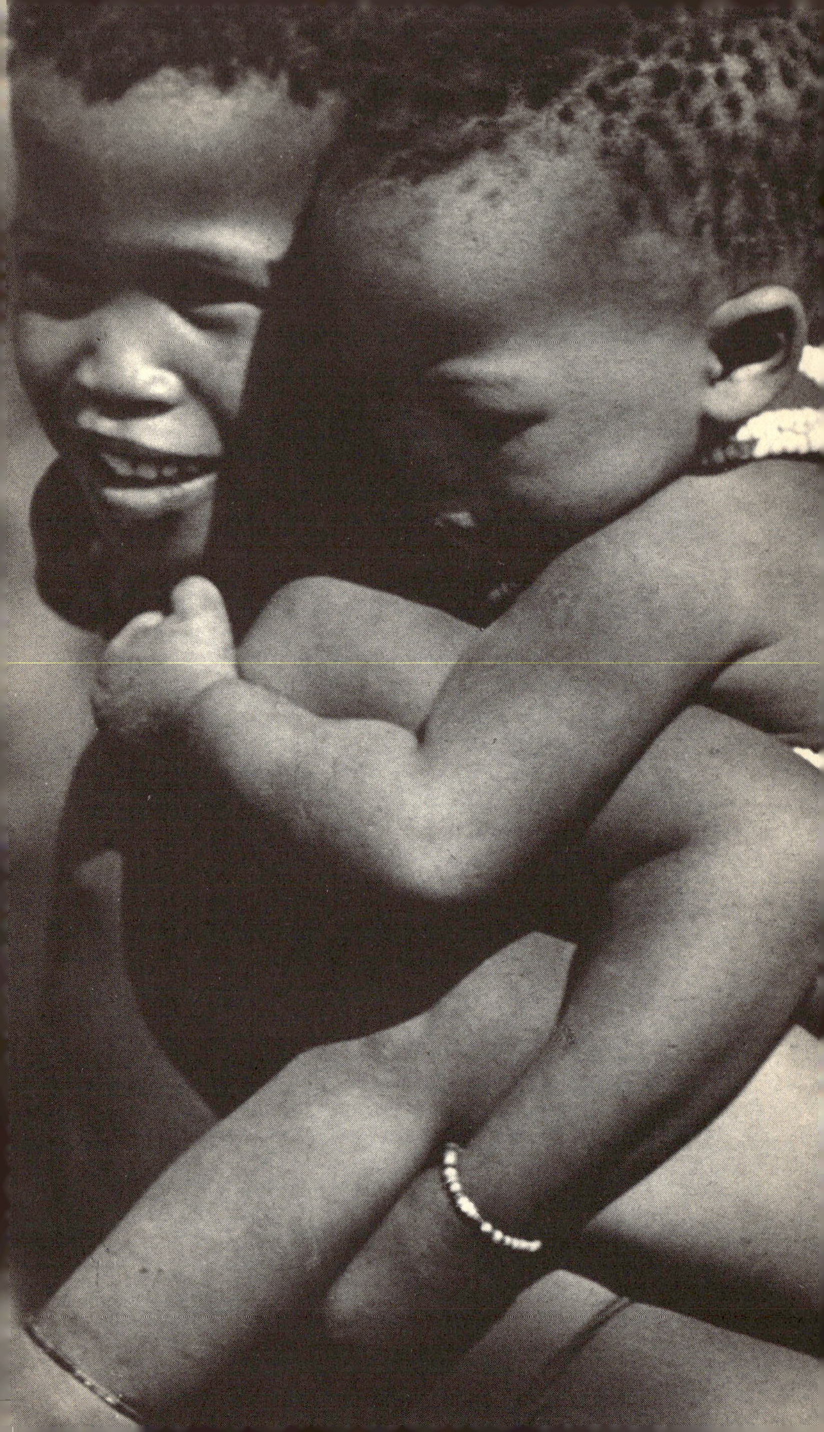

2
Familienleben

Wir lebten und lebten;[1] ich wurde größer und begann, meinen kleinen Bruder auf den Schultern zu tragen. Mein Herz war damals glücklich. Ich hatte ihn sehr liebgewonnen und trug ihn überallhin. Ich spielte eine Weile mit ihm, und wenn er anfing zu weinen, brachte ich ihn zu Mutter, damit sie ihn stillen konnte. Dann nahm ich ihn wieder wieder mit, und wir spielten zusammen.

Damals war Kumsa noch sehr klein. Aber als er älter wurde, zu reden begann und laufen lernte, stritten und schlugen wir uns und kämpften miteinander, denn so spielen Kinder. Ein Kind tut etwas Gemeines, und die anderen Kinder rächen sich. Wenn der Vater zum Beispiel auf die Jagd geht, denkst du: «Papa bringt sicher Fleisch nach Hause. Dann kann ich es essen, aber ich werde es nicht teilen!» Wenn der Vater mit Fleisch nach Hause kommt, sagst du: «Mein Papa hat Fleisch gebracht, aber ich gebe euch nichts davon!» Die anderen Kinder erwidern: «Wie kommt das? Wir spielen doch zusammen, und trotzdem behandelst du uns immer so schlecht?»

Als Kumsa älter wurde, stritten wir uns ständig. Manchmal prügelten wir uns auch. Dann packte ich ihn, biß ihn und sagte: «Oooo . . . was ist das für ein Ding, mit einem häßlichen Gesicht, ohne Hirn im Kopf und so gemein? Wie kann es so gemein zu mir sein, wo ich ihm doch nichts tue?» Dann antwortete er: «Ich verprügle dich. Niemand schützt dich!» Und ich sagte: «Du bist ja nur ein Baby! Ich, ich werde dich schlagen! Warum bist du so eklig zu mir?» Ich beschimpfte ihn; er beschimpfte mich, und ich beschimpfte ihn wieder. Mit solchen Spielen verbrachten wir die Zeit.

Einmal kam unser Vater zurück und brachte Fleisch. Wir riefen beide: «Ho, ho, Papi! Ho, ho, Papi!» Als ich hörte, wie er «Papi, Papi» rief, sagte ich: «Warum begrüßt du meinen Vater? Er ist mein Vater, oder vielleicht nicht? Du darfst nur sagen: ‹Oh, guten Tag, Vater.›» Aber er rief: «Ho, ho, Papi . . .!» Ich schrie ihn an: «Sei still! Warum begrüßt du meinen Vater? Wenn ich ‹Papi . . . Papi . . .› sage, dann bist du still. Ich will ihn allein begrüßen. Ist er vielleicht dein Vater? Ich werde dich verprügeln!» Wir kämpften und stritten, bis unsere Mutter schließlich eingriff. Dann setzten wir uns und warteten, bis sie das Fleisch gekocht hatte.

Sie legte ein paar Stücke in die Glut und den Rest in den Topf. Während das Fleisch kochte, sagte ich: «Ich nehme mir ein Stück.» Sie antwortete: «Hol dir nichts aus dem Topf. Was hast du da in der Hand?» Ich legte das Fleisch wieder in den Topf und begann zu weinen. Dann sagte ich wieder: «Ich nehme mir ein Stück.» Schließlich schickte sie mich weg: «Setz dich woandershin und warte, bis das Fleisch fertig ist. Du möchtest es doch nicht roh essen?» Ich setzte mich auf den Boden und weinte. Bald ging ich wieder zum Feuer, und diesmal nahm ich ein Stück Fleisch aus der Glut. Sie schlug mir auf die Finger, ich setzte mich wieder auf den Boden und weinte. «Wie kommt das? Kumsa ist nur ein Baby. Er sitzt da und ißt, und ich bin älter und sitze da, ohne etwas zu essen?» Sie holte ein kleines Stück Fleisch aus dem Topf und gab es mir. Ich wollte gerade hineinbeißen, als Kumsa kam, es mir wegnahm und damit davonlief. Ich sprang auf, stampfte mit dem Fuß und rannte hinter ihm her. Ich nahm ihm das Fleisch ab und biß ihn so fest, daß er zu weinen begann. Dann ließ ich ihn los. Ich setzte mich wieder ans Feuer und aß, was übriggeblieben war.

Als das Fleisch gar war, nahm meine Mutter den Topf vom Feuer, gab zuerst mir meinen Teil und dann Kumsa seinen. Sie sagte: «Du und dein Bruder, ihr eßt von einem Teller.» Ich weigerte mich: «Ich will nicht! Kumsa hat schmutzige Finger. Kumsa hat schmutzige Hände. Ich esse nicht mit ihm von einem Teller. Ich esse allein, was auf dem Teller ist. Gib deinem Sohn eine andere Portion. Warum sollen Kumsa und ich zusammen essen?»

Wir aßen von verschiedenen Tellern. Aber bald stritten wir uns wieder. Wir hatten keinen Verstand. Wir kämpften immer miteinander. Ich haßte ihn. Und Kumsa? Er haßte mich.

Ich erinnere mich an ein anderes Erlebnis mit Kumsa. Er hatte einen kleinen Lederbeutel, den er über seine Schulter hängte. Eines Tages gingen wir mit meiner Mutter Klaruknollen sammeln. Wir liefen hinter ihr, und sie war bald weit voraus. Wir suchten auch Klaru, und plötzlich, als ich mich nach ihr umsah, konnte ich sie nicht mehr sehen. Ich rief: «Mami!» Keine Antwort. Ich rief wieder, diesmal lauter: «Mami!» Wieder keine Antwort. Ich rief wieder und wieder und wieder. Wir wußten nicht, daß sie nicht antwortete, weil sie sich hinter einem Baum in der Nähe versteckt hatte und dort auf uns wartete. Kumsa und ich folgten ihren Spuren und riefen nach ihr. Als wir an ihr Versteck kamen, sprang sie plötzlich heraus und rief: «Was habt ihr zwei gemacht? Was habt ihr dort hinten gesucht? Warum seid ihr so weit zurückgeblieben? Ihr müßt vor mir hergehen!» Sie hatte uns überrascht. Wir hatten solche Angst, daß wir zitterten. Sie fuhr fort: «Wenn ihr beide weiterhin so langsam seid, gehe ich voraus und grabe Klaruknollen, und wenn ich genug habe, gehe ich einfach nach Hause. Dann werden die Tiere aus dem Busch kommen und euch fressen. Was ist los mit euch beiden, daß ihr so weit zurückbleibt, wenn ich sammle?»

Wir setzten uns und ruhten uns aus. Bald redeten und lachten wir wieder.

Danach blieben wir dicht bei ihr. Als Kumsa eine große Knolle ausgrub, rief er: «Sieh mal! Sieh mal meine! Hier! Hier! Meine Klaru ist riesengroß!» Ich antwortete: «Fick dich selbst.[2] Das nennst du eine Knolle? Deshalb hast du mich hergerufen?» Er rief noch einmal: «Alle mal hersehen! Seht euch an, was ich habe!» Dann kam er herüber und nahm eine meiner Knollen. Ich schrie ihn an: «Du bist verrückt! Du bist völlig verrückt.» Und ich schlug ihn mit dem Grabstock. Ich sagte: «Hast du keinen Verstand? Warum hast du meine Klaru genommen?» Wir gingen weiter und kehrten bald ins Dorf zurück.

Zuerst wollte ich keine von meinen Klaruknollen essen, und als ich sah, daß Kumsa seine aß, sagte ich: «Kumsa, gib mir eine. Du gibst mir doch eine?» Er saß nur da und aß sie alle auf. Ich dachte: «Oh, ich warte, bis er fertig ist, denn meine Klaru sind noch alle da. Später röste ich sie und gebe ihm keine einzige.» Das tat ich auch. Ich aß sie alle selbst.

Wir lebten in diesem Dorf und aßen. Dann verließen wir es und gingen woandershin.

Das Leben ging weiter, und ich wurde größer. Eines Tages, als ich schon etwas älter war, sah ich etwas Rotes am Schenkel meiner Mutter. Es war Blut. Ich sah es an und sah es an und sah es an. Schließlich sagte ich: «Mami, was ... wieso ist da Blut?» Sie schimpfte mit mir: «Nisa, bist du verrückt? Du bist noch ein Kind und starrst schon auf die Genitalien anderer. Was glaubst du denn, was da ist zum Anstarren?» Sie menstruierte, sie ‹sah den Mond›.[3] Sie fuhr fort: «Glaubst du, du weißt schon alles über die Genitalien einer Frau, daß du sie einfach so ansiehst? Ich schlage dich, bis du dich vollmachst! Ich sag es deinem Vater, und er wird dich auch verprügeln. Glaubst du, du kannst einfach so über meine Genitalien reden?»

Ich schwieg. Sie stand auf und setzte sich wieder. Ich sagte: «Mami ... da ist Blut ... da ist Blut!» Dann wiederholte ich flüsternd: «Mami ... Mami ... da ist Blut!» Sie sagte: «Wo ist Blut? Weißt du nicht, daß deine Genitalien auch bluten, wenn du eines Tages erwachsen bist? Du wirst auch einmal menstruieren. Warum starrst du mich so an?» Ich sagte: «Was? Ich? Ich werde nicht menstruieren. Mir fehlt, was man dazu braucht. Ich werde niemals menstruieren.» Sie sagte: «Sieh dich doch an. Du hast eine Scheide. Dort. Und eines Tages wirst du menstruieren. Du weißt nicht, was du redest.» Ich fragte: «Warum wischst du das Blut nicht ab? Nimm doch Blätter, Mami, und wisch es ab.» Das tat sie aber nicht. Statt dessen gab sie mir eine Ohrfeige, und ich begann zu weinen. Ich weinte und weinte.

Am nächsten Tag sagte ich: «Was ist das, Mami? Woher kommt das Rot? Hat Papi dich mit dem Speer getroffen?» Sie sagte: «Nein. Es ist Blut, und wenn du erwachsen bist, wird es auch aus deinen Genitalien fließen. Was ich heute erlebe, wirst du eines Tages ebenfalls erleben.» Ich sagte: «Oh ... wirklich?» Sie antwortete: «Ja, Tochter, wirklich. Aber ich will dir etwas sagen. Wenn eine Tochter zu ihrer Mutter sagt, daß sie ihr Menstruationsblut sieht, ist das eine Beschimpfung. Also beschimpfe mich nicht wieder, indem du darüber redest. Sonst werde ich es deinem Vater sagen, und er wird dich schlagen. Er wird dich wirklich schlagen.» Ich antwortete: «Nein, das stimmt nicht. Papi wird mich heute nicht schlagen. Nein, er wird mich nicht schlagen. Du blutest. Wisch es ab, Mami. Wisch das Blut ab.» Aber sie weigerte sich. Sie wischte es nicht ab.

Ein paar Tage später hatte der Mond sie verlassen, und als ich auf ihre Schenkel blickte, dachte ich: «Oh, he! Ihre Schenkel sind sauber.» Ich flüsterte: «Mami . . . Mami . . . Deine Schenkel sind sauber! Es fließt kein Blut mehr. Mami, Mami, an deinen Schenkeln ist kein Blut mehr.»

Wir lebten weiter, und sie menstruierte wieder. Es begann, als der Mond bei Sonnenuntergang hoch am Himmel stand. Dann ging ein Mond vorbei. Ein anderer kam und ging. Dann noch ein Mond und noch ein Mond. Die Monde gingen vorbei. Sie war wieder schwanger.

Damals war ich bereits älter. Mein Bruder Kumsa war auch schon größer, aber wir vertrugen uns noch immer nicht und stritten dauernd miteinander. Wenn er zu Mutter gehen wollte, um bei ihr zu trinken, nahm ich ihn, trug ihn in den Busch und ließ ihn fallen. Ich schlug ihn und sagte: «Siehst du nicht, daß Mami schwanger ist?»

In den ersten Monaten ihrer Schwangerschaft war mein Vater so wütend auf meine Mutter, daß er sie in den Bauch trat. Sie hatte beinahe eine Fehlgeburt. Es begann damit, daß einige Verwandte meines Vaters uns besuchten und eine Weile blieben.

Eines der Kinder, die zu Besuch gekommen waren, hieß Bau. Wir konnten einander nicht ausstehen. Wir stritten uns und kämpften immer wieder. Eines Tages ging ich mit den anderen Kindern an einen Tümpel spielen. Ich trug meinen kleinen Bruder Kumsa, und als wir ankamen, setzte ich ihn ans Wasser. Dann spielte ich mit den anderen. Bau begann, ihn ins Wasser zu tauchen. Sie hielt ihn fest und drückte ihn immer wieder hinunter, bis er beinahe ertrank. Als ich sah, was sie getan hatte, fragte ich: «Warum hast du versucht, meinen Bruder umzubringen?» Ich rannte zu ihrer jüngeren Schwester und zog sie ins Wasser. Ich hielt sie fest, tauchte sie unter, und sie schluckte eine Menge Wasser. Ich hielt sie so lange fest, bis ihr Magen voller Wasser war. Und wie Bau beinahe meinen Bruder ertränkt hätte, ertränkte ich beinahe ihre Schwester.

Dann ging ich zu meinem Bruder. Ich rieb ihm den Bauch und half ihm, das Wasser, das er geschluckt hatte, wieder auszuspucken. Nach einer Weile ging es ihm besser. Bau kümmerte sich um ihre Schwester. Sie rieb ihr ebenfalls den Bauch, bis sie alles Wasser ausgespuckt hatte. Ich sagte: «Ich möchte nicht noch einmal erleben, daß du meinen Bruder umbringst.»

Wir blieben noch eine Weile an der Wasserstelle. Dann trugen wir unsere Geschwister zurück ins Dorf. Unsere Mütter verprügelten uns. «Wagt es ja nicht mehr, ‹Geschwister ertränken› zu spielen! Ihr seid doch keine Babies mehr.»

(Sie lacht) «Wir haben wirklich viel angestellt, als wir klein waren.

Ich erinnere mich noch an ein anderes Erlebnis mit Bau. Einmal begleitete sie uns, als ich mit meiner Mutter und anderen Frauen sammeln ging. Aber wir waren noch nicht weit gegangen, als sie weinte und nach ihrer Mutter rief. Sie rief: «Mami!» Als ich das hörte, sagte ich: «Sei still! Warum schreist du? Wir gehen mit meiner Mutter.» Und das taten wir. Als wir in die Nähe meiner Mutter kamen, rief sie: «Mami! Mami!» Ich sagte: «Bist du verrückt geworden? Sei still! Wir sind jetzt bei meiner Mutter.» Meine Mutter sagte: «Laß sie in Ruhe. Sie kommt mit uns. Sie ruft nur nach ihrer Mutter. Warum schreist du sie an?» Wir gingen weiter und gruben wieder Klaruknollen. Nach einer Weile rief sie wieder: «Mami! Mami!» Ich schrie: «Sei still! Deine Mutter ist einen anderen Weg gegangen und gräbt dort drüben Klaru. Also sei still und geh mit meiner Mutter.» Dann fügte ich hinzu: «Also . . . du legst alle Klaru, die du findest, in meinen Beutel. Gib mir alle Knollen, die du ausgräbst; du mußt sie nicht deiner Mutter zum Tragen geben.» Sie antwortete: «Nein! Ich grabe keine Klaru für dich. Bist du ein kleiner Häuptling[4], daß du das von mir verlangst?» Ich schrie sie an: «Ich mache Scheiße aus dir! Du gräbst die Knollen aus, gibst sie mir, und ich gebe sie meiner Mutter.» Sie rief: «Mami! Nisa ist gemein.» Ich sagte: «Ich verprügle dich, bis du dich vollmachst. Hast du keinen Verstand? Du willst nur bei deiner Mutter sein und nicht bei mir.» Wir gingen weiter. Das nächste Mal sagte sie ganz leise: «Mami . . .» Ich hörte es und sagte: «Jetzt hau ich dich wirklich!» Ich nahm meinen Grabstock und schlug sie und schlug sie. Sie begann zu weinen. Ich sagte: «Du hast genug geweint. Hör auf und sei still und bleib bei meiner Mami. Wir folgen ihr, und später kommt deine Mutter vielleicht zu uns.»

Sie hörte auf zu weinen. Wir gingen weiter, und sie war ruhig. Ich lobte sie: «Jetzt mag ich dich wieder, weil du nicht mehr nach deiner Mutter rufst.» Wir gingen immer weiter und kamen schließlich nach Hause.

Aber sobald wir im Dorf waren, rannte sie weinend zu ihrer Mutter. «Mami . . . Nisa war häßlich! Ich war bei Nisa und ihrer Mutter, und Nisa war gemein zu mir! Sieh dir an, wie sie mich geschlagen hat . . . auf den Rücken und am ganzen Körper. So bös war sie zu mir!» Ich rief: «Du lügst! Ich war nicht gemein zu dir.» (Natürlich log ich.) «Sie lügt. Ich habe ihr nichts getan. Aber weil sie das gesagt hat, darf sie nicht mehr mit uns sammeln gehen. Morgen nicht und überhaupt nie mehr! Ist sie verrückt geworden?» Bau beschimpfte mich: «Deine Genitalien sollen absterben! Bist du verrückt? Du hast mich doch aufgefordert, mit dir und deiner Mutter zu gehen und . . .»

Ich stand einfach da, während sie schrie, und sagte nichts. Aber noch ehe sie ausgesprochen hatte, sprang ich auf sie zu, packte sie und warf sie zu Boden. Ich biß sie und sagte: «Was ist los mit dir? Warum hast du mich so beschimpft? Angeblich sind wir doch Freundinnen!» Sie sagte: «Lügnerin! Du bist ein Baby. Deshalb bist du so gemein. Du bist ein unvernünftiges kleines Kind voller Haß.» Ich erwiderte: «Ich habe dir nicht gesagt, du sollst dein Dorf verlassen und hier in unserem Dorf leben. Warum haben dich deine Eltern hierhergebracht, damit du bei uns lebst?» Ich drohte, sie noch einmal zu beißen, und sie rannte zur Hütte ihrer Eltern.

Sie rannte an ihren Eltern vorbei, die vor der Hütte am Feuer saßen. Ich war ihr dicht auf den Fersen, rannte an ihnen vorbei und folgte ihr in die Hütte. Ich packte sie und biß sie. Ihre Mutter trennte uns und sagte: «Aie! Was für ein Mädchen ist das? Was macht sie? Ich bin sicher, ihre Mutter hat ihr nicht gesagt, sie soll hierherkommen und meine Tochter beißen. Warum benimmt sie sich ihr gegenüber so häßlich? Wenn wir hier weggehen . . .» Als ich das hörte, rief ich: «Ja! Wann geht ihr weg? Nimm dein Kind! Geht! Meinetwegen schon gleich morgen früh. Geh mit deinem schrecklichen Kind gleich morgen. Laß sie nur nicht mehr länger hier!»

Am nächsten Morgen waren sie immer noch da. Ich fragte: «Habt ihr nicht gesagt, ihr wolltet gehen? Wieso sitzt ihr noch immer da?»

Jetzt griff meine Mutter ein. Sie unterstützte mich: «Wie kommt es, daß diese erwachsenen Leute, die bei uns leben, so häßlich zu meiner Tochter sind? Sie ist nur ein kleines Mädchen. Warum schimpfen sie dann immer mit ihr?»

Wahrscheinlich wurde mein Vater deshalb so wütend. Er sagte, sie dürfe seine Verwandten nicht beleidigen.

Bald darauf kam es zum nächsten Zwischenfall. Mein kleiner Bruder nahm einen der Pfeile meines Vaters und schlug eines ihrer Kinder damit. Glücklicherweise war der Pfeil nicht vergiftet. Ich erinnere mich nicht an alles, was dann geschah. Aber ich weiß noch, daß mein Vater, der seine Verwandten unterstützte, meine Mutter anschrie: «Chuko, du warst hier und hast es deinem Sohn . . . unserem Sohn nicht verboten. Du hast ihm noch nicht einmal die Pfeile weggenommen. Jetzt hat er ein Kind damit geschlagen!»

Er stand voll Zorn auf und trat sie. Er zielte höher, aber der Tritt traf direkt in den Bauch. Es schien, als habe er sie getötet. Sie blutete innerlich, und das Blut kam ihr aus den Genitalien und aus dem Mund. Ich fürchtete mich. «Stirbt sie? Warum hat mein Vater sie getötet? Warum hat er sie in den Bauch getreten, obwohl sie schwanger ist?» Damals war ich schon älter und verstand, was geschehen war. Ich dachte, daß sie vielleicht eine Fehlgeburt haben und ganz sicher sterben würde. Ich weinte und weinte, bis meine Kehle schmerzte.

Andere kamen und gossen Wasser auf sie. Kumsa und ich konnten nur dabeistehen und weinen. Nach einer Weile schien es, als sei sie wieder lebendig, obwohl das Blut noch immer floß. Mein Vater wusch ihr die Füße und gab ihr Wasser zu trinken, um ihr zu helfen. Er machte ihr auch medizinische Einschnitte am Rücken. Erst als die Sonne schon niedrig stand, hörte das Bluten endlich auf. Als alles vorüber war, sahen wir, daß das Blut nicht von dem Baby stammte, sondern von einer anderen Stelle. Allmählich ging es ihr besser, und der Bauch wurde immer dicker. Die Schwangerschaft war nicht unterbrochen worden.

Als mein jüngerer Bruder Kumsa geboren wurde, sagte meine Mutter, sie wolle ihn töten, weil ich noch sehr klein war und sie mich noch weiter stillen wollte. Dann, vor der Geburt von Kxamshe sagte sie, sie wolle sie töten, damit Kumsa weiter bei ihr trinken könne. Das sagte sie den Leuten bereits während der

Schwangerschaft. Sie sagte es sogar meinem Vater. Aber keiner billigte das.

Mein Vater sagte: «Ich verstehe das nicht, Chuko. Zuerst hast du gesagt, du wolltest Kumsa töten, und Nisa, dein Kind, hat ihm das Leben gerettet. Heute sagst du, du willst das Kind töten, das jetzt in dir ist. Also sag mir . . . ob du mich töten willst. Es muß so sein, denn es sind Kinder, die ich empfangen[5] habe, und trotzdem willst du erst das eine und dann das andere töten. Was du sagst, erweckt in mir den Eindruck, daß du eine schlechte Frau bist. Warum redest du so? Fürchtest du, zu viele Kinder zu haben? Oder willst du mich vielleicht nicht mehr?»

Er fuhr fort: «Als du ein Mädchen warst, wolltest du mich. Du bist in meiner Hütte neben mir erwachsen geworden, und ich habe geholfen, dich großzuziehen. Als wir Kinder bekamen, hast du sehr gut für sie gesorgt. Aber trotz allem, wenn du das Kind in dir tötest, werde ich dich verlassen. Es gibt noch andere Frauen, die ich heiraten kann!»

Kxamshe blieb im Bauch meiner Mutter. Als es Zeit für die Geburt war, gingen wir beide aus der Hütte. Wir lebten allein im Busch, nur unsere Familie, und es waren keine anderen Frauen in der Nähe. Sie nahm mich mit, als die Wehen einsetzten. Nachdem das Baby geboren war, sagte ich: «Papa hat gesagt, daß er mich, Kumsa und Dau mitnimmt und dich verläßt, wenn du das Baby umbringst.» Aber sie sagte: «Uhn, uhn . . . ich will sie nicht töten. Dieses kleine Mädchen ist zu schön. Sieh dir an, wie hübsch und hell ihre Haut ist.»[6] Mein Herz war glücklich. Sie durchtrennte die Nabelschnur und trug sie zurück zur Hütte. Dann legte sie sich hin.

Mein Vater war auf der Jagd, und als er zurückkam, lag Mutter unter einem Sonnenschutz in der Nähe der Hütte. Er fragte: «Wo ist deine Mutter?» Ich antwortete: «Sie liegt dort drüben und ruht sich aus. Sie hat ein kleines Baby mit sehr heller Haut bekommen. Mein Vater ging hinüber zu ihr. «Ist es ein kleiner Junge?» fragte er. Sie sagte: «Nein, es ist ein Mädchen.»

Mein Vater kochte den Springhasen, den er mitgebracht hatte. Dann goß er die Suppe in eine Schale und gab sie ihr zu trinken. Das sollte ihr Kraft geben und helfen, daß die Milch in die Brüste floß. Nachts schliefen wir ein, aber die Milch kam nicht. Am nächsten Morgen fing er ein Perlhuhn, kam zurück und kochte es. Sie trank die Brühe, aber sie hatte noch immer keine Milch. Später fing er noch ein Perlhuhn und kochte es. Als sie diesmal die Brühe trank, füllte die Milch schließlich ihre Brüste.

Danach lebten wir weiter. Mutter blieb eine Zeitlang in der Hütte. Nachdem Kxamshe etwas größer geworden war, nahm sie sie überall mit. Kxamshe hatte keine jüngeren Brüder oder Schwestern, denn meine Mutter bekam keine Kinder mehr. Kxamshe trank und trank und wuchs. Sie hörte von selbst auf zu trinken, obwohl meine Mutter noch Milch in der Brust hatte. Nach einer Weile hatte sie keine Milch mehr.

Kxamshe wurde immer größer – auch ohne Milch. Sie war sehr schön, und sie war hell wie die Europäer . . . so hell war ihre Haut. Und ich liebte sie. Sie wuchs und wuchs und wurde groß. Sie war ein Mädchen, beinahe eine Frau. Dann kam eine Krankheit wie Malaria von irgendwoher und überfiel sie. Es war dieses Zittern, an dem sie starb.

Meine Mutter lebte weiter. Eine lange Zeit menstruierte sie Monat um Monat. Dann verging ein Monat, und sie menstruierte nicht, dann ein anderer und dann noch einer. Die Monate gingen einfach vorüber, und es gab für sie keinen Mond mehr.

Zorn und Ablehnung, die durch die Geburt eines kleinen Bruders oder einer kleinen Schwester entstehen, drücken sich oft in Spannungen zwischen den Geschwistern aus, die Monate oder Jahre andauern. Ein junges Mädchen schilderte ihre damaligen Gefühle: «Ich erinnere mich, daß ich meine Schwester nach der Geburt ansah und dachte: ‹Das ist nicht meine Schwester, das ist die Schwester eines anderen.› Ich wollte sie schlagen, weil alle mir immer wieder sagten, sie sei meine Schwester. Ich wußte einfach, daß es nicht stimmte. Eines Tages – als sie etwa eine Woche alt war – schlug ich sie. Mein Vater bestrafte mich, und ich tat es nicht wieder. Ich verhielt mich damals wirklich dumm, aber ich hatte noch keinen Verstand.»

Die Erwachsenen wollen nicht, daß ihre Kinder miteinander kämpfen, aber sie halten Zorn für etwas, mit dem das Kind irgendwann lernen muß, fertig zu werden. Gleich starke Kinder tragen oft ihre Kämpfe aus, ohne daß die Eltern sich einmischen. Gefühle des Zorns unter Kontrolle zu halten fällt Erwachsenen ebenso schwer wie Kindern. Durch die Spannungen im Alltag entzünden sich oft Konflikte, die zu äußerst feindseligem Verhalten führen. Die Umstehenden versuchen, wirklich ernsthafte Ausbrüche zu mildern, aber das ist nicht immer leicht: Bei einem Streit ergreift jeder schnell Partei. Manchmal kommt es zu richtigen Kämpfen. Auf solche Auseinandersetzungen folgen meist Bedauern und Versuche, den angerichteten Schaden wiedergutzumachen. Glücklicherweise werden die meisten Konflikte gelöst, ehe sie dieses Stadium erreichen; das geschieht entweder durch stundenlange Gespräche oder weniger häufig, in dem sich die Gruppe entweder zeitweilig oder dauernd trennt.

Im allgemeinen beträgt der Altersunterschied der Kungkinder etwa vier Jahre. Das ist eine ungewöhnlich lange Spanne für ein Volk ohne Geburtenkontrolle. Lange wußte man nicht, wie die Kungfrauen diese Intervalle zwischen den Geburten herbeiführten. Die Kung behaupten, Pflanzen zu kennen, die bei richtiger Zubereitung und Anwendung zu Fehlgeburten führen. Aber es gibt keine Beweise für die Wirkung solcher Pflanzen oder daß sie von den Frauen benutzt werden. Man sagt auch, daß ein Tabu die Wiederaufnahme des Geschlechtsverkehrs bis zu sechs Monaten nach der Geburt eines Kindes verbietet. Aber die meisten Paare schlafen sofort nach der Geburt wieder unter einer Decke und halten sich nicht lange an diese Einschränkung. Selbst wenn sie es täten, könnten die Frauen nach dem halben Jahr wieder schwanger werden, was im günstigsten Fall zu einem Abstand von zwei Jahren zwischen den einzelnen Geburten führen würde.

Man hat auch Kindermord als mögliche Erklärung in Betracht gezogen. Das Bantugesetz verbietet diese Praxis inzwischen. Aber selbst in früherer Zeit kam es nur selten zu Kindermord – in Fällen von angeborenen Mißbildungen, von zu rascher Geburtenfolge oder bei Zwillingen (unabhängig vom Geschlecht). Der Abstand zwischen den Geburten konnte eine Frage von Leben und Tod sein. Bekam eine Frau zu früh ein weiteres Kind, mußte wahrscheinlich das Baby oder das ältere Kind – dem bereits große Zuneigung entgegengebracht wurde – sterben. Das Stillen eines Kindes erfordert von der Mutter die tägliche Aufnahme großer Kalorienmengen. Obwohl die Ernährung der Kun üblicherweise diese Kalorien liefert, ist es einer Frau unmöglich, Milch für zwei Kinder zu produzieren; zumindest würde sie das sehr schwächen. (Man hat die Milch analysiert und festgestellt, daß ihr Nährwert ausreichend ist und sich in der Zusammensetzung kaum von der westlicher Frauen unterscheidet.) Da früher keine anderen Milchquellen zur Verfügung standen, hätte das ältere Kind auf die Nahrung aus dem Busch umgestellt werden müssen, die schwer verdaulich ist. Um mit dieser Ernährung überleben zu können, muß ein Kind älter als zwei

Jahre sein – möglichst beträchtlich älter. (Inzwischen gibt es Kuhmilch für die Kleinkinder, wodurch dieses Problem weitgehend verschwunden ist.)

Die Entscheidung zum Kindermord wurde nie leichtfertig getroffen und war immer schmerzlich. Aber manchmal blieb kaum eine andere Wahl. Die Frau gebar dann vermutlich allein und begrub das Kind sofort, möglichst noch ehe es den ersten Atemzug getan hatte. (Nach alter Sitte war ein Kind erst dann ein Individuum, wenn es von der Mutter ins Dorf gebracht wurde. Deshalb galt es nicht als Mord, wenn ein Baby sofort nach der Geburt getötet wurde.) Solche Fälle müssen jedoch äußerst selten vorgekommen sein. Totgeburten machten nur etwa ein Prozent aller Geburten aus, und nur hinter einem Bruchteil dieser Zahl könnten sich Kindesmorde verbergen.

Eine Erklärung für den langen Zeitraum zwischen den einzelnen Geburten sind die langen Stillzeiten der Kungfrauen. Zwar wird die Ernährung eines Babys schon im Alter von sechs Monaten durch feste Nahrung ergänzt (entweder vorgekaut oder als Brei), aber in den ersten Lebensjahren wird es auch weiterhin durchschnittlich mehrere Male in der Stunde gestillt. Man hat festgestellt, daß die konstante Stimulation der Brustwarzen die Produktion der Hormone unterdrückt, die die Ovulation fördern. Und dadurch wird eine Empfängnis unwahrscheinlich. Eine Möglichkeit ist auch, daß die Ernährung der Kungfrauen in Verbindung mit dem großen Kalorienverbrauch beim Stillen nicht die Energie freisetzt, die für eine Ovulation notwendig ist.

Woran es auch liegen mag, der vierjährige Abstand zwischen den einzelnen Geburten ist bei der Lebensweise der Kung lebenswichtig. Die Sorge für die Kinder gehört im wesentlichen zu den Aufgaben der Frau; sie trägt z. B. die kleinen Kinder immer mit sich herum – etwa zweitausendvierhundert Kilometer im Jahr. Frauen beschaffen auch den größten Anteil an Nahrung und legen beim Sammeln zwei- oder dreimal in der Woche zwischen drei und fünfzehn Kilometer zurück. Wenn sie ins Dorf zurückkommen, tragen sie außer dem Kind fünfzehn bis dreißig Pfund Wildgemüse; man hat sogar Mengen von vierzig Pfund und mehr registriert. Außerdem machen sie häufig Tagesausflüge zu den wenige Kilometern entfernten Nachbardörfern und lange Wanderungen, wenn die Gruppe einen neuen Lagerplatz sucht oder zu Verwandten geht – dabei legen sie Entfernungen bis zu hundert Kilometern zurück. Auf solchen langen Wanderungen tragen die Frauen ihre wenigen Besitztümer mit sich – einen Mörser und Stößel, Kochgeschirr, Wasserbehälter, einen Grabstock, Schmuckgegenstände, Kleidung und Wasser – weitere zwei bis vier Pfund.

Kungfrauen wiegen durchschnittlich vierzig Kilo, und es wäre für sie sehr schwierig oder sogar unmöglich, ihren Alltagspflichten nachzukommen, wenn sie den langen Abstand zwischen den Geburten nicht einhalten könnten. Ein vierjähriges Kind ist in der Lage, wenigstens auf kurzen Entfernungen mit den Erwachsenen Schritt zu halten, oder es findet sich damit ab, im Dorf zu bleiben, während die Mutter einen Tag sammeln geht. Ein jüngeres Kind ist abhängiger. Die Mutter müßte dann das Baby und das Kleinkind tragen. (Selbst vier Jahre sind ein Kompromiß. Man sieht nicht selten Frauen, die vom Sammeln zurückkommen und neben den Nahrungsmitteln ein vierjähriges Kind – das vielleicht zwölf Kilo wiegen mag – auf den Schultern trägt und ein Baby von etwa sechs Kilo in der Schlinge auf der Hüfte.)

Da die Kungfrauen im allgemeinen zwischen den Schwangerschaften nur wenige Menstruationen erleben, ist die Periode für sie «etwas Unbedeutendes». Zwar hört man gelegentlich, daß eine Frau «krank sei», und man weiß, daß die Menstruation von körperlichem Unwohlsein (Krämpfe, Empfindlichkeit der Brüste, Kopf- und Rückenschmerzen) begleitet wird, aber man glaubt nicht, daß sie den psychischen Zustand beeinflußt. Viele Kungfrauen glauben jedoch, daß die Menstruation einsetzt, wenn eine Frau bei einer anderen Menstruationsblut an den Schenkeln sieht oder auch nur erfährt, daß eine andere Frau ihre Periode hat. (Dieses Phänomen, als Menstruationssynchronität bekannt, ist nirgends bewiesen worden. Aber amerikanische Studien stützen diese Theorie.)

Kungfrauen versuchen, ihre Menstruation zu verbergen, aber das ist nicht immer möglich. Blätter, Lederstücke und seit neuerem auch Stoff, der gewaschen und aufbewahrt werden kann, sind das einzige, was sie haben, um den Ausfluß aufzufangen. Sie bemühen sich um Sauberkeit; aber Wasser ist während der meisten Zeit des Jahres nur in geringen Mengen vorhanden, und dadurch wird tägliches Baden unmöglich. Manche Frauen schränken in dieser Zeit ihre Besuche ein, aber andere unterbrechen ihre normalen Aktivitäten nicht. Eine Frau erklärte: «Wenn ich jemanden besuchen möchte, gehe ich nachts. Dann kann niemand das Blut an meinen Beinen sehen.» Ist die Menstruation vorüber, wird gebadet, selbst wenn das Wasser knapp ist.

Die Kung schenken der Menstruation nur sehr geringe Aufmerksamkeit. Die Frauen sondern sich nicht ab, und die Paare schlafen weiterhin beisammen. Man erwartet, daß die sexuellen Aktivitäten unterbleiben, aber da man glaubt, daß die Vermischung von Sperma und dem letzten Menstruationsblut zur Empfängnis führt, wird das Tabu vielleicht bewußt nicht eingehalten, wenn eine Empfängnis erwünscht ist – besonders in den letzten zwei Tagen.

3
Leben im Busch

Wir lebten im Busch. Mein Vater stellte Fallen und erlegte Steenbok, Ducker und Gemsantilopen. Wir lebten, aßen das Fleisch und die Nahrung aus dem Busch. Wir sammelten Knollen, zerstampften sie im Mörser und aßen sie. Wir aßen auch süße Ninbeeren und Tsinbohnen. Als ich noch ein Kind war, gab es keine Kühe oder Ziegen, und ich wußte nichts von den Hereros. Ich hatte noch nie Menschen eines anderen Volkes gesehen und kannte nichts außer dem Leben im Busch. Dort lebten wir, und dort wuchsen wir auf.[1]

Wenn mein Vater ein Tier erlegte und ich sah ihn nach Hause kommen – das tote Tier an einem Stock über der Schulter –, war ich glücklich. Ich rief: «Mami! Papa kommt und bringt Fleisch!» Mein Herz war froh, wenn ich ihn begrüßte. «Ho, ho, Papa! Wir haben Fleisch zu essen!»

Oder es gab Honig. Manchmal kam er mit Honig zurück. Ich saß bei meiner Mutter und sah in der Ferne, wie jemand aus dem Busch kam. Ich sah genau hin, dann rief ich: «Oooo, Papa hat einen Bienenstock gefunden! Oh, ich werde Honig essen! Papa kommt zurück und hat uns Honig mitgebracht!» Ich dankte ihm und begrüßte ihn mit wunderbaren Namen.

Manchmal entdeckte meine Mutter den Honig. Wir zwei gingen durch den Busch und sammelten; und sie entdeckte plötzlich einen Bienenstock in einem Termitenhügel oder auf einem Baum. Ich erinnere mich, wie sie einmal Honig fand. Ich hüpfte und sprang herum. Ich war so aufgeregt, daß ich nicht ruhig bleiben konnte.

Wir gingen ins Dorf, um ein paar Gefäße zu holen, und liefen dann zum Termitenhügel zurück. Ich sah zu, als sie den Honig herausholte. Dann gingen wir nach Hause.

Vor langer Zeit, als wir alle im Busch lebten, brachten uns unsere Väter Essen im Übermaß. Sie brachten fette Tiere – Fett wurde besonders geschätzt. Wenn mein Vater Fleisch brachte, begrüßte ich ihn immer: «Ho, ho, Papa kommt mit Fleisch nach Hause!» Und ich war für alles dankbar, und es gab nichts, was mich unglücklich machte.

Nur wenn ein anderer aus dem Dorf ein Tier getötet hatte und damit zurückkam, dachte ich: «Uhn, uhn . . . der da, die Leute in dieser Hütte geben selten etwas ab. Wenn sie etwas haben, bekommen wir nie etwas. Und wenn sie es tun, reicht es nie für uns alle. Es sind geizige Leute.» Mein Herz war dann nicht glücklich, denn es hieß, daß wir sie bitten mußten. Also saßen wir am nächsten Morgen vor ihrer Hütte. Wenn sie uns eine große Portion gaben, war ich glücklich, und ich dachte: «Ja, diese Leute . . . ihre Herzen sind unseren nah. Sie haben Mutter und Vater etwas von dem gegeben, was sie hatten.» Dann aßen wir alle.

Aber es gibt immer eine Hütte im Dorf, wo die Leute dich beinahe umbringen, wenn es ums Essen geht. Ich erinnere mich, daß wir einmal mit einer Gruppe Zhuntwasi zusammenlebten, und sie aßen Fleisch von einem erlegten Tier. Mein Vater bat sie um ein Stück, aber sie gaben ihm nichts. Ich saß dabei und dachte: «Ich bleibe einfach hier sitzen und warte. Wenn Papa ein Tier tötet, dann habe ich Fleisch zu essen.» Mein Vater war nämlich ein guter Jäger.

Jedesmal, wenn ich sah, daß andere mit Fleisch ins Dorf zurückkamen, fragte ich: «Papa, wie kommt es, daß du nicht auf die Jagd gegangen bist, damit wir Fleisch haben? Nur die Leute da drüben haben etwas zu essen.» Mein Vater antwortete dann: «Eh, an meinen Pfeilen war kein frisches Gift. Sonst wäre ich auch auf die Jagd gegangen. Ich hätte etwas geschossen, damit du und deine Mutter etwas zu essen haben.» Ich sagte: «Hm, nur die anderen gehen auf die Jagd.»

Als wir im Busch lebten, teilten manche Leute, und andere waren geizig. Aber es gab immer genügend Leute, die teilten, Leute, die sich gern hatten, die glücklich zusammenlebten und sich nicht stritten. Wenn einer geizig war, stand der andere einfach auf und schrie ihn an, ganz gleich, ob es sich um Fleisch oder etwas anderes handelte: «Was ist los mit dir, warum gibst du uns kein Fleisch?»

Als Kind war mein Herz glücklich, wenn ich etwas zu essen bekam. Außer geizigen Leuten gab es nichts, was mich unglücklich machte. Leute, die nichts von dem abgaben, was sie hatten, mochte ich nicht. Dann hatte ich schlechte Gefühle in meinem Herzen, und ich dachte: «Diesen da mag ich nicht.» Oder manchmal sagte ich: «Für mich bist du ein schlechter Mensch, und ich werde dir nie etwas geben.» Aber manchmal weinte ich auch nur. Manchmal weinte ich die ganze Nacht bis in den Morgen. Einmal weinte ich, weil jemand einen sehr kleinen Vogel in einer Falle gefangen hatte und ich nichts davon bekommen hatte. Ich wollte etwas davon und saß einfach da und weinte und weinte. Schließlich sagten die Leute zu mir: «Es ist nur ein winziger Vogel. Hör auf, deshalb zu weinen.»

Heute ist das nicht anders. Jetzt bin ich schon so lange erwachsen. Aber wenn jemand mir nichts gibt, werde ich ihm selbst heute niemals etwas geben. Wenn ich beim Essen sitze und so jemand kommt vorbei, sage ich: «Uhn, uhn, ich gebe dir nichts. Was du tust, wenn du etwas zu essen hast, macht mich unglücklich. Wenn du mir wenigstens ab und zu etwas gegeben hättest, würde ich dir sicher jetzt etwas abgeben.» Solche Leute sind wirklich schlecht. Wenn sie etwas zu essen vor sich sehen, essen sie alles selbst.

Ich beobachtete meinen Vater, wenn er, den Köcher über der Schulter, frühmorgens das Dorf verließ. Normalerweise blieb er den ganzen Tag weg. Wenn er zurückkam und etwas geschossen hatte, sagte er: «Eh, als ich heute morgen in den Busch hinausging, sah ich als erstes ein Tier, eine Giraffe. Aber ich verlor ihre Spur. Dann sah ich eine Elenantilope und traf sie mit dem Pfeil. Wir wollen bis morgen warten, dann gehen wir sie suchen.» Am nächsten Tag füllten wir die Straußeneier, unsere Wasserbehälter, und gingen alle zu der Stelle, wo das Tier verendet war.

Einmal ging mein Vater mit anderen Männern auf die Jagd, und sie nahmen Hunde mit. Als erstes sahen sie ein junges Weißschwanzgnu und erlegten es. Dann folgten sie dem Muttertier und erlegten es ebenfalls. Außerdem schossen sie noch ein Warzenschwein.

Ich sah sie, als sie zurückkamen, und rief: «Ho, ho, Papa bringt Fleisch nach Hause! Papa kommt mit Fleisch nach Hause.» Meine Mutter sagte: «Rede keinen Unsinn. Dein Vater ist noch nicht zu Hause.» Dann drehte sie sich um und sah in die Richtung, in die ich blickte: «Eh-hey, Tochter! Dein Vater hat etwas geschossen. Er kommt mit Fleisch.»

Ich erinnere mich daran, daß der jüngere Bruder meines Vaters von weit her kam und bei uns lebte. Am Tag vor seiner Ankunft tötete er eine Elenantilope. Er ließ sie im Busch liegen und kam in unser Dorf. Nur meine Mutter und ich waren da. Er begrüßte uns und fragte nach seinem Bruder. Mutter sagte: «Eh, er folgt ein paar Spuren von einem Stachelschwein. Er kommt zurück, wenn die Sonne untergeht.» Wir saßen den ganzen Tag beisammen. Als die Sonne tief am Himmel stand, kam mein Vater zurück. Mein Onkel sagte: «Ich habe gestern auf meinem Weg hierher Spuren von einer Elenantilope entdeckt – vielleicht war es nur eine kleine –, und ich habe sie lange verfolgt und schließlich in dem Dickicht hinter dem ausgetrockneten Wasserloch getötet. Warum holen wir nicht das Fleisch und bringen es ins Dorf?» Wir packten ein paar Sachen ein, hängten andere in die Bäume und gingen an die Stelle, wo die Elenantilope lag. Es war ein großes Tier mit viel Fett. Wir lebten dort, während sie das Tier enthäuteten, das Fleisch in Streifen schnitten und zum Trocknen aufhängten. Nach ein paar Tagen machten wir uns auf den Rückweg. Die Männer trugen das Fleisch an Stöcken[2] über der Schulter und die Frauen in ihren Fellmänteln.

Zuerst trug meine Mutter mich auf den Schultern. Wir waren schon lange gegangen, als sie mich absetzte. Ich begann zu weinen. Sie war ärgerlich: «Du bist ein großes Mädchen. Du kannst alleine laufen.» Es stimmte, ich war damals schon ein recht großes Mädchen, aber ich wollte noch immer getragen werden. Mein älterer Bruder sagte: «Hör auf, sie anzuschreien. Sie weint schon.» Er nahm mich hoch und trug mich. Nachdem wir lange gegangen waren, setzte er mich ebenfalls ab. Schließlich kamen wir ins Dorf zurück. Wir lebten und aßen das Fleisch. Wir lebten und lebten. Dann war es aufgegessen.

Mein älterer Bruder Dau war viel älter als ich. Schon als ich geboren wurde, hatte er eine eigene Hütte und lebte nicht mehr bei uns.

Später heiratete er. Aber als ich noch klein war, ging er auf die Jagd und kam mit Fleisch nach Hause. Er lernte von meinem Vater, wie man Tiere aufspürt und erlegt. Ich habe nur gute Erinnerungen an ihn – damals war mein Herz glücklich.

Ich folgte ihm überallhin. Ich *liebte* ihn! Manchmal, wenn er auf die Jagd gehen wollte, sagte er: «Warum bleibst du nicht im Dorf? Warum folgst du mir immer?» Ich blieb zu Hause, und wenn er mit Fleisch zurückkam, begrüßte ich ihn: «Ho, ho ... mein großer Bruder ist wieder da!»

Manchmal nahm er mich mit. Und obwohl ich bereits recht groß war, setzte er mich auf seine Schultern und trug mich. Das war ein Grund, warum ich ihm überallhin folgte. Wenn er ein Tier sah, setzte er mich ab, spürte es auf und erlegte es. Wenn er es traf, gingen wir zurück ins Dorf, und ich durfte immer als erste verkünden: «Mein großer Bruder hat eine Gemsantilope geschossen!» Am nächsten Morgen ging er mit den anderen hinaus, um sie zu suchen. Manchmal hatte ich Angst, ich würde durstig werden und es gäbe nicht genug Wasser. Dann blieb ich im Dorf.

Wenn ich im Dorf blieb, beauftragte er mich manchmal, die Vogelfallen zu stellen. Er sagte das immer zu mir, nie zu meinem kleinen Bruder, weil Kumsa immer den Köder aß – die winzigen Chon- oder Gowknollen. Er liebte diese kleinen Zwiebeln und nahm sie einfach den Vögeln weg.

Einmal stellte Mutter ein paar Fallen nicht weit vom Dorf entfernt auf. Nachdem sie zurück war, folgte Kumsa ihren Spuren und aß die meisten Knollen. Als Mutter am späten Nachmittag die Fallen kontrollierte, fand sie in einer ein Perlhuhn, aber in den anderen weder einen Vogel noch den Köder.

Ein anderes Mal geriet Kumsa mit dem Finger in die Falle (wie so oft) und begann zu weinen. Ich ging mit meinem großen Bruder zu ihm. Dau schlug ihn und sagte: «Wenn du den Perlhühnern das Essen wegnimmst, lassen sie sich nicht fangen! Hör auf, die Knollen zu essen! Hast du keinen Verstand, daß du den Köder aus den Fallen nimmst?»

Ich tat das nie. Ich hielt die Knollen in der Hand und ging zu den Fallen. Ich legte eine Zwiebel hinein und ließ sie den Vögeln. Später am Tag kontrollierte ich die Fallen. Wenn sich ein Vogel gefangen hatte, brachte ich ihn nach Hause, und mein älterer Bruder rupfte ihm die Federn aus.

Ich stellte auch manchmal Fallen für meinen Vater. Ich . . . ganz allein. Ich ging allein zu den Fallen und stellte sie. Mein kleiner Bruder blieb zu Hause, weil er die Knollen so gerne aß!

Ich aß gerne gekochte Mongongonüsse. Wenn jemand sie aß und mir nichts gab, weinte ich und weinte, bis ich etwas bekam. Aber einmal hatte ich soviel Suppe und Mongongonußfleisch, wie ich wollte, und ich hatte keinen Grund zu weinen.

Mein älterer Bruder ging oft in die Mongongohaine und brachte Säcke voller Nüsse zurück. Einmal, als er zurückkam, sagte er zu meiner Mutter: «Hier sind die Nüsse. Koch sie, damit du und Nisa etwas zu essen haben. Aber koch nicht so viel, daß du sie weggibst. Ich bin müde. Also hör zu, was ich dir zu sagen habe . . . Ich möchte nicht, daß du diese Nüsse weggibst, weil ich sie alle Nisa schenke. Die anderen werden ihr helfen, sie zu kochen. Dann kann sie die Suppe trinken, wann sie will. Jetzt werde ich mich ausruhen, bis dieser Mond vergeht. Erst dann gehe ich wieder Nüsse sammeln.»

Ich hatte diese vielen Mongongonüsse ganz für mich allein. Ich trank immer wieder Fruchtsuppe und aß große Mengen aufgeschlagener Nüsse.

Ich erinnere mich auch, daß ich mich einmal verbrannte. Meine Mutter hatte Klaruknollen gegraben und war gerade damit zurückgekommen. Sie legte sie in einen Topf, um sie zu einem Brei zu kochen. Ich fragte immer wieder: «Mami, gib mir davon. Warum gibst du mir nichts davon? Mami, gib mir Klaru.» Um mich zu beruhigen, nahm sie schließlich ein paar Knollen, von denen sie glaubte, daß sie kühl genug seien, und gab sie mir in die Hand. Sie waren immer noch zu heiß. Ich ließ sie fallen, und eine landete auf meinem Bein. Ehe ich sie abschütteln konnte, hatte ich mich verbrannt, und es gab eine große Wunde. Ich weinte und weinte, und als es schon dunkel war, weinte ich immer noch. Mein Vater sagte: «Chuko, ich habe dir schon oft gesagt, du sollst nichts tun, was Nisa zum Weinen bringt und ihre Tränen fließen läßt. Warum begreifst du das nicht? Hast du keine Ohren? Du tust immer wieder Dinge, die sie zum Weinen bringen. Du bist die Mutter dieser kleinen Kinder und mußt das verstehen.»

Die Leute sagen, daß Salz Verbrennungen heilt, und als sie die Wunde sorgfältig gewaschen hatten, zerstießen sie Salz in sehr kleine Stücke und legten sie darauf. Ich hatte keine Angst und ließ es geschehen. Dann weinte ich und sah zu, wie das Salz kleine Blasen in der Wunde hervorrief. «Oh, das Salz ist furchtbar ... eeeee ... eeeee ...!» Das Salz brachte mich beinahe um. Wirklich, ich hatte das Gefühl, daß es mein Bein verbrannte. Ich starb beinahe vor Schmerzen.

Es dauerte lange, bis die Wunde heilte, und ich konnte nur unter großen Schwierigkeiten gehen. Ich konnte nur mühsam aufstehen. Wenn ich in den Busch[3] mußte, kroch ich auf allen vieren. Mein Vater gab meiner Mutter die Schuld: «Wenn du Nisa so etwas noch einmal antust, werde ich, ein Erwachsener und ihr Vater, mit dir das gleiche tun! Ich werde dich ins Feuer werfen. Wie konntest du so unvorsichtig sein? Du hast beinahe ein Kind getötet. Jetzt kann sie noch nicht einmal laufen. Am liebsten würde ich dich gleich ins Feuer werfen. Die Leute sagen, ich soll es nicht tun. Aber wenn du sie noch einmal so verbrennst, tue ich es!» Meine Mutter antwortete: «Du hast recht. Wenn du mich ins Feuer werfen würdest, wäre das in Ordnung. Denn ich bin schuld daran, daß deine Tochter sich verbrannt hat. Aber sie hat wirklich keinen Verstand. Sie kann noch nicht richtig denken. Sie hat noch keinen Funken Verstand. Sie weiß noch nicht einmal, wie man richtig ißt.»

Wir lebten und lebten, und nach einer Weile heilte die Wunde.

Ich erinnere mich, daß ich einmal ein totes Weißschwanzgnu entdeckte. Es war erst vor kurzem von Löwen getötet worden und lag im Busch. Mutter und ich waren beim Sammeln. Sie ging in eine Richtung, und ich blieb in ihrer Nähe. Da sah ich plötzlich das Weißschwanzgnu. Ich ging näher heran, um es besser zu sehen. Aber ich bekam Angst und rannte davon. Ich rief: «Mami! Mami! Komm und sieh dir das an! Sieh dir dieses große schwarze Ding an, das hier liegt.» Sie kam näher, und ich deutete mit dem Finger: «Dort bei dem Baum!» Sie sah hin: «Eh! Meine Tochter! Meine kleine Nisa! Mein kleines Mädchen! Meine Tochter hat ein Weißschwanzgnu gefunden!» Dann sagte sie: «Geh zurück ins Dorf und sage deinem Vater, er soll kommen.» Sie blieb bei dem Tier, während ich zurückrannte. Aber wir waren tief im Mongongogehölz, und ich wurde bald müde. Ich ruhte mich aus. Dann stand ich wieder auf und rannte weiter. Ich folgte immer unseren Spuren. Ich rannte, ruhte mich aus und rannte dann wieder, bis ich schließlich ins Dorf kam.

Es war heiß, und alle lagen im Schatten. Mein älterer Bruder sah mich zuerst. «Was ist los? Sieh mal, Papa, Nisa kommt allein zurück. Glaubst du, Mutter ist gebissen worden?»[4] Ich lief zu ihnen und rief: «Nein, Mami ist nicht gebissen worden . . . aber ich, ich habe ein totes Weißschwanzgnu im Busch gefunden! Wir waren gerade durch die Senke gegangen, dort, wo die Bäume so dicht stehen. Dann kamen wir zu einer Lichtung, und da fand ich es.[5] Ich rief Mami, und sie ist dort geblieben.» Mein Vater, mein älterer Bruder und alle anderen im Dorf gingen mit mir. Als wir zu der Stelle kamen, häuteten sie das Tier, schnitten das Fleisch in Streifen und trugen es an Stöcken ins Dorf zurück.

Nachdem wir mit dem Fleisch zu Hause waren, verteilten meine Eltern Geschenke. Aber ich wollte nicht, daß sie von dem Fleisch etwas weggaben. Ich rief: «Ich habe es gefunden!» Und als ich sah, daß sie Fleisch verschenkten, folgte ich den Leuten zu ihrer Hütte, nahm es ihnen wieder ab und sagte: «Habt ihr das Gnu gesehen? Mami und ich waren zusammen, und ich habe es gesehen!» Ich nahm ihnen das Fleisch wieder weg und hängte es zurück an den Ast vor unserer Hütte. Die Leute sagten: «Oh! Was für ein Kind. Sie will nicht teilen, was ihr gehört. Sie ist ein Kind, das etwas findet und den anderen nichts davon gibt.» Aber ich sagte: «Habt ihr es gesehen? Ich habe es mit eigenen Augen gesehen. Und dieses Gnu gehört mir. Ich hänge das Fleisch vor meine Hütte, damit ich es allein essen kann.»

Später ging ich spielen. Während ich weg war, teilte meine Mutter das Fleisch mit den anderen. Als ich zurückkam, fragte ich nach dem Fleisch, denn ich konnte es nirgends sehen.

Mutter und ich gingen oft zusammen in den Busch. Wir gingen an einen Platz, wo sie Pflanzen sammelte. Sie setzte mich in den Schatten eines Baums und grub Knollen oder sammelte in der Nähe Nüsse.

Einmal verließ ich unseren Rastplatz und spielte im Schatten eines anderen Baums. Plötzlich sah ich zwischen dem Gras und Laub einen kleinen Steenbok, der gerade erst geboren worden war. Er lag dort und sah mich mit seinen kleinen Augen an. Ich dachte: «Was soll ich tun?» Ich rief: «Mami!» Ich stand da, er lag vor mir und sah mich an. Plötzlich wußte ich, was ich zu tun hatte – ich sprang auf ihn zu und versuchte, ihn zu fangen. Aber er machte einen Satz, rannte davon, und ich jagte hinter ihm her. Er rannte, ich rannte, und er blökte, während er rannte. Schließlich kam ich dicht genug an ihn heran. Ich stellte ihm ein Bein, und er fiel. Ich packte ihn an den Beinen und trug ihn zurück. Er blökte: «Ehn . . . ehn . . . ehn . . .»

Seine Mutter war in der Nähe, und als sie ihn rufen hörte, kam sie herbeigelaufen. Ich sah sie kommen und lief, so schnell ich konnte. Aber den kleinen Bock ließ ich nicht los. Ich wollte ihn nicht seiner Mutter zurückgeben! Ich rannte und rief: «Mami! Komm! Hilf mir, ich habe einen Steenbok! Mami! Die Mutter des Steenboks kommt hinter mir her! Schnell! Komm! Nimm ihn mir ab.» Aber die Mutter des Steenboks folgte mir nicht mehr. Ich hielt ihn an den Füßen fest und schlug ihn hart auf den Sand, bis ich ihn getötet hatte. Dann blökte er nicht mehr. Er war tot. Ich war sehr glücklich. Meine Mutter kam herbeigelaufen, und ich gab ihr das Tier zu tragen.

Den Rest des Tages wanderten wir beide durch den Busch. Während meine Mutter sammelte, saß ich im Schatten eines Baums, wartete und spielte mit dem toten Steenbok. Ich nahm ihn hoch, versuchte ihn aufzustellen, versuchte, seine Augen zu öffnen, und sah ihn mir genau an. Als meine Mutter genug Shawurzeln gegraben hatte, kam sie zurück, und wir gingen nach Hause.

Mein Vater war den ganzen Tag über auf der Jagd gewesen und hatte einen großen Steenbok geschossen. Er hatte ihn enthäutet und brachte das Fleisch an Stöcken zurück. «Ho ho, Papi hat einen Steenbok getötet!» Dann sagte ich: «Mami! Papi! Meinen Steenbok will ich mit niemandem teilen. Diesmal dürft ihr das Fleisch nicht verschenken. Wenn es gekocht ist, werden mein kleiner Bruder und ich es essen . . . nur wir zwei.»

Ich erinnere mich, daß wir einmal von einem Platz zum anderen zogen. Unterwegs spürten mein Vater und mein älterer Bruder einen jungen Ameisenbär auf. Dieses Tier hat beinahe keine Haare, eine Haut wie ein Mensch und Hände wie ein Mensch. Nachdem sie ihn erlegt und wir ihn gegessen hatten, wurde mir übel, und ich übergab mich. Damals überfiel eine schlimme Krankheit meinen

Körper, und ich wurde sehr krank. Mein Vater versetzte sich in eine Heiltrance, legte mir die Hände auf, und bemühte sich um mich, bis es mir besserging. Ich war noch zu jung, um zu begreifen, daß er mich heilte; ich verstand noch nichts von diesen Dingen. Ich wußte nur, daß ich krank war, und ich dachte: «Werde ich an dieser Krankheit sterben?» Mein Vater bemühte sich um mich, heilte mich mit seinen Medizinkräften, und es ging mir besser. Bald konnte ich mich wieder aufsetzen. Dann saß ich bei den anderen. Als es mir sehr viel besser ging, spielte ich wieder und dachte nicht mehr an den Tod.

Ein älteres Kind versteht mehr und weiß, wenn es von jemandem geheilt wird. Es denkt: «Dieser da versucht, mich zu heilen. Vielleicht geht es mir mit seiner Hilfe bald besser, denn die Krankheit verursacht mir große Schmerzen. Vielleicht wird er mich heilen und den Schmerz aus meinem Körper nehmen. Dann geht es mir wieder besser.» Es gefiel mir, wenn mein Vater uns heilte. Mir gefiel es, wenn er etwas Gutes und Hilfreiches tat. Ich dachte dann, er sorgt dafür, daß es uns allen bessergeht. Wenn ich krank war, spürte ich, wie mein Körper wieder gesund wurde. Wenn ein anderer krank war, saß ich daneben und sang für meinen Vater, während er in Trance fiel und ihn heilte. Ältere Kinder verstehen das und denken über diese Dinge nach. Aber jüngere Kinder haben keine solchen Gedanken.

Ich erinnere mich, wie ich ein anderes Mal krank wurde, nachdem ich Fleisch gegessen hatte. Mein älterer Bruder erlegte mit vergifteten Pfeilen ein Gnu. Ich war glücklich, als ich ihn mit großen Fleischstücken zurückkommen sah. «Ho, ho, mein großer Bruder bringt Fleisch nach Hause!» Ich dankte ihm und lobte ihn. Und das Fett! Das Fleisch war sehr fett! Man gab mir ein großes Stück, und ich aß es ganz auf. Besonders das Fett schmeckte mir gut. Ich aß und aß und aß. Ich aß so viel, daß ich bald Schmerzen bekam. Mein Bauch schmerzte, und ich hatte Diarrhoe. Mein Bauch war voll von Fett, und meine Diarrhoe war ebenfalls voll Fett.

Bald ging es mir besser, und wir lebten weiter.

Ein anderes Mal zerbrach ich ein Straußenei, das wir als Wasserbehälter benutzten, und mein Vater schlug mich. Ich legte die Straußeneier immer in meinen Fellmantel und ging an die Wasserstelle, um sie zu füllen. Aber einmal fiel eines herunter und zerbrach. Es zerbrach in viele kleine Stücke. Als ich zurückkam, hielt mein Vater einen Stock in der Hand und sagte, er würde mich totschlagen. Deshalb ... phfft lief ich davon!

Aber es geschah wieder. Ich hatte ein paar Straußeneier zur Wasserstelle getragen und füllte gerade eines mit Wasser, als ein anderes herunterfiel und ... bums! Ich sagte: «Heute laufe ich nicht davon. Selbst wenn mein Vater mich umbringt. Heute laufe ich nicht davon.»

Mein jüngerer Bruder Kumsa rannte sofort zurück, um zu verkünden: «Papi! Nisa hat schon wieder ein Straußenei zerbrochen!» Als ich zurückkam, wartete mein Vater auf mich. Er sagte: «Kannst du mir erklären, warum du das Straußenei zerbrochen hast. Du bist doch schon ein großes Mädchen. Und trotzdem hast du es zerbrochen!» Er schlug mich, und ich fing an zu weinen. Aber bald hörte er auf und sagte: «Schon gut ... es ist ja schließlich nicht so wichtig.»

Aber wenn danach jemand zu mir sagte: «Nisa, nimm die Straußeneier und füll sie mit Wasser», weigerte ich mich. Ich wußte, wenn ich wieder eins zerbrechen würde, würden sie mich wieder schlagen. Ich sagte: «Die Straußeneier rühr ich nicht an. Ich lasse die Finger davon, denn sonst schlagt ihr mich wieder.» Wenn ich Durst hatte, nahm ich eine kleine Dose und ging zur Wasserstelle, um zu trinken. Ich füllte die Dose mit Wasser, legte Blätter darüber und ging zurück. Aber die Straußeneier rührte ich nicht mehr an. Nur noch meine Mutter holte Wasser von der Wasserstelle.

Es verging eine lange Zeit, ehe ich die Straußeneier wieder benutzte. Und wir lebten weiter.

Ich erinnere mich, wie wir einmal von einem Platz zum anderen wanderten. Die Sonne brannte am Himmel. Es war in der heißen, trockenen Jahreszeit, und es gab nirgends Wasser. Die Sonne *brannte*! Kumsa war bereits geboren, und ich war noch klein. Wir waren schon lange gewandert, als mein älterer Bruder einen Bienenstock sah. Wir rasteten eine Weile, und mein Vater spaltete den Baum. Wir halfen alle, den Honig herauszuholen. Ich füllte mein kleines Gefäß, bis es voll war. Wir blieben dort, aßen den Honig, und ich wurde sehr durstig. Ich nahm meinen Honig, den Grabstock, und wir gingen weiter. Die Hitze war mörderisch, und wir starben alle vor Durst. Ich begann zu weinen, denn ich wollte etwas trinken.

Nach einer Weile machten wir wieder Rast im Schatten eines Baobabbaums. Es gab nirgends Wasser. Wir saßen im Schatten. Schließlich sagte mein Vater: «Dau, wir bleiben hier unter diesem Baobab. Du nimmst den Wasserbehälter und holst Wasser. Nicht weit von hier ist eine Wasserstelle.» Dau nahm die Straußeneierschalen und einen großen Tonkrug und ging. Ich lag auf dem Boden und starb vor Durst. Ich dachte: «Wenn ich hierbleibe, verdurste ich sicher. Warum gehe ich nicht mit meinem großen Bruder Wasser holen?» Ich sprang auf und lief hinter ihm her. Ich rannte und rannte; ich rief nach ihm und folgte seinen Spuren. Aber er hörte mich nicht. Ich rannte weiter, rief und weinte. Schließlich hörte er etwas und drehte sich um, um zu sehen, was es war: «Oh nein! Nisa ist mir gefolgt. Was soll ich jetzt machen, wo sie schon einmal hier ist?» Er blieb stehen und wartete auf mich. Als ich bei ihm war, nahm er mich auf seine Schultern, und wir gingen weiter.

Wir zwei gingen weiter so. Wir gingen und gingen und gingen, bis wir an die Wasserstelle kamen. Ich lief ans Wasser und trank, und bald war ich wieder glücklich. Wir füllten die Gefäße und stellten sie in einen geflochtenen Beutel, den mein Bruder auf dem Rücken trug. Er setzte mich wieder auf seine Schultern.

Wir gingen wieder zurück. Dau trug das Wasser und mich. Nach einer Weile setzte er mich ab, und ich ging neben ihm her. Bald begann ich zu weinen. Er sagte: «Nisa, ich hau dich, wenn du nicht aufhörst. Ich trage die Wassergefäße, und sie sind sehr schwer. Also geh neben mir her, denn wir müssen das Wasser unseren Eltern bringen. Sie sind inzwischen sicher beinahe verdurstet. Warum weinst du? Hast du keinen Verstand?» Ich schluchzte: «Nein, trag mich. Setz mich auf deine Schultern, Dau, und trag mich.» Er weigerte sich, und ich ging neben ihm her. Ich weinte und lief und weinte. Nach einer Weile sagte er: «Gut, ich trage dich wieder.» Und er nahm mich auf seine Schultern. Wir gingen lange, ehe er mich wieder absetzte. Die Wasserstelle war weit vom Lagerplatz entfernt. Ich ging neben ihm her, bis ich müde wurde, und dann trug er mich wieder. So kamen wir zu dem Baobabbaum zurück, wo unsere Eltern warteten.

Sie tranken das Wasser; sie tranken mehr und mehr. «Wie gut

unsere Kinder sind. Sie haben uns Wasser gebracht. Jetzt sind wir wieder lebendig.» Wir rasteten unter dem Baobab und gingen dann weiter zu einer anderen Wasserstelle. Obwohl wir lange laufen mußten, weinte ich nicht. Ich trug mein Gefäß mit Honig und ging neben den Erwachsenen her. Als wir schließlich ankamen, blieben wir dort eine Weile. Mein Herz war froh. Wir aßen Honig und lebten.

Einmal wanderten wir zu einem Wasserloch, aber es gab dort kein Wasser. Wir waren alle durstig. Das einzige Wasser, das wir fanden, kam von einer Kwa, einer großen wasserhaltigen Wurzel. Meine Mutter schabte das Fruchtfleisch zu kleinen Häufchen zusammen und preßte das Wasser heraus, damit ich trinken konnte. Sie sagte: «Nisa ist nur ein kleines Kind, aber sie hat großen Durst.» Die Kwawurzeln enthalten viel Wasser, aber sie schmecken bitter. Als ich den Saft trank, weinte ich.

Wir lebten dort, und nach einiger Zeit sahen wir Regenwolken am Himmel. Eine Wolke zog in unsere Richtung, aber sie hing einfach am Himmel. Am nächsten Tag zogen noch mehr Regenwolken auf, aber sie hingen ebenfalls bewegungslos am Himmel. Dann begann es zu regnen, und es goß in Strömen.

Die Regenzeit hatte endlich begonnen. Die Sonne ging auf, die Sonne ging unter, und es regnete. Es regnete und regnete. Es hörte nicht mehr auf. Bald waren die Wasserlöcher voll. Und mein Herz, mein Herz war glücklich. Wir lebten und aßen Fleisch und Mongongonüsse und noch mehr Fleisch, und alles schmeckte sehr gut.

Mein Herz war glücklich, und ich rannte herum wie ein kleiner Hund, der mit dem Schwanz wedelt. Wirklich, ich war so glücklich und rief fröhlich: «Heute ist die Regenzeit gekommen. Yea, Yea!»

Es gab Raupen zu essen – diese kleinen Dinger, die herumkriechen und: «Mmm . . . mmmm . . . mmmm . . .» machen. Die Leute gruben Wurzeln, sammelten Pflanzen und brachten immer mehr Eßbares nach Hause. Es gab viel Fleisch; die Leute brachten immer mehr, hängten es an Stöcke und die Äste der Bäume im Lager. Mein Herz quoll über vor Freude. Ich aß viel, und ich tobte herum wie ein Hund, der mit dem Schwanz wedelt. Ich lachte mit meinem kleinen Schwanz; ich lachte das Lachen eines kleinen Esels. Ich wedelte mit meinem Schwanz und rief: «Heute esse ich Raupen . . .

Rau-pen!» Manche Leute gaben mir Fleischsuppe, andere brieten Raupen für mich, und ich aß, ich aß, und ich aß. Dann legte ich mich schlafen.

Aber in dieser Nacht, als alle fest schliefen, pinkelte ich auf meinen Schlafplatz. Am nächsten Morgen, als die anderen aufstanden, lag ich noch immer dort, wo ich gepinkelt hatte. Die Sonne ging auf und stand bereits hoch am Himmel, aber ich lag immer noch dort. Ich fürchtete, daß die Leute sich über mich lustig machen würden. Mutter sagte: «Was ist mit Nisa los? Sie steht nicht auf, obwohl schon lange die Sonne scheint. Oh . . . wahrscheinlich hat sie sich naß gemacht!»

Als ich aufstand, blickte ich auf meinen kleinen Ledenschurz. Naß! «Ooh! Ich habe mich vollgepinkelt!» Und ich war traurig. Ich dachte: «Ich habe mich vollgepinkelt, und alle werden mich auslachen.» Ich fragte eine meiner Freundinnen: «Wie kommt das? Ich habe diese Raupen gegessen und dann im Schlaf ins Bett gepinkelt?» Dann dachte ich: «Heute abend schlafe ich weit weg von den anderen. Wènn ich wieder das Bett naß mache, werden Vater und Mutter mich sicher schlagen.»

Ich erinnere mich, daß wir Kinder einmal eine bissige Schildkröte fanden. Wir schwammen und plantschten in einem Wasserloch. Wir spielten mit der Schildkröte – wir nahmen sie hoch, drehten sie auf den Rücken und reichten sie herum. Als ich sie in der Hand hielt, biß sie mich in den Finger. Ich schrie, aber sie ließ nicht los. Ich versuchte sie abzuschütteln und rief: «Mami! Meine Hand! Mach etwas mit meinem Finger! Keya! Noni! Kommt und helft mir! Steht nicht so dumm herum! Helft mir. Sie hat mich gebissen!»

Ich schlug die Hand auf den Boden, aber die Schildkröte ließ nicht locker. Ich sah, daß sie meine Hand nicht losließ, und schrie weiter um Hilfe. Ich zog an ihr mit der anderen Hand, und schließlich fiel sie in den Sand. Mein Finger klopfte: «Poch . . . poch . . . poch . . . poch.» Ich setzte mich und ruhte mich aus, während die anderen die Schildkröte töteten. Ich saß da und starrte auf meinen Finger. Er schmerzte; er brannte! Die anderen Kinder tanzten einen Trancetanz für mich. Sie gaben mir den Glauben, daß sie mich heilten, und legten mir die Hände auf. Sie tanzten um mich herum und versuchten, meinen Finger zu heilen. Die Jungen fielen in

Trance und versuchten, die Krankheit und den Schmerz aus meiner Hand zu ziehen. Als die Sonne tief am Himmel stand, gingen wir ins Dorf zurück. Die Schildkröte nahmen wir mit, damit wir sie kochen und essen konnten.

Als wir ins Dorf kamen, fragte meine Mutter: «Was ist passiert? Was hat dich gebissen?» Ich antwortete: «Eine Schildkröte. Diese Schildkröte. Wir haben mit ihr gespielt und sie auf den Rücken gedreht, und als ich versuchte, sie anzufassen, hat sich mich gebissen. Sie hat mich sehr fest gebissen.»

Von da an fürchtete ich mich vor Schildkröten und faßte sie nicht mehr an. Wenn die anderen Kinder sie auf den Rücken drehten, stand ich nur dabei und sah zu. Als Kind war ich wirklich sehr unvernünftig. Selbst so ein schlechtes Ding wie die Schildkröte faßte ich einfach an. Dann biß sie mich, und noch heute ist meine Hand an dieser Stelle häßlich. Glaubst du, daß man als Kind vernünftig ist?

Ich erinnere mich, daß ich einmal mit meinen Spielkameraden durch den Busch ging. Unsere Familie zog von einem Lager zum anderen. Meine Freunde und ich liefen vor den Erwachsenen her. Wir ritten aufeinander und spielten Esel und Reiter. Plötzlich sah mein Freund Besa ein Gnu, ein totes Gnu. Dann sah er ein anderes und noch eins. Löwen hatten sie erst vor kurzem gerissen. Wir rannten zurück zu den Eltern und riefen: «Wir haben drei tote Gnus gesehen, die von den Löwen gerissen worden sind!» Die Erwachsenen sagten: «Ho, ho, unsere Kinder . . . unsere wunderbaren Kinder . . . unsere wunderbaren, wunderbaren Kinder!»

Wir gingen an die Stelle, wo die toten Gnus lagen, schlugen ein Lager auf und lebten dort eine Zeitlang. Am ersten Tag wurden die Tiere enthäutet, wir fanden Wasser und aßen Fleisch. Am nächsten Tag holten die Frauen noch mehr Wasser. Wir aßen Fleisch und legten uns schlafen. In dieser Nacht kamen die Löwen zurück. Sie suchten die Tiere, die sie getötet hatten – sie hatten nur eines der drei Gnus gefressen.

Die Löwen kamen dicht an unser Lager heran, aber sie blieben außerhalb des Feuerkreises. Wir konnten ihre Augen in den dunklen Büschen leuchten sehen. Ein Paar Augen war an einer Stelle, ein zweites Paar an einer anderen, aber es gab noch mehr. Es waren viele Löwen. Sie wollten uns töten.

Mein Vater fiel in eine Medizintrance. Während der Körper in Trance war, flog sein Geist in die Welt der Geister, um mit den Göttern zu sprechen. Zusammen mit den Geistern vertrieb er die Löwen. Sie machten sich bald davon und gingen zu einem anderen, weit entfernten Wasserloch. Als mein Vater aus der Trance erwachte, kehrte er zu uns zurück. Dann schliefen wir.

Ich war damals schon recht groß, und am anderen Tag ging ich mit meinem jüngeren Bruder und ein paar Freunden in den Busch. Unterwegs sah ich plötzlich die Spuren einer sehr kleinen Kuduantilope im Sand. Ich rief: «He, seht mal alle her! Kommt mal her! Seht euch die Kuduspuren an.» Die anderen kamen, und wir betrachteten die Spuren genau.

Wir folgten den Spuren und gingen und gingen. Nach einer Weile sahen wir das Kudubaby ruhig im Gras liegen. Es schlief. Ich machte einen Satz und versuchte, es zu fangen. Es blökte ängstlich: «Ehnnn . . . ehnnn . . .» Aber ich hatte es nicht richtig gepackt; es befreite sich und rannte davon. Wir alle rannten hinterher und jagten es. Wir rannten und rannten. Aber ich lief so schnell, daß die anderen zurückblieben. Plötzlich war ich allein und rannte hinter ihm her, so schnell ich konnte. Schließlich bekam ich es zu fassen. Ich warf mich auf das kleine Kudu und tötete es. Dann packte ich es an den Beinen, legte es über die Schultern und ging zurück. Ich atmete schwer: «Whew . . . whew . . . whew . . .!»

Als ich auf die anderen stieß, sagte mein älterer Cousin: «Meine Cousine, meine kleine Cousine . . . Sie hat ein Kudu getötet! Was haben wir hier gemacht? Wir Männer . . . wie kommt es, daß nicht wir es erlegt haben, sondern dieses kleine Mädchen, das so schnell rennen kann?»

Ich gab das Tier meinem Cousin, und er trug es. Auf dem Rückweg entdeckte ein anderes Mädchen einen jungen Steenbok. Sie und ihr älterer Bruder rannten hinter ihm her. Sie jagten ihn, und ihr Bruder tötete ihn schließlich. An diesem Tag brachten wir viel Fleisch zurück ins Dorf, und alle hatten genug zu essen.

Hatte ich eine glückliche Kindheit? Als junges Mädchen und als Erwachsene wußte ich, daß mein Herz meist glücklich gewesen war. Aber als kleines Mädchen begriff ich noch nicht genug, um zu wissen, ob ich glücklich oder traurig war.

Der nördliche Rand der Kalahariwüste ist ein launischer und schwieriger Lebensraum. Die Niederschlagsmenge während der Regenzeit kann in einem Jahr tausend Millimeter betragen und im nächsten Jahr nur hundertfünfundzwanzig Millimeter. Bei einer Niederschlagsmenge von tausend Millimetern füllen sich die Senken, und es entstehen Tümpel, die oft Wochen, manchmal sogar Monate Wasser enthalten. Es ist dann nicht schwierig, weit zu reisen, und die Kung können sich bei der Suche nach Wild und pflanzlicher Nahrung in kleinen Gruppen über das gesamte Gebiet verteilen. In solchen Zeiten wachsen weniger bekannte Pflanzen, die man nur alle paar Jahre findet. Einige der elementaren Nutzpflanzen können vom Wasser überflutet werden. Der ständige Regen kann sogar die wichtigste Frucht, die proteinreiche Mongongonuß, verfaulen lassen. Noch schlimmer für die Kung ist es, wenn vereinzelte schwere Regenfälle zu Beginn der Regenzeit die Blüten der Mongongobäume vernichten, noch ehe sie Frucht angesetzt haben.

Im Gegensatz dazu führen einhundertfünfundzwanzig Millimeter Niederschlag zu einer Dürre. Dann wachsen viele der eßbaren Pflanzen nicht, die die Kungfrauen normalerweise sammeln. Im Durchschnitt kommt es alle vier Jahre im Dobegebiet zu einer schweren Dürre. Dann ist es eine Frage des Überlebens, die permanenten Wasserquellen zu kennen; an Hand der verdorrten Ranken bestimmter Pflanzen die großen, wasserspeichernden Wurzeln zu lokalisieren, die tief in der Erde verborgen sind, oder sich an die teilweise versteckten Höhlungen der dicken Mongongo- oder Morulastämme zu erinnern, in denen sich Wasser gesammelt hat. All dies hängt von der geographisch bedingten unterschiedlichen Niederschlagsmenge während der Regenzeit ab. In einem Gebiet kann doppelt soviel Regen fallen wie in einem anderen, das nur wenige Kilometer entfernt ist.

Ein Fremder, der an einem typischen Frühlingstag (von September bis November) in diese sandige, dornige Buschlandschaft käme, würde als erstes nach einem schattigen Platz suchen; und er wäre froh, eine Stelle zu finden, wo es nicht heißer als fünfunddreißig Grad ist. Er würde nirgends Wasser sehen und nur wenig zu essen finden. Selbst inmitten der Nußhaine, wo Hunderttausende von Mongongonüssen auf der Erde liegen, würde er hungrig bleiben, denn er müßte zuerst einen Stein finden, der schwer genug ist, um die dicke Schale aufzubrechen; er müßte wissen, wie man die Nuß zwischen zwei Steine legt, damit man sich nicht den Finger quetscht; er müßte sie mit der richtigen Kraft an der richtigen Stelle treffen, damit sie genau in der Mitte aufbricht und den haselnußgroßen Kern freigibt.

Vielleicht würde er Wild sehen, und vielleicht hätte der Fremde in kluger Voraussicht Pfeilspitzen aus Knochensplittern und Schäfte aus den großen, schilfartigen Grashalmen vorbereitet und sie mit dem Gift einer bestimmten Käferart bestrichen. Vielleicht hätte er sich aus einem grünen, teilweise getrockneten Ast einen Bogen gefertigt, dessen Sehne er aus Pflanzenfasern gedreht hat. Selbst ein so gut vorbereiteter Fremder müßte außerordentliches Glück haben, um ohne jahrelanges Training und ohne Erfahrung im Spurenlesen, Anpirschen und Schießen ein Tier zu erlegen. Aber wie lange würde es dauern, bis das Tier tot ist? Stunden? Tage? Wäre der Besucher in der Lage, den Spuren zu folgen? Würde er ausreichende Mengen eßbarer Pflanzen finden, um in der Zwischenzeit zu überleben?

Selbst der Kungjäger ist im Durchschnitt nur an einem von vier Jagdtagen erfolgreich. Der Jäger muß es verstehen, die Spuren der Tiere zu lesen – er muß wissen, wie alt sie sind und von welcher Tierart sie stammen. An Hand der Spuren muß er sich ein Bild von Alter, Größe und Gesundheitszustand des Tieres machen können. Der Jäger muß nicht nur der Spur folgen, sondern sich an das Tier heranpirschen; er muß die Windrichtung beachten, um so dicht heranzukommen, daß er erfolgreich schießen kann. Hat er getroffen, muß er abschätzen können, wie weit sich der vergiftete Pfeil ins Fleisch gebohrt hat, wie lange das Tier noch leben und wohin es wahrscheinlich flüchten wird. Handelt es sich um ein großes Tier, geht der Jäger vielleicht ins Dorf zurück und kommt am nächsten Tag mit Helfern wieder an die Schußstelle. Sie nehmen dann die Spuren auf, finden das Wild, und wenn es noch nicht verendet ist, töten sie es mit den Speeren. Vielleicht hat das tote Tier bereits Löwen, Leoparden, Hyänen, Schakale, Wildhunde oder Geier angelockt – einzeln oder in Gruppen. Die Jäger müssen sie vertreiben, und das ist manchmal sehr gefährlich. Das Tier wird zerlegt; die Haut wird sorgfältig abgezogen, um später gegerbt und zu Kleidungsstücken oder Decken verarbeitet zu werden. Die Leber wird gebraten und sofort gegessen. Das Fleisch wird für den Rücktransport vorbereitet. Nichts bleibt zurück oder wird verschwendet.

Die Neigungen und Fähigkeiten eines Mannes zur Jagd werden bereits in früher Kindheit gefördert. Die Eltern geben den kleinen Kindern Spielzeugbogen und -pfeile. Unbewegliche Gegenstände sind die ersten Ziele. Bald suchen sie sich bewegliche Ziele wie Heuschrecken und Käfer. Wenn die Jungen älter werden, verbessern sie ihre Teffsicherheit, indem sie Holzstücke und Speere werfen. Durch Praxis und Beobachtung entwickeln sie langsam ihre Meisterschaft im Spurenlesen und lernen, die vielen hundert Pflanzen- und Tierarten ihres Lebensraumes zu unterscheiden. Einen Großteil ihres Wissens über Tiere, das für die erfolgreiche Jagd notwendig ist, lernen sie in Gesprächen über gegenwärtige und vergangene Jagdzüge. Etwa im Alter von zwölf Jahren bekommt ein Junge den ersten Köcher mit Pfeilen von seinem Vater. Jetzt beginnt er, Vögel und Kaninchen zu schießen. Man bringt ihm außerdem bei, Schlingen zu legen. Als nächstes darf er Vater, Onkel oder ältere Brüder auf die Jagd begleiten.

Die Jagden sind oft gefährlich. Die Kung sind mutig, aber sie suchen die Gefahr nicht, um ihren Mut unter Beweis zu stellen. Es gilt als klug und nicht als feige oder unmännlich, gefährlichen Situationen bewußt aus dem Weg zu gehen. Besonders von den Jungen erwartet man nicht, daß sie ihre Furcht überwinden und wie Erwachsene handeln. Unnötige Risiken kommentieren die Kung mit den Worten: «Aber er hätte dabei sterben können!»

Ein Junge erlegt das erste große Tier wahrscheinlich im Alter von fünfzehn bis achtzehn. Die Kung betrachten dieses Ereignis als Meilenstein in der Entwicklung. Es finden zwei Zeremonien statt, um die erfolgreiche Jagd des ersten männlichen und des ersten weiblichen Tieres zu feiern. Mit kleinen rituellen Tätowierungen und zusätzlichen kleinen Einschnitten will man die Stärke und den Erfolg des künftigen Jägers beschwören. Der junge Mann gilt jetzt als heiratsfähig, aber es kann durchaus noch zehn Jahre dauern, bis er tatsächlich heiratet. In dieser Zeit vervollkommnet er sein Wissen und seine Fähigkeiten als Jäger.

Mit dreißig beginnt für den Mann die produktivste Zeit seiner Karriere als Jäger. Sie wird vermutlich fünfzehn Jahre dauern. In dieser Zeit legt er bei der Verfolgung der fünfundfünfzig Arten von Säugetieren, von Vögeln, Reptilien und eßbaren Insekten im Jahr zwischen zweitausend und viertausend Kilometer zurück. Er bedient sich unterschiedlicher Methoden, um die Tiere über und unter der Erde zu erlegen. Er schleudert Speere, legt Schlingen, jagt sie mit und ohne Hunde oder schießt in der klassischen Weise mit vergifteten Pfeilen. Am Morgen der Jagd bestimmt er nach eigenem Wissen und dem Rat anderer, in welcher Richtung er gehen wird. Vielleicht verläßt er sich auch auf magische Informationsquellen – Träume und Omen –, um die Beute aufzuspüren. Diese Informationen stärken sein Vertrauen, denn sie geben ihm das Gefühl, daß die mächtigen Kräfte der «anderen Welt» hinter ihm stehen. Vielleicht jagt er allein oder mit anderen. In der Gruppe werden geheime Namen für das verfolgte Tier benutzt. Die Jäger verständigen sich mit Handzeichen und Pfiffen, um das Wild nicht aufzuschrecken.

Gelingt es dem Jäger, ein großes Tier zu schießen, wird es sorgfältig zerlegt und ins Dorf zurückgebracht. Dort wird das Fleisch nach feststehenden Regeln wohlüberlegt verteilt. Direkt oder indirekt erhält jeder eine Portion. Fleisch ist etwas Kostbares. Selbst wenn andere Nahrung im Überfluß vorhanden ist, sprechen die Leute von «Fleischhunger». Besonders gut durchwachsenes Fleisch ist sehr beliebt, denn die meisten Wüstentiere sind mager. Es ist immer ungewiß, wann es wieder Fleisch gibt, und deshalb ist die Prozedur des Verteilens ein äußerst emotionales Ereignis. Die Größe der Portion hängt nicht nur von solchen klaren Aspekten wie verwandtschaftlicher Bindung ab, sondern auch von so subtilen Überlegungen wie die Leistung bei der Jagd. Die Angelegenheit wird weiter kompliziert, da die meisten Jäger nach alter Tradition in ihrem Köcher neben den eigenen Pfeilen auch die von anderen haben. Es kommt daher vor, daß der Pfeil, der ein Tier getötet hat, nicht dem Jäger gehört, der ihn abgeschossen hat. Die Sitte der Kung bestimmt, daß der wahre «Besitzer» des Fleischs derjenige ist, dem der Pfeil gehört, und ihm fällt die ehrenvolle und delikate Aufgabe zu, das Fleisch gerecht zu verteilen. (Manchmal ist es eine Frau, denn auch Frauen besitzen Pfeile.) Er tut das wohlüberlegt, um sich vor echten und möglichen Beleidigungen zu schützen. Ein Teil des Fleisches wird zum späteren Gebrauch getrocknet, aber man verzehrt große Mengen mit Begeisterung auf der Stelle. Hatte der Jäger kein Glück, sammelt er auf dem Rückweg vielleicht ein paar eßbare Pflanzen, um nicht mit leeren Händen ins Dorf zu kommen.

Die Männer sind höchst unterschiedlich begabte Jäger, aber Erfolg oder Mißerfolg führen nicht zu Statusunterschieden. Man erwartet von einem Jäger nach erfolgreicher Jagd Bescheidenheit und Mäßigung, sobald er ins Dorf zurückkommt, um seine Neuigkeiten mitzuteilen. Er setzt sich schweigend an ein Feuer – an das eigene oder das eines anderen. Er begrüßt seine Leute und wartet. Wenn sie ihn fragen, antwortet er: «Nein, ich habe heute nichts gesehen . . . zumindest nichts, worüber es lohnt zu sprechen.» Die anderen, die die Regeln sehr wohl beherrschen, dringen in ihn: «Dieses Nichts, das du gesehen hast . . . bist du nahe genug herangekommen, um es zu treffen?» Im Verlauf des Gesprächs wird langsam deutlich, daß er eine Gemsantilope, eine Elenantilope oder sogar eine Giraffe erlegt hat. Während sich im Lager die Neuigkeit verbreitet, wächst die allgemeine Erregung. Der Jäger sitzt noch immer gelassen am Feuer und beschreibt ruhig die Ereignisse, die zu dem glücklichen Jagdausgang geführt haben. Betrachtet man sein Verhalten als prahlerisch oder stellt er seine Leistung nicht als Mischung von Geschicklichkeit und Glück dar, wird er mit gezielten Späßen und spöttischen Bemerkungen zur Ordnung gerufen. Später werden die dramatischen Erlebnisse bei der Jagd erzählt, und die Geschichten anderer, wichtiger Jagdzüge werden in Erinnerung gerufen.

Es ist die Aufgabe des wirklich erfolgreichen Jägers (oder Sammlers, Musikers, Heilers usw.), sich so geschickt wie möglich zu verhalten, um bei den anderen weder Neid noch Zorn zu erregen. Vermutlich geht darauf die Sitte zurück, die Pfeile zu teilen, um den eigenen Erfolg beim Schuß abzuschwächen. Außerdem fühlt sich der weniger erfolgreiche Jäger mächtiger, wenn er die Pfeile des erfolgreichen Jägers benutzt. Sie verleihen ihm vielleicht das notwendige Vertrauen, das zum Erfolg führt. Viele Jäger legen nach einer erfolgreichen Jagd eine längere Pause ein. Damit geben sie anderen die Möglichkeit, Fleisch für das Dorf zu bringen und das Lob und die Aufmerksamkeit der Gruppe zu genießen.

Mit zunehmendem Alter begleitet der Mann immer häufiger die jüngeren Jäger auf ihren Jagdzügen. Auf diese Weise kann er ihnen das Wissen und Können, das er in seiner vierzigjährigen Praxis erworben hat, weitergeben. Wenn er sich mit Anfang Sechzig von der Jagd zurückzieht, hat er zwischen achtzig und hundertzwanzig oder mehr große Tiere erlegt und Hunderte von kleinen. Ist er noch bei guter Gesundheit, stellt er Fallen, lehrt die Jungen, die Spuren der Vögel und Kleintiere im Busch zu lesen, und unternimmt Streifzüge in der näheren Umgebung des Dorfes.

4

Entdeckung der Sexualität

Ich bin eine alte Frau und weiß Bescheid, da ich zuhöre, wann immer die Leute reden.[1] Ich will dir eine Geschichte über unsere mystische Vergangenheit erzählen, die ich hörte, als meine Großmutter sie meiner Mutter erzählte. Es ist eine Geschichte vom Anfang, als die Menschen noch nichts von Sex wußten, als sie noch nicht wußten, wie man Geschlechtsverkehr hat.

Vor langer, langer Zeit lebten zwei Frauen, die sich Hütten bauten. Sie lebten ganz allein in ihrem Dorf. An einem anderen Ort lebten zwei Männer ebenfalls alleine in ihrem Dorf. Die beiden Frauen lebten an einem Ort und die zwei Männer an einem anderen.

Eines Tages entdeckten die Männer das Dorf der Frauen. Am nächsten Tag, als die Sonne noch nicht hoch am Himmel stand, verließen sie ihr Dorf in der Absicht, die beiden Frauen zu rauben. Aber als sie ankamen, fanden sie die Frauen nicht – sie waren in den Busch gegangen, um Früchte und Nüsse zu sammeln. Später, als die Frauen zurückkamen, legten sie ab, was sie gesammelt hatten, und setzten sich. Erst dann sahen sie die beiden Männer. Die eine sagte: «Was? Wo bin ich? Wie kommt es, daß hier Männer sind? Mein Verstand sagt mir, daß wir an einem Ort leben, wo es keine Männer gibt. Sind hier wirklich Männer?»

Diese Frauen wollten den Männern beibringen, wie man Sex hat. Es war noch früh, und die Frauen blieben in der Nähe der Männer und aßen. Aber als es Abend wurde und dann Nacht, ging der eine Mann zu der einen Frau und der zweite zur anderen Frau. Die beiden Paare lagen lange Zeit beisammen. Dann wollte einer der Männer Sex haben. Deshalb stand er auf und versuchte, Sex im Mund der Frau zu haben. Sie sagte: «Nein, nicht so.» Er versuchte es mit den Augen der Frau. Sie sagte: «Nein, so nicht.» Dann versuchte er es in ihrem Ohr. «Nein, so nicht.» Dann in ihren Nasenlöchern. «Nein, so nicht. So hat man keinen Sex. Sieh mal, hier ist eine Vagina. Hier zwischen meinen Beinen. Mit dem Mund esse ich. Mit den Augen sehe ich Dinge. Mit den Ohren höre ich, und mit der Nase atme ich. Wie kommt es, daß ich hier eine Vagina habe, und du versuchst es nicht da? Du hast nur versucht, Sex mit meinem Gesicht zu haben.» Da nahm er seinen Penis und schob ihn in ihre Vagina, und so hatten sie schließlich Sex . . . die ganze Nacht lang.

Im Morgengrauen gingen die beiden Männer auf die Suche nach anderen Menschen, um ihnen zu sagen: «Gestern abend haben wir entdeckt, wie man Sex hat. Es gibt etwas, das Vagina heißt, und da tut man es.» Als die anderen Menschen das hörten, begannen alle, ebenfalls Sex zu haben.

Wenn ein Kind nachts neben der Mutter liegt[2] und der Vater legt sich hinter die Mutter und Mutter und Vater lieben sich[3], sieht das Kind zu. Die Eltern machen sich keine Sorgen, denn es ist noch ein kleines Kind.[4] Der Vater hat Sex mit der Mutter. Denn selbst wenn das Kind sieht, selbst wenn es hört, wie die Eltern nachts ihre Arbeit tun, weiß es nicht, *was* die Eltern tun. Es ist noch immer jung und ohne Wissen. Es sieht zu und denkt nicht darüber nach.

Vielleicht lernt das Kind schließlich auf diese Weise, denn wenn es älter wird, beginnt es zu verstehen, daß Mutter und Vater Geschlechtsverkehr haben. Zuerst denkt es: «So, das ist also auch etwas, das die Menschen mit ihren Genitalien tun.» Ein kleiner Junge nimmt vielleicht ein kleines Mädchen oder seine Schwester und tut mit ihr das gleiche. Er bringt es sich selbst bei.[5] Er spielt, daß er Sex mit ihr hat, wie er es bei Mutter und Vater gesehen hat, und wenn er das gelernt hat, versucht er, mit allen anderen so zu spielen.

Wenn die Kinder älter sind, werden sie sich allmählich ihrer sexuellen Gefühle bewußt. Wenn sie nachts in der Hütte der Eltern liegen und noch wach sind, während die Eltern Sex miteinander haben . . . wenn sie daliegen und alles hören, empfinden sie Pein.

Sie denken vielleicht: «Na gut, Mutter und Vater tun nur ihre Arbeit.» Aber trotzdem werden sie sexuell erregt, wenn sie zuhören. Denn größere Kinder sind beinahe wie Erwachsene und haben starke sexuelle Gefühle. Wenn sie hören, daß andere Geschlechtsverkehr haben, werden sie erregt. So liegen sie bis zum Morgengrauen in der Hütte. Aber wenn sie morgens mit den anderen Kindern spielen, erzählen sie, daß sie gehört haben, wie die Eltern in der Nacht ihre Arbeit getan haben. Ein kleiner Junge, der dann ein Mädchen sieht, spielt sexuelle Spiele mit ihr.

Ein älterer Junge tut das. Er wartet, bis er mit einem Mädchen zusammen ist, und legt sich neben sie. Er reibt ein bißchen Speichel an ihre Genitalien, legt sich auf sie und stochert mit seiner halben Erektion an ihr herum, als hätte er wirklich Geschlechtsverkehr, obwohl es nicht so ist. Kleine Jungen können zwar hart werden, aber sie dringen nicht wirklich in die Mädchen ein. Sie wissen auch noch nichts über Ejakulation. Erst wenn ein Junge beinahe ein junger Mann ist, beginnt er, Sex wie ein Erwachsener zu haben.

Mädchen lehnen diese Spiele zuerst ab. Sie sagen, daß das Herumstochern weh tut. Aber wenn sie etwas älter sind, finden sie sich dazu bereit, und allmählich gefällt es ihnen sogar.

Als ich noch klein war, verstand ich nicht die Arbeit zwischen einem Mann und einer Frau; die Arbeit, zusammenzuleben und zusammenzuliegen . . . die Arbeit, der sie sich widmeten und die sie wie das Tanzen genossen . . . die Arbeit eines Mannes, der auf einer Frau liegt . . . der sich hebt und senkt und hebt und senkt. Zuerst dachte ich: «Eh, hey . . . das tun die Leute also.» Und ich glaubte, es sei dasselbe, was die Kinder mit mir beim Spielen taten.

Erst als ich älter war, wurde mir langsam bewußt, was mein Vater und meine Mutter taten, wenn sie so zusammenlagen. Sie legten sich in die Hütte, dann lagen sie zusammen und dann . . . begann ihre Arbeit. Ich dachte damals: «Wird die Frau dabei getötet? Vielleicht geschieht etwas Schreckliches, und ein Mensch tötet den anderen. Wird Papas Arbeit Mami töten?»

Nachts lag mein Vater bei meiner Mutter. Manchmal war ich noch nicht eingeschlafen. Ich lag neben ihr. Mein Vater legte sich hinter sie, und ich sah zu. Zuerst machte mich das nicht unglücklich. Aber als ich älter war, dachte ich: «Warum kümmert sich mein

Vater nicht darum, daß ich vielleicht noch wach bin? Ich bin inzwischen schon ziemlich groß. Warum hat er dann nicht mehr Respekt vor mir? Erwachsene sollten auf andere Rücksicht nehmen. Sehen sie nicht, daß ich noch nicht schlafe? Warum legt er sich zu ihr?» Ich lag da und hatte solche oder andere Gedanken: «Wieso kümmern sich Mutter und Vater nicht um mich? Ich bin schon sehr groß. Sie sollten keinen Sex haben, wenn ich noch nicht eingeschlafen bin. Sie sollten warten, dann könnten sie es tun.» Und schließlich hatte ich andere Gedanken: «Nein, heute werde ich nicht einfach dabei liegen. Ich gehe zum Schlafen in eine andere Hütte. Mein Vater denkt offensichtlich nicht an mich. Sein Herz sagt ihm, was es will, und er tut einfach seine Arbeit. Das finde ich nicht gut, und ich werde deshalb nicht mehr in ihrer Hütte schlafen. Welchen Sinn hat es für mich, weiterhin dort zu schlafen?»

Damals fand ich eine kleine Hütte, ganz für mich allein, und begann dort zu schlafen. Ich nehme an, sie taten auch weiterhin ihre Arbeit. Das war ihre Sache. Aber warum hatten sie nicht mehr Rücksicht auf mich genommen?

Ein Kind, das an der Mutterbrust trinkt, weiß noch nichts. Milch ist alles, was es kennt. Es hat noch keinen Verstand. Selbst wenn es sitzen lernt, denkt es noch nichts, denn es hat noch keinen Verstand. Woher könnte es seine Gedanken auch nehmen? Es denkt nur ans Trinken.

Aber wenn es wächst, wenn es größer ist und anfängt zu laufen, hat es viele Gedanken. Es sitzt und beginnt, über Dinge nachzudenken. Es denkt an seine Arbeit . . . an sexuelle Spiele. Das ist es, was Kinder tun, wenn sie spielen. Kleine Jungen spielen so und bringen sich Sex bei wie kleine Hähne. Sie spielen miteinander. Kleine Mädchen lernen es auf die gleiche Weise.

Zuerst spielen die Jungen dieses Spiel mit anderen Jungen. Sie stochern mit ihrem Penis im Hintern eines anderen Jungen. Mädchen spielen das Spiel mit kleinen Mädchen.

Wenn ein Junge später ein kleines Mädchen allein sieht, nimmt er sie und hat «Sex» mit ihr. So lernen die kleinen Jungen und die kleinen Mädchen.

Kleine Jungen entdecken das Vergnügen an sexuellen Spielen zuerst. Deshalb spielen sie so. Ja. Ein Mädchen weiß nichts von Sex, wenn es noch klein ist. Es versteht noch nichts. Aber ein kleiner Junge hat einen Penis, und vielleicht weiß er über Sex bereits Bescheid, wenn er noch im Bauch seiner Mutter ist. Denn Jungen wissen, was sie mit ihrem Penis tun müssen, sie wissen, wie sie ihn auf und ab bewegen können. Sie nehmen einfach kleine Mädchen, legen sie auf die Erde und haben Sex mit ihnen. Selbst wenn die Mädchen und Jungen spielen, tun sie das.

Wenn die Mädchen allein sind, spielen sie manchmal «Sex haben», aber nicht, wenn Jungen dabei sind. Denn Jungen sind dazu da, um das richtig mit ihnen zu spielen. Mädchen können gegenseitig nur ihre Genitalien berühren. Das ist wirklich nicht viel. Die Jungen werden hart. Sie haben ihren Penis, ihren Speer. Mädchen haben keinen Speer; sie haben nichts; sie sind nur weich. Sie haben nichts, das sich bewegt wie ein Penis. Wenn Mädchen allein sind und so miteinander spielen, geht das nicht so gut. Nein, am besten ist ein kleiner Junge. Er tut es richtig.

Als ich ein kleines Mädchen war, spielte ich nicht richtig. Ich verstand die Dinge um mich herum nicht und wußte noch nichts von sexuellen Spielen. Selbst wenn wir Mädchen miteinander spielten, waren wir brav. Denn es gibt gute Spiele und schlechte Spiele. Wenn man die Genitalien der anderen berührt, ist das ein schlechtes Spiel. Bei einem guten Spiel tut man das nicht.

Aber als ich älter war, bekam ich mehr Verstand, und mit ihm kam das Wissen um Sex. Aber das war noch ehe die kleinen Mädchen und kleinen Jungen tatsächlich wußten, welche Art Spiel «sexuelles Spielen» war. Wir sprachen nur darüber. Die Jungen fragten sich gegenseitig: «Was tust du, wenn du Sex spielst?» Und sie fragten auch uns. Wir antworteten: «Wir wissen nicht, wie man dieses Spiel spielt. Ihr redet immer darüber. Aber wir wissen es nicht. Und außerdem, wie immer man das auch spielt, wir machen nicht mit. Warum können wir nicht einfach spielen?» Dann sagten die Jungen: «Geht es beim Spielen nicht immer um Sex?» Sie sagten: «Ihr Mädchen wißt überhaupt nichts. Also hört mal her. Zuerst spielen wir zusammen, dann heiraten wir, und dann berühren wir uns gegenseitig unsere Genitalien und haben Sex.» Die Mädchen weigerten sich immer: «So zu spielen ist wirklich schlecht. Warum sagt ihr immer, wir sollen es tun, wenn wir es nicht wollen?»

Allmählich begannen meine Freundinnen, sexuell zu spielen. Sie rieben Speichel auf ihr Geschlecht und berührten sich gegenseitig. Ich wußte nicht, wie man das macht. Ich saß dabei und weigerte mich. Sie fragten: «Wieso spielst du nicht mit uns?» Und ich sagte: «Wenn ich das tue, riechen meine Genitalien schlecht. Ihr reibt sie mit Speichel ein, und das mag ich nicht.» Ich wartete, und wenn sie wieder brav spielten, machte ich wieder mit; und wir spielten, spielten und spielten.

Nicht lange danach begannen einige Mädchen, so mit den Jungen zu spielen. Sie lernten es lange vor mir; sie brachten es sich selbst bei und weinten nicht. Ich weigerte mich lange, bevor ich es lernte. Ich wußte nicht, was daran war, und weinte, wenn die Jungen mich aufforderten. Sie sagten: «Wieso weinst du immer, wenn wir spielen?» Ich antwortete: «Weil ihr sagt, wir sollen Sex spielen . . . deshalb.» Dann wieder sagte ich: «Ich erzähle es meiner Mami, daß ihr gesagt habt, wir sollen es tun.» Ich tat das, weil ich keine schlechten Spiele spielen wollte, und ich blieb bei den anderen Mädchen, die auch weinten. Wir blieben zusammen und weigerten uns alle.

Aber wir sahen zu. Wir beobachteten die anderen, um zu sehen, was sie wirklich taten. Aber trotzdem weinten wir, wenn wir sahen, daß sie so spielten. Erst nachdem wir immer und immer wieder zugesehen hatten und glaubten, es zu verstehen . . . als wir das Gefühl hatten, genau zu wissen, was sie taten . . . fürchteten wir uns nicht mehr. Schließlich willigten wir ein. Damals dachte ich: «Wenn man ein Kind ist, bedeutet richtiges Spielen, die Genitalien des anderen zu berühren.» Nachdem ich die anderen beobachtet hatte, begann ich selbst so zu spielen. Allmählich gefiel es mir.

Weil sich Kinder und ihre Herzen einfach gern haben, spielen sie so zusammen. So wachsen sie auf.

Und so wuchsen wir auf. Wir verließen das Dorf unserer Eltern und bauten uns in der Nähe ein kleines «Erwachsenen-Dorf». Wir spielten Nahrung sammeln, holten Pflanzen und aßen sie. Dann «heirateten» wir und spielten Sex zusammen. So spielten wir den ganzen Tag.

Wenn einer unserer Väter ein Tier erlegt hatte, gingen wir zurück ins Dorf, um Fleisch zu holen. Wir legten es in einen Topf und brachten es glücklich zurück in unser kleines Dorf. Den Rest des Tages verbrachten wir dort. Ein Junge saß bei einem Mädchen, ein anderer bei einem anderen. Wir saßen zusammen, kochten Fleisch und schenkten es uns gegenseitig wie Erwachsene. Wenn wir alles aufgegessen hatten, holte eines der Kinder eine neue Portion, kochte sie, und wir aßen das Fleisch. Erst wenn die Sonne tief am Himmel stand, gingen wir ins Dorf unserer Eltern zurück. Aber selbst dort spielten wir weiter.

Als ich älter war, fürchtete ich, daß die Erwachsenen sehen könnten, wie wir spielten, und ich lernte, einfach dazusitzen wie sie. Die Erwachsenen schimpften manchmal mit uns – besonders, wenn wir in Gegenwart von Erwachsenen sexuell spielten. Denn kleine Kinder fürchten sich nicht vor Erwachsenen. Sie spielen sexuelle Spiele selbst mitten unter ihnen. Sie haben keine Angst, sie haben keinen Verstand. Sie denken nicht daran, daß die Erwachsenen das sehen und mit ihnen schimpfen könnten.

An manchen Tagen blieb ich mit meinem kleinen Bruder im Dorf der Erwachsenen. Dann wieder ging ich mit den Kindern. Eine Zeitlang spielten wir ganz normal. Dann wollten sie mich nehmen. Manchmal weigerte ich mich; dann warfen sie mich auf den Boden, hielten mich fest, zogen mir den ledernen Lendenschurz aus und hatten Sex mit mir. Es tat weh! Ist ein Penis nicht wie ein Knochen?! Sie stocherten damit herum, und ich glaubte, der Schmerz würde mich töten. Ich weinte und weinte und weinte. Ich war immer noch ein Kind und wußte noch nichts von dem Vergnügen, das man dabei haben kann. Aber manchmal willigte ich ein. So lebten wir. Manchmal spielten wir gewöhnliche Spiele und dann wieder das Spiel des Beisammenliegens.

Die Jungen beschuldigten uns manchmal, untreu zu sein. Sie sagten: «Die Leute erzählen uns, daß ihr andere Männer mögt.» Wir antworteten: «Nein, wir mögen keine anderen Männer. Was ist los mich euch, daß ihr so etwas denkt?» Dann gingen sie und sagten: «Wir gehen, wir lassen die Frauen allein.» Oder: «Diese Frauen sind schlecht. Sie haben Liebhaber! Heute werden wir sie schlagen, so schlagen, damit sie nicht mit anderen Männern schlafen.»

Einmal ging ich mit einer Freundin ins Dorf, um Decken zu holen. Wir kamen zurück, hüllten uns in die Decken und legten uns hin. Die Jungen kamen und legten sich zu uns. Später erzählte ich den Erwachsenen: «Alle! Alle . . . haben wir heute gespielt, und die Jungen haben uns ‹bestiegen›[6].» Die Erwachsenen sagten: «Wenn die Jungen versuchen, deine Genitalien zu berühren, geh weg und spiel nur mit den Mädchen. Laß die Jungen allein spielen.» Ich antwortete: «Aber selbst wenn wir allein spielen, schleichen sie sich an und jagen uns. Dann spielen sie mit uns und ruinieren unsere Genitalien.» (So nannten wir es.) Die Erwachsenen erklärten, wir sollten den Jungen sagen, sie sollten uns in Frieden lassen. Wir sollten nur brave Spiele spielen. Sie sagten, es sei nicht richtig, mit unseren Genitalien zu spielen.

Später dachte ich: «Ich hätte nichts sagen sollen.» Warum hatte ich es getan? Die Erwachsenen schimpften nur mit mir. Und so sagte ich danach nichts mehr. Wir spielten und spielten, und ich sagte nichts mehr.

Ein anderes Mal wollten die Jungen mit uns spielen, und ich antwortete: «Keya und ich gehen allein spielen. Ihr wollt Sex spielen. Geht und spielt euer Spiel, aber wir machen nicht mit. Ihr wollt, daß wir etwas Schlechtes tun.» Die Jungen sagten: «Das stimmt nicht! Ihr geht zusammen weg, damit ihr euch besteigen könnt!» Wir erwiderten: «Stimmt nicht. Haben wir vielleicht einen Penis, mit dem wir Sex haben können? Können zwei Vaginas sich besteigen?» Die Jungen sagten: «Ihr spielt immer Sex zusammen, deshalb wollt ihr uns nicht.» Wir antworteten: «Ihr seid alle verrückt. Spielt nur eure Spiele. Wir bleiben für uns.» Sie warfen uns Stöcke nach, als wir gingen. Wir riefen zurück: «Ihr kriegt uns nicht . . . ätsch!»

Später kamen wir zurück. Wir fragten: «Wieso seid ihr weggelaufen? Spielen wir nicht mehr zusammen?» Sie antworteten: «Was? Ihr seid doch weggelaufen. Ihr hattet Angst, wir würden Sex mit euch spielen. Deshalb seid ihr gegangen. Oder?» Wir erwiderten: «Ja, denn es ist schlecht, sich an die Genitalien zu fassen. Unsere Mütter haben uns das gesagt.» Die Jungen sagten: «Eure Mütter halten euch zum Narren. Wir wollen spielen, daß wir Liebespaare sind und daß wir uns in den Busch schleichen müssen, um uns zu sehen. Aber Nisa kommt nicht. Denn jedesmal, wenn wir so spielen, geht sie zu den Erwachsenen und petzt!»

Keya und ich bauten ein paar kleine Hütten und spielten zusammen, während die anderen in ihren Hütten spielten. Nach einer Weile schlichen wir uns an sie heran. Wir schrien plötzlich: «Aie! Sieh mal, was sie machen!» Einer der Jungen sagte: «Wir werden dafür sorgen, daß ihr euch bald vollmacht! Diese Nisa hat überhaupt kein Hirn im Kopf. Sie ist wie ein Baby . . . ohne Verstand! Was soll das? Ihr schleicht euch einfach an?» Wir riefen: «Ihr vögelt!! Ihr vögelt!!! Ihr würdet uns auch gerne vögeln, aber wir weigern uns. Sex ist schlecht, und danach stinken die Genitalien!»

Wir blieben dort und spielten in dieser Art. Später gingen wir ins Dorf der Erwachsenen zurück. Dort sagten die Jungen: «Kommt . . . gehen wir alle zurück in unser Dorf und spielen.» Wir nahmen unsere Decken und unsere Sachen mit. Keya und ich gingen in unsere Hütte. Die anderen waren mit ihren Männern in ihren Hütten. Wir besuchten uns gegenseitig wie Erwachsene.

Zwei Jungen kamen herüber zu uns: «Legen wir uns zusammen und tun unsere Arbeit wie die anderen.» Wir sagten: «Wie macht ihr diese Arbeit? Von welcher Arbeit redet ihr?» Sie riefen: «Unsere Arbeit ist . . . vögeln! Vögeln! Wir zeigen es euch! Wir sind eure Liebhaber, denn wir haben bereits Frauen in den anderen Hütten da drüben. Wir kommen und tun, was Liebhaber machen, und gehen dann zurück zu ihnen.» Wir antworteten: «Ach davon redet ihr! Ihr seid hierhergekommen, um uns zu lieben? Nun, unsere Antwort ist: Nein! Wir sind zwei Frauen ohne Männer, und ihr zwei seid verheiratet. Da wir keine Männer haben, gehen wir mit zurück in euer Dorf und essen dort Fleisch und andere Gerichte. Wir bleiben und leben dann alle zusammen.» Die Jungen lehnten ab: «Nein, wir machen etwas anderes. Mein Bruder und ich gehen in den Busch. Wir suchen etwas zu essen und bringen es euch. Dann sind wir eure Liebhaber. Danach könnt ihr unsere Frauen besuchen. Später kommen wir sogar zurück und bitten euch, unsere Nebenfrauen zu sein.» Wir antworteten: «Hört mal, wir sind nur Kinder. Wir wollen brav spielen. Mehr wollen wir nicht.» Wir gingen zu den anderen und spielten andere Spiele.

Schließlich hatten Keya und ich auch Freunde. Keya ging mit Besa und ich mit Tikay. Die zwei brachten uns bei, was Männer sind. Und nachdem wir es wußten, spielten wir jeden Tag. Wir bauten kleine Hütten und hatten Sex dort. Damals begriff ich, daß es schön ist, so zu spielen. Ich dachte: «Wieso habe ich mich dagegen gewehrt, obwohl es angenehm ist? Die anderen Kinder wußten es, aber ich hatte keinen Verstand. Endlich habe ich es gelernt, und jetzt weiß ich, daß man das tut, wenn man ein Kind ist. Man bringt es sich selbst bei.» Damals wußte ich immer noch nichts von sexuellem Genuß. Mir gefiel, was Tikay tat, und ich spielte dieses Spiel gern.

Nachdem Tikay es mir beigebracht hatte, mochte ich ihn wirklich! Wenn wir spielten, sagten die Kinder, ich solle auch mit anderen Jungen spielen. Aber ich weigerte mich. Ich wollte nur Tikay. Ich sagte: «Ich? Ich nehme keinen scheußlichen Mann. Ich gehe nicht mit jemandem, der häßlich ist.» Sie verspotteten Tikay: «Hey ... Tikay ... Du bist der einzige, den Nisa will! Uns lehnt sie alle ab!» Aber Tikay sagte: «Ja, das ist in Ordnung. Ich spiele mit ihr.»

Einmal riß Tikay meinen Lendenschurz ab und warf ihn auf einen Baum, wo er hängenblieb. Er wollte Sex mit mir haben, aber ich wollte nicht. Er packte mich, aber ich wehrte mich. Er packte mich an der Brust und am ganzen Körper. Obwohl ich noch keine Brüste hatte, packte er mich und ließ mich nicht los. Ich sagte: «Sollen meine Genitalien vielleicht Sex haben? Nein! Ich habe noch nicht einmal angefangen mich zu entwickeln. Du hast einen Penis, aber ich habe keine Genitalien, mit denen ich Sex haben kann. Du hast zwar einen Penis, aber ich habe keine Vagina! Als Gott deinen Penis gemacht und dort hingesetzt hat, hat er keine Vagina für mich gemacht. Ich habe überhaupt keine Vagina! An dieser Stelle ist bei mir alles kahl. Wie kannst du Sex mit etwas haben, das es nicht gibt?» Er erwiderte: «Ich habe Sex mit dir! Du lügst! Sind wir nicht befreundet? Sind wir nicht im gleichen Alter? Du bist ein Kind, und ich bin ein Kind. Warum sagst du so etwas zu mir?»

Er kam und packte mich wieder. Ich wehrte mich und begann zu weinen. Dann riß er mir den Lendenschurz ab und warf ihn auf einen Baum. Ich schrie: «Es ist mir ganz egal. Schäm dich! Du wirst keinen Sex mit mir haben!» Ich stand da, weinte und bedeckte meine Genitalien mit den Händen, weil mich sonst nichts bedeckte. Ich ließ die anderen im Busch spielen und rannte allein ins Dorf zurück. Mutter gab mir einen neuen Lendenschurz, und bald darauf ging ich wieder zu den anderen Kindern.

Nach einer Weile gingen alle zu einer großen Wasserstelle, um zu spielen. Ich sagte: «Tikay, klettere auf den Baum und hole meinen Lendenschurz.» Er weigerte sich. Ich bat ihn noch einmal, und er weigerte sich wieder. Schließlich bat ich meinen Cousin, der auf den Baum kletterte und ihn holte. Ich zog ihn über den anderen, den mir meine Mutter gegeben hatte, und trug beide.

An manchen Tagen schickten alle Mädchen die Jungen davon und spielten zusammen. Manchmal heirateten Nai und ich. Ich mochte sie wirklich. Sie war schön! Dann wieder heiratete ich Kunla, und wir spielten zusammen. Manchmal wollten wir noch nicht einmal mit den anderen Mädchen zusammensein. Kunla und ich gingen zusammen weg und spielten – manchmal Sex und manchmal nicht. Wir taten, als bekämen wir Kinder, und spielten abwechselnd das Baby. Wir spielten allein, bis die Jungen heranschlichen und uns trennten. Dann nahm jede von uns einen Mann, und unsere Herzen waren weiterhin glücklich.

Wenn es viel regnete und die Wasserlöcher voll waren, spielten wir im Wasser. Eines Tages planschten wir in einem großen Wasserloch, und die Jungen wollten mitten im Wasser Sex mit den Mädchen haben. Ich sagte zu Tikay: «Nein! Wenn ihr das tut, bringt ihr uns um. Das Wasser dringt in unsere Nasenlöcher, und wir ertrinken. Wir ringen nach Luft, bis wir sterben. Also versucht es hier nicht.» Dann biß ich ihn: «Und überhaupt . . . du bist dumm. Gehören meine Genitalien vielleicht dir? Wieso glaubst du, daß du mich jetzt haben kannst?»

Wir gingen zurück und spielten im Busch – in unserem kleinen Dorf. Wir gingen in die Hütten und spielten dort. Die Jungen taten, als seien sie Männer, die ein Tier aufspüren und es mit vergifteten Pfeilen erlegen. Sie hängten Blätter über einen Stock und taten, als brächten sie Fleisch in Streifen nach Hause. Die Mädchen blieben im Dorf, und wenn die Jungen zurückkamen, taten wir, als lebten wir dort, und aßen, bis kein Fleisch mehr da war. Auf die nächste Jagd nahmen die Jungen die Mädchen mit, und wir folgten ihnen. Nachdem wir ein Tier aufgespürt und getötet hatten, trugen wir alle das Fleisch zurück – die Mädchen in ihren Fellmänteln, und die Jungen hängten es an Stöcke. So spielten wir im Busch. Wir taten, als lebten wir dort, als hätten wir Wasser und würden Fleisch essen.

Einmal verließen wir alle das Dorf und zogen nach Osten,[7] in die Nähe der Hereros. Als ich zum erstenmal Kuhmilch sah, weigerte ich mich, sie zu trinken. Ich saß einfach da, sah sie an und wollte sie nicht. Ich fürchtete mich vor den Hereros. Jedesmal, wenn ein Hereromann oder eine Hererofrau in die Nähe kam, rannte ich davon. Bald lernte ich, nicht wegzulaufen. Aber ich fürchtete mich noch immer vor ihnen, und wenn die Kinder spielten, weigerte ich mich, mit ihnen Sex zu spielen. Wenn sie versuchten, mich zu berühren, stand ich einfach auf und ging. Während wir dort waren, begann Tikay mit einem der kleinen Hereromädchen zu spielen. Er sagte, ich solle mir einen anderen Freund suchen. Ich wollte nicht und blieb allein. «Ich will keinen anderen Freund. Ich bleibe allein in der Hütte der unverheirateten Frau. Was macht es mir schon aus, wenn du nicht Sex mit mir spielen willst. Ihr könnt ruhig alle ohne mich heiraten.» Ich tat das, weil ich Tikay wirklich mochte. Er sollte nicht mit dem anderen Mädchen spielen. Ich wollte die einzige sein.

Tikay machte mich zu einer seiner zwei Frauen. Meine Hütte stand an einer Stelle, und die Hütte des Hereromädchens an einer anderen. Tikay legte sich eine Weile zu mir, dann ging er und legte sich eine Weile zu ihr. Aber sie war ebenso eifersüchtig auf mich wie ich auf sie. Sie sagte: «Wie kommt es, daß dein Freund sich nie zu dir legt, sondern immer nur zu mir?» Das stimmte wirklich nicht. Tikay benahm sich genau wie ein erwachsener Mann mit zwei Frauen: Ein paar Tage blieb er bei mir, und dann ging er ein paar Tage zu der Hütte des Hereromädchens. Aber eines Morgens sagte ich: «Am Anfang hattest du nur mich. Jetzt hast du eine andere außer mir. Ich möchte keine Nebenfrau mehr sein. Wir müssen uns trennen.» Er sagte: «Habe ich dich nicht gut behandelt? Weißt du nicht, wie das mit Nebenfrauen ist?» Ich antwortete: «Nein! Wenn man noch ein Kind ist, spielt man nicht Nebenfrau. Ein Mädchen sollte mit einem Jungen spielen und andere Mädchen mit anderen Jungen. Ich habe dir am Anfang gesagt, daß ich nicht Sex spielen wollte, aber du hast geantwortet, wir würden ja nur spielen. Wenn wir nur spielen ... wie kannst du dann wollen, daß ich eine andere Frau neben mir habe?»

Aber ich mochte ihn wirklich.

Ich traf Tikay vor kurzem wieder, und jetzt waren wir zwei Erwachsene. Aber selbst heute sagte er: «Nisa, als wir Kinder waren, habe ich dir alles über Männer beigebracht. Jetzt bin ich ein erwachsener Mann. Warum lege ich mich nicht zu dir, wie wir es vor langer Zeit getan haben?»

Als wir im Osten lebten, spielte ich mit Kindern, mit denen ich seit Jahren gespielt hatte. Aber dann zog meine Familie weiter. Wir gingen zur Schwester meiner Mutter am Chotana Wasserloch. Aber dort spielte ich nicht. Ich blieb einfach bei den Erwachsenen und dachte an meine Freunde im Osten. Ich sagte: «Ich vermisse die Kinder, mit denen ich gespielt habe. Mami, hast du nicht gesagt, daß wir zurück in den Osten gehen? Mami . . . Papa . . . laßt uns wieder zurückgehen.» Aber sie antworteten: «Was sollen wir dort?» Ich erklärte: «Ich möchte bei den anderen Kindern sein, mit denen ich immer gespielt habe. Hier, wo wir jetzt leben, sehe ich keine Kinder.» Sie sagten: «Da drüben . . . du mußt nur dort hingehen, und dort findest du Kinder, mit denen du spielen kannst . . . deine Tanten, Nichten und Cousins . . .[8] Spiel mit ihnen.» Ich erwiderte: «Stimmt nicht. Hier sind keine Kinder. Laßt uns zurück in den Osten gehen. Ich will nicht mit meinen Cousins spielen.» Ich begann zu weinen. Ich vermißte meine Freunde und weinte und weinte. Meine Eltern sagten, ich sei wohl verrückt, da ich nicht mit meinen Cousins und Cousinen spielen wolle.

Ich konnte sie sehen, wenn ich vor der Hütte saß. Ich sah zu, wie sie spielten, und dachte: «Diese Kinder da drüben . . . nein, ich gehe nicht zu ihnen hinüber.» Eines Tages kam meine Cousine Tasa: «Nisa, komm, spiel mit mir.» Ich antwortete: «Ich will nicht.» Sie sagte: «Wir gehen ans Wasserloch und schwimmen.» «Ich will nicht schwimmen.» Ich saß da und lehnte alles ab, was sie vorschlug. Schließlich zog sie mich mit sich, und wir gingen zusammen weg. Später gingen wir zu den anderen Kindern und spielten mit ihnen. Wir spielten nur brave Spiele. Wir gingen ans Wasser und schwammen, gingen zurück ins Dorf und dann wieder ans Wasser. Unterwegs sammelten wir manchmal Na- und Ninbeeren, die wir mit zurückbrachten. Wir spielten eine Zeitlang ein Spiel, gingen dann zurück ins Dorf und spielten dann etwas anderes.

Ein Kind hat keinen Verstand und versucht nur, das zu tun, was die Erwachsenen tun. Deshalb spielten wir auch mit meinen Cousins schließlich Sex. Jedesmal, wenn mein Cousin Tuma auf diese Weise mit den Mädchen spielen wollte, waren wir gemein zu ihm. Dann war er auch zu uns gemein. Er schlug uns, bis wir weinten. Ich sagte: «Laß uns in Ruhe! Mein Freund ist nicht mehr bei mir, und ich will mit niemandem mehr Sex haben. Mein Freund ist im Osten.»

Siehst du, auch ich war unvernünftig und verstand nichts – ich glaubte, es gäbe nur einen Jungen, der mir gehörte, und sonst niemand.

Ich sagte: «Mein Mann ist im Osten. Außerdem gibt es hier nur häßliche Männer, und ich will keinen von ihnen. Mein Mann ist hübsch. Er ist nicht wie die häßlichen Männer hier. Mein Mann ist schön. Ihr hier seid schrecklich!» Dann sagte ich: «Und überhaupt, Tuma, du hast einen riesigen Penis! Ich will nicht mit so einem Mann zusammensein!» Er erwiderte: «Wir wollen spielen und mit Groß-Vagina da drüben Sex haben.» Er meinte mich. «Große Vagina! Bist du nicht auch Nisa, die Verrückte?» «Wieso beschimpfst du mich?» fragte ich, «Tuma, dein Penis ist so groß, daß du nie Sex mit mir haben wirst!» «Du wirst dich immer schämen müssen, weil du mich willst!» Wir kämpften miteinander. Ich biß ihn, und er schlug mich. Ich sagte: «Du bekommst mich nicht. Vergiß es nicht! Wenn du es versuchst, sage ich es meiner Mutter, und sie wird dir den Hintern versohlen, du Groß-Penis!» Er antwortete: «Glaubst du wirklich, ich will mit Nisa, Groß-Vagina Sex haben? Gibt es überhaupt jemanden, der ihre Genitalien gut findet?» Ich sagte: «Schäm dich! Du willst mich! Warum hast du nicht Sex mit einer anderen? Was könnte ich schon von dir lernen, wenn du zu mir kommen würdest?» Er sagte: «Du glaubst, deine Genitalien seien so großartig. Das stimmt nicht, und du machst dich lächerlich.» Ich sagte: «Was? Es gibt keine Frau mit dem Namen Nisa hier, die mit einem so großen Penis wie deinem Sex haben möchte. Wenn du unbedingt Sex willst, dann geh zu deiner kleinen Schwester! Tun Kinder das nicht? Als wir im Osten lebten, spielte Besa mit seiner Schwester. Also geh zu ihr und spiele Sex mit ihr. Wenn du das nicht willst, warum sagst du dann, du möchtest mit mir?» Er antwortete: «Nisa – Groß-Vagina! Wer hat dir so etwas beigebracht? Sex mit meiner Schwester? Weißt du nicht, daß man das nicht tun soll?» Ich sagte: «Schäm dich!! Denn das willst du tun! Geh mit deinem großen Penis zu deiner Schwester und habe Sex mit ihr!»

Tumas Schwester sagte: «Nisa, du bist verrückt. Warum erzählst du ihm so etwas?» Ich sagte: «Du bist verrückt, nicht ich! Sag ihm, er soll zu dir kommen. Geh, Tuma, vögele deine Schwester. Sie wird deine Freundin sein.» Tasa und ich begannen zu spielen. Ich sagte zu ihr: «Du darfst keinen Sex mit ihm haben. Wenn du es tust, zerreißt er dir deine Genitalien.»

Wir legten uns alle hin. Tasa und ich lagen zusammen, und Tuma und seine Schwester lagen unter einer anderen Decke. Die Decke begann sich zu bewegen. Wir sahen zu. Ich flüsterte zu Tasa: «Siehst du das?» Wir waren still. Plötzlich schrien wir laut: «Bist du verrückt? Wie kannst du deine Schwester vögeln?! Ooooh! Groß-Penis vögelt seine Schwester! Das sagen wir den Erwachsenen!» Tuma schrie zurück: «Ich schwöre, wenn ihr es verratet, nehme ich Giftpfeile von meinem Vater und bringe euch beide um!» Wir sagten: «Schäm dich! Wir haben dich erwischt! Weißt du nicht, daß du nicht deine Schwester vögeln sollst! Du hast kein Hirn im Kopf. Laß sie in Ruhe!» Er antwortete: «Ich tu genau das, was ich tue! Welche Gedanken sollte ich haben, um mich vor ihr zu fürchten?» Wir sagten: «Unsere Brüder haben Respekt vor uns. Sie tun nie, was du tust. Aber du bist ja auch dumm!»

Ein paar Monate später verließen wir Chotana und gingen zurück zu unserem alten Wasserloch. Alle meine Freunde waren dort, und als ich sie sah, war ich wieder glücklich. Wir spielten und spielten und tanzten und sangen, machten Musik und tanzten und sangen, und mein Herz war glücklich, weil ich wieder mit den Kindern zusammen war, die ich mochte. Wir spielten alle möglichen «Als-ob-» Spiele. Wir taten, als kochten wir Essen. Wir nahmen es vom Feuer. Wir hatten Trancetänze. Wir sangen und tanzten und tanzten und sangen, und die Jungen heilten uns. Sie riefen dabei: «Xai – i! Kow – a – di – li!» Sie heilten uns. Wir sangen und tanzten. Tanzten und tanzten den ganzen Tag.

Manchmal spielten wir mit den Kindern aus einem anderen Dorf, und manchmal spielten wir allein. Oder die anderen Kinder kamen, sahen, daß wir spielten, und gingen mit uns zurück in unser kleines Dorf. Sie begrüßten uns, wie Erwachsene es tun: «Wie geht es euch?» Und wir antworteten: «Eh, uns geht es gut.» Wir blieben zusammen, dann sagten sie, daß sie wieder in ihr Dorf zurückgehen und einen Trancetanz aufführen würden. Wir begleiteten sie und tanzten und sangen. Manchmal ging die Sonne unter, während wir noch dort waren, aber selbst im Dunkeln blieben wir mitten im Dorf und spielten. Manchmal tanzten und sangen wir bis spät in die Nacht. Wir gingen erst nach Hause, wenn es Zeit zum Schlafen war.

Die Kung haben weder im Dorf noch in der Familie viel Privatsphäre. Eltern und Kinder schlafen zusammen in einem Raum; sie teilen die Decken und liegen in kleinen Hütten ohne Trennwände oder private Nischen. Die Erwachsenen versuchen, ihr Sexualleben vor den Kindern zu verbergen; aber es ist nicht einfach, sich im Busch zu treffen, und die kleinen Kinder bestehen oft darauf, ihre Mütter überallhin zu begleiten. Es bleibt nur die Alternative, zu warten, bis die Kinder eingeschlafen sind, und sich so unauffällig wie möglich zu verhalten. Aber Kinder, besonders die größeren, sind neugierig, und es bedarf nur der geringen Anstrengung, wach zu bleiben (während man vorgibt zu schlafen), um die Eltern beim Geschlechtsverkehr beobachten zu können. Die Eltern ermutigen größere Kinder, besonders die über Zehnjährigen, in einer anderen Hütte zu schlafen. In vielen Fällen ergreifen die Kinder sogar selbst die Initiative und bauen Hütten, in denen sie allein oder mit anderen Kindern schlafen. Gelegentlich entscheiden sie sich auch dafür, eine Zeitlang bei den Großeltern zu leben.

Dieses frühe Bewußtwerden der Sexualität und die sexuelle Neugier entfalten sich ungehindert in der vielen freien Zeit, die den Kungkindern zur Verfügung steht. Die Kung gehen nicht zur Schule; die Kinder müssen weder zum Lebensunterhalt beitragen noch für die jüngeren Geschwister sorgen und, abgesehen von den wenigen Ausnahmen, auch kein Wasser holen. Man erwartet von ihnen nicht, daß sie sich im Dorf nützlich machen. Erst ab fünfzehn beginnen die Mädchen – verheiratet oder unverheiratet – ihre Mütter regelmäßig beim Sammeln zu begleiten und Holz und Wasser zu holen; die gleichaltrigen Jungen gehen mit ihren Vätern auf die Jagd.

Die meisten Eltern lassen die jüngeren Kinder lieber im Dorf zurück, wenn sie sammeln gehen, weil sie dann ihre Aufgaben erfolgreicher erledigen und größere Strecken zurücklegen können. Viele Kinder möchten ohnedies zu Hause bleiben. Für sie ist es schöner, mit den Freunden zu spielen, als die Erwachsenen auf einer anstrengenden Sammeltour zu begleiten – besonders in den heißen, trockenen Sommermonaten, wenn man sich die Fußsohlen verbrennt und es unterwegs nur das wenige Wasser gibt, das man in den Straußeneierschalen mitgebracht hat. Begleiten die Kinder die Erwachsenen, haben sie praktisch keine Pflichten. Sie verbringen die Zeit mit Essen – sie essen, was man ihnen gibt, und alles, was sie selbst finden – oder sie spielen im Busch. Da die Frauen üblicherweise nur dreimal in der Woche sammeln gehen, ist üblicherweise jemand im Dorf, der die Kinder beaufsichtigen kann.

In den meisten Kulturen wird von den über Zehnjährigen erwartet, daß sie einen ernst zu nehmenden Beitrag zum Lebensunterhalt leisten.

Bei den Kung ist die Befreiung der Kinder von dieser Pflicht auffallend. Es ist ein Zeichen dafür, daß die Lebensgrundlage der Kung stabil und sichergestellt ist. Selbst in dieser kargen Umgebung scheint Sammeln und Jagen keine besonders mühsame Lebensweise zu sein, denn wenn die Arbeitslast zu groß wäre, müßten die Kung das Energiepotential ihrer Kinder nutzen. (Die über Zehnjährigen helfen den Erwachsenen sogar weniger als die kleineren Kinder.)

Das Dorfleben bietet den Kindern einen sicheren und sozial vielfältigen Spielraum. In einem Dorf leben etwa dreißig Menschen – Verwandte, Freunde und Besucher, die das Kind alle kennt. Das Leben spielt sich zum größten Teil vor der Hütte ab – um die Feuerstelle, die den Lebensraum einer Familie definiert. Die Kinder können sich ungehindert im Dorf bewegen; sie gehen in andere Hütten; sie spielen auf dem Dorfplatz, der von Büschen und Gras gesäubert ist und den die Hütten kreisförmig umgeben. Manchmal spielen sie auch im Busch in unmittelbarer Nähe des Dorfes. Aber auch hier sind die Erwachsenen nahe genug, um bei Bedarf jederzeit zur Verfügung zu stehen. Es kommt sehr selten vor, daß die Kinder sich beim Sammeln oder in der Umgebung des Dorfs im Busch verirren, und wenn es geschieht, werden sie schnell wieder gefunden.

Obwohl die Erwachsenen ein wachsames Auge auf die Kinder haben, mischen sie sich kaum in ihre Spiele ein und geben ihnen nur selten Anleitungen. Gelegentlich schlichten sie Streitereien – besonders wenn es sich um Kinder unterschiedlicher Größe handelt – und versuchen zu verhindern, daß die Kinder sich gegenseitig verletzen. Die größte Gefahr in der sonst ziemlich sicheren Umgebung des Dorfes ist das Feuer. Geringfügige und schwere Verbrennungen kommen mit beunruhigender Regelmäßigkeit vor. Trotz der Warnungen der Eltern beobachtet man immer wieder, daß Kinder Holzkohlen aus dem Feuer nehmen (und sie sofort wieder fallen lassen) oder mit brennenden Zweigen von einem Feuer zum anderen laufen. Auch mit Messern (zweischneidig, lang und scharf) gehen sie offensichtlich sehr sorglos um. Schnittwunden sind jedoch sehr selten. Die gefährlichsten Gegenstände im Dorf – vergiftete Pfeile und Speere – hängt man sorgfältig außer Reichweite der Kinder auf. Da die Kung wenig besitzen, müssen sie nicht fürchten, daß die Kinder irgendwelchen Schaden anrichten.

Da in einem Dorf nur wenige Familien leben, setzt sich die Spielgruppe meist aus wenigen Kindern unterschiedlichen Alters zusammen – angefangen von Kleinkindern bis zu den über Zehnjährigen. Viele der Spiele sind Imitationen der Erwachsenen: Jagen, Sammeln, Singen, Trancen, Haushaltsführung, Eltern und Ehe (die kleinen Kinder, die oft von den älteren herumgetragen werden, sind dann die «Söhne» und

«Töchter» dieser «Mütter» und «Väter»). Aber sie beschränken sich nicht nur darauf. Die Kinder sammeln eßbare Pflanzen und Beeren in unmittelbarer Umgebung, stellen Fallen und fangen kleine Säugetiere und Vögel. Da sie kaum formal unterrichtet werden, lernen sie im wesentlichen durch Beobachtung und Übung. In der Spielgruppe erwerben sie viel von dem Können, das sie später zu produktiven Erwachsenen macht.

Das Nomadenleben hat große Auswirkungen auf die Spielgruppe, deren Zusammensetzung sich von einer Woche auf die andere ändern kann. Aber der Einfluß der Jahreszeiten ist noch bedeutsamer. Im Winter sammeln sich die Menschen um die wenigen permanenten Wasserstellen, und es gibt viele Spielgefährten. Im Sommer schafft der Regen viele Wasserlöcher, und die Menschen verteilen sich. Sie besuchen entweder Verwandte in entfernten Dörfern oder ziehen in die Nähe von Wild- und Pflanzenbeständen. Dann reisen mitunter nur wenige Familien zusammen, vielleicht sogar nur eine oder zwei. Es fällt vielen Kindern schwer, sich auf diese Veränderungen einzustellen, und die Rückkehr zur permanenten Wasserstelle wird mit großer Sehnsucht erwartet.

Mädchen und Jungen spielen zusammen, und zwar dieselben Spiele. In den meisten Kulturen kennt man Aktivitäten, die entweder für Mädchen oder für Jungen als angemessen gelten. Die beiden Geschlechter werden von früher Kindheit an ermutigt, getrennt zu spielen. Nicht so bei den Kung. Weder hält man Mädchen dazu an, unterwürfig zu sein, noch erwartet man von Jungen mutiges Verhalten. Die Kinder können ungehindert allen Emotionen Ausdruck verleihen, die in der menschlichen Natur angelegt zu sein scheinen. Obwohl sich Jungen und Mädchen durchaus auch prügeln, beobachtet man die Imitation aggressiven Erwachsenenverhaltens nur selten. Und bei den Kung fehlen die aufwendigen Vorbereitungen so vieler Gesellschaften, die Jungen zu Kämpfern auszubilden. Da die Kung den Kindern keine Pflichten auferlegen, der Jungfräulichkeit keine Bedeutung zumessen und nicht fordern, daß der weibliche Körper bedeckt oder verhüllt ist, bewegen sich die Mädchen so frei und ungezwungen wie Jungen.

Die meisten Spiele beinhalten kaum oder nur sehr selten Wettbewerbssituationen. Die Kinder spielen zusammen, aber nur in wenigen Fällen werden Spielregeln für die Gruppe aufgestellt. Jedes Kind versucht, durch Wiederholung geübter zu werden und nicht dadurch, daß es andere übertrifft oder besiegt. Wahrscheinlich sind die kleinen Spielgruppen und das Fehlen von Gleichaltrigen, an denen man sich messen könnte, für diese Haltung verantwortlich. Aber auch als Erwachsene meiden die Kung Wettbewerb und hierarchische Strukturen innerhalb der Gruppe. Der kulturelle Verzicht auf Betonung individueller Leistungen führt dazu, daß Etikettierungen wie der Sieger, die Schönste, der Erfolgreichste, die beste Tänzerin, der beste Jäger, Heiler, Musiker oder Schmuckmacher vermieden werden. Natürlich sind sich die Kung der oft eindrucksvollen Talente anderer bewußt, aus denen die Gemeinschaft großen Nutzen zieht. Aber es gilt als äußerst schlechtes Benehmen, sie besonders hervorzuheben.

Bei genauerem Hinsehen entdeckt man feinere Unterschiede in den Aktivitäten von Jungen und Mädchen. Eine Untersuchung des Spielverhaltens zeigte, daß die Jungen sich körperlich aggressiver benahmen als Mädchen; sie hatten außer zu ihren Müttern auch mehr Beziehungen zu anderen Erwachsenen als Mädchen. Aber im Vergleich mit Untersuchungen des Spielverhaltens von Kindern anderer Kulturen stellte man fest, daß Kungmädchen und -jungen gleichermaßen fähig sind, sich auf Aufgaben zu konzentrieren und sich mit Gegenständen zu beschäftigen. Die Kungkinder zeigten außerdem wenig Neigung, nur mit Kindern des eigenen Geschlechts zu spielen.

Kungkinder sind sich im wesentlichen selbst überlassen. Diese Freiheit führt aber keineswegs zu Langeweile, sondern zu einfallsreichem und temperamentvollem Spiel, das ihren Tagesablauf bestimmt. Es sind Spiele und Aktivitäten höchst unterschiedlicher Art, aber viele Erwachsene erinnern sich am lebhaftesten an sexuelle Spiele. Das Ausmaß solcher Spiele variiert von Gruppe zu Gruppe, aber irgendwelche Experimente scheinen die Regel zu sein. Die Kinder wissen, daß die Erwachsenen sie in ihren «Spieldörfern» nicht stören; und wenn sie «Ehe» spielen, fühlen sie sich erwachsen und weit von den Eltern entfernt – zumindest bis sie Essen, Wasser oder die Hilfe eines Erwachsenen brauchen, um einen Streit zu schlichten.

So scheint das Leben des Kungkindes im allgemeinen sehr freundlich zu verlaufen, aber man darf nicht vergessen, daß nur die Hälfte aller Kung das Erwachsenenalter erreicht. Jedes Kind lebt mit der ständigen Bedrohung von Krankheit und Tod. Auch unter den Erwachsenen ist die Sterblichkeitsrate höher als in den Kulturen der westlichen Welt, und viele spätgeborene Kungkinder verlieren einen oder beide Elternteile, bevor sie erwachsen sind.

5

Probeehen

Wenn die Erwachsenen mit mir sprachen, hörte ich zu. Als ich noch ein junges Mädchen ohne Brüste war, sagten sie mir: «Wenn ein Mädchen groß wird, geben ihr die Eltern einen Mann, und sie wird neben ihm erwachsen.»[1]

Als sie das zum erstenmal sagten, fragte ich: «Was für eine Art Ding bin ich, daß ich einen Ehemann nehmen soll? Ich werde nicht heiraten, wenn ich groß bin. Ich werde allein schlafen. Wozu soll ich heiraten?»

Mein Vater sagte: «Du weißt nicht, was du sagst. Ich, ich bin dein Vater, und ich bin alt. Auch deine Mutter ist alt. Wenn du heiratest, gehst du sammeln und gibst deinem Mann etwas zu essen, und er wird auch etwas für dich tun. Wer wird dir zu essen geben, wenn du dich weigerst zu heiraten? Wer wird dir etwas zum Anziehen geben?»

Ich erwiderte: «Eins ist sicher. Ich will keinen Mann. Warum soll ich heiraten? Jetzt bin ich noch ein Kind, und ich will nicht heiraten.» Ich sagte zu meiner Mutter: «Du sagst, du hast einen Mann für mich? Warum nimmst du ihn nicht und hast ihn neben Papa? Heirate ihn, dann können sie Nebenmänner sein.[2] Was habe ich getan, daß ich heiraten soll?»

Meine Mutter sagte darauf: «Unsinn! Wenn ich zu dir sage, ich habe einen Mann für dich, warum antwortest du mir dann, ich soll ihn selbst nehmen? Warum redest du so mit mir?»

Ich sagte: «Weil ich nur ein Kind bin. Wenn ich groß bin und du sagst mir, ich soll einen Mann nehmen, dann tu ich das. Aber meine Kindheit ist noch nicht vorüber, und ich will noch nicht heiraten!»

Es verging viel Zeit, bevor meine Mutter wieder damit anfing: «Nisa, ich will dir einen Mann geben. Wen möchtest du?»

Ich wußte, sie hatte einen Mann, den ich heiraten sollte. Ich sagte: «Ich will ihn nicht heiraten.» Und ich hätte beinahe hinzugefügt: «Heirate du ihn doch und habe ihn neben Papa.» Aber ich sagte nichts, denn diesesmal schämte ich mich. Ich dachte: «Warum willige ich nicht ein? Scheiß ich nicht auf sie, wenn ich so etwas sage?»

Danach lebten wir weiter und weiter. Aber es dauerte nicht lange, und sie fing wieder damit an.

Ich hatte viele Männer: Bo, Tsaa, Tashay, Besa und noch einen Bo. Sie heirateten mich alle. War ich bei den Männern etwa nicht beliebt?

Als ich noch keine Brüste hatte und meine Genitalien noch nicht entwickelt waren, kam ein Mann namens Bo von weit her, und die Leute begannen, von einer Heirat zu sprechen. War ich nicht beinahe eine junge Frau?

Eines Tages bauten meine Eltern und seine Eltern unsere Hochzeitshütte. Als wir heirateten, trugen sie mich in die Hütte und setzten mich dorthin. Ich weinte und weinte und weinte. Später rannte ich in die Hütte meiner Eltern zurück, legte mich neben meinen kleinen Bruder und schlief. Mein Schlaf war so tief wie der Tod.

In der nächsten Nacht ging Nukha, eine ältere Frau mit mir in die Hütte und blieb bei mir. Sie legte sich zwischen Bo und mich, denn junge Mädchen, die noch Kinder sind, fürchten sich vor ihren Männern. Deshalb ist es bei uns Sitte, daß eine ältere Frau mit dem Mädchen in die Hütte geht und ihr beibringt, sich nicht zu fürchten. Die Frau soll dem Mädchen helfen, ihren Mann zu mögen. Lebt das Paar dann friedlich zusammen und verträgt sich, verläßt die ältere Frau sie wieder.

Das sollte auch Nukha tun. Die Leute, die sahen, wie sie mit mir in die Hütte ging, dachten, sie würde sich nur neben mich legen, bis ich eingeschlafen war, und dann die Hütte wieder verlassen, um zu ihrem Mann zu gehen.

Aber Nukha hatte einen schlauen Plan. Mein Herz wehrte sich gegen Bo, weil ich noch ein Kind war, aber Nukha mochte ihn. Wenn sie mich in der Hütte neben meinen Mann legte, legte sie sich gleichzeitig zu ihrem Geliebten. Ich lag vor ihr, und Bo hinter ihr. So blieben wir lange Zeit. Aber als ich eingeschlafen war, begannen sie sich zu lieben. Während Bo Nukha liebte, stießen sie gegen mich. Ich wachte immer wieder auf, weil sie gegen mich stießen, immer und immer wieder.

Ich dachte: «Ich bin noch ein Kind. Ich verstehe nichts von diesen Dingen. Was machen die Leute, wenn sie sich so bewegen? Wie kommt es, daß Nukha mich in die Hochzeitshütte bringt, mich neben meinen Mann legt, aber wenn ich zu weinen beginne, legt sie sich an meine Stelle? Gehört er ihr? Wieso gehört er ihr, wenn Mama und Papa sagen, ich soll ihn heiraten?»

Ich lag da und machte mir Gedanken. Noch ehe es hell wurde, stand Nukha auf und ging zurück zu ihrem Mann. Ich lag da und schlief. Als es hell war, ging ich in die Hütte meiner Mutter.

Am nächsten Abend, als es dunkel wurde, wollte mich Nukha wieder abholen. Ich rief: «Er ist dein Mann! Gestern hast du mich geholt und in die Hütte gebracht, aber als wir alle dort lagen, ist er zu dir gekommen! Warum willst du mich zu einem Mann bringen, der dir gehört?» Sie sagte: «Das ist nicht wahr. Er gehört nicht mir. Er ist dein Mann. Geh jetzt in deine Hütte und setz dich hin. Später legen wir uns schlafen.»

Sie brachte mich in die Hütte, aber als ich dort war, weinte ich und weinte und weinte. Ich weinte noch, als Nukha sich zu uns legte. Nachdem wir lange dort lagen, begann Bo wieder, sie zu lieben. Ich dachte: «Was soll das? Wer bin ich? Muß ich mir das ansehen? Sehen sie mich nicht? Glauben sie, ich bin ein Baby?» Später stand ich auf und sagte, ich müsse pinkeln. Ich ging an ihnen vorbei und schlief bis zum Morgen in der Hütte meiner Mutter.

An diesem Tag ging ich mit meiner Mutter und meinem Vater sammeln. Während wir Mongongonüsse und Klaruwurzeln sammelten, sagte meine Mutter: «Nisa, du bist bereits eine junge Frau, aber wenn du in die Hochzeitshütte gehst, um dich hinzulegen, stehst du wieder auf und kommst zu mir zurück. Glaubst du, ich habe dich geheiratet? Nein, ich habe dich geboren. Also nimm diesen Mann zum Ehemann. Er ist stark und wird dir und mir

Nahrung beschaffen. Soll vielleicht nur dein Vater für Essen sorgen? Ein Ehemann geht auf die Jagd und gibt dir dann das Fleisch. Ein Ehemann schafft Dinge, die dir gehören. Ein Ehemann jagt Tiere, und du kannst das Fleisch essen. Du hast jetzt einen Ehemann. Du hast Bo, er ist mit dir verheiratet.»

Ich antwortete: «Mami, laß mich bei dir bleiben. Ich möchte nachts bei dir schlafen. Was hast du mit mir gemacht? Ich bin doch noch ein Kind, und der erste Ehemann, den du mir gibst, gehört Nukha.» Meine Mutter sagte: «Wieso sagst du so etwas? Nukhas Mann ist nicht dein Mann. Ihr Mann sitzt in einer anderen Hütte.»

Ich sagte: «Na ja . . . in der Nacht, als sie mich an der Hand nahm und in die Hütte führte, lag ich vor ihr. Bo schlief hinter ihr. Aber später weckten sie mich durch ihre Bewegungen. Gestern war es nicht anders. Ich schlief vorne, Bo hinten, und sie stießen wieder gegen mich. Ich weiß nicht genau, was sie machen. Deshalb möchte ich heute abend bei dir bleiben und nicht dort schlafen. Bitte schick mich nicht wieder hin.»

Meine Mutter sagte: «Yo! Meine Tochter! Sie haben sich bewegt?» Ich antwortete: «Mm. Sie haben mich aufgeweckt. Deshalb stand ich auf und kam zu dir.» Sie sagte: «Yo! Wie geil dieser Bo ist! Er vögelt Nukha! Du verläßt diesen Mann. Jetzt bin ich auch dafür.»

Mein Vater sagte: «Mir gefällt nicht, was du uns erzählt hast. Du bist noch ein Kind, Nisa, und es ist die Aufgabe der Erwachsenen, eine Ehe zu stiften. Aber wenn ein Erwachsener einem Mädchen einen Mann gibt und dieser Mann schläft mit einer anderen, hat der Erwachsene nicht richtig gehandelt. Ich verstehe, was du uns erzählt hast, und ich sage, Bo hat mich getäuscht. Wenn also Nukha dich heute abend holen will, lasse ich dich nicht gehen. Ich sage: ‹Meine Tochter geht nicht in ihre Hochzeitshütte, weil du, Nukha, ihn schon zum Mann genommen hast.›»

Auf dem Rückweg redeten wir weiter. Als wir im Dorf ankamen, setzte ich mich zu meinen Eltern. Bo ging in unsere Hochzeitshütte; dann ging Nukha zu ihm. Ich beobachtete, wie sie miteinander sprachen. Ich dachte: «Die beiden haben gevögelt! Deshalb sind sie immer gegen mich gestoßen!»

Ich blieb zum Essen bei Mutter und Vater. Als es Abend wurde, kam Nukha. «Komm, Nisa, ich bringe dich in deine Hütte.» Ich sagte: «Ich gehe nicht.» Sie sagte: «Steh auf, ich bringe dich hin. Es ist deine Hütte. Wieso gehst du heute nicht nach Hause in deine Hütte? Du bist doch verheiratet.»

Jetzt ging meine Mutter voller Zorn auf Nukha los und sagte: «Da ich gerade hier bin, würde ich gerne etwas von dir wissen. Nisa ist ein Kind und fürchtet sich vor ihrem Mann. Aber als du sie in ihre Hütte brachtest, hattest du mit ihrem Mann Sex. Du weißt doch, daß ihr Mann die Aufgabe hat, sie großzuziehen. Aber daran habt ihr wohl beide nicht gedacht!»

Nukha schwieg. Aber das Feuer in den Worten meiner Mutter brannte. Meine Mutter begann, mit ihr zu schimpfen: «Du bist geil, weiter nichts! Du bringst Nisa nicht mehr zu ihrem Mann. Und wenn du noch einmal Sex mit ihm hast, schlage ich dir den Schädel ein, du geiles Weib! Du kannst deinen eigenen Vater vögeln!»

Jetzt sagte mein Vater: «Hör auf, so zu reden. Du bist eine Frau, aber trotzdem hast du mich nicht gefragt. Ich bin ein Mann, und ich rede jetzt! Du hörst zu, was ich sage. Nisa ist mein Kind. Ich bin ihr Vater. Du bist eine Frau, und du bist jetzt ruhig, denn ich bin ein Mann.»

Dann sagte er: «Nukha, ich will dir etwas sagen. Ich bin Gau; jetzt werde ich meine Worte aus mir herausholen und sie dir geben. Wir sind wegen dieser Hochzeit hier zusammengekommen. Aber es ist etwas sehr Schlechtes geschehen; etwas, das mir nicht gefällt. Nisa wird diesen Platz, an dem ich sitze, nicht mehr verlassen, um zu dieser Hütte dort zu gehen . . . dieser Hütte, die du bereits zu deiner gemacht hast. Sie hat in dieser Hütte nichts mehr zu suchen.»

Er sprach weiter: «Als ich zustimmte, meine Tochter einem Mann zu geben, sollte es ein Mann sein, der nur für meine Tochter da ist. Nisa ist ein Kind, und ihr Mann ist nicht dazu da, damit ihn sich zwei Frauen teilen. Also geh und nimm diesen Mann, denn er gehört bereits dir. Heute bleibt meine Tochter bei mir. Sie bleibt hier sitzen, und sie schläft hier. Morgen werde ich sie mitnehmen, wir werden weiterziehen. Was du aus dieser Ehe gemacht hast, hast du gemacht, und daran ändert sich nichts mehr.»

Nukha sagte nichts. Sie verließ uns und ging ohne mich in die Hütte. Bo fragte: «Wo ist Nisa? Warum kommst du mit leeren Händen und allein?» Nukha sagte: «Nisas Vater läßt sie nicht gehen. Sie hat ihm erzählt, daß du mich geliebt hast, und das hat er mir jetzt gesagt. Ich weiß nicht, was ich tun soll, aber ich gehe nicht mehr zu ihrer Hütte zurück.» Bo sagte: «Was soll das dumme Gerede. Hol das Mädchen und komm mit ihr zurück.» Sie antwortete: «Ich gehe nicht mehr zu Gaus Hütte. Es gibt nichts mehr zu reden. Und wenn ich sage, es gibt nichts mehr zu reden, heißt das, ich gehe nicht mehr dorthin.»

Sie verließ Bo und ging zu ihrer eigenen Hütte. Als ihr Mann sie sah, sagte er: «So, Bo ist dein Liebhaber. Nisa sagte, als du sie zu Bo brachtest, habt ihr zwei . . . Also wie hat Bo dich für deine Hilfe belohnt?» Aber Nukha sagte: «Nein, ich mag Bo nicht, und er ist nicht mein Geliebter. Nisa ist noch ein Kind, und was sie redet, ist nur Kindergeschwätz.»

Bo kam zu uns. Er wollte mit meinem Vater reden, aber mein Vater sagte: «Du bist still! Ich rede mit dir über diese Sache.» Bo schwieg, und mein Vater redete, bis es nichts mehr zu sagen gab.

Am nächsten Morgen packten mein Vater, meine Mutter und meine Tante sehr früh unsere Sachen, und wir verließen das Dorf. In dieser Nacht schliefen wir in den Mongongohainen. Dann zogen wir weiter, bis wir an ein anderes Wasserloch kamen, wo wir blieben und lebten.

Wir lebten und lebten, und eine Weile geschah nichts. Nach langer Zeit machte Bo eine Kette aus hölzernen Perlen und legte sie in einen Sack mit Vorräten. Dann kam er den weiten Weg zu der Wasserstelle, an der wir lebten.

Es war spätnachmittags, und die Sonne war schon beinahe untergegangen. Ich kam mit meiner Mutter vom Sammeln im Busch zurück. Als wir ins Dorf kamen, sah meine Mutter sie: «Eh-hey. Dort drüben ist Bo. Was tut er hier? Ich habe ihn vor langer Zeit abgewiesen. Ich habe ihn nicht aufgefordert hierherzukommen. Ich frage mich, was er wohl von hier mitnehmen will.»

Wir legten ab, was wir gesammelt hatten, und setzten uns. Wir begrüßten Bo und seine Verwandten – seine Mutter, seine Tante, Nukha und Nukhas Mutter. Bos Mutter sagte: «Wir sind gekommen, weil wir Nisa mitnehmen wollen.» Bo sagte: «Ich bitte euch noch einmal um euer Kind. Ich möchte sie mitnehmen.»

Mein Vater sagte: «Nein. Ich habe sie dir weggenommen. Das war das Ende. Ich nehme sie dir nicht erst weg und gebe sie dir dann wieder. Vielleicht hast du mich beim erstenmal nicht richtig verstanden. Ich habe dir bereits gesagt, daß ich nicht damit einverstanden bin. Bo, du bist Nukhas Mann, und meine Tochter geht nicht mehr mit dir. Der Mann, der Nisa heiratet, schläft nicht mit einer anderen, einer erwachsenen Frau.»

Dann sagte er: «Nisa wird einfach weiter bei uns leben. Eines Tages wird ein anderer Mann kommen und sie heiraten. Wenn sie gesund bleibt und ihre Augen sich nicht trüben, wenn Gott sie nicht tötet und sie nicht stirbt, wenn Gott sie nicht verläßt und ihr hilft, werden wir einen anderen Mann finden, den wir ihr geben.»

Als es Nacht wurde, gingen wir alle schlafen. Ich schlief neben meiner Mutter. Im Morgengrauen nahm Bo Nukha, ihre Mutter und die anderen, und sie gingen. Ich blieb zurück. Sie waren gegangen, endgültig gegangen.

Wir blieben an dieser Wasserstelle, aßen Dinge, taten Dinge und lebten. Niemand sprach mehr davon, mir einen anderen Mann zu geben. Wir lebten und lebten und lebten.

Ich hatte Bo abgelehnt, aber Tsaa, meinen nächsten Mann, mochte ich. Als ich ihn heiratete, begannen sich gerade meine Brüste zu bilden.

Lange nachdem Bo und ich uns getrennt hatten, viele Regenzeiten später, zog meine Familie an eine andere Wasserstelle. Eines Tages ging mein Vater Freunde besuchen, die an einer anderen Wasserstelle lebten, um mit ihnen Hxarogeschenke auszutauschen. Dort sah er Tsaa.

Als er zurückkam, sagte er zu meiner Mutter: «Ich habe einen jungen Mann gesehen. Ich bin stehengeblieben und habe ihn mir angesehen. Chuko, ich möchte, daß deine Tochter ihn heiratet.» Meine Mutter fragte: «Wer ist es?» Mein Vater sagte: «Tsaa, der Sohn meiner Verwandten Bau. Tsaa hat mich gefragt, ob er Nisa heiraten kann.» Meine Mutter sagte: «Ich habe eine zweite Ehe lange abgelehnt. Aber jetzt bin ich einverstanden. Wir bringen sie zu ihm, damit er sie heiraten kann. Wenn er sie geheiratet hat, wollen wir sehen, ob er sie gut versorgt. Sie ist schließlich noch ein Kind.»

Am nächsten Morgen brachen wir auf, um in das andere Dorf zu gehen. Wir übernachteten unterwegs. Dann zogen wir weiter. Wir gingen sehr weit. Wir sammelten und aßen. Wir gingen einen Tag und schliefen eine Nacht. Am Morgen gingen wir weiter und wanderten und wanderten und wanderten. Endlich erreichten wir das Dorf. In der Nacht schliefen wir dort, und als wir am nächsten Morgen aufwachten, bauten wir uns eine Hütte.

An diesem Morgen kamen Tsaas Mutter und Vater zu meinen Eltern. Mein Vater sagte: «Hier bin ich. Heute bringe ich euch eure zukünftige Tochter. Wir sind weit gereist, um zu euch zu kommen.» Tsaas Vater antwortete: «Das habt ihr gut gemacht. Ich möchte gern deine Tochter nehmen und sie meinem Sohn geben. Ich wollte ihm kein anderes Mädchen geben. Ich wollte ihm ein Mädchen geben, das zu meinen Leuten gehört, die Tochter eines meiner Verwandten. Ich möchte Nisa meinem Sohn geben.» Alle stimmten der Heirat zu . . . auch ich.

Wir schliefen in dieser Nacht, und am nächsten Morgen begannen sie, die Hochzeitshütte zu bauen. Abends führten sie mich in die Hütte. Dann brachten sie Tsaa in die Hütte. Wir waren beide in der Hütte – nur wir zwei.

Am nächsten Morgen rieben sie mich mit Hochzeitsöl ein und dann Tsaa. Ich schenkte ihm Perlen, und er schenkte mir ebenfalls Perlen.

Wir lebten lange Zeit zusammen, und ich begann ihn gern zu haben. Aber dann wollte er Sex mit mir haben. Er drängte mich nicht wirklich, das heißt, wir stritten uns nicht, aber ich lehnte es ab. Ich dachte: «Oh, ich bin immer noch ein Kind. Warum muß ich einen Ehemann haben?» Und: «Ich habe noch keine Brüste, und meine Genitalien sind noch nicht entwickelt. Was glaubt dieser Mensch, können meine Genitalien ihm bieten?»

Ich erinnere mich an einen Abend. Wir saßen ums Feuer und aßen eine kleine Antilope, die er in der Falle gefangen und meiner Mutter und meinem Vater gegeben hatte. Sie kochten sie, und wir aßen zusammen das Fleisch. Wir legten uns schlafen. Ich stand bald wieder auf und setzte mich ans Feuer. Ich saß dort und blickte auf Tsaas Rücken, auf die Narben der alten Brandwunden. Ich dachte: «Der Rücken dieses Mannes ist ruiniert. Hat man mir einen Mann gegeben, dessen Rücken tot ist?» Später ging ich wieder in die Hütte und legte mich hin.

Ein anderes Mal ließ ich ihn in der Hütte liegen und ging zu meiner Mutter. In der nächsten Nacht ging ich wieder zurück in unsere Hütte. Ich schlief einige Nächte in der Hütte meiner Mutter und einige Nächte in unserer Hütte. Das führte schließlich zum Ende der Ehe.

Eines Morgens, als ich wieder in der Hütte meiner Mutter aufwachte, blieb ich dort. Tsaa sagte: «Dieses Mädchen ist schon eine junge Frau. Aber was tut sie? Ich habe sie zur Frau genommen, aber sie verläßt mich und schläft bei den Erwachsenen. Wann fangen wir endlich an, zusammenzuleben? Sie mag mich nicht. Deshalb werde ich sie verlassen.» Mein Vater sagte: «Warum willst du sie verlassen? Sie denkt immer noch wie ein Kind.»

Aber inzwischen hatte sich mein Herz gewandelt, und ich mochte ihn nicht mehr. Nachdem sich meine Brüste entwickelt hatten, lehnte ich ihn völlig ab.

Eines Tages ging er in ein Nachbardorf, wo ein Tier erlegt worden war, um seinen älteren Bruder um etwas Fleisch zu bitten. Als er zurückkam, legte er das Fleisch vor uns hin, setzte sich aber nicht zu uns.

Ich hatte Tsinbohnen geröstet. Ich schälte sie, und als sie sauber waren, stellte ich sie neben ihn. Aber er wollte nichts. Ich dachte: «Ich muß doch meinem Mann etwas zu essen geben. Ist das nicht der Mann, den ich geheiratet habe? Warum hat er mich geheiratet, wenn er nicht essen will, was ich für ihn koche?»

Mein Vater fragte: «Nisa, gibst du mir nichts von dem Fleisch, das Tsaa auf dem Rücken hatte, als er nach Hause kam?» Ich sagte zu Tsaa: «Gib mir ein Stück von dem Fleisch. Ich will es braten.» Aber er weigerte sich. Ich fragte ihn wieder und wieder, aber er weigerte sich. Dann fragte mein Vater: «Gibst du mir von dem Fleisch, damit ich es für dich und Nisa braten kann?» Aber er gab auch meinem Vater kein Fleisch.

Tsaa stand auf, nahm das Fleisch und hängte es an einen Baum. Obwohl es sehr viel Fleisch war, hängte er alles an den Baum.

Mein Vater sah das und sagte: «Eh! Es ist nicht weiter wichtig, daß du meiner Tochter kein Fleisch geben willst. Du hast sie geheiratet, und sie ist deine Frau. Wenn du ihr etwas nicht geben willst, bedeutet das nicht viel. Aber ich, ich bin ihr Vater, und mir solltest du nichts verweigern. Wenn du das tust, verletzt du mich sehr.» Er sprach weiter: «Da du nun hier bist, kannst du heute nacht in deiner Hütte schlafen. Aber morgen, wenn du aufwachst, nimmst du alles, was dir gehört, und gehst. Laß nichts zurück. Und ich möchte dich auch in Zukunft nicht mehr bei meiner Tochter sehen!»

Darauf sagte Tsaa: «Was macht das schon? Ich habe sie nicht geheiratet. Ich habe keine Frau. Ich bin dieses Mädchen leid. Ich habe ihr viele Perlen geschenkt und viel Fleisch gebracht. Aber ich halte es nicht aus, wie sie mich behandelt. Also schlafe ich heute nacht hier. Morgen nehme ich meine Sachen und gehe in das Dorf meines älteren Bruders. Dann werden wir beide in das Dorf unserer Eltern wandern.»

Mein Vater sagte: «Ja, so soll es sein. Mach dich auf den Weg.»

Tsaa sagte: «Ja, aber wenn ich gehe, nehme ich alle, absolut alle meine Sachen mit.» Mein Vater erwiderte: «Gut, sehr gut. Nimm deine Sachen. Ich gebe dir auch die Geschenke zurück, die du mir gemacht hast. Alles, was dir gehört . . . auch wenn es jemand von uns benutzt hat . . . nimm es mit.»

Ich suchte zusammen, was Tsaa mir geschenkt hatte, und gab es ihm zurück. Mein Vater tat das gleiche. Tsaa legte sich in die Hütte und schlief. Er schlief, ohne uns Fleisch gegeben zu haben, er schlief, ohne vorher etwas für sich zu kochen. Am nächsten Morgen packte er bei Sonnenaufgang seine Sachen, nahm auch Dinge, die meiner Mutter gehörten, schnürte alles zu einem großen Bündel und ging.

Als er zu seinem älteren Bruder kam, fragte sein Bruder: «Wo ist deine Frau? Gestern warst du allein hier. Du wolltest heute mit ihr zurückkommen. Kommt sie später?» Tsaa sagte: «Meine Frau . . . ihre Eltern haben häßliche Dinge zu mir gesagt. Ihr Vater hat mit mir wegen des Fleisches geschimpft. Ich sagte, ich wolle seine Tochter mitnehmen und hier leben, aber er weigerte sich.»

Sie gingen ins Dorf der Eltern, und als sie dort ankamen, erzählte ihnen Tsaa: «Der Vater meiner Frau hat mich gezwungen zu gehen. Er hat mich weggejagt.» Seine Eltern sagten: «Warum hat er dich gezwungen wegzugehen? Was hat er gesagt?» Tsaa antwortete: «Ihr Vater hat mich weggejagt, weil . . . zuerst bat mich meine Frau um Fleisch zum Braten und Essen, aber ich habe ihr nichts gegeben und gesagt, sie solle bis zum nächsten Tag warten. Dann wollte ich es kochen. Auch ihr Vater bat mich um Fleisch. Er wollte es für sich und für mich braten. Ich habe ihm gesagt, ich würde es am nächsten Tag braten. Als mein Schwiegervater das hörte, sagte er zu mir, ich solle das Fleisch behalten. Ich könne noch eine Nacht bei ihnen schlafen, aber am nächsten Morgen müsse ich meine Sachen packen und zu euch zurückgehen. ‹Du hast mich verletzt›, sagte er. Deshalb habe ich meine Sachen gepackt, und jetzt bin ich hier. Habt ihr sonst noch Fragen?»

Sie schliefen eine Nacht. Am nächsten Morgen packten sie das restliche Fleisch zusammen, verließen das Dorf und kamen zu uns.

Die ganze Familie kam – Tsaa, seine Mutter und sein Vater, sein Bruder und sogar seine ältere Schwester. Sein Vater sagte: «Wir sind gekommen, um mit euch zu sprechen. Sonst wollen wir nichts. Ich bin Tsaas Vater, und ich bin hierhergekommen, um mit seinen Schwiegereltern zu reden. Du, der Schwiegervater meines Sohnes, willst ihm dein Kind wegnehmen, nachdem du es ihm selbst zur Frau gegeben hast? Was hat mein Sohn getan, daß du ihn weggejagt hast? Was hast du getan, daß mein Sohn nicht mehr neben deiner Tochter sitzt?»

Mein Vater antwortete: «Ich bin ein alter Mann, und mein Herz ist nicht stark. Mein Herz ist schwach. Wenn ich einen Schwiegersohn habe, der Fleisch nach Hause bringt, erwarte ich, daß er es mir gibt. Ich werde es dann zubereiten, denn ich weiß, wie man das macht. Dann gebe ich es ihm und meiner Tochter, und sie geben mir etwas Fleisch, damit ich essen kann. Ich bin ein alter Mann, und mein Herz hat nur noch wenig Kraft.»

Dann sagte er: «Diese Ehe ist heute gestorben. Nisa hatte schon einmal einen Mann geheiratet, und es war ein schlechter Mann. Ich habe ihn verstoßen. Jetzt hat sie wieder einen Mann geheiratet, und auch er ist schlecht. Also steht auf, laßt euren Sohn aufstehen und geht zusammen. Nehmt die Dinge mit zurück, die ihr gebracht habt. Sucht eine andere Frau für euren Sohn. Meine Tochter wird allein schlafen. Mehr ist dazu nicht zu sagen. Sie ist nicht mehr mit eurem Sohn verheiratet.»

Das war alles. Sie blieben noch eine Weile, dann packten sie zusammen und gingen. Ich blieb bei meiner Familie. Mein Herz war glücklich. War ich nicht immer noch ein junges Mädchen? Ich wußte noch nicht sehr viel, und ich war einfach glücklich. Ich saß vor meiner Hütte und sah zu, wie die jüngeren Kinder spielten. Meine Brüste wurden größer, und ich spielte nicht mehr mit ihnen. Ich saß da und dachte darüber nach, wie erwachsen ich war und daß ich beinahe eine Frau war.

Nachdem ich geheiratet und meinen ersten Mann verlassen hatte und nachdem ich geheiratet und meinen zweiten Mann verlassen hatte begann ich wieder mit Kantla. Sein Herz kam zu mir, und mein Herz kam zu ihm. Er war einer der wichtigsten Männer in meinem Leben und wird es immer sein. Schon als meine Brüste sich gerade zu entwickeln begannen, gehörte er mir.

Aber ich wollte ihn nicht heiraten. Er war bereits mit Bey verheiratet. Mit dieser Frau ist er immer noch verheiratet. Sie war jung, und ich war jung, und Kantla wollte uns beide heiraten. Ich lehnte ab. Bey war einverstanden und sagte zu Kantla: «Nisa ist meine Freundin, und ich mag sie. Wir können mit ihr verheiratet sein.»

Aber ich wollte nicht. Ich blieb eine Weile bei ihnen, aber ich weinte die ganze Zeit. Schließlich verließ ich ihr Dorf. Ich rannte im Morgengrauen davon und kehrte ins Dorf meiner Eltern zurück.

Am nächsten Tag kamen Bey und Kantla, um mich zu holen, und nahmen mich mit zurück in ihr Dorf. Sie holten mich aus der Hütte meiner Mutter und brachten mich in ihre Hütte. Ich weinte. Bey sagte zu mir: «Wir sind Freundinnen. Bleib hier. Wir wollen beide hier beisammensitzen. Kannst du sagen, daß ich dir etwas Schlechtes tue? Ich werde dich nicht verletzen. Wir sind Kinder, und wir werden unsere Kindheit zusammen beenden. Dieser Mann, Kantla, wird uns zusammen großziehen. Er wird uns beide in einer Hütte großziehen. Warum lehnst du mich ab?»

Ich sagte: «Ich lehne dich nicht ab. Ich mag dich. Ich lehne diesen Mann ab. Du bist Bey, und ich mag dich. Wir sind Freundinnen. Wir werden immer zusammen spielen. Ich lehne diesen Mann ab.»

Sie sagte: «Nein, du lehnst mich ab. Ich bitte dich als Freundin. Bleib hier und sei ruhig. Wir werden alle zusammen schlafen. Du liegst vor mir, und Kantla liegt hinter mir. Wir wollen hier zusammenleben.»

Ich hörte mir an, was sie sagte, und schwieg. Aber nachdem wir uns hingelegt hatten, dachte ich: «Wie kann ich hier schlafen? Nein, ich laufe davon!» Ich stand langsam auf und nahm vorsichtig eine der Decken. Ich ging auf Zehenspitzen um sie herum und schlich mich davon. Als ich etwas weiter weg war, begann ich zu laufen. Es war mitten in der Nacht, und es war dunkel. Ich rannte und rannte, bis ich ins Dorf meiner Eltern kam. Ich legte mich neben meine Mutter.

Bald darauf wachte Bey auf: «Was? Kantla, wo ist Nisa?» Kantla antwortete: «Wie soll ich das wissen? Sie hat auf deiner Seite geschlafen. Hast du nicht auf sie aufgepaßt?»

Sie sprachen bis zum Morgengrauen über mich. Dann kamen sie mit Kantlas Mutter und Vater in unser Dorf. Sie gingen zu meiner Mutter und fragten sie: «Ist Nisa zu dir zurückgekommen? Wir sind ihren Spuren gefolgt. Hast du sie gesehen?» Meine Eltern sagten: «Ja, sie ist ein schlechtes Mädchen, und es ist nicht gut, daß sie zurückgekommen ist. Sie holt gerade Wasser von der Wasserstelle.»

Wir blieben bis zum Nachmittag im Dorf meiner Eltern. Dann nahmen sie mich wieder mit. In dieser Nacht legte ich mich in ihrer Hütte schlafen. Diesesmal lag ich neben Kantla. Wir alle schliefen. Aber kurz vor dem Hellwerden rannte ich wieder davon. Am nächsten Morgen kam Kantla allein, um mich zu holen. Er sagte: «Diese Frau . . . mein Herz mag sie wirklich, und ich möchte sie neben Bey großziehen. Aber ich fürchte, eines Nachts, wenn sie davonläuft, wird ein Tier sie töten, noch ehe sie euer Dorf erreicht. Also sorgt an meiner Stelle für sie. Ich gehe jetzt in mein Dorf zurück. Morgen verlassen wir diesen Ort. Sorgt gut für sie, und gebt sie mir ein anderes Mal zur Frau.»

Er ging. Mein Herz war glücklich. Ich dachte: «Sehr gut. Ich bleibe einfach hier.»

Monate später kamen sie zurück. Ich hatte mit meiner Mutter Klaruknollen gegraben, und wir hatten süße Ninbeeren gesammelt. Wir hatten auf dem Rückweg schwer zu tragen. Wir hielten an der Wasserstelle. Ich schöpfte Wasser für mich und gab auch meiner Mutter zu trinken. Wir ruhten uns aus.

In diesem Augenblick sahen uns Bey und Kantla. Bey rief: «Meine Nebenfrau, meine Nebenfrau! Hast du geheiratet?» Ich antwortete: «Nein, ich habe nicht geheiratet.» Meine Mutter sagte: «Nein, sie hat nicht geheiratet. Nur ein Herero spricht zur Zeit von Heirat.»[3] Bey sagte: «Nein! Ich nehme sie wieder mit und bringe sie noch einmal in unsere Ehe.»

Wir verließen die Wasserstelle und gingen ins Dorf zurück. In dieser Nacht schlief ich nicht neben Bey und Kantla. Am nächsten Morgen sagten sie: «Wir nehmen dich mit.» Ich weigerte mich:

«Was wollt ihr machen, wenn ich nicht heiraten will? Der Herero hat mir sogar Kühe angeboten, und trotzdem habe ich ihn nicht geheiratet.»

Dann war ich wieder allein. Bey und ihr Mann verließen uns, und ich saß allein vor meiner Hütte.

Junge Frauen gelten noch nicht wirklich als Erwachsene. Erst wenn sie mindestens älter als sechzehn sind, ihre Regel haben, verheiratet sind und bald Mütter werden, erwartet man, daß sie die volle Verantwortung für sich und andere übernehmen. In neuerer Zeit heiraten die Mädchen etwa im Alter von sechzehneinhalb – im Durchschnitt setzt in diesem Alter auch die erste Periode ein –, aber früher waren sie manchmal erst zehn oder zwölf. Im Gegensatz dazu gelten junge Männer erst heiratsfähig, wenn sie zwischen zwanzig und dreißig sind – und auch dann erst, wenn sie ihre Fähigkeit, eine Familie ernähren zu können, unter Beweis gestellt haben. Sie müssen mindestens ein großes Tier erlegt haben. Deshalb sind Männer oft zehn Jahre (und mehr) älter als ihre Frauen. Unabhängig vom Zeitpunkt der Eheschließung erwartet man, daß sexuelle Beziehungen erst dann aufgenommen werden, wenn das Mädchen die Zeichen sexueller Reife zeigt – bei den Kung ist dies die Zeit um die erste Menstruation. Die Frühehen sind unstabil und oft nur von kurzer Dauer. Ein Mädchen kann durchaus mehrere solcher Ehen hinter sich haben, ehe sie – üblicherweise mit einem lebenslangen Partner – Kinder bekommt.

Die erste Ehe – und wenn die Mädchen noch jung sind, auch die folgenden – wird von den Eltern oder nahen Verwandten arrangiert. Man geht auf Reisen und besucht innerhalb eines großen Gebiets potentielle Partner, um so die bestmögliche Wahl treffen zu können. Aber die geringe Bevölkerungsdichte limitiert die Zahl, und wenn Gesichtspunkte wie Eignung und Sympathie berücksichtigt werden, verringern sich die Möglichkeiten noch weiter. Die Kung befolgen das beinahe weltweite Tabu, das eine Ehe zwischen engen Verwandten verbietet. Aber im Gegensatz zu vielen anderen Sammler- und Jägervölkern erlauben sie auch keine Ehe zwischen Cousins ersten Grades, und sie vermeiden möglichst Ehen mit einem Partner, der den Namen des eigenen Vaters, der Mutter, der Geschwister oder im Fall späterer Eheschließung eines eigenen Kindes trägt.

Bei der Wahl eines Schwiegersohns ziehen die Eltern das Alter in Betracht (der Mann sollte nicht sehr viel älter sein als ihre Tochter), den

Familienstand (ein unverheirateter Mann wird einem verheirateten vorgezogen, der eine zweite Frau sucht), Fähigkeiten bei der Jagd und die Bereitschaft, die Verantwortungen des Familienlebens zu übernehmen. Außerdem ist es wünschenswert, daß er kooperativ, großzügig und ein friedfertiger Mensch ist. Auch der Sohn einer befreundeten Familie oder ein Mann mit Zugang zu einem Gebiet mit großen Pflanzen- und Tierbeständen mit Wasserquellen ist ein angemessener Bewerber. Eine erste Frau sollte jung, fleißig und umgänglich sein und Kinder bekommen können. Ich fragte einen vierzigjährigen Mann, der eine zweite Frau suchte: «Würdest du eine Frau heiraten, die intelligenter ist als du?» Er antwortete ohne Zögern: «Natürlich! Eine solche Frau könnte mir beibringen, ebenfalls intelligent zu sein.»

Sind sich die Eltern einig, findet die Hochzeit wahrscheinlich statt, selbst wenn man das Mädchen drängen muß, sich mit dem ausgewählten Mann abzufinden. Es ist typisch, daß Mädchen sich gegen die Ehe sträuben. Und meist interpretiert man ihr Verhalten als Abneigung gegen die Ehe und weniger gegen den bestimmten Mann. Nach der Heirat folgt der Mann üblicherweise der Frau ins Dorf ihrer Eltern, denn man erwartet von jungen Mädchen nicht, daß sie ihre Mutter verlassen. Dieser «Brautdienst» ist im allgemeinen zwanglos und ist ein großer Anreiz für die Eltern, die Tochter jung zu verheiraten. Der Ehemann hilft bei der Fleischbeschaffung für das Mädchen und die Familie. Außerdem können die Eltern beobachten, wie er sich ihrer Tochter und ihnen gegenüber benimmt. Bei Konflikten können sie die Interessen ihrer Tochter vertreten. Eine Hochzeit der Tochter erweitert auch die sozialen Beziehungen der Eltern. Sie knüpfen enge Bande zu der Familie des Schwiegersohnes. Man dokumentiert das durch den Austausch von Geschenken, Besuchen und der gegenseitigen Hilfe bei Problemen. Außerdem sichert die Eheschließung beiden Familien in Notzeiten den Zugang zu Nahrungsquellen und zu dem Dorf der anderen Familie. Es kommt oft vor, daß Nahrungsbestände und Regenfälle von einem Gebiet zum anderen entscheidend variieren. Deshalb kann dieser Zugang lebenswichtig sein, selbst wenn die beiden Gebiete nur wenige Kilometer auseinander liegen.

Die Eltern des Mädchens versuchen vielleicht, das Paar bei sich zu behalten, indem sie dem Schwiegersohn das Leben so angenehm wie möglich machen. Viele Männer lassen sich im Dorf der Schwiegereltern nieder und bleiben durchschnittlich drei bis zehn Jahre, manchmal sogar das ganze Leben. Durch dieses Arrangement erhalten die Eltern zusätzlich ökonomische Unterstützung und haben ihr Kind und die Enkelkinder um sich. Aus diesem Grund bemüht sich auch die Familie des Mannes um die Gunst des Paares. Und viele jüngere Paare leben eine Zeitlang abwechselnd bei beiden Familien, ehe sie sich (mehr oder weniger) für eine entscheiden.

Wenn ein Mädchen zu der Überzeugung kommt, daß sie ihrem Mann niemals Zuneigung entgegenbringen wird, kann sie die Auflösung der Ehe verlangen. Dazu sucht sie vielleicht die Unterstützung einflußreicher Mitglieder ihrer Familie, oder sie macht ihrem Mann das Leben so unangenehm, daß er sie einfach verläßt. Eine junge Frau kann durchaus auch selbst entscheiden, wen sie heiraten will. Sie hofft dann, daß die Erwachsenen ihrer Wahl zustimmen. Im Fall einer Schwangerschaft heiratet sie wahrscheinlich den Vater des Kindes, selbst wenn die Familie Einwände erhebt. (Die Männer in solchen selbstgewählten Beziehungen sind meist wesentlich jünger als die Ehekandidaten der Eltern und stammen aus der näheren Umgebung.)

Die ersten Ehejahre sind in vielen Fällen für beide Partner sehr schwierig, besonders wenn der Altersunterschied sehr groß ist. Zwar bedeutet die Eheschließung nicht, daß ein Mädchen plötzlich mit großen Verantwortungen belastet wird, aber man erwartet von ihr, daß sie unter Umständen mit einem zehn Jahre älteren Mann in einer Hütte schläft – mit einem Mann, den sie so gut wie nicht kennt. Außerdem soll sie einen Teil der Pflichten der Haushaltsführung übernehmen, während die unverheirateten Gleichaltrigen im wesentlichen noch immer sorgenfrei leben.

Der Ehemann ist normalerweise erwachsen und sexuell reif. Heiratet er ein junges Mädchen, dann muß er manchmal bis zu fünf Jahren warten, bis aus ihr eine Frau geworden ist. Er lebt im Dorf ihrer Eltern, und man erwartet, daß er mit seinem Schwiegervater auf die Jagd geht und zur Ernährung der Familie beiträgt. Vielleicht muß er auch ihre Gleichgültigkeit und sogar Ablehnung ertragen. Diese Bedingungen sind alles andere als ideal. Aber viele junge Männer sind bereit, sie zu akzeptieren. Ältere Männer haben manchmal zwei Frauen, und deshalb sind Mädchen im heiratsfähigen Alter etwas Besonderes. Einem jungen Mann, der sicher sein will, früher oder später eine Frau zu haben, eine junge Frau und nicht eine ältere Witwe oder eine Geschiedene, bleibt kaum eine andere Wahl. Die Eltern des Mädchens üben eine starke Kontrolle aus. Aber sie kennen ihre Grenzen, denn sie wollen ihn nicht verjagen. Aber selten ist eine erste Ehe von Dauer, auch wenn der Mann kooperativ und geduldig ist.

Die Hochzeitszeremonie ist nicht sehr aufwendig. Allerdings beginnen die Verhandlungen und der Austausch von Geschenken meist lange bevor die Hochzeit stattfindet. Mitglieder beider Familien bauen eine Hütte für das Paar, die etwas abseits von den anderen Hütten steht. Bei Sonnenuntergang geleiten die Freunde das Paar zur Hütte. Die Braut hat ihren Kopf bedeckt; sie wird getragen und in der Hütte auf das Lager gelegt. Der Bräutigam wird zur Hütte geführt und setzt sich an den Eingang. Man bringt Kohlen von den Feuern beider Familien, um das neue Feuer vor der Hochzeitshütte zu entzünden. Die Freunde bleiben, singen, spielen und machen Späße. Braut und Bräutigam sitzen nicht zusammen und feiern auch nicht mit den anderen. Nachdem alle gegangen sind, verbringen sie ihre erste Nacht in der Hütte. Am nächsten Morgen werden die Eheleute in einer Zeremonie mit Öl eingerieben – jeder von der Mutter des anderen. Da sich das Mädchen in vielen Fällen fürchtet, bei einem fremden Mann zu schlafen, begleitet manchmal eine ältere Frau – meist eine nahe Verwandte – das Mädchen und schläft neben ihr in der Hochzeitshütte, bis sie sich an ihren neuen Status gewöhnt hat.

Die meisten Kung führen Langzeitehen, obwohl sehr viele mehr als einmal heiraten. Die Auflösung einer Ehe durch Scheidung ist durchaus üblich, meist in den ersten Ehejahren, bevor das Paar Kinder hat. Die Frau ergreift üblicherweise die Initiative. Zu einer Scheidung sind weder Formalitäten noch juristische Schritte erforderlich, aber die Emotionen schlagen hohe Wogen. Die Diskussion um das Für und Wider einer Auflösung der Ehe kann Tage oder sogar Wochen dauern, da jeder im Dorf seine Meinung äußert. Schließlich wird eine Entscheidung getroffen, und im Fall einer Trennung endet die Ehe auf der Stelle. Da für eine Eheschließung weder eine Mitgift noch ein Brautpreis verlangt wird, muß bei der Scheidung auch nichts zurückbezahlt werden (während der Hochzeitszeremonie werden zwar Geschenke ausgetauscht, aber man feiert damit in erster Linie das Ereignis). Die Investitionen für Hütte und Haushalt sind minimal, deshalb ist es für einen Partner nicht schwierig auszuziehen. Der Besitz des einzelnen wird nicht geteilt; und dadurch gibt es über diesen Punkt keine Auseinandersetzung. Ob das Paar eine sexuelle Beziehung hatte oder nicht, ist ebenfalls kein Thema. Der Jungfräulichkeit wird keinerlei Wert beigemessen – ich konnte in der Sprache der Kung noch nicht einmal ein Wort dafür finden. Die geschiedene Frau (Mädchen) bekommt wieder den Status einer höchst begehrenswerten potentiellen Ehefrau. Und ihr mangelt es nicht an Bewerbern. Die geschiedenen Partner gehen wahrscheinlich innerhalb eines Jahres eine neue Ehe ein. Kinder bleiben üblicherweise bei der Mutter.

Wenn eine Frau heiratet, gibt sie die Freundschaft zu anderen Frauen nicht auf. Die Kung bewerten Freundschaft sehr hoch; ihr Wort «dara» bedeutet Freund(in), Altersgenosse oder Spielgefährte und beschreibt diese Art Beziehung, die über Verwandtschaft und Namensverwandtschaft hinausgeht. Mädchen, die zusammen aufgewachsen sind und nach der Heirat im Dorf bleiben, ändern ihre Beziehung nicht, da auf die jungen Bräute wenig Druck ausgeübt wird, die Rolle der Hausfrau zu übernehmen. Sie arbeiten zusammen und verbringen ihre Freizeit zusammen, auch nachdem sie erwachsen sind und Familie haben. Ihre Bindung wird durch den aktiven Austausch von Geschenken formal dokumentiert und gestärkt (ein typisches Beispiel für die Tauschbeziehungen, die alle erwachsenen Kung mit anderen pflegen). Wenn ihre Kinder älter werden, unterstützen sie sich sogar bei der Erforschung spiritueller Bereiche, bei Trance und Heilung. Wenn keine der Frauen die Dorfgemeinschaft verläßt, dauert eine solche Freundschaft das ganze Leben. Dies trifft auch auf die Nebenfrauen in polygamen Ehen zu; obwohl sexuelle Eifersucht und Rivalität belasten, entstehen zwischen den Frauen starke und enge Bande, die oft viele Jahre überdauern.

6

Ehe

Vor langer Zeit wanderten meine Eltern weit, und wir kamen an eine Wasserstelle. Dort trafen wir den alten Kantla und seinen Sohn Tashay, die ebenfalls gekommen waren, um hier zu leben.[1]

Bald nach unserer Ankunft ging ich eines Tages mit meiner Freundin Nukha zum Wasserholen an den Brunnen. Dort sah mich Tashay. Er dachte: «Diese Frau . . . das ist die junge Frau, die ich heiraten will.» Er rief Nukha zu sich und fragte: «Nukha, diese junge Frau, diese schöne junge Frau . . . wie heißt sie?» Nukha sagte: «Sie heißt Nisa.» Er sagte: «Mmmm . . . diese junge Frau . . . ich werde meiner Mutter und meinem Vater von ihr erzählen. Ich frage sie, ob ich sie heiraten kann.»

Nukha kam zurück, und wir füllten die Wassergefäße. Dann machten wir uns auf den langen Rückweg ins Dorf. Als Nukha meine Mutter sah, sagte sie: «Nisa und ich waren am Brunnen und haben unsere Wasserbehälter gefüllt, und während wir dort waren, kamen noch andere Leute, um Wasser zu holen. Ein junger Mann sah Nisa und sagte, er würde seine Eltern bitten, für ihn um ihre Hand anzuhalten.»

Ich sagte nichts. Wenn man ein Kind ist und jemand will einen heiraten, sagt man nichts. Aber als sie darüber sprachen, war mein Herz zuerst nicht damit einverstanden. Später war ich damit einverstanden, aber nur ein bißchen. Schließlich war er sehr hübsch.

Am nächsten Abend war in unserem Dorf ein Tanz. Wir tanzten und sangen bereits, als Tashay und seine Familie kamen. Sie gesellten sich zu uns. Und wir tanzten und sangen alle bis in die Nacht.

Ich saß bei Nukha, als Tashay zu mir herüberkam. Er berührte meine Hand. Ich sagte: «Was ist los mit diesem Menschen? Was tut er? Dieser Mensch ... wieso kommt er herüber und faßt mich an, wenn ich hier sitze?» Nukha sagte: «Das ist dein Mann ... dein Mann hat dich angefaßt. Oder etwa nicht?» Ich antwortete: «Warum nimmt er nicht dich? Du bist älter. Heirate ihn.» Aber sie erwiderte: «Er ist mein Onkel. Ich heirate nicht meinen Onkel. Und er ... er möchte dich heiraten.»

Später gingen seine Mutter und sein Vater zu meinen Eltern. Sein Vater sagte: «Wir sind hierhergekommen und haben mit euch getanzt. Aber jetzt ist der Tanz vorbei. Und ich bin hier, um mit euch, Gau und Chuko, zu sprechen. Gebt mir euer Kind, das ihr beide geboren habt. Gebt sie mir, und ich gebe sie meinem Sohn. Als er gestern am Brunnen war, sah er euer Kind. Er kam zurück und sagte zu mir: ‹Bei allem, was mir teuer ist, halte morgen für mich um ihre Hand an.› Das tue ich hiermit, und wenn ihr zustimmt, kann ich sie ihm geben. Er hat gesagt, er will sie heiraten.»

Meine Mutter antwortete: «Eh, aber ich habe keine Frau geboren. Ich habe ein Kind geboren. Sie denkt nicht an Ehe, sie denkt nicht an eine Hochzeitshütte.» Mein Vater sagte: «Eh, das ist wahr. Das Kind, das ich geboren habe, ist immer noch ein Kind. Sie denkt nicht an ihre Hochzeitshütte. Wenn sie einen Mann heiratet, läßt sie ihn einfach fallen. Dann geht sie, heiratet einen anderen und läßt ihn auch fallen. Sie hat schon zwei Männer abgelehnt.»

Mein Vater fuhr fort: «Es gibt sogar noch einen Mann: Dem. Seine Hütte steht da drüben. Er möchte sie auch heiraten. Dems erste Frau ist mit Nisa als Nebenfrau einverstanden. Sie geht für Nisa sammeln. Wenn sie zurückkommt, gibt sie Nisa Knollen zu kochen, damit Nisa sie ihrem Mann zum Essen geben kann. Aber wenn die Frau ihren Fellmantel aufknotet und alles, was sie gesammelt hat, bei Nisa läßt, wirft Nisa es in den Sand, zerstampft es und wirft die Decke wütend beiseite. Wenn ich das sehe, sage ich, daß Nisa vielleicht noch keine Frau ist.»

Tashays Vater antwortete: «Ich habe dir zugehört. Das ist natürlich das Benehmen eines Kindes. Kinder tun das. Wenn ein Mädchen zum erstenmal heiratet, bleibt sie eine Weile bei ihrem Mann, dann lehnt sie ihn ab. Danach geht sie zu einem anderen. Aber eines Tages bleibt sie bei einem Mann. Auch das tun Kinder.»

Sie sprachen über die Heirat, und ich stimmte zu. Ich war in der Hütte meiner Tante und konnte sie nicht sehen, aber ich hörte ihre Stimmen. Später ging ich zu ihnen in die Hütte meines Vaters. Als ich hineinkam, sah Tashay mich an. Ich setzte mich, und er sah mich an.

Als Tashays Mutter mich sah, sagte sie: «Ohhh! Wie schön sie ist! Du bist zweifellos schon eine junge Frau. Warum sagen sie, daß du nicht heiraten willst?»

Tashay sagte: «Ja . . . hier ist sie. Ich will, daß ihr mir die gebt, die gerade gekommen ist.»

Am Hochzeitstag waren alle da. Tashays Freunde saßen da und lachten und lachten. Sein jüngerer Bruder sagte: «Tashay, du bist zu alt. Mach Platz, damit ich sie heiraten kann. Gib sie mir.» Und sein Neffe sagte: «Onkel, du bist schon zu alt. Gib sie mir. Ich will sie heiraten.» Sie saßen um das Feuer und redeten so. Sie wollten mich alle.

Ich ging in die Hütte meiner Mutter und setzte mich. Ich trug viele Perlen, und meine Haare waren über und über bedeckt voller Schmuck.

An diesem Abend fand wieder ein Tanz statt. Wir tanzten. Manche schliefen ein, und andere tanzten weiter. Früh am Morgen gingen Tashay und seine Verwandten in ihr Dorf, und wir gingen in unsere Hütten und schliefen. Als die Sonne schon hoch am Himmel stand, kamen sie zurück. Sie blieben bei uns. Dann sagten seine Eltern: «Wir bleiben nicht lange . . . wir wollen morgen die Hochzeitshütte bauen.»

Am nächsten Tag begannen sie damit. Es waren viele Leute – Tashays Mutter, meine Mutter und meine Tante arbeiteten an der Hütte. Die anderen saßen dabei und unterhielten sich. Am späten Nachmittag holten die jungen Männer Tashay und brachten ihn zur fertigen Hütte. Sie setzten ihn davor und blieben bei ihm am Feuer sitzen.

Ich war immer noch in der Hütte meiner Mutter. Ich hörte, wie sie zu meinen beiden Freundinnen sagte, sie sollten mich zur Hütte bringen. Ich dachte: «Oohh . . . ich laufe davon.» Als sie in die Hütte kamen, fanden sie mich nicht. Sie sagten: «Wo ist Nisa? Ist sie weggerannt? Es wird dunkel. Weiß sie nicht, daß die Tiere sie überfallen und töten können?» Mein Vater sagte: «Geht und sagt Nisa, wenn sie wegläuft, schlage ich sie so, daß sie es nicht wieder tut. Und warum wollte sie überhaupt fortlaufen?»

Ich war bereits weit draußen im Busch. Sie suchten mich. Ich hörte, wie sie riefen: «Nisa . . . Nisa . . .» Ich setzte mich unter einen Baum. Dann hörte ich Nukha: «Nisa . . . Nisa, meine Freundin . . . da draußen ist eine Hyäne . . . die Tiere werden dich überfallen und töten. Komm zurück . . . Nisa . . . Nisa . . .»

Als Nukha mich schließlich sah, rannte ich weg. Sie rannte hinter mir her und packte mich schließlich. Sie rief: «Hey! Hier ist Nisa! Kommt alle hierher! Helft mir! Nehmt Nisa, hier ist sie.»

Sie kamen und brachten mich zurück. Dann legten sie mich in die Hütte. Ich weinte und weinte und weinte. Die Leute sagten zu mir: «Ein Mann ist nichts, das dich umbringt. Er ist jemand, der dich heiratet, der wie dein Vater oder dein älterer Bruder ist. Er tötet Tiere und gibt dir zu essen. Tashay wird vielleicht schon morgen, während du noch weinst, ein Tier töten. Aber wenn er zurückkommt, wird er dir kein Fleisch geben. Dann ißt er alleine. Und Perlen gibt er dir auch nicht. Wenn er Perlen hat, wird er dir auch keine geben. Warum hast du solche Angst vor deinem Mann, und warum weinst du?»

Ich hörte ihnen zu und sagte nichts. Später, als wir schlafen gingen, legte sich Tashay ans Feuer vor den Eingang der Hütte, ich lag in der Hütte. Er dachte, ich würde versuchen, noch einmal davonzulaufen. Er deckte sich mit einer Decke zu und schlief.

Es war dunkel, als ich aufwachte. Ich setzte mich auf und dachte: «Wie springe ich am besten über ihn? Wie komme ich hinaus? Wie komme ich in die Hütte meiner Mutter, um neben ihr zu schlafen?» Ich sah ihn an, während er schlief. Dann kamen andere Gedanken, andere Gedanken mitten in der Nacht: «Eh . . . dieser Mensch hat mich gerade geheiratet . . .», und ich legte mich wieder hin. Aber ich dachte immer wieder: «Warum hat man mich diesem Mann zur Frau gegeben? Die älteren Leute sagen, er ist ein guter Mensch, aber . . .»

Ich lag da und bewegte mich nicht. Der Regen prasselte aufs Dach. Es hörte nicht auf zu regnen. Schließlich schlief ich ein. Sehr viel später dämmerte es.

Am Morgen stand Tashay auf und setzte sich ans Feuer. Ich hatte solche Angst. Ich lag einfach da und wartete darauf, daß er ging. Als er im Busch war, um zu urinieren, ging ich davon und setzte mich in die Hütte meiner Mutter.

An diesem Tag kamen alle seine Verwandten zu unserer neuen Hütte – seine Mutter, sein Vater, seine Brüder . . . alle! Sie kamen alle! Sie sagten: «Geh und sag Nisa, sie soll kommen. Ihre Schwiegermutter will sie mit dem Hochzeitsöl einreiben. Siehst du sie da drüben sitzen? Warum kommt sie nicht, damit wir sie in ihrer neuen Hütte mit Öl einreiben können?»

Ich weigerte mich zu gehen. Sie riefen immer wieder nach mir, bis mein älterer Bruder schließlich sagte: «Uhn, uhn. Nisa, wenn du dich so benimmst, schlage ich dich. Steh auf und geh hinüber. Setz dich da drüben hin, damit sie dich mit Öl einreiben können.»

Ich weigerte mich immer noch und blieb sitzen. Mein älterer Bruder brach einen Zweig vom Baum und kam auf mich zu. Ich stand auf. Ich fürchtete mich. Ich folgte ihm dorthin, wo die anderen saßen. Tashays Mutter rieb mich mit dem Öl ein, und meine Tante rieb Tashay ein.

Dann gingen sie, und nur Tashay und ich blieben zurück.

Wir lebten zusammen, aber ich rannte davon. Ich rannte wieder und wieder davon. Irgendwo in meinem Herzen dachte ich immer: «Wieso habe ich schon wieder einen Mann, obwohl ich ein Kind bin?»

Einmal rannte ich nachts davon und schlief im Busch – weit weg im Busch. Wir lagen zusammen in der Hütte und schliefen. Ich wachte auf, ging vorsichtig auf Zehenspitzen um ihn herum und rannte dann schnell davon. Ich rannte weit, sehr weit. Ich rannte an den Mongongohainen vorbei, die in der Nähe des Dorfes waren. Es war sehr dunkel, und ich hatte kein Feuer. Ich legte mich unter einen Baum und schlief.

Es wurde hell. Die Leute begannen, nach mir zu suchen, und sahen meine Spuren. Sie folgten ihnen, vorbei an den Mongongohainen bis zu dem Baum, unter dem ich geschlafen hatte. Aber ich war bereits weg und grub im Schatten einiger Bäume in weiter Ferne Shawurzeln. Sie kamen näher. Nukha rannte den anderen voraus. Sie folgte meinen Spuren und fand mich. Sie sagte: «Ich habe dich gesucht. Die anderen sind weit weg. Wir wollen zusammen Wurzeln graben.» Ich dankte ihr und sagte: «Du bist eine gute Freundin.»

Wir gruben Shawurzeln, und nach einer Weile sagte sie: «Setzen wir uns hier unter diesen Baum. Wir ruhen uns eine Weile aus, dann graben wir wieder Wurzeln. Ich bleibe bei dir, aber wenn die Sonne tief am Himmel steht, laß ich dich hier und gehe wieder ins Dorf zurück. Du kannst dann hier übernachten. Morgen röste ich ein paar von den Wurzeln und bringe sie dir.» Ich bedankte mich: «Meine Freundin! Du bist sehr freundlich. Aber du darfst nicht erzählen, daß du mich gesehen hast, wenn du ins Dorf kommst.»

Wir saßen zusammen im Schatten und ruhten uns aus. Dann blickte ich mich um und sah, daß die anderen näher kamen. Ich sagte: «Nukha, da kommen Leute. Du hast mich angelogen. Du hast gesagt, sie seien alle im Dorf. Aber sie sind schon hier. Jetzt kann ich nicht mehr weg. Ich muß bei dir sitzen bleiben.»

Die anderen fanden uns unter dem Baum mit den vielen Shawurzeln. Sie setzten sich zu uns. – Es waren viele: mein älterer Bruder, mein Vater und Tashay. Mein Vater sagte: «Was ist los mit dir, daß du mitten in der Nacht einfach weggehst. Du läufst davon und schläfst mitten unter den Dingen der Nacht. Wenn ein Löwe dich gesehen hätte, hätte er dich getötet . . . oder eine Hyäne . . . oder Wildhunde. Sie hätten dich getötet. Was ist los mit dir? Wer ist dafür verantwortlich? Du! Du versuchst dich selbst zu töten.»

Ich antwortete: «Und wenn ich mitten unter den Dingen der Nacht schlafen will? Was nehme ich mit, das einem von euch gehört? Ich habe nichts mitgenommen. Ich bin nur weggegangen und habe allein geschlafen. Und ich gehe so weit, wie ich will, wenn mein Herz sich danach sehnt. *Das* will ich. Ich will weit weg. Wenn ich mit dir zurückgehe und bei dir bleibe, suchst du nur wieder einen anderen Mann für mich. Aber alles, was ich bin, lehnt sich in diesem Moment gegen einen Mann auf.»

Mein älterer Bruder sagte: «Warum lehnst du einen Mann ab? Ist ein Ehemann nicht wie ein Vater? Er hilft dir zu leben, und er gibt dir zu essen. Wo, meinst du, wirst du etwas zu essen finden, wenn du es ablehnst zu heiraten?» Ich rief: «Wenn ihr mich wieder ins Dorf zurückbringt, nehme ich einen Giftpfeil und bringe mich um. Ich will nicht verheiratet sein!» Mein älterer Bruder antwortete:

«Wenn du sagst, daß du dich mit einem Giftpfeil durchbohrst, dann schlage ich dich, bis du weißt, was ein Giftpfeil ist und was du damit tun willst. Mit deinem Verhalten beleidigst du dich selbst. Du bist ein Mensch, eine Frau, und du bist nicht am Leben, um so zu reden. Du lebst, um zu spielen und um glücklich zu sein.»

Er fuhr fort: «Sieh dir deine Freundinnen an. Sie sind alle verheiratet. Selbst Nukha, die bei dir sitzt, hat geheiratet. Warum denkst du nicht daran, daß ihr zwei, du und Nukha, verheiratet seid und jede ein eigenes Heim hat? Warum soll deine Freundin ein Zuhause haben und du nicht?»

Ich sagte: «Meine Freundin hat vielleicht einen Mann genommen, aber sie ist schließlich auch älter als ich. Sie ist bereits eine erwachsene Frau. Aber ich, ich bin ein Kind und weiß nicht, was ich mit einem Mann soll.»

Er sagte: «Mmmm . . . Pack die Wurzeln in deinen Fellmantel. Wir wollen gehen, denn der Mensch, der hier sitzt, ist dein Mann; er ist nicht der Mann einer anderen Frau. Er ist der Mann, den wir dir gegeben haben. Du wirst bei ihm erwachsen, liegst bei ihm und wirst mit ihm Kinder haben.»

Wir standen alle auf und kehrten ins Dorf zurück. Ich ging nicht in meine Hütte, sondern zur Hütte meiner Mutter, legte die Shawurzeln ab und blieb dort. Tashay setzte sich vor unsere Hütte. Nach einer Weile rief er: «Nisa . . . Nisa . . .» Ich dachte: «Was will er?» und ging hinüber. Er gab mir Wurzeln, die er gegraben hatte. Ich nahm ein paar und brachte sie meiner Mutter. Mit den anderen ging ich zurück zu unserer Hütte und blieb dort. Spät am Nachmittag, als es dämmerte und der Himmel sich rot färbte, röstete ich das Essen im Feuer vor unserer Hütte. Ich nahm das Essen aus den Kohlen. Dann gab ich Tashay von den Wurzeln. Als sie nicht mehr heiß waren, aßen wir sie – zusammen.

Dieser Zhuntwa, dieser Tashay verursachte mir wirklich Pein. Bald nach der Hochzeit nahm er mich aus dem Dorf meiner Eltern mit ins Dorf seiner Eltern. Meine Familie folgte nach und lebte dort mit uns. Aber eines Tages gingen sie und ließen mich bei Tashay und seinen Eltern zurück. Da begann ich zu weinen. Tashay sagte: «Als deine Mutter hier war, hast du nicht geweint. Warum hast du mir nicht gesagt, daß du mit ihnen gehen wolltest? Wir hätten ihnen folgen können.» Ich sagte: «Ich habe mich vor dir gefürchtet. Deshalb habe ich nichts gesagt.»

Aber ich wollte trotzdem bei meiner Mutter sein, und deshalb lief ich später am Tag davon. Ich rannte, so schnell ich konnte, bis ich sie schließlich eingeholt hatte. Als meine Mutter mich sah, sagte sie: «Eines Tages wird eine Hyäne dieses Kind im Busch fressen. Sie ist uns nachgelaufen. Hier ist sie!» Ich ging mit ihnen zurück ins Dorf und lebte bei ihnen.

Es verging viel Zeit. Eines Tages kam Tashay zu uns. Als ich ihn sah, begann ich zu weinen. Er sagte: «Steh auf! Wir gehen zurück.» Ich sagte: «Warum folgt mir dieser Mensch immer wieder? Gehöre ich etwa ihm, daß er mir überallhin folgt?» Mein Vater sagte: «Du bist verrückt! Eine Frau geht mit ihrem Mann, wenn er kommt, um sie zu holen. Warum sitzt du noch hier?»

Tashay nahm mich mit, und ich weigerte mich nicht wirklich. Wir lebten in seinem Dorf, dann gingen wir alle zu einem anderen Wasserloch und lebten dort. Zu dieser Zeit wußte ich, daß ich nicht mehr bei meiner Mutter lebte. Ich hatte meine Familie verlassen und ging mit meinem Mann.

Wir lebten und lebten. Eines Tages begann mein Herz zu pochen, und mein Kopf schmerzte. Ich war sehr krank. Mein Vater kam zu uns, fiel in eine Medizintrance und versuchte, mich zu heilen. Als ich mich besser fühlte, ging er, und ich blieb zurück.

Als Tashay und ich lange zusammengelebt hatten, begannen wir, uns von Herzen zu lieben, und waren glücklich. Erst nachdem wir lange zusammengelebt hatten, berührte er meine Genitalien. Damals waren meine Brüste schon groß.

In der Nacht, als er zum erstenmal Sex mit mir hatte, schliefen wir im Dorf meiner Eltern. Ich weigerte mich nicht wirklich. Ich stimmte zu, nur ein bißchen, und er legte sich zu mir. Aber am nächsten Morgen war ich wund. Ich band mir Blätter um die Hüfte, aber es schmerzte noch immer. Ich dachte: «Oooo . . . was hat er mit mir gemacht, daß es so weh tut?»

Ich ging zu meiner Mutter und sagte: «Dieser Mensch, heute nacht . . . ich bin noch ein Kind, aber heute nacht hatte er Sex mit mir. Mach mir Platz, ich esse bei euch. Wir essen, und dann gehen wir von hier weg. Mutter . . . Mutter.»

Mancher, der ein Buch liest, murrt . . .

. . . wenn er Werbung findet, wo er Literatur suchte. Reklame in Büchern!!!? Warum nicht auch zwischen den Akten in Bayreuth oder neben den Gemälden in der Pinakothek?

«Rowohlts Idee mit der Zigarettenreklame im Buch (finde ich) gar nicht anfechtbar, vielmehr sehr modern. Hauptsache, es hat Erfolg und nützt dem Buch, was die deutsche Innerlichkeit dazu sagt, ist allmählich völlig gleichgültig, die will ihren Schlafrock und ihre Ruh und will ihre Kinder dußlig halten und verkriecht sich hinter Salbadern und Gepflegtheit und möchte das Geistige in den Formen eines Bridgeclubs halten – dagegen muß man angehen . . .»

Das schrieb Ende 1950 – Gottfried Benn.

An Stelle der «Zigarettenreklame» findet man nun in diesen Taschenbüchern Werbung für Pfandbriefe und Kommunalobligationen. «Hauptsache, es hat Erfolg und nützt dem Buch.» Und es nützt auch dem Leser. (Für die Jahreszinsen eines einzigen 100-Mark-Pfandbriefs kann man sich beispielsweise zwei Taschenbücher kaufen.)

Pfandbrief und Kommunalobligation

Meistgekaufte deutsche Wertpapiere - hoher Zinsertrag - schon ab 100 DM bei allen Banken und Sparkassen

Verbriefte Sicherheit

Meine Mutter sagte zu meinem Vater: «Steh auf und hol dir einen Stock und schlage dieses Kind. Sie richtet uns zugrunde! Steh auf und suche etwas, mit dem du sie schlagen kannst.» Ich dachte: «Was? Habe ich etwas Falsches gesagt?»

Mein Vater ging hinaus und suchte einen Stock. Ich stand auf und rannte in die Hütte meiner Tante. Dort saß ich und dachte: «Was war daran so schlimm? Wieso habe ich über etwas geredet, aber . . . ist dieses Etwas so schlimm?»

Mein Vater sagte zu meiner Tante: «Schick Nisa zurück, damit ich sie schlagen kann! Dieses junge Mädchen spricht über Dinge, daß dir die Ohren aufbrechen.»[2] Meine Mutter sagte: »Was dieses Kind redet, ist nicht zu ertragen. Ich könnte mich auf der Stelle mit einem Giftpfeil stechen. Meine Haut fürchtet sich, und deshalb tu ich es nicht. Aber wenn sie weiterhin so redet, werde ich es doch tun!»

Sie wollten, daß ich meinen Mann mochte und ihn nicht abwies. Meine Mutter sagte mir, daß eine Frau nicht darüber redet, wenn ihr Mann mit ihr schläft. Das sei eine private Sache.

Ich stand auf und ging weg. Ich zitterte. «Ehn . . . nnn . . . nn . . .» Ich betrachtete meine Genitalien und dachte: «Oh, dieser Mensch. Er hat mich gestern genommen, und jetzt sind meine Genitalien ruiniert!» Ich nahm Wasser und wusch meine Genitalien. Ich wusch sie und wusch sie.

Als sich meine Genitalien zu entwickeln[3] begannen, fürchtete ich mich. Ich betrachtete sie und weinte und dachte, daß etwas nicht in Ordnung sei. Aber die Leute sagten mir: «Nichts ist falsch. So bist du!»

Ich glaubte auch, daß ein älterer Mensch, ein Erwachsener wie mein Mann, mich zerreißen würde. Ich dachte, daß ein Penis so groß wäre, daß er mich verletzen würde. Ich kannte nämlich keine älteren Männer. Ich hatte nur mit kleinen Jungen Sexspiele gespielt. Als Tashay mit mir schlief und es weh tat, weigerte ich mich. Und ich sagte es meiner Mutter. Aber die Leute schimpften nicht mit ihm, sie schimpften nur mit mir, und ich schämte mich.

An diesem Abend legten wir uns wieder nebeneinander. Aber ehe er in die Hütte kam, nahm ich einen Lederriemen. Ich preßte den Lendenschurz eng an meine Beine, band den Riemen um meine Genitalien und befestigte ihn an einem Pfahl unserer Hütte.

Ich hatte Angst, er würde mich zerreißen, und ich wollte nicht, daß er mich wieder nahm.

Wir lagen zusammen, und nach langer Zeit faßte er mich an. Als er meinen Bauch berührte, spürte er den Lederriemen. Er betastete ihn, um herauszufinden, was es war. Dann sagte er: «Was macht diese Frau? Gestern nacht, als ich zu ihr kam, hatte sie nichts dagegen. Warum hat sie ihre Genitalien zugebunden? Was will sie mir nicht geben?»

Er setzte mich auf und sagte: «Nisa . . . Nisa . . . was ist los? Warum tust du das?» Ich antwortete nicht. Er sagte: «Wovor hast du solche Angst, daß du deine Genitalien zugebunden hast?» Ich sagte: »Uhn, uhn . . . ich habe vor nichts Angst.» Er sagte: «Ich frage dich im Namen dessen, was du getan hast, warum hast du es getan?»

Dann sagte er: «Was glaubst du, was du tust, wenn du so etwas machst? Du legst dich zu mir, zu einem Zhuntwasi, als wäre ich ein anderer, ein Fremder. Wir sind beide Zhuntwasi. Aber trotzdem hast du dich zugebunden!»

Ich sagte: «Ich lehne es ab, mich zu jemandem zu legen, der meine Genitalien will. Gestern abend hast du Sex mit mir gehabt, und heute tut mein Inneres weh. Darum habe ich mich zugebunden, und darum wirst du mich nicht mehr nehmen.»

Er sagte: «Binde den Riemen auf. Glaubst du, ich bin jemand, der Menschen umbringt? Will ich dich vielleicht fressen? Nein, ich will dich nicht umbringen. Aber ich habe dich geheiratet und möchte dich lieben. Denkst du, ich habe dich geheiratet und nicht die Absicht gehabt, dich zu lieben? Hast du geglaubt, wir würden einfach miteinander leben? Kennst du irgendeinen Mann, der eine Frau geheiratet hat und mit ihr zusammenlebt, ohne Sex mit ihr zu haben?»

Ich sagte: «Das kümmert mich nicht. Ich will keinen Sex. Heute schmerzt mein Inneres, und ich weigere mich.» Er sagte: «Mmmm, heute kannst du einfach hier liegen. Aber morgen nehme ich dich, und wenn du dich weigerst, spreize ich deine Beine und nehme dich mit Gewalt.»

Er machte den Riemen los und sagte: «Wenn du ihn dazu benutzt, zerschneide ich ihn.» Er nahm sein Messer und schnitt ihn in kleine Stücke. Dann legte er sich neben mich. Er berührte mich nicht, denn er wußte, ich hatte Angst. Dann schliefen wir ein.

Am nächsten Tag standen wir auf, taten Verschiedenes und aßen. Als wir am Abend in unsere Hütte zurückkamen, legten wir uns nebeneinander. Dann kam er mit Gewalt zu mir. Er hielt meine Beine fest, und ich wehrte mich. Aber ich wußte, er würde Sex mit mir haben, und dachte: »Es hilft alles nichts. Wenn mich dieser Mann mit Gewalt nimmt, wird er mir wirklich weh tun. Also lege ich mich hin, wehre mich nicht und lasse ihn die Nahrung suchen, die er will. Aber ich weiß immer noch nicht, welche Art Nahrung ich habe, denn er wird nicht satt davon.»[4]

Ich hörte also auf mich zu wehren und lag einfach da. Er tat seine Arbeit, und dieses Mal hatte ich nicht solche Schmerzen. Dann legte er sich neben mich und schlief.

Danach lebten wir nur zusammen. Ich begann ihn gern zu haben, und er quälte mich nicht mehr. Er versuchte nicht, mit mir Sex zu haben. Viele Monate vergingen – die Monate der Regenzeit, die Monate des Winters und die heißen Monate. Er ließ mich einfach in Ruhe. Ich wurde erwachsener und begann, die Dinge zu verstehen, denn vorher wußte ich nicht wirklich etwas über Männer.

Aber ich lernte. Die Leute sagten mir: «Ein Mann hat Sex mit dir. Er heiratet dich nicht, um dich einfach zu haben wie eine Perlenkette. Nein, ein Mann heiratet dich, um mit dir zu schlafen.» Sie sagten: «Wenn ein Mann dich heiratet, dann heiratet er dich nicht wegen deines Gesichts; er heiratet dich nicht wegen deiner Schönheit; er heiratet dich, damit er Sex mit dir haben kann.»

Meine Mutter sagte zu mir: «Wenn eine Frau einen Mann heiratet, dann berührt er nicht nur ihren Körper. Er berührt ihre Genitalien und hat Sex mit ihr.» Und meine Tante sagte: «Ein Mann heiratet dich und hat Sex mit dir. Warum wirfst du ihm das vor? Was ist mit deinen Genitalien?» Sogar Tashay sprach darüber. Ich beobachtete andere Paare, die zusammenlebten, und er sagte: «Die Erwachsenen haben dir gesagt, daß die Menschen sich lieben, nicht wahr? Ja, Menschen lieben sich.»

Ich hörte mir an, was alle sagten, und dann verstand ich. Schließlich begriff es mein Kopf.

Wir lebten wieder im Dorf seiner Eltern, und meine Brüste begannen zu schwellen. Sie wurden größer und größer, und dann waren sie riesig. Ich dachte: «Warum tun meine Brüste weh?» Denn sie waren empfindlich und schmerzten.

Manchmal sagte ich zu Tashay, ich wolle mit den anderen Frauen sammeln gehen. Aber er verbot es mir oft. «Nur wir beide gehen zusammen.» Er wollte mich nicht gehen lassen. Er war eifersüchtig. Er sagte, wenn ich mit den Frauen ging, könnte ein Mann kommen und Sex mit mir haben.

Er wollte nicht, daß ich ihn allein ließ, und wir waren immer zusammen: Wenn er sammelte, gingen wir zusammen; wenn er Wasser holte, gingen wir zusammen. Sogar Feuerholz sammelten wir zusammen.

Eines Tages schmerzten meine Brüste besonders stark. Früh am Morgen hatten die Frauen gesagt: «Tashay, laß Nisa mit uns sammeln gehen. Nimm du den Haken für die Springhasen und geh mit deinem jüngeren Bruder Springhasen fangen. Nisa geht mit uns sammeln, und wir suchen Dchafrüchte. Ehe wir zurückkommen, gehen wir noch an die Wasserstelle.»

Tashay ließ mich nicht gehen: «Nein, Nisa geht nicht sammeln. Sie geht mit Twi und mir. Ich gehe mit beiden. Wenn ihr etwas findet, das Nisa gesammelt hätte, behaltet es für euch. Nisa hilft uns Springhasen fangen und das Fleisch zurücktragen.»

Ich war unglücklich. Ich wollte mit den Frauen gehen, aber statt dessen folgte ich den beiden Männern. Es war keine andere Frau bei uns. Wir gingen weit und kamen an einen Springhasenbau. Sie fingen das Tier und töteten es. Dann gaben sie es mir, und ich trug es in meinem Fellmantel. Wir gingen und gingen und gingen. Ich lief hinter den beiden her und blieb stehen, um zu urinieren. Dabei sah ich etwas Rotes. Ich dachte: «Ist der Urin so rot, oder menstruiere ich?» Ich nahm Blätter und wischte meine Genitalien ab. Ich betrachtete die Blätter: «Oh, ich menstruiere. Ich bin mit zwei Männern gegangen, und jetzt menstruiere ich hier draußen. Was soll ich tun?»

Denn wenn man zum erstenmal menstruiert, sagt man es niemandem. Ein Mädchen, das zu menstruieren beginnt, soll nicht darüber reden. Ich war verwirrt. Ich begann zu zittern. Ich nahm meinen Grabstock und warf ihn beiseite. Ich tat, was ein junges Mädchen tun soll. Ich knotete meinen Fellmantel auf, legte ihn auf den Boden und deckte mich damit zu.

In meinem Herzen fühlte ich mich elend. Ich dachte: «Ich bin noch ein Kind. Ich möchte noch nicht menstruieren. Ich weiß nicht, warum ich mich so fürchte. Vielleicht fürchte ich mich vor den Fastentagen während der Menstruationszeremonie. Ich weiß es wirklich nicht.»

Tashay und sein Bruder waren vorausgegangen und hatten die nächste Baumgruppe erreicht. Tashay rief: «Nisa . . . he-ey! Nisa . . . he-ey!»[5] Aber ich antwortete nicht; ich schwieg.

Tashay sagte zu seinem Bruder: «Twi, Nisas Brüste sind sehr groß. Vielleicht beginnt sie zu menstruieren. Oder sie ist weggelaufen und folgt den Spuren der anderen Leute, an denen wir gerade vorbeigegangen sind. Geh sie suchen. Ruf sie und versuche, ihre Spuren zu finden. Wenn sie zu den anderen gelaufen ist, laß sie dort, aber wenn sie menstruiert, kommst du zu mir zurück.»

Twi suchte mich und rief nach mir. Ich blieb still liegen. Als er in meine Nähe kam, sah er den Grabstock. Er benahm sich respektvoll, wie es die Sitte verlangt. Denn ein Mann soll nicht an der Stelle sein, wo eine Frau zum erstenmal menstruiert. Er blieb stehen, nahm den Grabstock und brachte ihn Tashay.

Er sagte: «Hier ist der Grabstock deiner Frau. Mutter sagte heute morgen: ‹Deine Frau ist ein Kind. Laß sie mit den Frauen gehen.› Aber du hast das abgelehnt. Jetzt hat sie mit dem Mond begonnen. Ich fand sie unter einem Baum.»

Tashay ging und ging und folgte den Spuren, bis er mich sah. Er dachte: «Oh, da liegt meine Frau. Sie menstruiert, und es sind keine anderen Frauen in der Nähe!» Er blieb bei mir, während Twi die anderen holte. Twi sagte zu ihnen: «Tashay und ich gingen heute mit Nisa, und als wir weit draußen im Busch waren, setzte ihre Menstruation ein. Wir Männer wußten nicht, was wir tun sollten.»

Alle Frauen kamen zu mir. Sie nahmen ihre Perlen und ihren Schmuck und flochten ihn in mein Haar. Dann rieben sie mich mit Öl ein. Tashays jüngere Schwester, meine Freundin, hob mich auf und trug mich zurück ins Dorf. Sie bereiteten ein Lager für mich und bauten eine Hütte. Sie deckten sie mit Gras, dann legten sie mich hinein und begannen zu singen. Ich lag da und hörte ihnen zu.

Sie sangen und sprachen und tanzten und tanzten. Ich dachte: «Mm . . . ich sehe meine Mutter nicht . . . Ich lebe bei Tashays Familie . . .» Dann dachte ich: «Wann werde ich wieder wie die anderen sein? Es geht mir schlecht. Wann werden sie mir wieder etwas zu essen geben?»

Sie gaben mir wenig zu essen und nicht viel Wasser zu trinken. Ich stand morgens auf, blieb im Dorf und ruhte in der Hütte. Ich aß und trank kaum etwas. Ich lag einfach da. Ich wurde mager, mager wie der Tod. Am dritten Tag sagte mein Mann: «Was soll das? Meine Frau ist noch ein Kind. Es ist schon ein paar Tage her, daß sie begonnen hat zu menstruieren, aber sie hat kaum gegessen und getrunken. Was soll das?»

Er stand auf, um mir etwas zu essen zu holen. Er grub Shawurzeln und kochte einen Springhasen. Er briet und schälte die Wurzeln, gab sie seiner jüngeren Schwester und sagte: «Bring das meiner Frau. Ein Kind soll nicht tagelang hungern.» Sie kam und gab es mir, aber ich aß nur sehr wenig, denn sonst hätte ich Magenschmerzen bekommen. Ich aß wenig und gab den Rest den anderen. Seine Schwester brachte mir auch Wasser.

Sie tanzten jeden Tag, bis alles vorbei war. Dann wuschen sie mich, und wir lebten weiter.

Bald danach fragte Tashay eines Tages: «Möchtest du deine Mutter besuchen?» Ich sagte ja, und wir machten uns auf den weiten Weg ins Dorf meiner Mutter. Ich war damals natürlich sehr schön, jung und schön. Nicht wie heute, nicht so faltig wie das Gesicht eines Pferdes.

Als wir schließlich in das Dorf kamen, sah mich meine Mutter. Sie fragte: «Welche junge Frau ist gerade angekommen und sitzt dort drüben? Wessen Tochter ist das?» Mein Vater sagte: «Es ist Nisa mit ihrem Mann.» Meine Mutter rief: «Meine Tochter ... die kleine Nisa ... meine Tochter ... meine kleine Nisa!»

Ich saß aus Achtung und der Sitte gemäß in einiger Entfernung vor einer anderen Hütte. Mein Mann stand auf und setzte sich zu ihnen. Dann kamen meine Mutter und meine Tante und führten mich zurück in ihre Hütte. Meine Mutter sagte: «Wie du sitzt ... wie du dich benimmst ... du sitzt vor dieser Hütte ... bedeutet dies, daß du schon menstruierst?» Ich sagte: «Mm.»[6] Sie rief: «Oh, meine Tochter! Ist es richtig, daß ein kleines Mädchen wie du zum erstenmal in einem anderen Dorf menstruiert, ohne die Verwandten? Wie können sie sich richtig um dich gekümmert haben?»

Ich blieb eine Weile bei ihr. Tashay ließ mich zurück, und ich blieb bei meiner Mutter. Ich dachte: «Heute bin ich glücklich. Ich bin bei meiner Mutter, und ich bin glücklich. Die ganze Zeit lebte ich in Tashays Dorf, und ich war nicht glücklich. Aber jetzt bin ich es.»

Tashay verließ mich, damit ich eine Zeitlang bei meiner Mutter sein konnte. Dann kam er zurück und brachte mich wieder in sein Dorf. Wir lebten, und ich menstruierte wieder.

Meine beiden Zeremonien fanden in Tashays Dorf statt und nicht bei meiner Mutter. Die Frauen tanzten wieder für mich. Dann war es vorbei. Ich verließ die Hütte, und die Frauen wuschen mich.

Wir lebten weiter, und es schien, als sei ich beinahe erwachsen. Denn wenn man menstruiert, beginnt man nachzudenken. Erst dann begann ich zu verstehen. Erst dann begann ich, eine Frau zu sein.

Wenn Tashay bei mir liegen wollte, weigerte ich mich nicht mehr. Wir hatten Sex, einen Tag und am nächsten wieder. Morgens stand ich auf, setzte mich vor unsere Hütte und sagte nichts. Ich dachte: «Jetzt ist mein Mann wirklich ein Mann. Es stimmt, was die Leute mir gesagt haben. Mein Mann gehört mir.»

Wir zwei lebten und lebten zusammen; nach einer Weile begann ich, ihn wirklich zu mögen, und dann liebte ich ihn. Ich war schließlich erwachsen geworden und hatte gelernt, ihn zu lieben.[7] Ich dachte: «Ein Mann hat Sex mit dir. Ja, das stimmt. Ich hatte geglaubt, daß er es vielleicht nicht tun würde.»

Wir lebten weiter. Ich liebte ihn, und er liebte mich. Ich liebte ihn, wie eine junge Frau lieben kann. Ich liebte ihn einfach. Wenn er wegging, blieb ich zurück und vermißte ihn. Ich dachte: «Oh, wann kommt mein Mann nach Hause? Warum bleibt er so lange weg?» Ich vermißte ihn und sehnte ihn herbei. Wenn er zurückkam, war mein Herz glücklich. «Eh-hey! Mein Mann war weg und ist wieder zurück.»

Wir lebten, und wenn er mich wollte, weigerte ich mich nicht. Er legte sich zu mir. Ich dachte: «Warum hatte ich mir solche Gedanken um meine Genitalien gemacht? Schließlich sind sie gar nicht so wichtig. Also warum habe ich mich geweigert?»

Das dachte ich, und ich gab mich ihm hin, gab mich ihm hin, gab mich. Wir lagen zusammen, und meine Brüste wurden sehr groß. Ich wurde eine Frau.

Ehe und erste Menstruation sind zwei Meilensteine im Leben der Frau, und sie werden bei den Kung formell gewürdigt und gefeiert. (Die vergleichbaren Ereignisse bei Männern sind Initiation und das erste erlegte Tier.)

Obwohl jede Kungfrau durch die sexuellen Spiele der Kindheit sexuelles Wissen erworben hat, ist es für die meisten Mädchen etwas ganz anderes, Sex mit ihren Ehemännern – Erwachsenen – zu haben, als mit gleichaltrigen Jungen zu spielen. Es kommt nicht selten vor, daß die erste sexuelle Erfahrung eines Mädchens mit einem erwachsenen Mann traumatisch ist. Sexuelle Beziehungen können oft jahrelang hinausgeschoben werden, aber sobald das Mädchen Zeichen sexueller Reife zeigt, drängt man sie im allgemeinen, die sexuellen Annäherungen des Ehemannes zu akzeptieren.

Die Kung unterdrücken starke Emotionen nicht, und eine unglückliche junge Ehefrau hat das Recht, ihr Mißfallen offen zu zeigen. Wird ihr Leid jedoch zu groß und die Ehe besteht weiter, greift sie vielleicht zu dramatischen Mitteln und droht im Extremfall, sich das Leben zu nehmen. Solche Drohungen sind selten, und es sind keine wirklichen Selbstmorde bekannt – aber sie sind die drastischste Möglichkeit der Kung (meist der Frauen), die Aufmerksamkeit auf ihre Gefühle zu lenken und die Unterstützung der Gruppe zu gewinnen.

Die Kung begegnen solchem Verhalten mit Toleranz, besonders wenn die Frau noch jung ist. Hat sie erst vor kurzem geheiratet, weiß man, daß die neue Situation sie verwirrt. Vielleicht lehnt sie den Mann tatsächlich ab, wie sie behauptet, oder sie wehrt sich gegen die Realität des Erwachsenwerdens. Vielleicht ist sie auch noch nicht zur sexuellen Beziehung bereit und möchte die Verantwortung einer Erwachsenen nicht auf sich nehmen. Mit zunehmendem Alter reagiert man jedoch weniger nachsichtig auf ihre Weigerung, diese unvermeidlichen Schritte zu vollziehen; und die Frau spürt den zunehmenden Druck zur Anpassung.

Die erste Menstruation wird mit einem Ritual gefeiert, das von erwachsenen Frauen vollzogen wird. Es erinnert in etwa an die Hochzeitszeremonie. Man hat das Mädchen rechtzeitig unterwiesen, und es weiß, daß es sich auf den Boden setzen soll, sich verhüllen und nicht sprechen soll, sobald sie ihr erstes Menstruationsblut bemerkt. Dieses Verhalten wird von den Frauen sofort verstanden, die sie finden und zurück ins Dorf tragen. Dort wird sie «schön gemacht». Man schmückt sie mit Perlen, ölt sie ein und bringt sie in eine Hütte, die für dieses Ritual gebaut wird.

Mit Ausnahme des Mädchens ist das Ereignis für alle ein Fest. Die Frauen tanzen und singen vor der Hütte und stellen manchmal recht anzüglich und ausgelassen ihre Weiblichkeit zur Schau. (Dazu gehört auch, den nackten Hintern zu zeigen.) Die junge Frau liegt mit verhülltem Kopf in der Hütte und ißt und redet sowenig wie möglich. Die Männer sollen ihr Gesicht nicht sehen, «denn es kann ihnen bei der Jagd schaden». Man glaubt, daß bei der ersten Menstruation wie bei der Medizintrance mächtige geistige Kräfte im Spiel sind. Deshalb muß man sich angemessen und respektvoll verhalten. Eine Frau sagte mir: «Wenn ein Mann während der Zeremonie das Gesicht der jungen Frau sieht und die anderen Frauen bemerken es, nehmen sie ihr alles weg, was sie ihr gegeben haben, und schneiden ihr sogar die Haare ab. Dann sagen sie ihr, die Zeremonie sei zu Ende.» Deshalb sehen die Kungmänner das Mädchen in der Hütte nie. Die Hütte steht zwar etwas abseits, aber noch innerhalb des Dorfes. Die Männer beobachten die Zeremonie aus einiger Entfernung und kommentieren übermütig das Verhalten der Frauen. (Im Gegensatz dazu findet das Initiationsritual der Männer an einem geheimen Ort, außerhalb der Sicht- und Hörweite der Frauen statt.)

Die Zeremonie dauert drei oder vier Tage und endet mit dem Versiegen des Blutes. Dann wird die junge Frau gewaschen, mit Kräutern eingerieben und aus der Hütte geführt. Sie muß noch bestimmte Essensvorschriften beachten, nimmt aber ansonsten ihr normales Leben wieder auf. Man erwartet von ihr, daß sie sich bis zur zweiten Menstruation reserviert und zurückhaltend benimmt. Dann findet der zweite Menstruationstanz statt.

Die Menstruation ist für die junge Frau nicht gleichbedeutend mit dem Eintritt in das Erwachsenenleben, wie in vielen anderen Kulturen. Auch wenn sie verheiratet ist, wird sie im wesentlichen noch von ihrer Mutter und ihrer Schwiegermutter versorgt und kann weiterhin mit ihren Freundinnen spielen. Aber die erste Menstruation ist ein Zeichen dafür, daß das letzte Stadium der sorgenfreien Jugend und des Lebens ohne Verantwortungen erreicht ist. Wenn die sexuelle Beziehung aufgeschoben worden ist, wird sie jetzt vermutlich aufgenommen, selbst wenn sich die junge Frau weiterhin sträubt. Die anderen billigen ihre Auflehnung nicht mehr, und ihr Mann wird sich nicht bereit finden, auf das zu verzichten, «was ihm gehört». Meist bekommt die junge Frau ihr erstes Kind zwischen achtzehn und zwanzig. Erst dann gilt sie als erwachsen.

Das Durchschnittsalter der Kungmädchen bei der ersten Menstruation liegt bei sechzehneinhalb Jahren. Im Vergleich zu den USA ist dies sehr spät. Dort lag das Durchschnittsalter in den siebziger Jahren bei zwölfeinhalb. Aber bei den meisten nichtindustrialisierten Völkern liegt der Zeitpunkt der ersten Menstruation beträchtlich später als bei uns, und dies war selbst bei unseren Großmüttern und Urgroßmüttern noch der Fall. Die Kungfrauen sind im allgemeinen noch etwa zwei Jahre nach Einsetzen der Menstruation unfruchtbar. Man bezeichnet diese verspätete Fortpflanzungsfähigkeit als «Jugendunfruchtbarkeit», und sie ist bei vielen Völkern zu beobachten. Eine Schwangerschaft ist erst ein bis drei Jahre nach der Menarche möglich.

Die Vorteile dieser späten Geschlechtsreife liegen auf der Hand. Die Gefahren der Geburt, die für Kungfrauen im allgemeinen groß sind, wären für eine jugendliche Mutter noch größer. Mütter, die selbst noch beinahe Kinder sind, besäßen wohl kaum die emotionale Reife, so verantwortungsbewußt für die Kinder zu sorgen wie ältere Frauen. Da die Kindersterblichkeit sehr groß ist, würde selbst ein geringfügiges Abweichen von den optimalen Bedingungen der Fürsorge zu einer höheren Sterblichkeitsrate führen.

7

Frauen und Nebenfrauen

Wenn ein Mann eine Frau heiratet und dann noch eine Frau heiratet, neben der ersten eine zweite hat, dann sind sie nachts zu dritt, und der Mann wechselt von einer Frau zur anderen. Zuerst hat er Sex mit der älteren Frau und dann mit der jüngeren. Aber wenn er zu der jüngeren geht, ist die ältere eifersüchtig; sie hält ihn fest und beißt ihn. Die beiden Frauen kämpfen miteinander und beißen sich. Die ältere Frau geht zum Feuer und wirft brennendes Holz auf die beiden. Sie beschimpft ihren Mann: «Was hat dich dazu gebracht, daß du zu einer anderen Frau gehst und mit ihr schläfst, während ich, deine erste Frau, neben dir liege? Habe ich denn keine Vagina? Warum beachtest du sie nicht und gehst zu diesem Mädchen. Mit ihr hast du Sex, aber mit mir nicht!» Manchmal streiten sie sich in dieser Art die ganze Nacht bis in den Morgen.

Eine Nebenfrau ist wirklich etwas Schlimmes!

Mein Vater hatte nie wirklich zwei Frauen – das heißt nur einmal, für zwei Nächte. Mein Vater hatte meiner Mutter nur gesagt, er würde mit seinem Bruder in ein anderes Dorf gehen, Geschenke austauschen und dort schlafen. Er hatte ihr nicht gesagt, daß er dort hinging, um Saglai, eine andere Frau, zu holen.

Die beiden Männer verließen unser Dorf, und als sie im anderen Dorf ankamen, tauschten sie Geschenke aus und übernachteten dort. Am nächsten Tag brachen sie wieder auf, und mein Vater nahm Saglai mit. Als die Sonne tief am Himmel stand, kamen sie in unser Dorf zurück.

Meine Mutter, meine Tante und ich hatten an diesem Tag Mongongonüsse in der Nähe gesammelt. Auf dem Nachhauseweg machten wir an der Wasserstelle Rast. Dort sah meine Tante Saglais Spuren im Sand. Meine Tante kannte Saglai und wußte gleich, daß es ihre Fußabdrücke waren.[1] Sie sagte: «Chuko, hier saß eine Frau, und daneben saß dein Mann.» Meine Mutter sagte: «Oh? Was hat Gau da zu suchen? Er hatte doch gesagt, er wolle um einige Perlen bitten. Und du sagst, er ist mit einer Frau zurückgekommen?» Meine Mutter war sehr wütend.

Wir gingen zurück und brachten die Mongongonüsse ins Dorf. Als meine Mutter meinen Vater sah, wuchs ihr Zorn. Sie bearbeitete ihn mit den Fäusten und schrie: «Ist das deine Frau, die hier vor der Hütte sitzt? Warum hast du mir nicht gesagt, daß du eine andere Frau mitbringen würdest? Daß du Saglai mit der großen Vagina holen wolltest? Saglai, die Frau für kaltes Wetter.» Meine Mutter schimpfte so sehr, daß Saglai sich nicht in die Hütte wagte. In der Nacht schlief sie draußen.

Am nächsten Morgen fürchtete sich mein Vater immer noch vor meiner Mutter, und er schwieg. Sein jüngerer Bruder sagte: «Warum sagst du deiner Frau nicht, daß du Saglai aufgeben willst? Als wir noch in ihrem Dorf waren, habe ich dich davor gewarnt, sie einfach mitzunehmen. Auf dem Rückweg hast du sogar selbst gesagt, Chuko sei sicher nicht einverstanden. Und du hast versprochen, ihr zu erklären, daß du Saglai bereits geheiratet hast und sie deine Nebenfrau sei. Aber das hast du ihr nicht gesagt. Als Chuko mit dir schimpfte, hättest du ihr sagen müssen, daß Saglai in der Hütte schläft. Du hättest sie nicht vor der Hütte schlafen lassen dürfen.» Mein Vater sagte: «Das bringt mich um. Chuko schreit uns an und beschimpft uns. Sie hat Saglai befohlen, vor der Hütte zu schlafen. Wie hätte ich es wagen können, sie in die Hütte zu bringen?»

Meine Mutter sagte zu meinem Vater: «Wenn ich dir gesagt hätte: ‹Gau, ich werde alt und kann nur noch langsam laufen. Suche dir eine andere Frau, und bringe sie hierher. Sie wird Wasser für mich holen und Feuerholz suchen, mit dem wir das Feuer in Gang halten, und sie wird neben mir sitzen›, wenn ich das zu dir gesagt hätte und du hättest mir zugehört, hättest du eine andere Frau nehmen können. Aber du hast mich betrogen und mir etwas aufgezwungen. Deshalb solltest du dich schämen.

Abends legten wir uns schlafen. Als am nächsten Morgen der Hahn krähte, stand Saglai auf und ging zurück in ihr Dorf – allein. Sie war zwei Nächte in unserem Dorf; dann ging sie morgens wieder weg.

Mein Onkel sagte zu meinem Vater: «Steh auf, gehe ihr nach, und bringe sie zurück in ihr Dorf.» Mein Vater sagte: «Das tu ich nicht. Ich bin in ihr Dorf gegangen und habe sie hierhergebracht, aber Chuko hat sie abgelehnt. Warum sollte ich ihr folgen?» Sein jüngerer Bruder sagte: «Was? Das weißt du nicht? Wenn Saglai auf dem Rückweg von einem wilden Tier angefallen und getötet wird, und sogar wenn sie sicher ihr Dorf erreicht, werden ihre Verwandten kommen und dich zur Rechenschaft ziehen, weil du sie mitgenommen und geheiratet hast!»

Mein Vater erwiderte: «Ich folge ihr nicht. Sie ist erwachsen, und sie ist weggelaufen. Warum sollte ich mich deswegen aufregen?»

Mein Großvater Tuka, der Vater meines Vaters, heiratete viele Frauen! Zuerst hatte er eine, dann eine andere und dann noch eine andere.[2] Er ging zu seiner ersten Frau, danach zu seiner zweiten Frau und dann zu seiner dritten. Eine schlief allein, die beiden anderen teilten eine Hütte. Er lebte eine Weile bei den beiden, dann bei der anderen. Dann ging er zu den beiden zurück und lebte wieder bei ihnen.

Manchmal, wenn er bei den beiden in der Hütte schlief, stand er ganz leise auf und ging zu seiner dritten Frau. Seine erste Frau, die älteste, schimpfte mit ihm: «Was suchst du dort drüben, Tuka?» Sie war sehr eifersüchtig. Dann verließ Tuka seine dritte Frau und legte sich wieder neben die erste Frau. Dort lag er und wartete darauf, daß sie einschlief. Wenn sie am Einschlafen war, stand er auf und sah sie an. Er flüsterte: «Wirst du dich wieder aufregen?» Wenn sie keine Antwort gab, ging er zu seiner dritten Frau und blieb die Nacht über dort. Beim ersten Hahnenschrei kam er in die andere Hütte zurück. Seine erste Frau fragte ihn: «Wo warst du?» Und er antwortete: «Uhn, uhn, ich habe gerade Wasser gelassen.»

Aber eines Nachts, nachdem er bei seiner ersten Frau gewesen war und sie verlassen hatte, um zu seiner dritten Frau zu gehen, wachte die erste Frau auf und sagte: «Tuka, was tust du da draußen?

Warum schläfst du nicht? Was suchst du mitten in der Nacht vor der Hütte?»

Er antwortete: «Meine Frau, ich bin auch mit den anderen verheiratet. Was glaubst du wohl, warum ich sie geheiratet habe? Ich habe sie geheiratet, und ich möchte sie lieben. Dich liebe ich auch. Du bist nicht die einzige, die mir etwas zu geben hat. Willst du etwa behaupten, ich soll mit einer anderen Frau nicht schlafen, mit der ich verheiratet bin? Soll ich nur mit dir schlafen? Du redest Unsinn.»

Ich erlebte das auch einmal. Bevor ich mit Tashay Kinder hatte, brachte er eine andere Frau in unsere Ehe. Ich war noch ein junges Mädchen, und die andere Frau, Tiknay, war auch ein junges Mädchen. Er heiratete uns beide und sorgte für uns.[3]

Zuerst fragte er mich, und ich lehnte ab. Er fragte mich immer wieder. Immer und immer wieder. Schließlich sagte ich: «Also gut, heirate sie und bringe sie hierher.» Aber als er mit ihr kam, wollte ich sie nicht haben. Ich begrüßte sie noch nicht einmal.

Wir drei lebten weniger als ein Jahr zusammen. In dieser Zeit hielt ich mir Tashay vom Leib, und ich hatte keinen Sex mit ihm. Ich sagte, er würde ihren Schmutz bei mir lassen, er würde noch feucht von ihrer Vagina zu mir kommen. Und das wollte ich nicht.

Wir stritten viel, besonders nachts. Mitten in der Nacht, wenn alle anderen schliefen, hatte Tashay Sex mit ihr, und wenn er sie liebte, stießen sie gegen mich und weckten mich auf. Einmal dachte ich: «Wer stößt mich so und läßt mich nicht schlafen?» Ich stand auf, nahm ihre Decke und warf sie ans Feuer. Ich schrie: «Steht auf, ihr zwei! Geht in den Busch und vögelt dort. Ich möchte hier ruhig schlafen.» Tiknay stand auf, und wir kämpften miteinander. Wir kämpften, bis Tashay uns trennte. Später legten wir uns alle wieder hin und versuchten zu schlafen.

Am nächsten Morgen nahm ich ein Messer und versuchte, Tashay zu erstechen. Tiknay nahm es mir weg. Da brach es aus mir heraus: «Tiknay, verschwinde! Steh auf und geh in dein Dorf zurück. Wie kommt es, daß es so viele Männer gibt und du keinen geheiratet hast? Warum hast du meinen Mann geheiratet?»

Tiknay antwortete: «So war es nicht ... dein Mann hat mich hierhergebracht. Ich bin nicht von mir aus gekommen.» Ich sagte: «Es ist mir gleichgültig, wie du hergekommen bist. Es gibt viele andere Männer, und ich muß meinen Mann nicht mit dir teilen! Hat nur er einen Penis? Haben nicht alle Männer einen Penis? Den hier soll ich haben, und danach sollst du ihn haben? Also steh auf und gehe in dein Dorf zurück!»

Schließlich jagte ich sie davon, und sie kehrte zu ihren Eltern zurück. Erst nachdem sie gegangen war, durfte Tashay mich wieder berühren. Erst nachdem ich sie weggejagt hatte, lebten wir wieder zusammen und liebten uns.

Hat eine Ehe die ersten Jahre nach dem Einsetzen der Menstruation überdauert, wird die Beziehung zwischen den Eheleuten angenehmer und partnerschaftlicher. Es kommt zu einer guten Verständigung und einem offenen Meinungsaustausch zu allen Themen. Je reifer eine Frau wird und je mehr Kinder sie hat, desto besser kann sie ihre persönlichen Eigenschaften und Talente entfalten. Eine starke und intelligente Frau mit Führungsqualitäten wird auch einen beträchtlichen Einfluß auf das Leben der Gemeinschaft ausüben. Andere starke Frauen dienen ihr dabei als Rollenmodelle.

Die Gleichheit der Geschlechter ist unter den Sammler- und Jägerkulturen, zu denen die Kung gehören, größer als in den meisten anderen Gesellschaften. Trotz der bedeutenden Stellung der Kungfrauen sind die Männer im allgemeinen in der stärkeren Position. Ihre Dominanz spiegelt sich unter anderem in dem Druck wieder, den sie auf ihre Frauen ausüben, damit sie Nebenfrauen akzeptieren. Polygyne Ehen sind der Wunsch vieler Männer, und fünf Prozent haben einmal eine solche Ehe geführt. Die Vorteile für den Mann sind offensichtlich: Er gewinnt eine neue Sexualpartnerin; er bekommt wahrscheinlich zusätzliche Kinder und hat ein weiteres Familienmitglied, das für Nahrung sorgt. Dazu kommen die Vorteile einer jeden Heirat: Er gewinnt Anerkennung und Status in der Gemeinschaft; er vergrößert seinen sozialen und politischen Einflußbereich, der die neue Verwandtschaft, ihr Dorf und ihren Lebensraum umfaßt. Ein Mann, der sich als guter Jäger erwiesen hat und dem das Leben wohlgesonnen war, erwägt vielleicht ernsthaft, eine zweite Frau zu nehmen. Hat seine Frau eine jüngere unverheiratete Schwester, fällt seine Wahl wahrscheinlich auf sie. Auch die Frau eines verstorbenen Bruders ist eine logische Anwärterin.

Die meisten Frauen lehnen jedoch solche Beziehungen ab. Viele reagieren wütend, wenn ihre Ehemänner einen solchen Vorschlag machen. Sie argumentieren mit sexueller Eifersucht, Rivalität, subtilem (und weniger subtilem) Favoritentum und Auseinandersetzungen über Pflichten und andere Verantwortungen, die das polygyne Leben sehr unerfreulich machen. Die Nebenfrauen leben entweder in denselben Hütten oder haben eine eigene Hütte ganz in der Nähe. Wie auch immer, das Eheleben einer Frau findet vor den Augen der anderen statt. Ist die zweite Frau weder eine nahe Verwandte noch eine Freundin, fällt es der ersten Frau noch schwerer, die erzwungene Intimität zu ertragen.

Die Kung sagen, daß Schwestern am wahrscheinlichsten friedlich zusammenleben können, denn sie sind bereits an engen Kontakt und gemeinschaftliches Arbeiten gewöhnt. Vertragen sich die Frauen untereinander, kann ihnen dieses Arrangement auch Vorteile bringen: ständige Gesellschaft, eine Freundin, mit der man Pflichten und die Sorge für die Kinder teilt und die im Fall von Krankheit den Haushalt weiterführt. Außerdem kann die Nebenfrau eine treue Verbündete bei Auseinandersetzungen mit dem Mann sein. Der Bestand einer solchen Ehe hängt nicht nur von der Übereinstimmung der Frauen ab, sondern auch von ihrer Persönlichkeit. Sind sie verträglicher Natur und können gut zusammen arbeiten, entstehen vielleicht sogar sehr intensive und enge Bande.

Obwohl polygyne Ehen manchmal von langer Dauer sind, kann das delikate Gleichgewicht immer wieder von heftigen Meinungsverschiedenheiten und Konflikten gestört werden. Es kommt zu Auseinandersetzungen zwischen den Nebenfrauen, selbst wenn es sich um Schwestern handelt. Hat eine Frau einem solchen Arrangement nur halbherzig zugestimmt, ist ihre Motivation, es in Zeiten der Krise aufrechtzuerhalten, meist nicht sehr groß. Ist die erste Frau entschlossen, dem Mann und der Nebenfrau das Leben unerträglich zu machen, gelingt es ihr meist, die Rivalin zu vertreiben.

Viele Männer denken nicht daran, eine solche Ehe einzugehen, besonders nicht mit zwei jüngeren Frauen. Polygyne Ehen sind ökonomisch und sozial nur schwer zu bewältigen. Die Männer sagen: «In einem Haus mit zwei Frauen herrscht niemals Frieden.» Und damit haben sie meist recht.

Im Gegensatz zu vielen anderen Problemen, die sie auf einen gleichgültigen oder rachsüchtigen Gott zurückführen, machen die Kung für die Krisen in polygynen Ehen die Menschen selbst verantwortlich. Geschichten über die Probleme solcher Dreierbeziehungen sind eine unerschöpfliche Quelle der Heiterkeit für die fünfundneunzig Prozent der Kung, die in monogamen – und stabileren – Ehen leben.

8

Das erste Kind

Wenn du noch jung bist, berührt dein Mann deine Genitalien. Er hilft, daß sie sich entwickeln, und er hat Sex mit dir.[1] Bist du dann älter, denkst du: «Jetzt sind meine Genitalien schön.» Dein Mann hat dann öfter mit dir Sex. Du wirst schwanger. Dein Mann hat während der ersten Monate der Schwangerschaft vielleicht weiterhin Sex mit dir – vielleicht während der ersten zwei Monate, vielleicht aber auch während der ganzen Schwangerschaft.

Nach der Geburt hat er eine Zeitlang keinen Sex mit dir. Er fürchtet sich vor dem Blut. Er wartet ein paar Monate, bis das Kind gewachsen ist. Aber die meisten Frauen warten nur etwa einen Monat. Dann legen sie sich wieder zu ihren Männern.

Weißt du, wenn das Baby erst einmal einen Monat alt ist und anfängt zu lachen, haben manche Frauen wieder Sex. Die Tswanas und die Hereros tun das nicht.[2] Es sind andere Menschen. Wir haben eine sehr viel hellere Haut, und wir leben anders. Bei uns hat der Vater vielleicht wieder Sex mit seiner Frau, noch ehe das Kind beginnt sich aufzusetzen. So kann eine Frau wieder schwanger werden, wenn das erste Kind noch klein ist.

Ich beobachtete meine Mutter, als sie meinen jüngeren Bruder gebar. Sie fürchtete sich nicht und schrie auch nicht. Sie war mutig. Sie sagte: «Nisa, wenn du groß bist, wirst du eines Tages schwanger werden und ein Kind bekommen. Eine Geburt ist sehr schmerzhaft, und der Schmerz ist so stark, daß du glaubst, er bringt dich um. Aber hab keine Angst. Wenn du dich fürchtest, reißt dein Inneres, und du kannst sterben. Wenn du Angst hast, schreist und dich immer wieder auf den Boden wirfst, kannst du das Baby verletzen. Dann versucht das Baby, durch deinen After zu kommen. Wenn das geschieht, mußt du sterben.»

«Aber wenn du dich nicht fürchtest und ruhig bleibst, in der richtigen Art ruhig sitzt, kommt das Kind aus deiner Vagina und lebt. Und auch du lebst.»

Ich fürchtete mich nicht, als ich meiner Mutter bei der Geburt zusah. Deshalb ging ich allein hinaus, als ich ein Kind bekam. Ich setzte mich, bis die Geburt vorüber war. Erst dann kamen die Leute zu mir.

Sie sagten, ich sei unvernünftig. Warum hatte ich ihnen nichts gesagt, damit sie mich begleiten konnten? Ich erwiderte: «Ich möchte nicht, daß alle meine Genitalien sehen, wenn ich ein Kind bekomme.» Aber sie sagten: «Das ist nicht gut. Siehst du, eines Tages bist du vielleicht schwanger, und Gott läßt nicht zu, daß das Baby kommt. Gott läßt nicht zu, daß das Baby geboren wird. Dann kann die Geburt schwierig sein und du hast große Schmerzen. Also sage es den anderen, wenn es das nächste Mal soweit ist, damit sie dir helfen können und das Kind schnell herauskommt.»

Aber ich erwiderte: «Gott sorgt für mich. Auch wenn ich Schmerzen habe, wie ihr sagt, wird Gott bei mir sein. Denn ich sitze dort, wo Gott mich hingesetzt hat. Gott macht, daß die Wehen schmerzen, und er sorgt dafür, daß ich mich hinsetze und gebäre. Gott wird für mich sorgen, und ich werde niemanden um Hilfe bitten. Nein, ich will immer allein gebären. Wenn ihr das Baby weinen hört, könnt ihr kommen.»

Eine Frau, die sich fürchtet und weint, bringt ein Baby zur Welt, das stirbt. Die Knochen ihrer Beine können das Kind töten. Auch die Frau kann sterben. Ihr Inneres kann reißen, und dann stirbt sie vielleicht.

Wenn das Baby vor der Geburt in deinem Körper ist, hast du viele Gedanken. Du denkst: «Werde ich am Tag der Geburt mutig sein? Werde ich mich fürchten? Werde ich es überleben? Wird mein Herz stark genug sein, wenn ich die Schmerzen spüre?»

Manchmal ist dein Herz voller Zorn. Du denkst: «Was soll ich machen?» Aber ein anderer Teil deines Herzens sagt: «Meine Schwangerschaft verläuft sehr gut, und vielleicht ist auch die Geburt nicht schwierig. Eines Tages werde ich spüren, wie es sich bewegt, denn ich bin eine Frau und kein Mann. Eines Tages werde ich die Wehen spüren.»

Dann bist du manchmal niedergeschlagen. Du denkst: «Ein Baby an sich ist nichts, was weh tut. Warum soll etwas, das nicht weh tut, mir solche Schmerzen bereiten? Warum soll es in meinem Inneren weh tun wie von einer Krankheit, die mir große Schmerzen bereitet?»

Du lebst und lebst, und du hörst in dich hinein. Du beobachtest, wie sich dein Körper verändert. Eines Tages spürst du, wie das Baby sich bewegt, nach oben kommt. An einem anderen Tag spürst du es an einer anderen Stelle. Du lebst und spürst, wie das Baby sich bewegt.

Bald spürst du die Bewegungen öfter – im Rücken und überall. Schließlich bewegt es sich dorthin, wo es geboren wird. Dann kommen die ersten Schmerzen. Jetzt stoßt ihr beiden zum erstenmal zusammen. Ihr kämpft gegeneinander, und das Baby greift nach deinem Herzen. Dein Herz pocht. Die Schmerzen reißen dir das Herz aus dem Leib.

Die Schmerzen kommen wieder; wieder und wieder. Es tut weh; du hast Schmerzen, und sie brennen wie Feuer. Sie kommen wieder und wieder. Dann ist Ruhe. Das Kind ist ruhig und liegt still. Dann erhebt es sich wieder; es stößt und tut dir weh. Es kommt wieder und wieder. Dann ist wieder Ruhe. Auch wenn es bereits herausdrängt, ruht es sich noch einmal aus. Aber es erhebt sich wieder; du hast noch mehr Schmerzen. Es stößt und kommt aus dem Mund deines Bauchs. Es ist auf dem Weg nach draußen. Noch einmal Ruhe, neues Stoßen, dann brennt der Schmerz wie Feuer in den Lippen deiner Vagina, und der Kopf und die Haare am Kopf stoßen heraus. Das tut weh. Der Körper nicht; der Körper tut nicht weh. Dann ist wieder Ruhe, noch einmal Stoßen, und beim nächstenmal stößt es sich ab und kommt heraus.

Das ist die Geburt eines Babys.

Babies, ja . . . der Tag, an dem dein Baby geboren werden soll, ist der Tag, an dem dein Herz sich elend fühlt. Aber liegt es erst einmal im Sand, ist ein Baby etwas Wunderbares. Dein Herz ist sehr glücklich, denn du liebst Kinder. Du und dein Kind, ihr redet miteinander, auch wenn es noch so klein ist.

Aber ihr Zorn bei der Geburt[3] und der Schmerz ... das ist etwas, mit dem ich nichts anfangen kann!

Eine Frau ist stark. Aber eine Frau, die Zwillinge bekommt, hat ein besonders starkes Herz. Das Herz dieser Frau ist unbesiegbar.

Ich kannte eine solche Frau – sie gebar zwei Kinder an einem Tag. Zwei! Zuerst steigt der Schmerz des einen in dir auf und dann der Schmerz des anderen. Dann kann das Herz eine Frau im Stich lassen, besonders wenn es ein schwaches Herz ist.[4] Sie weint, wenn das erste geboren ist, und sie weint, wenn das zweite geboren ist. Ich weiß nicht, wie ich reagieren würde, aber man stelle sich den Zorn von zwei Kindern vor. Man kann doch nur vor Schmerzen sterben.

Ich kenne eine Frau, die ein sehr kleines Baby gebar. Ich war mir nicht sicher, ob es nicht eine Frühgeburt war. Wie konnte sie ein so kleines Wesen gebären? Die Frau nahm das Baby und trug es ins Dorf. Als sie dort ankam, legte sie es auf den Boden und wickelte es in Decken.

Die alten Leute sagten: «Wird es am Leben bleiben? Nein, selbst wenn man es sehr gut versorgt, wird es sterben. Denn dieses kleine Wesen ist zu früh geboren worden. Es bleibt nur am Leben, wenn Gott es will.»

Ich besuchte sie mit meiner Mutter. Die Frau sagte ihr: «Ich habe heute geboren, aber mein Bauch schmerzt. Warum habe ich immer noch Schmerzen?» Man versuchte sie zu heilen, und die Leute legten ihr die Hände auf den Bauch, wo die Krankheit in ihr Blut eingedrungen war. Sie versuchten zu helfen. Sie legten ihre Hände dorthin, wo das Blut sie schmerzte, aber sie starb. Sie starb am Tag der Geburt.

Die Leute sagten: «Oh, warum ist das geschehen? Die Geburt verlief so gut. Obwohl es weh tat, fürchtete sie sich nicht. Was hat sie getötet?» Der Mann sagte: «Weil das geschehen ist, nehme ich das Kind, lege es neben sie und töte es.» Aber die Leute sagten: «Was? Das tust du nicht. Es gibt eine unverheiratete Frau, die deine Geliebte war. Sie kennt dich, und du hast sie geliebt. Sie wird das Kind tragen; sie wird für das Kind sorgen und es großziehen.»

Die Frau nahm das Kind und trug es. Sie und der Vater des Kindes lebten eine Zeitlang zusammen und heirateten dann. Sie zogen das Kind groß, und es wuchs und wuchs.

Dann starb es.

Nachdem ich lange Zeit meine Regel hatte, war ich wirklich erwachsen. Meine eine Brust begann sich zu senken, aber die andere nicht. Ich wurde zum erstenmal schwanger. Ich lebte und beobachtete, wie mein Bauch dicker wurde. Ich war zornig und weinte viel. Mein Herz war voll Zorn und voll Schmerz, aber ich wußte nicht, warum. Jedesmal wenn ich Fleisch aß, übergab ich mich, und wenn ich süße Beeren aß, übergab ich mich auch. Aber wenn ich Wasserwurzeln, zerstampfte Gwiablätter oder Dowurzeln aß, mußte ich mich nicht übergeben.

Ich fragte die alten Frauen: «Warum übergebe ich mich, wenn ich Fleisch esse?» Ich hatte zu der Zeit noch keinen dicken Bauch. Sie sagten: «Deine Brustwarzen sind dunkel. Du mußt schwanger sein.» Auch Tashays Mutter sagte: «Wenn du dich immer übergeben mußt, bedeutet das, daß du ein kleines Wesen in deinem Bauch hast.» Ich sagte: «Aber mein Mann war nicht da. Wie ist dieses kleine Wesen hineingekommen?»

Denn als ich zum erstenmal schwanger wurde, lebte Tashay in einem Dorf im Osten. Er arbeitete für die Tswanas. Ich lebte allein und hatte Liebhaber. Als Tashay weg war, kamen sie und schliefen mit mir.

Tashay und ich hatten zusammengelebt, und er hatte mir alles über Männer beigebracht. Kantla, der Mann, der mich heiraten wollte und mit mir und seiner ersten Frau zusammengelebt hatte, lehrte mich, Liebhaber zu nehmen. Als Kantla erfuhr, daß ich einen Ehemann hatte, kam er und sagte: «Was höre ich? Als ich dich bei deinen Eltern zurückließ, sagte ich, du gehörst mir. Ich sagte ihnen, sie sollten für dich sorgen und dich mir später zur Frau geben. Warum haben sie dich einem anderen Mann gegeben?»

Damals wurde er mein Liebhaber. Vorher gab es nur Tashay für mich. Aber als ich erwachsen war, kam Kantla. Tashay erfuhr nichts davon, denn Kantla kam nur, wenn er weg war. Kantla hatte Vernunft.

Aber Tashays jüngerer Bruder Twi, mein nächster Liebhaber, war unvernünftig. Als er zu mir kam, war ich bereits eine erwachsene Frau und wußte über Männer Bescheid. Aber selbst wenn ich in der Hütte war, kam er einfach und blieb. Wenn Tashay dann nach Hause kam, saßen wir zusammen und unterhielten uns. Sagst du, ein Mann ist intelligent? Twi war es sicher nicht.

Twi wartete, bis Tashay für längere Zeit wegging, ehe er kam und mit mir schlief. Eines Abends sagte ich: «Dein älterer Bruder kommt vielleicht heute nacht zurück. Du kannst deshalb nur für kurze Zeit hierbleiben. Dann gehst du zurück in deine Hütte.» Er schlief mit mir und ging. Ich lag bis zum Morgen allein. Sein Bruder kam nicht zurück.

Am nächsten Tag fragte Twi: «Hast du nicht gesagt, mein Bruder käme zurück? Warum ist er heute nicht bei dir? Wolltest du mich einfach vertreiben?» Ich sagte: «Nein, ich hatte Angst. Ich fürchte mich vor deinem älteren Bruder. Wenn er uns erwischt, bringt er mich um. Ihr habt dieselben Eltern, deshalb wird er dir nichts tun. Aber ich gehöre nicht zu eurer Familie, und mich bringt er um.» Er antwortete: «Unsinn, er bringt dich nicht um! Im schlimmsten Fall schlägt er dich, und damit ist die Sache erledigt.» Ich sagte: «Nein! Er hat mir gesagt, was er in einem solchen Fall tun würde.»

An diesem Nachmittag saßen Twi und ich zusammen in der Hütte. Wir ruhten uns aus und unterhielten uns. Da kam Tashay zurück. Er rief nach mir und dann nach seinem Bruder. Twi stand auf und ging hinaus zu ihm. Tashay sagte: «Hol mir Wasser, damit wir zusammen etwas trinken können.» Twi ging und kam mit Wasser zurück.

Ich zitterte vor Angst. Bald darauf kam ich aus der Hütte und setzte mich zu ihm in den Schatten. Das Dorf war völlig verlassen. Alle mußten beim Sammeln sein. Wir waren die einzigen. Wir saßen zusammen, bis die anderen zurückkamen. Ich wartete darauf, daß Tashay mich fragen würde, was Twi und ich zusammen in der Hütte gemacht hatten. Aber er fragte nicht. Das war gut. Ich dachte: «Gott, führe die Zunge dieses Mannes, damit er mich nicht fragt.»

Aber abends, als wir allein in der Hütte waren, fragte er: «Warum treffe ich jedesmal, wenn ich für ein paar Tage weg war und nach Hause komme, dich und Twi zusammen in der Hütte an? Ihr seid immer dort und ruht euch aus. Was macht ihr zwei?»

Ich antwortete: «Twi und ich tun gar nichts. Ist er denn nicht mein Schwager? Bin ich nicht nur ein Kind? Was sollte er mit mir tun? Wenn du nicht hier bist, bleiben wir zusammen und reden über alles mögliche. Was meinst du denn, soll er mit mir tun?»

Er sagte: «Nun gut. Aber ein anderes Mal, wenn ich weg bin,

komme ich nachts zurück, und dann werden wir sehen.» Ich antwortete: «Gut, auch wenn du nachts nach Hause kommst, wirst du nichts sehen.»

Wir lebten und lebten, und eines Tages ging er weg. Er sagte: «Heute gehe ich weg und komme erst in ein paar Monaten zurück.» Er log mich an. Er ging in ein Dorf in der Nähe und blieb dort den ganzen Tag.

Später am Tag kam Twi zu mir. Ich sagte: «Dein Bruder hat einmal gesagt, er würde weggehen und nachts zurückkommen. Er darf uns nicht erwischen. Du bist ein Mann und kannst davonlaufen. Aber mich . . . mich wird er schlagen und umbringen.» Twi sagte: «Wenn es so ist, bleibe ich nicht über Nacht. Wir verbringen einige Zeit zusammen, unterhalten uns, und dann gehe ich zum Schlafen in meine Hütte.»

Tashay machte sich spät in der Nacht auf den Rückweg in unser Dorf. Er kam leise zu unserer Hütte, schlich sich herein und setzte sich. Er tastete den Boden ab, erst vor mir und dann hinter mir. Er fand niemanden. Dann legte er sich neben mich. Er rief: «Nisao . . .» Ich sagte: «Eh?», und dann fragte ich: «Warum hast du alles abgetastet? Was hast du gesucht? Habe ich dir nicht gesagt, daß du mich allein finden würdest, selbst wenn du nachts zurückkommst? Du wirst mich nicht bei irgend etwas erwischen. Ich bin immer noch ein Kind und habe keine Liebhaber. Eine Frau hat erst Liebhaber, wenn sie erwachsen ist. Aber heute lerne ich von dir, daß du glaubst, daß ein Kind Liebhaber hat. Die älteren Leute haben mir etwas anderes gesagt. Selbst meine Mutter sagte mir, daß man als Kind keine Liebhaber hat.»

Er sagte: «Nun gut, ich habe heute nacht gesehen, was ich sehen wollte. Ich komme nicht wieder nachts zurück. Ich werde einfach warten und sehen, was geschieht.» Danach konnte er mich nicht mehr beschuldigen. Er hatte nichts gesehen.

Wir lebten weiter. Twi und ich stahlen uns immer noch zusammen davon. Wir trafen uns nur noch im Busch. Nach langer Zeit ging Tashay weg, um wieder für die Tswanas zu arbeiten.

Nachdem er gegangen war, wurde ich schwanger. Zuerst wußte ich es nicht. Ich hätte versucht, die Schwangerschaft abzubrechen, wenn ich es gewußt hätte. Dann wäre ich bei Tashays Rückkehr nicht schwanger gewesen. Aber ich war sehr jung. Ich wußte nicht, daß es eine Wurzel gibt, die die Schwangerschaft unterbricht. Schließlich war ich noch ein Kind. Ich wußte auch nicht, daß die Schwangerschaft unterbrochen worden wäre, wenn ich mit einem anderen Mann geschlafen hätte. Ich wußte nichts. Ich ließ meinen Bauch einfach wachsen.

Eines Morgens kam Twi zu mir, und wir gingen zusammen weg. Ich sagte: «Twi, du hast mich schwanger gemacht. Ich bin ein Kind, und du hast mich schwanger gemacht.» Er antwortete: «Was ist schlimm daran? Wenn du schwanger bist . . . das ist doch gut.» Ich sagte: «Mein Mann ist nicht hier. Wenn er zurückkommt, bringt er mich um.»

Wir blieben den Tag über zusammen und gingen später ins Dorf zurück. Ich versuchte etwas zu essen, aber ich mußte mich übergeben. Die Leute sahen mich und wußten Bescheid.

Mein Bauch wurde dicker und wölbte sich. Mein Herz fühlte anders. Ich wollte Twi nicht mehr und vermißte Tashay. Ich fragte mich, wann er zurückkommen würde.

Eines Abends, als alle zusammensaßen und redeten, drang das Geräusch eines Lastwagens durch die Nacht. Ein Tswana hatte einen Lastwagen gekauft und meinen Mann auf dem Rückweg mitgenommen. Ich fragte: «Hört sich dieser Lastwagen wie der Lastwagen eines weißen Mannes an?» Die Leute sagten: «Wahrscheinlich nicht. Wahrscheinlich ist es dein Mann, und er kommt mit dem Lastwagen zurück, den der Tswana gekauft hat.» Ich dachte: «Was soll ich mit meinem Bauch machen? Wie kann ich ihn verstecken?» Eine Frau sagte: «Oh, Nisa! Was willst du mit deinem Bauch machen?» Wieder dachte ich: «Was kann ich tun, damit er verschwindet, damit nichts ist, wenn mein Mann zurückkommt?»

Der Lastwagen kam näher und näher. Als er ankam, hörte ich meinen Mann nach mir rufen. Ich dachte: «Was soll ich tun?» Ich nahm eine Decke und dann noch eine und hüllte mich ein. Ich setzte mich ins Dunkle, damit er mich nicht deutlich sehen würde. Er rief mich noch einmal und sagte: «Nisa, komm her. Laß dich ansehen!»

Oooo! Ich fürchtete mich. Ich ging hinüber und setzte mich neben ihn. Ich legte mir die Decken um den Bauch, damit er ihn nicht sehen konnte. Er fragte: «Ist es dir gutgegangen?» Ich antwortete: «Mm . . . es geht mir gut.» Er sagte: «Hast du irgendwelche Sorgen? Warst du krank?» Ich antwortete: «Nein, es war nichts.»

Wir saßen beisammen. Er fragte: «Was hast du gegessen? Du siehst dick aus!» Ich sagte: «Ich habe viel Fleisch und anderes gegessen.» Er sagte nichts mehr. Später breiteten wir die Decken aus und legten uns hin. Er lag hinter mir. Er legte die Arme um mich und berührte mit einer Hand meinen Bauch. Er betastete ihn und hielt inne. Er betastete ihn noch einmal, und die Hand blieb liegen. Er sagte: «Nisa ... was ist in deinem Bauch? Etwas hat mich gerade gestoßen!» Ich dachte: «Was soll ich ihm sagen? Warum kann dieses Baby nicht still liegen? Warum mußte es ihn stoßen?» «Ich habe dich gefragt, was sich in deinem Bauch bewegt.» Ich antwortete: «Vielleicht eine Krankheit. Vielleicht bin ich krank. Mein Bauch ist nicht in Ordnung, und da drin rumort es.»

Wir schliefen. Am nächsten Morgen standen wir auf und setzten uns zusammen vor die Hütte. Ich dachte nicht mehr an meinen Bauch und hatte ihn kaum bedeckt. Er sah mich an und an. Er sagte: «Deine Augen sind weiß wie bei einer Schwangeren. Ich weiß, daß du schwanger bist. Also sag mir, wer es war. Wo ist er?» Ich sagte: «Nein. Ich bin nicht schwanger.» Er sagte: «Gestern war ich bereit zu glauben, daß du viel gegessen hast. Aber heute sehe ich, daß dein Bauch sehr dick ist. Sag mir, wer dich schwanger gemacht hat.»

Ich antwortete: «Niemand anderes als du hast mich schwanger gemacht. Das Menstruationsblut, das ich hatte, als du noch hier warst, hast du unterbrochen, ehe du weggegangen bist. Du, du selbst hast mich vom Mond getrennt. Nachdem du gegangen warst, hatte ich keine Blutungen mehr. Es ist deine Schwangerschaft. Nachdem du gegangen warst, fing mein Bauch an zu wachsen. Ich bin ein Kind und weiß nichts von Liebhabern.»

Er sagte: «Eh ... ist das die Wahrheit?» Ich sagte: «Es ist die Wahrheit. Bin ich nicht immer noch ein Kind? Es war in dem Monat, in dem du gegangen bist ... in diesem Monat wurde mein Zyklus unterbrochen.» Er sagte: «Eh, so ist es. Entweder warst du treu oder nicht.» Ich sagte: «Du hast das Kind empfangen. Es gibt keinen Grund, daß du es abstreitest und sagst, es sei nicht dein Kind. Nein, es gibt keinen Zweifel, ich habe dieses Kind empfangen, als du noch hier warst.»

Mein Bauch wurde dicker, und ich wurde zornig. Ich schimpfte mit Tashay und biß ihn. Ich sagte: «Wir gehen zu meiner Mutter, damit sie mir bei der Geburt des Kindes helfen kann.» Aber er weigerte sich. Er ließ mich nicht gehen und brachte sie auch nicht zu mir. Er sagte: «Du sollst das Kind im Dorf meiner Mutter bekommen.» Denn nach unserer Hochzeit lebten wir bei Tashays Angehörigen. Mutter war weit weg. Ich hatte sie verlassen und lebte, wo Tashays Familie lebte. Dorthin hatte er mich gebracht. Dort wurde ich schwanger, und dort bekam ich mein Kind.

Während ich schwanger war, dachte ich: «Hier sitze ich nun und bin selbst noch ein Kind. Die alten Frauen sagen, bei der Geburt hat man Schmerzen. Und nachdem ich eine Zeitlang schwanger gewesen bin, wird das Kind beginnen, sich zu bewegen. Es wird seine Lage verändern, und ich werde weinen.» Aber ich dachte: «Nein, ich werde nicht weinen, sonst lachen mich die Leute aus und sagen, ich hätte Angst. Ich werde nicht weinen.» Dann dachte ich: «Uhn, uhn . . . ich weine sicher. Alle sagen, eine Geburt ist schmerzhaft. Ich weiß, was ich tun werde! Kurz vor Ende der Schwangerschaft gehe ich zu den Weißen und überlasse mich ihnen. Sie öffnen den Mund meines Bauchs und nehmen das Baby heraus. Das wird nicht weh tun.» Dann dachte ich: «Nein, selbst wenn ich solche Schmerzen habe, daß ich glaube, daran zu sterben, bleibe ich einfach sitzen und halte durch. Dann wird mein Kind geboren.»

Ein paar Tage vor der Geburt verließen wir das Dorf und gingen in ein Lager im Busch, wo die Männer jagen konnten. Wir waren nur wenige: Tashay, ich, seine Großmutter und sein Großvater.

Eines Tages gingen Tashay und ich durch den Busch. Wir spielten und tobten herum. Ich spürte die ersten Schmerzen im Rücken. Ich dachte: «Warum habe ich solche Schmerzen im Rücken und im Bauch?» Ich sagte: «Tashay, hör auf zu spielen!» Und wir gingen weiter. Nach einer Weile setzten wir uns, und er begann wieder mit mir zu spielen – er schob meinen Fellmantel beiseite und sagte: «Frau! Wie kommt es, daß du heute nackt bist?» Ich sagte: «Was redest du? Ich habe Schmerzen!»

Wir gruben den ganzen Tag Shawurzeln und gingen immer weiter. Mein Bauch war groß und wölbte sich vor. Die Schmerzen im Rücken kamen wieder. Ich dachte: «Werde ich heute das Kind bekommen? Ich bin selbst noch ein Kind. Wie soll ich gebären? Werde ich Angst haben?»

Wir schliefen, und der Morgen kam. Wir schliefen noch eine

Nacht, und es wurde wieder morgen. Das Baby war noch immer bei mir. Seine Zeit war gekommen, aber es wollte mich nicht verlassen. Ich machte mir Sorgen, daß es mich krank machen würde.

Am nächsten Abend schliefen wir im Lager. Tashay holte Holz und machte ein Feuer. Ich saß dabei. Ich begann, das Baby und die Schmerzen wieder zu spüren. Ich dachte: «Haben die älteren Frauen davon gesprochen? Meinten sie das, als sie sagten, daß ein Baby schmerzt?» Mutter! Obwohl ich schon andere bei einer Geburt beobachtet hatte, bevor ich mein erstes Kind bekam, wußte ich nicht genau, was ein Baby tat, wie sehr es schmerzte oder wie es tatsächlich geboren wurde. Die einzigen Schmerzen, die ich kannte, waren die Schmerzen, wenn ich krank war.

Ich saß da und begann zu weinen. Ich dachte: «Nein, ich weine nicht. Ich, ich weine nicht!» So blieb ich sitzen und hatte meine Gedanken. Als die Schmerzen wieder kamen, blieben sie eine Weile, und dann verschwanden sie wieder. Sie kamen und gingen. Ich dachte: «Das tut wirklich weh! Hey, hey . . . ihr alle, wieso tut mein Bauch so weh?» Aber ich sagte nichts.

Nachts kamen die Schmerzen wieder. Ich dachte: «Warum tut das so weh? Wenn ich nur bei meiner Mutter wäre, dann könnte ich weinen. Aber ich lebe bei anderen Leuten, und ich will nicht weinen, denn sonst lachen sie mich aus und sagen: ‹Du bist schon eine junge Frau. Wieso weinst du, wenn du die Geburtswehen spürst?›» Später würden sie lachen und sagen, ich hätte bei der Geburt geweint.

Ich versuchte, nicht in ihrer Nähe zu sein, damit ich nicht weinte.

Wir legten uns alle schlafen, aber als es gerade hell wurde – zur Zeit des ersten Hahnenschreis –, wachte ich auf. Ich hatte wieder Schmerzen. Ich dachte: «Sind das die Schmerzen einer Krankheit, oder ist es das Baby?» Denn ich verstand es nicht wirklich. Ich hatte Schmerzen, und ich wußte nicht genau, was ich tun sollte. Ich dachte: «Die Leute haben mir gesagt, daß ein Baby dir im Bauch Schmerzen macht wie eine Krankheit.»

Ich lag da und spürte die Schmerzen, die immer und immer wieder kamen. Dann bemerkte ich etwas Feuchtes. Die Geburt hatte begonnen. Ich dachte: «Eh hey, vielleicht ist es das Kind.» Ich stand auf, nahm eine Decke und breitete sie über Tashay. Er schlief noch. Dann nahm ich eine andere Decke, meine kleine Felldecke und ging hinaus. War ich nicht allein? Die einzige andere Frau in der Nähe war Tashays Großmutter, und sie schlief in ihrer Hütte. Also ging ich, wie ich war.

Nicht weit von den Hütten entfernt, setzte ich mich unter einen Baum. Ich saß da und wartete. Das Baby wollte noch nicht geboren werden. Ich legte mich hin, aber es kam immer noch nicht heraus. Ich setzte mich wieder. Ich lehnte mich gegen den Baum und spürte die Wehen. Die Schmerzen kamen immer und immer wieder. Es war, als versuche das Baby herauszuspringen. Dann hörten die Schmerzen auf. Ich sagte: «Warum beeilt es sich nicht und kommt heraus? Warum kommt es nicht heraus, damit ich mich ausruhen kann? Was will es in mir, und warum bleibt es einfach in meinem Bauch? Warum hilft mir Gott nicht, damit es schnell herauskommt?»

Als ich das sagte, begann das Baby herauszukommen. Ich dachte: «Ich schreie nicht. Ich bleibe einfach ruhig sitzen. Es wird schon herauskommen und alles geht gut.» Aber es schmerzte wirklich! Ich schrie, aber nur in mich hinein. Ich dachte: «Oh, beinahe hätte ich im Dorf meiner Schwiegereltern geschrien.» Dann dachte ich: «Ist mein Kind schon geboren?» Ich war nicht wirklich sicher. Ich dachte, ich sei vielleicht nur krank. Deshalb hatte ich niemandem etwas gesagt, als ich weggegangen war.

Als das Baby geboren war, blieb ich sitzen. Ich wußte nicht, was ich tun sollte. Ich hatte keinen Verstand. Es lag da, bewegte die Arme und versuchte, an den Fingern zu saugen. Es begann zu weinen. Ich saß einfach daneben und sah es an. Ich dachte: «Ist das mein Kind? Wer hat dieses Kind geboren?» Dann dachte ich: «Ein so großes Geschöpf? Es kann doch nicht aus meinen Genitalien herausgekommen sein.» Ich saß da und sah es an. Ich sah es an und sah es an und sah es an.

Ich begann zu frieren. Ich deckte das Baby mit der kleinen Felldecke zu, die ich über meinen Bauch gelegt hatte, und hüllte mich in den größeren Fellmantel. Bald kam die Nachgeburt, und ich grub sie ein. Ich fror. Ich saß einfach da und zitterte vor Kälte. Ich hatte immer noch nicht die Nebelschnur abgebunden. Ich sah das Baby an und dachte: «Es weint nicht mehr. Ich lasse es hier, gehe zurück und hole Kohlen für ein Feuer.»

Ich deckte es mit den Lederhäuten zu. (Was wußte ich schon, wie man so etwas macht.) Ich band mir einen Lederschurz um und ging zurück. Unterwegs hörte ich, wie es zu weinen begann, dann war es wieder ruhig. Ich beeilte mich und war ganz außer Atem. Mein Unterleib schmerzte. Ich sagte: «Du mußt rennen.» Aber ich konnte nicht mehr klar denken.

Mein Herz klopfte und pochte, als ich ankam. Ich setzte mich ans Feuer vor meiner Hütte, um mich auszuruhen und zu wärmen. Tashay wachte auf. Er sah meinen flachen Bauch und das Blut an meinen Beinen. Er fragte, wie es mir ginge. Ich sagte, daß alles in Ordnung sei. Er fragte: «Ich glaube, ich habe etwas schreien hören. Wo ist es?» Ich sagte ihm: «Das Baby liegt zugedeckt dort, wo ich es geboren habe.» Er fragte, ob es ein Junge sei. Ich sagte: «Es ist ein Mädchen.» Dann sagte er: «Oh! Bringt ein kleines Mädchen wie du ganz allein ein kleines Mädchen zur Welt? Es war nicht einmal eine andere Frau da, um dir zu helfen!»

Er rief seine Großmutter, die noch immer schlief, und schimpfte mit ihr: «Was ist los mit dir? Du, eine Frau, bist hiergeblieben, während ein kleines Mädchen ganz allein in den Busch gegangen ist und ein Kind geboren hat. Und wenn sie bei der Geburt gestorben wäre? Hättest du sie dort allein gelassen und gewartet, bis ihre Mutter ihr hilft . . . ihre Mutter, die nicht hier ist? Weißt du nicht, daß die Schmerzen der Geburt wie Feuer sind, daß die Geburt eines Kindes wie ein großer Zorn ist . . . so groß, daß die Mutter manchmal stirbt? Trotzdem hast du ihr nicht geholfen! Sie ist noch ein kleines Mädchen. Sie hätte solche Angst haben können, daß die Geburt sie oder das Kind getötet hätte. Was hast du, eine erwachsene Frau, ihr zugemutet?!»

In diesem Moment begann das Baby zu weinen. Ich fürchtete, daß ein Schakal sie entdeckt und ihr etwas getan hatte. Ich griff nach ein paar brennenden Zweigen und rannte zu ihr zurück. Ich machte ein Feuer und setzte mich. Tashay schrie noch immer: «Such sie. Geh zu ihr und binde die Nabelschnur ab. Was ist los mit dir? Du hast meine Frau bei der Geburt allein gelassen!»

Seine Großmutter stand auf und kam mit Tashay zu mir und dem Baby. Sie rief sanft: «Meine Schwiegertochter . . . meine Schwiegertochter . . .» Sie sprach mit dem Kind und begrüßte es, mit schönen Namen. Sie trennte die Nabelschnur durch, nahm es auf den Arm, und wir gingen alle zurück. Dann legten sie mich in die Hütte.

An diesem Tag ging mein Mann sammeln und kam mit Shawurzeln und Mongongonüssen zurück, die er für mich aufschlug. Aber mein Inneres war wund, und ich hatte Schmerzen. Er ging noch einmal weg und fing einen Springhasen. Er kochte ihn, und ich trank die Brühe. Sie sollte helfen, daß die Milch kam. Aber die Milch floß nicht in die Brüste.

Wir lebten im Busch, und es gab keine andere Frau, die das Baby hätte stillen können. Es lag drei Tage lang, ohne etwas zu essen. Dann kam die Milch in die eine Brust, und abends füllte sich auch die andere. Ich pumpte die Vormilch ab, und als meine Brust sich mit guter Milch gefüllt hatte, trank das Baby. Es trank und trank und trank. Als es satt war, schlief es ein.

Wir lebten weiter. Wenn die anderen sammeln gingen, lag ich mit meiner kleinen Tochter in der Hütte. Ich sah sie an, sah sie an und sah sie an. Ich dachte: «Oh, was für ein winziges Geschöpf liegt in meinem Schoß!» Und sie saugte an ihren Fingern. Wir zwei waren zusammen.

Ich betrachtete sie und sagte: «Meine kleine Schwester . . . meine kleine Schwester!» Sie brabbelte: «Oh-oh . . . oh-oh . . .» Verstand ich sie wirklich? Schließlich sagte mein Mann: «Du hast dieses kleine Baby selbst geboren, also sag zu ihr: ‹Meine Tochter›. Begrüße[5] sie nicht als deine jüngere Schwester. Wir beide haben sie geboren. Sie ist das Baby, das wir beide empfangen haben. Wenn sie größer ist, begrüßt sie mich und sagt: ‹Papi›, und sie wird dich begrüßen und sagen: ‹Mami›. Sie ist ein kleines Mädchen, und du mußt sie ‹meine Tochter› nennen.» Auch meine Schwiegermutter sagte: «Wieso begrüßt du dein Kind nicht mit den Worten: ‹Meine Tochter›, wenn es mit dir lacht?»

Nach kurzer Zeit verließ ich die Hütte und trug sie herum. Ich nahm sie mit, und wir gingen sammeln. Wenn sie weinte, ging ich nach einer Weile zurück und setzte mich zu den anderen im Dorf.

Als sie zu lachen begann, brachten sie mich zu meiner Mutter. Als meine Mutter mich sah, sagte sie: «Wann hast du das Baby bekommen? Du mußt gut für es sorgen, damit es wächst.» Wir lebten lange Zeit bei meiner Mutter, und das Kind wuchs. Die kleine Chuko –

sie war sehr schön! Und sie hatte helle Haut. Wenn ich sie ansah, dachte ich: «Mein Liebhaber hat ein schönes Baby empfangen!» Sie krabbelte auf allen vieren und versuchte, sich aufzurichten, und bald konnte sie stehen.

Aber als sie größer war, sah sie meinem Mann nicht ähnlich. Sie sah aus wie Twi: Sie hatte sein Gesicht und seinen Mund. Wenn ich sie ansah, wußte ich, daß sie das Kind meines Liebhabers war. Selbst Tashay sagte: «Sie ist Twis Kind. Sie hat sein Gesicht, und ich sehe es auch an den Augen.» Dann sagte er weiter: «Es ist Twis Kind. Du hast behauptet, daß ich dich von deinem Zyklus abgeschnitten habe, daß ich dich schwanger gemacht habe. Aber sieh dir das Kind an, das auf deinem Schoß sitzt. Das Kind dort sieht wie mein jüngerer Bruder aus.»

Ich sagte: «Ja, Twi ist dein Bruder, dein nächster Verwandter. Chuko kommt auf deine Familie heraus. Sie wurde nicht empfangen, weil er und ich uns geliebt haben.» Tashay sagte: «Ich brauche keine Rache. Mein jüngerer Bruder hat sie empfangen. Er wird helfen, sie großzuziehen.»

Aber Gott wollte es nicht. Gott beschützte sie nicht und tötete sie, denn sie war das Kind meines Liebhabers. Sie wuchs und wuchs, und sie begann gerade zu laufen. Dann setzte sich eine Krankheit in ihre Brust. Ein paar Tage später starb sie.

Es geschah, nachdem wir in das Dorf von Tashays Familie zurückgekehrt waren. Eines Tages gingen wir in den Busch und besuchten ein Dorf in der Nähe. Ich setzte mich mit dem Baby zu einer Gruppe von Frauen und Männern. Die Frauen baten mich, sie aus der Schlinge zu nehmen. Sie wollten das Baby ansehen und bewundern. Sie hielten sie hoch und sagten bewundernd: «Oh, welch ein schönes Kind. Was für ein hübsches, wunderbares Kind. Tashay hat wirklich eine hübsche Tochter!»

Tashay kam herüber und sagte: «Steh auf, wir gehen. Warum bleibst du sitzen. Was suchst du hier?» Und er ging davon. Die Frauen spielten noch immer mit Chuko. Sie gaben ihr hübsche Namen und redeten mit ihr. Tashay kam zurück und sah sich um, schließlich saßen da viele Männer. Er sagte: «Was ist mit Nisa los? Ich habe ihr schon einmal gesagt, daß wir gehen, aber sie liegt immer noch hier herum und läßt die anderen mit dem Baby spielen. Warum steht sie nicht auf und kommt mit mir? Ich habe ihr gesagt, sie soll nur zu den Leuten gehen und um Wasser bitten. Wir wollen weiter.»

Ich nahm Chuko, setzte sie in die Schlinge und stand auf. Tashay schimpfte mit mir und warf mir vor, ich wolle nicht mit ihm gehen. Er war sehr eifersüchtig. Er nahm einen Ast und begann mich zu schlagen – auf die Hand und auf den Rücken – und hätte beinahe meine Tochter getroffen. Die Leute zogen ihn weg und sagten: «Was tust du. Deine Frau trägt ein Kind. Willst du es umbringen? Selbst wenn man eifersüchtig ist, schlägt man nicht ein Kind mit der Mutter. Warum hast du nicht dafür gesorgt, daß dein Kind woanders war, ehe du Nisa geschlagen hast. Wie kannst du ein Baby mit seiner Mutter schlagen?»

Chuko weinte. Die Aufregung machte ihr Angst, und sie begann zu zittern. Sie zitterte und weinte und hörte nicht auf. Dabei überfiel sie die Krankheit – die Krankheit, an der sie schließlich starb. Sie drang in ihre Brust ein und überwältigte sie – schnell wie ein Peitschenschlag.

Später an diesem Tag verließen wir das Dorf und gingen an einen anderen Platz. Nachdem wir dort waren, sagte Tashay: «Wir wollen in der Nähe Mongongonüsse sammeln.» Das taten wir. Aber wir waren noch nicht lange dort, als Chuko zu weinen begann. Es war die Krankheit, die bereits in ihr saß, die sie überfallen hatte, als sie zitterte und sich fürchtete. Ich sang ihr etwas vor und lief mit ihr auf und ab. Aber sie weinte und weinte und weinte. Tashay nahm sie auf den Rücken, und wir gingen weiter. Schließlich schlief sie ein. Aber es war kein wirklicher Schlaf. Sie schloß die Augen, weil sie so krank war.

Ich dachte: «Mein Kind . . . heute trinkt mein Kind nicht mehr.» Ich nahm sie von Tashays Rücken und trug sie selbst. Als sie die Augen öffnete, gab ich ihr die Brust, aber sie trank nur sehr, sehr wenig. Wir gingen weiter. Wir trugen unsere Mongongonüsse, und schließlich kamen wir ins Dorf zurück.

Ich erzählte es allen: «Mein Kind ist krank. Mein wunderschönes Kind ist krank. Als wir Nüsse sammelten, begann es zu weinen. Es weinte, wie es jetzt noch weint. Chuko hat nur wenig von meiner Milch getrunken. Selbst jetzt spüre ich kaum, daß sie trinkt. Mein Herz ist wirklich traurig.»

Sie führten eine Heilzeremonie für sie auf. Die Medizinmänner versetzten sich in Trance und versuchten, sie zu heilen. Einer von ihnen sagte: «Es ist der Ast, mit dem ihr Vater dich geschlagen hat. Dieser Ast ließ sie zittern, und die Krankheit konnte sie überfallen.» Wir beteten für sie, während die anderen versuchten, sie zu heilen. Aber wir erreichten sie nicht. Sie waren in Trance, aber meine Tochter konnte sie nicht hören. Sie konnte nicht gesund werden, weil Gott sagte, daß ihr Vater sie abgelehnt hatte.

Kinder überleben nicht mit mir. Sie schlief in der Nacht, und als der Morgen kam, starb sie.

Als sie starb, suchte ich einen Köcher und schrie mit Tashay. Ich sagte, ich würde ihn mit einem Pfeil durchbohren. «Du hast mein Kind getötet! Du hast gesagt, sie sei nicht dein Kind. Du hast gesagt, sie sieht aus wie jemand anders – wie dein Bruder. Aber der Ast, mit dem du mich geschlagen hast, hat sie getötet. Du hast das Kind in deinem Herzen immer abgelehnt, und jetzt hast du es getötet!»

Dann sagte ich: «Du hast mich nicht gut behandelt, und vielleicht sollte ich mich jetzt umbringen. Du willst, daß ich ein Kind von dir bekomme. Aber du hast mein Kind umgebracht, du hast mir noch nicht einmal erlaubt, es bei meiner Mutter oder in der Nähe meiner Verwandten zu bekommen. Ich habe es bei deinen Leuten geboren.

Du hast mir nur Verderben gebracht. Du zerstörst mich jeden Tag. Jetzt hast du mein Kind zerstört, mein erstes Kind!»

Er sagte: «Nein . . . sie gehörte uns beiden. Wir haben sie beide empfangen und geboren. Gott hat das Kind von uns genommen und es getötet.»

Mein Herz schmerzte, und ich begann zu weinen. Meine Brüste waren voller Milch, und ich schüttete sie auf den Boden. Ich sprach nur so zu meinem Mann, weil mein Herz voller Pein war. Aber mein Herz verließ ihn nicht. Es blieb bei ihm.

Wir lebten noch eine Weile dort, dann zogen wir weiter. Bald wurde ich wieder schwanger. Ich bekam ein anderes kleines Mädchen.

Das Leben einer Frau sollte darin bestehen, vor der Hütte zu sitzen, Mongongonüsse zu stampfen, das Fleisch im Feuer zu braten, die älteren Kinder zu füttern und das Jüngste zu stillen, mit den Verwandten, die zu Besuch sind, zu reden und zu lachen, zu singen oder an einem

Trancetanz teilzunehmen oder – nachdem alle gegangen sind – allein bei ihrem Mann zu sitzen, wenn die Kinder bereits friedlich schlafen ... Aber dieses Kungideal eines erfüllten Lebens läßt sich nur nach einer Reihe weniger angenehmer Stadien erreichen. Erst die Mutterschaft bringt einem Mädchen gesellschaftliche Anerkennung und den Status einer Erwachsenen. Die junge Frau muß zuerst die oft angstvollen Ereignisse während Schwangerschaft und Geburt erfolgreich gemeistert haben.

Die Kung wissen, daß es durch sexuellen Verkehr zur Schwangerschaft kommt, und sie sehen in der Menstruation ein Zeichen, daß keine Empfängnis stattgefunden hat. Sie glauben jedoch, daß es am Ende der Menstrualblutung zur Empfängnis kommt, wenn das Sperma sich mit dem letzten Blut mischt. Von der Dauer der Schwangerschaft haben sie eine etwas genauere Vorstellung: Ein Ehemann, der zum Zeitpunkt der Empfängnis längere Zeit abwesend war, wird vermutlich von seiner Frau Rechenschaft über den Vater des Kindes verlangen.

Kungfrauen berechnen ihre Periode nach den Mondphasen. Wenn der Mondzyklus vorübergeht, ohne daß die erwartete Menstruation einsetzt, rechnen sie mit einer Schwangerschaft. Wenn dazu noch andere Symptome kommen – dunkler Brustwarzenhof, unerklärliche Abneigung gegen bestimmtes Essen, wiederholte Übelkeit und Erbrechen, Heißhunger nach Fleisch und ungewöhnliche Empfindlichkeit –, fühlt sich die Frau in ihrer Annahme bestärkt, und nach dem zweiten oder dritten Mondzyklus wird die Vermutung zur Gewißheit. Eine Frau spricht nicht offen über ihre Schwangerschaft, bis ein weiterer Mondzyklus vorüber ist, selbst wenn andere schon etwas bemerken. Vielleicht tut sie das, um die geforderte Bescheidenheit angesichts dieses beneidenswerten Ereignisses unter Beweis zu stellen. Das Schweigen bietet der Frau auch einen gewissen psychologischen Schutz im Fall einer überraschenden Fehlgeburt, zu der es wahrscheinlicher in den ersten Monaten der Schwangerschaft kommen kann.

Die Kung behaupten, eine Reihe von Möglichkeiten zu kennen, um eine Schwangerschaft «zu ruinieren» oder abzubrechen. Man sagt, daß eine Frau ihren Wunsch nach einer Abtreibung deutlich macht, indem sie an einer anderen Feuerstelle kocht oder außerehelichen Sex hat. Andere Alternativen sind Reiten oder pflanzliche Mittel. Es ist nicht klar, wie verbreitet die Benutzung von Kräutern zur Abtreibung ist oder ob sie wirksam sind. Eine Frau wird ohnedies nur dazu greifen, wenn sie glaubt, daß die Chancen für das Überleben des Ungeborenen – im besten Fall unsicher – schlechter als üblich sind.

Sobald die Schwangerschaft in der Gruppe bekannt wird, bieten die anderen ihre Hilfe an – indem sie ein älteres Kind tragen, Nahrung beschaffen oder die Frau bei ihren Haushaltspflichten unterstützen. Aber eine Schwangere gilt nicht als schutzbedürftig, und man erwartet nicht, daß sie ihre täglichen Pflichten vernachlässigt. Sie geht weiterhin die üblichen Strecken beim Sammeln, und sie kehrt mit den üblichen Mengen ins Dorf zurück. Wenn sie sich nicht wohl fühlt, ruht sie sich aus, bis es ihr bessergeht. Aber viele Frauen halten ihre normale Arbeitsroutine bis zum Tag der Geburt aufrecht. Man nimmt die Schwangerschaft als etwas Gegebenes hin. Sie ist «eine Arbeit der Frau».

Aber die Gefühlsaufwallungen gefährden den Gleichmut, den die Frauen während der Schwangerschaft aufrechterhalten wollen. Viele Kungfrauen erleben während der Schwangerschaft extreme Gefühlsschwankungen. Diese Launenhaftigkeit gilt als normal. Man akzeptiert und toleriert sie, aber sie wird nicht unterstützt. Eine Frau, die zum drittenmal schwanger war, erklärte: «Manche Frauen werden zornig. Ich nicht. Es sind schlechte Frauen. Ich bleibe ruhig.» Sie erzählte, daß ihre Mutter gesagt hatte, daß Frauen, die sich während der Schwangerschaft aufregen und schreien, mit größerer Wahrscheinlichkeit schwere Geburten haben oder sogar sterben. Vermutlich war dies ein Grund, daß sie so ruhig blieb – oder zumindest glaubte, ruhig bleiben zu müssen. Aber ein Interview mit ihrer Schwiegermutter bewies, daß sie von ihrem Ziel noch weit entfernt war. Die Schwiegermutter sagte: «In der letzten Woche wurde meine Schwiegertochter so wütend, daß sie aus dem Dorf rannte und im Busch schlief. Am nächsten Morgen machten sich alle auf die Suche, und als man sie fand, war sie allein. Sie hatte sich noch nicht einmal ein Feuer gemacht. Sie war erregt und eifersüchtig. Sie beschuldigte ihren Mann, eine Affäre mit einer anderen Frau zu haben. Aber das stimmte nicht. Es war nur das Baby in ihr, das sie so wütend machte.»

Die meisten Kung lieben Kinder, und es ist ihr Ideal, viele zu haben. Aber die Kungfrauen kennen den körperlichen Preis einer Schwangerschaft nur zu gut und ebenso die Arbeit und die Verantwortung, die Kinder bedeuten.

Aber man liebt Kinder, denn sie machen das Leben schöner. Ein Mann, dessen Frau die Menopause erreicht und ihm keine Kinder geschenkt hatte, sagte: «Ich wünsche mir Kinder so sehr.» Er äußerte eine weitverbreitete Haltung, als er hinzufügte: «Ich suche mir eine andere Frau, die mir Kinder schenkt. Das Kind eines anderen will ich nicht. Ich würde ablehnen, wenn mir jemand ein Kind anbieten würde. Ich möchte ein eigenes Kind.»

Eine Schwangere weiß, daß ihr bei der Geburt keine medizinischen Einrichtungen, keine Hebammen oder Geburtshelferinnen zur Verfügung stehen. Die Aussicht einer Geburt ist oft erschreckend, besonders für Frauen, die zum erstenmal schwanger sind. Bei ihnen kommt es am wahrscheinlichsten zu Komplikationen, die vielleicht sogar zum Tod führen. Die Sterblichkeitsrate ist relativ niedrig (auf fünfhundert Geburten kommen zwei Todesfälle der Mütter) – für Kulturen ohne medizinische Fürsorge sicher nicht unüblich. Man vermutet, daß die Zahl höher läge, wenn die Kungfrauen nicht eine stoische Haltung zur Geburt hätten: Da sie anstreben, allein oder nur mit minimalem Beistand zu gebären, verringern sie das Risiko einer Infektion.

Die Geburt ohne fremde Hilfe ist das kulturelle Ideal. Aber besonders bei einer ersten Geburt sind andere Frauen zu Stelle. Eine junge Frau zieht es vielleicht vor, eine Mutter oder andere nahe Verwandte bei sich zu haben. Aber wenn sie bei der Familie ihres Ehemannes lebt, sind es seine Verwandten. Auch wenn andere Frauen anwesend sind, ist die Frau für den Verlauf der Geburt allein verantwortlich – außer in den seltenen Fällen, in denen sich ein launischer Gott einmischt. Man sagt, daß eine unkomplizierte Geburt ein Zeichen dafür ist, daß die Frau das Kind voll akzeptiert: Sie sitzt ruhig, sie schreit nicht und ruft nicht um Hilfe, und sie verliert bei den Wehen die Kontrolle nicht. Im Gegensatz dazu glaubt man, daß eine schwere Geburt die ambivalenten Gefühle der Frau zeigt, und interpretiert sie vielleicht sogar als Ablehnung des Kindes.

Angst vor der Geburt gilt als gefährlich, da sie Spannungen und Verkrampfungen hervorruft, die den Vorgang erschweren. Aber durch Angst entsteht eine noch größere Gefahr: Gott, der das Widerstreben der Frau erkennt und es als Zeichen dafür sieht, daß das Kind unerwünscht ist, tötet das Baby vielleicht und holt es zurück «in die Welt der Geister». In solchen Fällen kann auch die Mutter «geholt» werden. Der Glaube der Kung, daß eine Frau der Geburt mutig entgegensehen muß, ist so stark, daß eine Frau, die sich als feige erweist, insgeheim lächerlich gemacht wird, während andere, die «richtig» gebären, als Vorbild für die jungen Mädchen hingestellt werden, die man ermuntert, ihnen bei der Geburt zuzusehen.

Wenn es zu Komplikationen kommt, bindet der Vater, der ansonsten der Szene der Geburt fernbleibt, eine Medizinschnur um die Brust seiner Frau – eine Maßnahme, die die Geburt beschleunigen soll. Oder Medizinmänner versetzen sich in eine Trance, um die Geister zu überreden, ihre bösen Pläne in Hinblick für Mutter und Kind aufzugeben.

Eine Kungfrau hat durchschnittlich vier oder fünf Lebendgeburten. Mit jeder Geburt wird es wahrscheinlicher, daß sie das Ideal erreicht, allein zu gebären. Obwohl die meisten Kungfrauen dieses Ideal anstreben, sind die engen Verwandten der Frau vielleicht anderer Meinung und machen ihr deshalb Vorwürfe. Man kritisierte eine Frau, weil sie sich großer Gefahr ausgesetzt hatte, als sie ihr Kind nachts allein gebar und mit ihm am nächsten Tag ins Dorf zurückkam. Sie antwortete lediglich: «Bin ich keine Frau, die eine Arbeit zu tun hatte? Ich bin gegangen und habe sie getan. Das ist alles.»

Bald nachdem das Kind ins Dorf zurückgebracht worden ist, gibt man ihm den Namen eines lebenden nahen Verwandten. (Dies geschieht nach feststehenden Vorrangregeln.) Meist ist es der Name eines der Großeltern, einer Tante oder eines Onkels. Die Beziehung, die zwischen dem Kind und seinem Namensvetter zustande kommt, spielt im Leben beider eine wichtige Rolle. Da die Kung die Beziehung der Mutter zum Kind als elementar ansehen, glauben sie, daß die ersten Kinder eines Paares nach Mitgliedern der Familie des Vaters benannt werden sollen. Dies garantiert ihre Verbindung mit dem Kind. Die Namen späterer Kinder werden gleichmäßiger aus der ganzen Verwandtschaft gewählt.

Die Geburt des ersten Kindes markiert den Eintritt einer Frau ins Erwachsenenleben. Man sieht zwischen dem Erstgeborenen und allen anderen Kindern einen Unterschied. Um dieses Kind hervorzuheben, wählt man einen besonderen Ausdruck – «das Kind aus der Mitte der Stirn». Für die Eltern verändert sich die Form der Anrede. Man spricht von: Nai's Vater oder Kumsas Mutter, anstatt sie bei ihren Namen zu nennen. Die Anrede verändert sich vielleicht mit jedem weiteren Kind.

Mit dem Eintritt in die Welt der Erwachsenen wird die junge Frau zum Mittelpunkt liebevoller Aufmerksamkeit von Familie, Freunden und Schwiegereltern etc. Sie hat das Gefühl, sich als würdig erwiesen zu haben, indem sie die Prüfung der Geburt überstanden und in den meisten Fällen ein gesundes Kind zur Welt gebracht hat. Daneben hat sie ihre Ehe gefestigt. Es kommt nur selten nach der Geburt des ersten Kindes zur Scheidung. Die Sorge für das Baby ist die wichtigste Verantwortung, die sie in ihrem Leben kennengelernt hat, und die Kinder bleiben wahrscheinlich für den Rest des Lebens ihre zentrale Aufgabe.

Aber die Geburt von Kindern birgt das Risiko in sich, sie zu verlieren. Nahezu zwanzig Prozent der Kungkinder sterben im Lauf des ersten Jahres, und nur vierundfünfzig Prozent werden alt genug, um zu heiraten. Der Tod der Kinder ist deshalb für die Kung eine vertraute Erfahrung. Aber jeder Todesfall ruft große Trauer hervor. Die Kung sind gezwungen, der Tatsache ins Auge zu sehen, daß das Leben ihrer Kinder immer gefährdet ist. Ihre Liebe und ihre Fürsorge gehören ihnen uneingeschränkt.

9

Mutterschaft und Verlust

Bei der Geburt von Chuko war ich immer noch ein junges Mädchen und hatte noch nicht geboren.[1] Ihre Geburt verursachte mir beinahe unerträgliche Schmerzen. Meine Genitalien waren sehr eng, und die Schmerzen waren sehr groß. Ich war weiter, als ich mein zweites Kind bekam. Aber trotzdem – die Schmerzen bei der Geburt waren jedesmal gleich. Es gab nicht die geringste Erleichterung.

Kinder . . . die erste Geburt ist schmerzhaft; die zweite Geburt ist schmerzhaft, und die dritte Geburt ist schmerzhaft. Es gibt kein Kind, dessen Geburt schmerzlos ist. Es tut weh wie eine schreckliche Krankheit.

Die kleine Chuko starb als erstes meiner Kinder. Sie starb, ehe ich wieder schwanger war. Nachdem sie tot war, weinte ich und weinte, und erst nach ein paar Monden trauerte ich nicht mehr.

Dann wurde ich mit Nai schwanger. Ich bekam sie an einem Tag, an dem die Sonne heiß brannte. Ich war mit den anderen Nüsse sammeln gegangen. Als die Sonne am heißesten war, als sie uns beinahe umbrachte, setzten wir uns und ruhten im Schatten der Nußbäume aus. Nach einer Weile sagte ich: «Ich möchte mich jetzt nicht ausruhen. Ich gehe Wasserwurzeln suchen.» Ich tat es, und unterwegs setzten die Wehen ein. Ich dachte: «Eh – hey! Soll ich jetzt gebären? Ich gehe hinüber auf die Lichtung, wo Gras wächst. Denn dort finde ich auch bestimmt mehr Wasserwurzeln.»

Ich ging etwas weiter, grub ein paar Wurzeln und legte sie alle an eine Stelle. Die Schmerzen wurden heftig, und ich setzte mich.

Niemand war bei mir. Bald war die kleine Nai geboren. Ich durchtrennte die Nabelschnur und nahm sie auf den Arm. Ich hob die Wurzeln auf und ging zurück zu den anderen. Sie schliefen alle im Schatten. Ich setzte mich. Bald darauf begann Nai zu weinen. Die Frauen sahen überrascht auf: «Was für ein Baby weint hier? Woher kommt das Weinen?» Dann sagten sie: «Tashays Frau hat wieder geboren . . . Nisa hat geboren! Wie gut sie das gemacht hat!» Sie lobten Nai, und sie lobten mich. Sie riefen unsere Namen und begrüßten uns liebevoll.

Wir blieben dort. Wir tranken Wasser aus den Wasserwurzeln, denn es gab noch mehr dort, wo ich sie gefunden hatte. Und wir lebten eine Weile dort.

Nai wuchs, und ich hatte sie immer bei mir. Aber als ich das nächste Mal schwanger wurde, hatte ich eine Fehlgeburt. Tashay empfing das Kind, aber er ging bald darauf weg, und Twi und ich schliefen wieder miteinander. Ein Mond ging vorüber, dann kam der nächste und hing am Himmel, und ich sah, daß sich mein Körper veränderte. Im nächsten Mond kam Tashay zurück. Als er sah, daß ich schwanger war, wurde er wütend. «Was ist dieses Mal geschehen? Du warst nicht schwanger, als ich wegging. Du hattest gerade aufgehört zu menstruieren. Wieso finde ich dich heute wieder mit einem dicken Bauch?» Ich antwortete: «Sprich nicht so, mein Mann. Es war der Mond, bei dem wir zum letztenmal zusammen waren. Jetzt wächst er in mir, und er ist der Bauch, mit dem du mich siehst. Von wem, glaubst du denn, ist das Kind?» Er sagte: «Ich habe dich vor vielen Monden verlassen. Aber wenn ich dich heute sehe, weiß ich, daß der Mond noch nicht lange in dir wachsen kann. Ich weiß nicht, wer dich gefüllt hat. Ich weiß nur, daß viele Monate vergangen sind, seit ich weg bin.»

Diesesmal redete er ununterbrochen davon. Er fragte mich jede Nacht danach, und jeden Morgen, sobald es hell wurde, redete er wieder darüber. Wenn er kurze Zeit weg war, fragte er, sobald er zurückkam: «Ein anderer Mann hat dich geliebt, während ich weg war. Er hat dich schwanger gemacht. Wer ist es?» Ich dachte: «Was will dieser Mann von mir? Soll ich mich mit einem Giftpfeil umbringen?» Dann sagte er: «Gut . . . du sorgst für Nai, und ich kümmere mich um die anderen Dinge. Aber wenn ich je einen anderen Mann bei dir sehe, verlasse ich dich. Ich schwöre dir, ich bringe dich um, denn du bist geil. Du bist so jung, aber du hast nichts anderes als Sex im Kopf!»

Ich sagte: «Glaubst du, ich weiß nichts über dich und die Frau deines älteren Bruders? Wenn dein Bruder da ist, fürchtest du dich und bleibst bei mir in unserer Hütte. Aber sobald er seine Decken nimmt und auf die Jagd geht, stehst du auf, wenn du glaubst, ich schlafe, und gehst zu ihr. Ich bin schon mehr als einmal aufgewacht und habe dich nicht neben mir gefunden . . . aber ich habe nichts gesagt. Ich bin dir nicht nachgegangen. Ich bin dir nicht nachgeschlichen, habe dich beobachtet und bin dann zurückgegangen. Glaubst du, ich habe das getan, weil ich mich vor dir fürchte? Ich fürchte mich nicht. Ich habe euch zwei einfach in Ruhe gelassen. Auch am nächsten Tag habe ich nichts gesagt. Du bist zu mir gekommen, und ich habe für dich gekocht.» Dann sagte ich: «Aber eins steht fest: Ihr schlaft miteinander.»

Ich sprach weiter: «Jetzt behauptest du, einer deiner Verwandten hat mir dieses Baby gemacht. Aber das stimmt nicht. Du warst es. Glaubst du, wenn ein Mann mit einer Frau schläft, macht er ihr kein Baby? Ich möchte diesen Unsinn nicht mehr hören!» Er schrie: «Wenn du weiter dasitzt und solche Dinge sagst, schneide ich dir den Bauch auf, und das Kind kommt heraus.»

Ich dachte darüber nach. Sehr wahrscheinlich wußte er von Twi. Ich dachte: «Gut, ich gehe an andere Feuer kochen. Die Alten sagen, das unterbricht die Schwangerschaft. Von jetzt an brate ich meine Shawurzeln und Mongongonüsse auf anderen Feuern. Ich koche mein ganzes Essen dort, nicht mehr auf meinem Feuer.»

Und das tat ich. Ich ging an die Feuerstellen der anderen, um mein Essen zu kochen. Ich dachte: «Dieser Mann wird mir wegen dieser Schwangerschaft und wegen seines jüngeren Bruders etwas antun. Er fragt und fragt und fragt. Ich kann es nicht mehr ertragen.»

Nicht lange danach verkrampfte sich mein Bauch vor Schmerzen. Es brannte wie Feuer. Tashay sah mich an und sagte: «Was hast du für Schmerzen?» Ich antwortete: «Ich habe keine Schmerzen.» Wir saßen beisammen. Später legte ich mich hin. Er fragte: «Warum legst du dich hin, während die Sonne am Himmel steht?

Was ist los?» Ich antwortete: «Ich möchte einfach liegen. Es ist nichts.» Gegen Abend machte Tashay Feuer und kochte getrocknetes Antilopenfleisch. Er zerkleinerte es, gab mir etwas, und wir aßen. Er fragte: «Nisa, was ist los? Du hast zwar gegessen, aber wenn ich mir deine Augen ansehe, scheinst du krank zu sein.» Ich wollte ihm nicht sagen, was es war, und murmelte etwas von Rückenschmerzen. Wir aßen und legten uns schlafen.

Ich schlief sehr lange. Kurz vor Sonnenaufgang stand ich auf und verließ das Dorf. Ich nahm die kleine Nai mit, denn sie war aufgewacht und wollte nicht in der Hütte bleiben. Ich ging in den Busch und hatte eine Fehlgeburt. Ich dachte: «Es ist so, wie ich es mir vorgestellt habe. Wenn ein Mann redet wie Tashay, dann muß man das tun.» Ich saß da, und es kam bald heraus. Ich sah kein Baby, nur Blut. Ich riß einen Zweig ab, grub ein großes Loch, legte es hinein und bedeckte es mit Sand – das Blut mit dem kleinen Ding darin. Ich dachte: «Mm, es ist vorbei. Mein Mann wollte es so.» Mein Herz war sehr traurig: «Oh, mein Mann hat mir dieses kleine Baby nicht gegönnt.» Aber das war nur ein Grund für die Fehlgeburt. Es lag auch daran, daß Twi und ich miteinander geschlafen hatten. Mein Inneres lehnte sich gegen einen anderen Mann als den Vater des Babys auf. Auch deshalb kam es zum Abbruch der Schwangerschaft.

Ich ging ins Dorf zurück, nahm Nai aus meinem Fellmantel und legte sie ans Feuer vor der Hütte. Ich ging nicht in die Hütte, sondern blieb dort liegen, bis es Tag wurde. Während ich schlief, wachte Tashay auf und sah mich an. Er legte sich neben mich. Als es hell wurde, fragte er: «Nisa, meine Frau, sag mir, was gestern war. Auch heute sind deine Augen ... vermißt du deinen Liebhaber Twi? Warum bist du sonst so traurig?» Ich antwortete: «Nein, ich denke nicht an ihn. Ich bin krank.»

Aber als ich aufstand, sah er mich an und sagte: «Sieht meine Frau jetzt so aus?»

Ich sagte: «Ja, was ich gestern trug, trug ich bis zum Sonnenuntergang, und es war bei mir, als ich schlief. Aber heute nacht stand ich auf, und es verließ mich. Es wurde zerstört.» Er fragte: «Deine Schwangerschaft wurde zerstört? Was war schuld daran?» Ich antwortete: «Du ... ja. Du bist der Mann, in dessen Hütte ich lebe. Du hast mir gesagt, mein Bauch käme von einem anderen, und du wolltest mich nicht mehr ... mich, die Frau in deiner Hütte.» Er sagte: «Deshalb hast du es verloren?»

Ich gab keine Antwort.

Das nächste Kind nannte ich Bau. Es war eine sehr gute Schwangerschaft. Ich hatte mehrmals meine Regel, und dann bekam ich sie nicht mehr. Ich lebte mit dem kleinen Wesen, das in mir wuchs. Sehr viel später begann es, sich zu bewegen. Es bewegte sich und war dann wieder ruhig. Es wuchs sehr schön, und eines Tages, während wir unterwegs waren, gabar ich es unter einer Akazie.

Bau wuchs. Sie krabbelte herum und spielte. Sie krabbelte, setzte sich und krabbelte wieder. Sie konnte noch nicht laufen und war ungefähr so alt wie mein erstes Kind, als sie starb. Die Krankheit setzte sich in ihrer kleinen Brust fest und tötete sie. Die Medizinmänner versuchten, sie zu heilen, aber sie sagten, die Krankheit käme von einem Vogel, der in der Luft schwebt. Von einem Vogel, der aus dem Himmel kommt, den Gott gesandt hat. Der Geist des Vogels ist in sie eingedrungen und hat sie getötet.[2]

Als ich mein letztes Kind Kxau bekam, waren wir in einem Tswanadorf, wo Isak, der Tswanaführer, lebte.[3] Ich war damals wirklich erwachsen und wußte, wie man ein Kind bekommt.

Es regnete stark, als ich das Dorf verließ, aber ich spürte die Schmerzen und wußte, daß es Zeit war. Ich stand auf und ging so, wie ich jetzt hier sitze, allein in den Busch, machte mir ein Lager aus Gras und setzte mich. Ich saß dort, und die Schmerzen kamen wieder und wieder. Dann hörten sie auf; es kamen neue Schmerzen, und auch sie vergingen. Dann kam der größte Schmerz, und ich begann, am ganzen Körper zu zittern. Oh, das tat weh! Andere Frauen schreien vielleicht, aber ich nicht. Ich saß da, und mein Körper zitterte. Als der Kopf herauskam, uhn, uhn ... spürte ich mein Herz heftig klopfen, und ich schrie. Nachdem Kxau geboren war, hörten die Leute im Dorf ihn weinen und kamen gelaufen. Sie durchtrennten die Nabelschnur, nahmen ihn hoch, und wir gingen ins Dorf zurück.

Ich habe mich immer geweigert, ein Kind in Anwesenheit anderer zu bekommen. Ich wollte immer allein sein. Obwohl die Leute versuchen, dir zu helfen, dich halten und den Bauch betasten, vergrößern sie nur die Schmerzen. Ich wollte durch sie nicht noch mehr Schmerzen haben, und deshalb ging ich immer allein aus dem Dorf. Als ich Kxau gebar, machte ich das sehr gut. Die anderen kamen erst nach der Geburt.

Während wir im Tswanadorf lebten, bald nach der Geburt von Kxau, starb Tashay.[4] Als der Mond aufging und früh am Himmel stand, wurde er krank. Er war nur ein paar Tage krank, noch nicht einmal einen Monat. Er hatte nur noch wenige Nächte zu leben.

Am Tag der Geburt von Kxau schliefen wir. Am nächsten Tag legten wir uns hin und ruhten. In der nächsten Nacht, in der nächsten und in der nächsten schliefen wir ebenfalls. Aber es vergingen nicht viele Tage nach der Geburt von Kxau, bis die Krankheit sich in Tashays Brust festsetzte. Sie überfiel ihn nachts und drang in seinen Körper ein. Sie kam nur einmal.

Am nächsten Morgen wachte er auf und hatte Schmerzen. Tagsüber versuchten ihn die Leute zu heilen. Er schlief in der Nacht, und am nächsten Tag versuchten die Medizinmänner wieder, ihn zu heilen. Aber sie sahen den Grund für die Krankheit nicht. Er schlief in der Nacht, und am nächsten Tag war es wieder dasselbe. Die Krankheit verursachte ihm Schmerzen. Er konnte nur schwer atmen und spuckte Blut. In der folgenden Nacht schliefen wir nebeneinander, aber bald nach dem ersten Hahnenschrei, gerade als die Sonne im Osten aufging, starb er.

Ich konnte ihn nicht mehr atmen hören. Ich rüttelte ihn wieder und wieder, aber ich hörte kein Atmen. Ich rief: «Tashay . . . Tashay . . . Tashay . . .» Aber er gab keine Antwort. Ich rief: «Tashay!» Ich rief wieder und wieder und wieder. Aber er war still. Ich nahm seine Hand und drückte sie. Er atmete nicht. Ich legte meine Hand auf sein Herz, aber es schlug nicht mehr. Ich sagte: «Oh mein Mann . . . Ist er schon gestorben? Mein Mann, bei dem ich lag, neben dem ich schlief, auch heute nacht . . . ist er tot? Eben schliefen wir noch nebeneinander, und jetzt ist er tot!»

Ich lag da und dachte: «Warum ist das geschehen? Wir zwei haben uns soviel gegeben und haben glücklich zusammengelebt. Jetzt bin ich allein und ohne Mann. Ich bin bereits Witwe. Warum hat Gott mir das angetan und mir meinen Mann genommen? Gott ist hartherzig! Er nimmt sie dir einfach. Das Herz Gottes ist den Menschen wirklich nicht nah.»

Ich nahm meinen kleinen Sohn auf den Arm und begann zu weinen. Ich saß da und weinte und weinte. Die Leute hörten mich und kamen herbei. Sie saßen bei mir, und die anderen Frauen weinten auch. Nach langer Zeit sagten sie: «Du hast Kinder, für die du sorgen mußt. Du darfst nicht neben deinem Mann liegenbleiben. Dein Mann ist tot. Es ist vorbei. Du kannst ihm das Leben nicht zurückgeben, indem du neben ihm liegst. Nimm deine Kinder, und leg dich dort drüben hin. Deck deinen Mann zu. Er bleibt hier liegen. Es nützt nichts mehr, ihn zu wollen, denn er ist tot. Du kannst ihn nicht mehr als Menschen haben. Er ist gegangen. Also deck ihn zu und laß ihn liegen. Dann legst du dich mit deinen Kindern unter die Decken dort drüben.»

Ich hörte auf sie und bereitete vor der Hütte ein Lager aus Decken. Die anderen verhüllten Tashay. Am nächsten Morgen sagte der Tswanaführer: «Oh! Einer meiner Zhuntwasi ist einen schrecklichen Tod gestorben. Warum mußte er sterben? Es gibt keinen anderen wie ihn. Wir lebten zusammen, aber sein Tod hing bereits über uns.» Dann sagte er: «Ihr anderen grabt ein Loch in diesem Termitenhügel. Legt seinen Körper hinein, und begrabt ihn. Begrabt meinen Zhuntwa. Meine Augen möchten ihn nicht mehr sehen, denn sein Tod schmerzt mich so sehr.» Die Männer hoben eine Grube aus und legten ihn hinein.

Danach war ich ohne meinen Mann, und mein Herz war schwer. Jede Nacht vermißte ich ihn, und jede Nacht rief ich weinend: «Ich bin ohne den Mann, den ich geheiratet habe.» Ich dachte: «Wo werde ich das Essen finden, durch das meine Kinder groß werden? Wer wird mir helfen, dieses Neugeborene aufzuziehen? Mein älterer Bruder und mein jüngerer Bruder sind weit weg. Wer wird mir jetzt helfen?» Denn Kxau war gerade erst geboren. Er war so klein, daß er beinahe nicht existierte. Dann sagte ich: «Das normale Essen wird reichen. Ich werde heute sammeln gehen.» Ich ging hinaus und brachte zurück, was ich finden konnte.

Aber wenn ich meine Kinder betrachtete, wußte ich, daß sie wie Tashay aussahen. Ich dachte: «Wieso sind die Männer der anderen Frauen nicht gestorben? Hier leben so viele Menschen. Junge Frauen wie ich, und ihre Männer leben. Warum mein Mann? Warum der Mann, den ich geheiratet habe? Warum mußte er sterben, während wir noch zusammenlagen und Kinder hatten? Ich fühlte den Schmerz und weinte und weinte und weinte.

Der Tswanaführer sagte schließlich: «Diese Nisa . . . diese Nisa trauert um ihren Mann. Aber wozu ist das gut?» Er fragte mich: «Was willst du jetzt tun?» Ich antwortete: «Ich bleibe hier, bis ich jemanden sehe, der meiner Mutter ausrichten kann, daß sie kommen soll. Heute habe ich niemanden, der mir gehört. Wenn ich daran denke, was mein Mann für mich bedeutet hat, dann sehe ich, daß er wie ein Vater war. Jetzt ist er tot, und ich bin ohne Zuhause. Ich möchte zu meiner Mutter und meinem Vater zurückgehen.» Der Tswanaführer sagte: «Gut. Ich werde jemanden bitten, dich mitzunehmen.»

Es gab noch einen Grund, warum ich gehen wollte. Nachdem Tashay gestorben war und seine Eltern es erfahren hatten, kamen sie zu mir. Als sie ins Dorf kamen, fragten sie: «Was hat unseren Sohn getötet?» Ich antwortete: «Der Tod hat ihn getötet. Es war Gott. Wollt ihr sagen, etwas anderes hat ihn getötet? Nein, es war Gott.» Als sie das hörten, begannen sie zu weinen. Später sagten sie, sie wollten mich mit in ihr Dorf nehmen. Sie wollten für mich sorgen. Aber ich weigerte mich: «Ich gehe ins Dorf meiner Mutter. Ich möchte nicht wieder im Dorf anderer Menschen leben. Früher lebte ich mit meinem Mann in eurem Dorf. Aber jetzt ist er tot, und ich möchte nicht mehr dort leben, denn ihr würdet mich bald hassen und ständig mit mir unzufrieden sein.»

So wäre es gekommen. Denn schon bald behaupteten Tashays Verwandten, ich hätte ihn umgebracht. Sie wußten von Kantla, und sie hatten auch gehört, daß Kantla mich heiraten wollte, nachdem Tashay tot war. Deshalb behaupteten sie, Kantlas Geist habe Tashay getötet.[5] Als ich das erfuhr, dachte ich: «Eh, in Tashays Dorf gibt es nichts mehr, das mir hilft zu leben. Gott hat meinen Mann getötet, aber trotzdem sagen die Leute, ich hätte getan, was Gott getan hat. Ich will nicht in ihr Dorf zurückgehen. Ich gehe zu meiner Familie. Dort will ich leben, und dort will ich schlafen. Ich gehe nicht zur Familie meines Mannes. Sie beschuldigen mich, Tashay getötet zu haben. Wenn ich bei ihnen bleibe, werden sie mich eines Tages umbringen.»

Also ging ich nicht mit ihnen. Ich ging zu meinen Eltern und lebte bei ihnen. Ich lebte dort und trauerte. Ich trauerte in den Monaten der heißen, trockenen Jahreszeit – und ich vergoß mein Herz. Ich öffnete mein Herz, bis ich schließlich aufhören konnte zu trauern.

Ich lebte lange Zeit im Dorf meiner Eltern, und meine Kinder wurden größer. Wenn ich Nahrung sammelte, aßen sie, und wenn ich Honig fand, aßen sie ihn auch. Meine Brüder lebten ebenfalls dort und halfen mir. Wenn sie Honig fanden oder Wild erlegten, hatten meine Kinder zu essen. Auch meine Mutter ging für sie sammeln.

Bald begann Kxau zu krabbeln. Er stellte sich auf ein Bein, zog das andere nach und stellte es ebenfalls auf den Boden – und dann fiel er wieder hin. Ich beobachtete ihn und dachte: «Oh! Meine Brüste lassen mein Kind stark werden.»

Und so lebte ich in ihrem Dorf.

In vieler Hinsicht ist Sammeln und Jagen eine relativ gesunde und sichere Lebensweise. Die Ernährung der Kung ist quantitativ ausreichend und von hohem Nährwert. Das tägliche Leben verlangt große körperliche Anstrengungen, und Erwachsene sind selbst im mittleren Alter schlank und in ausgezeichneter körperlicher Verfassung. Krankheiten, die auf Ernährung oder Stress zurückzuführen sind, sind unbekannt.

Trotz allem ist das allgemeine Gesundheitsniveau nicht sehr gut. Das Dobegebiet liegt relativ hoch, etwa eintausend Meter über dem Meeresspiegel, und das trockene Klima verhindert, daß viele Infektionskrankheiten des tropischen Afrika dorthin vordringen. Eine der häufigsten Todesursachen der Kung jeden Alters sind jedoch infektiöse und parasitäre Krankheiten wie: Grippe, Lungenentzündung, Bronchitis, Gastroenteritis, rheumatisches Fieber und Tuberkulose. In der Regenzeit sind Malariafälle nicht selten, und in den letzten Jahren traten immer häufiger auch Gonorrhöeerkrankungen auf. Eine beträchtliche Zahl von Erwachsenen stirbt in der Blüte des Lebens. Kinder sind noch gefährdeter.

Die Kung glauben, ein Mensch, der stirbt, läßt den weltlichen Körper zurück, während sein geistiger Körper und die Seele wieder in die Geisterwelt der Vorfahren wandern – ein Ort im Himmel, der in vieler Hinsicht der Welt der Menschen auf der Erde gleicht. Dort leben auch andere Geister und Götter, wie zum Beispiel die beiden wichtigsten Götter der Kung: der Große Gott, der Schöpfer des Universums, von dem man im allgemeinen glaubt, daß er das Gute bringt, und der Kleinere Gott, der ihm untersteht. Er bringt meist Unglück und Tod.

Wird jemand krank und stirbt, macht man die Welt der Geister dafür verantwortlich. Menschliches Tun kann nur hin und wieder die Geister beeinflussen. So können Menschen für den Tod eines anderen mitverantwortlich sein, den sie vernachlässigt oder schlecht behandelt haben. Aber im allgemeinen steht das Tun der Geister in keiner Beziehung zum Tun der Menschen: Ein hilfsbereiter und beliebter Mensch wird ebenso wahrscheinlich vom Unglück getroffen oder stirbt an einer Krankheit wie ein anderer, der weniger großzügig und gut ist. Die Kung machen das tückische Wesen des Kleineren Gottes und einiger anderer Geister für das Zustandekommen der bösen Taten verantwortlich. Die geringeren Geister sind manchmal rachsüchtig, oft aber nur übermütig, und man kann sie dann dazu überreden, einen Menschen am Leben zu lassen. Die Vermittlung zwischen der Welt der Geister und der Welt der Menschen ist die traditionelle Rolle der Kungheiler. Der Erfolg einer Heilung hängt von den Argumenten des Heilers und der Nachgiebigkeit der Geister ab.

Die Kungkultur fördert starke Bande zwischen Eltern und Kindern und zwischen den Eheleuten. Mann und Frau schlafen zusammen, essen zusammen, teilen sich Nahrung und Haushaltspflichten wie Kochen und Holzsammeln. Sehr oft gehen sie gemeinsam sammeln und auf die Jagd. Alles in allem verbringen sie viel Zeit zusammen. Mann, Frau und Kinder bilden den festen Kern, um den sich eine variable Anzahl Angehöriger beider Familien schart. Die erwachsenen Kinder halten eine enge Beziehung zu den Eltern aufrecht. Im Gegensatz zu unserer Gesellschaft, die solche Nähe oft als ungesund ansieht, halten die Kung ihre Gefühle für die Eltern für etwas Natürliches und zeigen sie offen.

Stirbt ein Mitglied einer solchen Gruppe, bedeutet dies für alle Hinterbliebenen eine große Umstellung. Vielleicht hat der Verstorbene die Verbindung im sozialen Geflecht hergestellt, und sein Tod kann der Grund für die Auflösung der Gruppe sein. Die Familie muß lernen, ohne einen Menschen zu leben, der sie mit Fleisch und anderer Nahrung versorgte, der ihnen Wissen, Erfahrung und Heilkraft schenkte, seine Liebe und Kameradschaft.

Bei den Kung kommt es öfter vor, daß der Mann vor seiner Frau stirbt, da die Frauen im allgemeinen zehn Jahre jünger als ihre Ehemänner sind und die Gefährdung der Männer durch Krankheiten größer ist. Junge Witwen heiraten wahrscheinlich wieder und gründen mit einem anderen Mann eine neue Familie. Auch viele ältere Frauen heiraten noch einmal. Fehlen geeignete Bewerber, können sie vielleicht als

Nebenfrau einer Schwester oder von Verwandten in die Familie aufgenommen werden. Manche ältere Frauen entschließen sich, nicht zu heiraten, sondern ziehen es vor, in einer eigenen Hütte im Dorf ihrer erwachsenen Kinder zu leben.

Wie viele andere Völker bringen auch die Kung einer intensiven, aber nicht zu langen Trauer großes Verständnis entgegen. Bei einem Todesfall versuchen Freunde und Verwandte (die in anderen Dörfern leben) an der Beerdigung teilzunehmen, oder sie kommen später, um zu sehen, wo der Angehörige starb und wo er begraben wurde. Eine Beerdigung bedeutet für alle im Dorf eine Zeit der Trauer, die mehrere Tage dauert. Die Frauen klagen und weinen; die Männer sitzen vor den Hütten beisammen und reden, und auch sie weinen manchmal. Der Verstorbene wird in der Nähe des Dorfes in der Erde begraben oder in einem der hoch aufragenden Termitenhügel, die es überall in der Steppe gibt.

Wenn ein Kind stirbt, erlaubt man anderen Kindern nicht, den Leichnam zu sehen. Die Kung glauben, dadurch könne ein gesundes Kind krank werden. Nach jedem Todesfall und Begräbnis wird das Dorf verlassen und ein neues in der Nähe errichtet. Die traditionellen Hütten können innerhalb weniger Stunden gebaut werden, und ein neues Dorf ist in wenigen Tagen fertig.

Selbst Äußerungen extremer Trauer der nächsten Angehörigen des Verstorbenen werden verstanden und gebilligt. Nach einiger Zeit ermuntert man jedoch den Trauernden, wieder am Leben teilzunehmen: Eine Witwe oder ein Witwer heiratet vermutlich wieder; die Mutter, die ihr Kind verloren hat, wird wieder schwanger; und Tochter oder Sohn, die Mutter, Vater oder Geschwister verloren haben, ziehen in ein Dorf, in dem andere Verwandte leben.

Die Kung sind mit dem Tod vertraut, aber für den einzelnen ist der Tod eines für ihn wichtigen Menschen keineswegs eine alltägliche Angelegenheit. Die Kung glauben, daß der Tote für die Lebenden nicht völlig verloren ist. Die Geister der Toten greifen von Zeit zu Zeit in das Leben der Angehörigen ein.

10

Veränderungen

Ich lebte im Dorf meiner Eltern. Nach einiger Zeit sagte meine Cousine, ihr Mann wolle mich zur zweiten Frau. Aber ich mochte ihn nicht. Selbst wenn er unverheiratet gewesen wäre, hätte ich ihn abgelehnt. Ich fragte ihn: «Was kann ich dir geben? Mein Essen ist nicht anders als das, das du bereits ißt. Was für eine Art Ehe möchtest du führen?» Er antwortete: «Ich möchte dich als meine zweite Frau.» Ich sagte: «Das will ich nicht. Deine erste Frau würde mich umbringen.» Seine Frau sagte: «Nein, nein, ich würde dich nicht umbringen. Wenn mein Mann dich heiratet, bist du für mich wie eine jüngere Schwester. Wir setzen uns zusammen und arbeiten zusammen.»

Ich sagte: «Nein, ich will nicht. Wenn er mich heiratet und wir zwei arbeiten zusammen, kommt eine Zeit, in der er mich haben will. Er geht nicht mehr zu dir und wird mit dir streiten. Wäre ein solches Leben nicht unerträglich? Begreifst du nicht, daß du darunter leiden wirst? Eines Tages wird dein Mann mich lieben und dich vernachlässigen. Und während wir in der Hütte liegen, stehst du dann auf und tust, als würdest du das Feuer in Gang halten . . . Aber du nimmst die Kohlen und verbrennst uns!»

Sie sagte: «Du irrst. Wir sind miteinander verwandt, und ich möchte, daß wir zusammen in einer Hütte leben. Wenn mein Mann zu dir geht, werde ich nicht schimpfen. Ich werde euch beide weiterhin gern haben.»

Ich antwortete: «Nein, mein ganzes Herz wehrt sich dagegen. Ich habe Kinder, und ich will nicht als Nebenfrau in einer Hütte mit einer anderen leben. Wenn ich das täte, könnte ich nicht mehr schlafen. Ich bin eine erwachsene Frau. Geht jemand wie ich in die Hütte einer anderen Frau? Nein, ich werde allein schlafen. Der Mann, den ich geheiratet habe, ist kürzlich gestorben, und ich möchte nicht wieder heiraten. Wenn ich wieder heirate, dann suche ich einen Mann, der nur für mich auf die Jagd geht. Ich werde das Fleisch dann mit dir teilen. Und wir können auch weiterhin Perlen tauschen. Aber warum sollte ich mit dir in einer Hütte leben?»

Meine Mutter stimmte zu: «Ja, Nisa hat recht. Ich, ihre Mutter, lehne eine Ehe für sie ebenfalls ab, in der es mehr als eine Frau gibt. Denn eine Ehe mit Nebenfrauen ist schwierig. Selbst ältere Leute, die eine solche Ehe führen, haben Probleme. Wenn die jüngere Frau die ältere um Essen bittet, verweigert ihr die ältere es manchmal. Wenn der Mann mit Fleisch nach Hause kommt, muß die jüngere Frau darauf warten, daß die ältere ihr etwas gibt. Das gefällt mir nicht.» Sie sprach weiter: «Du sagst, du möchtest Nisa heiraten und in deine Hütte bringen. Aber Nisa muß für ihre Kinder sorgen. Was geschieht, wenn ihr nicht glücklich zusammenlebt und euch streitet? Dann sagst du, Nisa sei eine schlechte Frau, und verbreitest schlechte Dinge über sie.»

Der Mann meiner Cousine sagte: «Was soll das alles? Meine Frau sagt, sie möchte ihre jüngere Cousine als Nebenfrau, und du möchtest dich nicht von ihr trennen. Willst du, daß sie einen anderen heiratet?» Meine Mutter erwiderte: «Ja, sie soll jemanden heiraten, der ihr Nahrung bringt, damit sie etwas zu essen hat. Aber du würdest dich fürchten, es nicht deiner ersten Frau zu geben, und Nisa hätte nichts. Sie müßte warten, bis ihre Cousine ihr etwas gibt. Erst dann hätte sie etwas zu essen. Ich möchte, daß sie einen Mann heiratet, der neben ihr keine andere Frau hat. Wenn ihr Mann nach Hause kommt, wird er ihr Nahrung geben, und sie kann ihre Kinder füttern. Aber eine Nebenfrau . . . uhn, uhn . . . Nisa müßte auf das Essen warten, und ihre Kinder würden weinen. Deshalb lehne ich eine solche Heirat ab.»

Meine Cousine sagte: «Wie kannst du sagen, ich würde meiner Cousine kein Fleisch geben oder ich würde mich hinsetzen und essen, während die Kinder vor Hunger weinen? Ich würde auch für sie sorgen und helfen, sie großzuziehen. Wäre ich dann nicht auch ihre Mutter?»

Ich weigerte mich trotzdem. Schließlich verließ ich das Dorf und ging zurück in das Tswanadorf.[1] Monate vergingen, und meine Cousine kam mit ihrem Mann, um mich noch einmal zu fragen. Ich sagte: «Zhuntwasi, ich lehne diese Heirat noch immer ab. Ich kann euch nicht sagen, was ihr hören möchtet. Mein Mann ist gestorben, und ich möchte hierbleiben und für mich selbst sorgen. Ich fühle den Schmerz, der Schmerz verläßt mich nicht, und ich spüre ihn. Ich sammle meine eigene Nahrung, ich koche mein eigenes Essen und esse es auch selbst. Ich bitte euch oder andere nicht um Essen oder Fleisch. Ich finde selbst genug.» Sie verließen mich und gingen zurück in ihr Dorf. Ich lebte weiter.

Als ich in dem Tswanadorf lebte, kam Besa zum erstenmal zu mir.[2] – Besa mit dem großen Hintern. Heute ist er mit einer anderen Frau verheiratet, aber damals war er nicht verheiratet. Solange Tashay lebte, hatten wir uns nicht geliebt, und er hatte auch meine Hütte nicht betreten. Erst nachdem Tashay gestorben war, kam er zu mir und sagte: «Heute möchte ich diese Frau lieben; ich möchte mit ihr schlafen und sie heiraten.»

Zuerst weigerte ich mich: «Mein Mann ist erst vor kurzem gestorben. Ich will keinen anderen Mann heiraten. Wie könnte ich so etwas tun?» Aber der Tswanaführer sagte: «Heirate Besa, und er wird dir helfen, die Kinder großzuziehen.» Ich sagte: «Habe ich sie etwa nicht großgezogen? Haben meine Brüste sie nicht ernährt? Hat meine Nahrung sie nicht gesättigt? Wie könnte Besa mir helfen?» Er antwortete: «Du siehst das nicht richtig. Lehne ihn nicht ab. Ich glaube, du solltest ihn heiraten.» Ich sagte: «Ich mag ihn nicht. Er hat einen zu dicken Bauch und einen zu großen Hintern. Ich habe vielleicht auch einen großen Hintern, aber mein Bauch ist nicht so dick. Ich will ihn nicht heiraten.»

Ich baute eine Hütte und lebte darin. Bald darauf betrat Besa sie als mein Liebhaber.

Kantla, der Mann der mich gelehrt hatte, einen Liebhaber zu haben, wollte mich noch immer heiraten. Ich sollte neben seiner ersten Frau Bey leben, wie er es schon gewünscht hatte, ehe ich Tashay heiratete. Er sagte zu dem Führer: «Ich werde diese Frau heiraten, denn ich habe bereits neben ihr geschlafen, und ich habe ihr Dinge geschenkt. Wie kannst du sagen, du willst sie Besa geben?

Gib sie mir, ich möchte sie heiraten.» Kantla sagte zu Besa: «Du wirst Nisa nicht heiraten. Ich bin der Ältere, das bin ich wirklich. Und ich sage, ich möchte sie haben. Wie kannst du vorschlagen, wir zwei sollten sie uns teilen?» Sie kämpften beinahe miteinander, aber ich sagte: «Nein, ich werde Kantla nicht heiraten, und Besa wird mich auch nicht heiraten. Ihr werdet beide meine Liebhaber sein.»

Aber mein Herz wollte Kantla. Ich liebte ihn sehr. Mein Herz schlug für ihn und für Besa nur wenig. Ich dachte: «Warum heirate ich nicht Kantla? Besas Wesen gefällt mir nicht. Wenn Besa will, daß wir zusammenliegen, sage ich, daß ich ihn nicht will. Ich sage ihm, er soll mich verlassen, damit Kantla mich heiraten kann.» Denn jetzt lehnte ich nicht mehr ab, Kantlas Nebenfrau zu sein. Vor Jahren, als Kantla und Bey das wollten, waren sie und ich noch Kinder. Als Kantla uns damals beide wollte, weigerte ich mich. Nachdem Tashay nicht mehr lebte, war ich bereit, meine Entscheidung zu überdenken.

Nicht lange danach ließ Kantla Bey in ihrem Dorf zurück und baute sich eine kleine Hütte in meinem Dorf. Dann lebten wir dort – Besa, Kantla und ich. Besa schlief in einer Hütte, Kantla und ich in der anderen. Besa fragte: «Wie kommt es, daß wir beide hierhergekommen sind, um bei dieser Frau zu sein, aber du der einzige bist, der bei ihr schläft?» Kantla antwortete: «Weil sie meine Frau ist. Besa, diese Frau gehört mir.» Dann sagte er: «Weißt du, als Nisas Mann starb, brachte mich seine Familie beinahe um. Sie behaupteten, daß mein Geist ihren Sohne getötet habe, und sie wollten mich dafür töten. Sie beschuldigten mich, und das Gerücht verbreitete sich überall. Das ist jetzt alles vorbei, und ich werde sie heiraten und du nicht. Wo ich gelegen habe, werde ich auch weiterhin liegen, und du wirst weiterhin liegen, wo du gelegen hast.»

In dieser Nacht schliefen wir. Besa ging am nächsten Morgen, und Kantla blieb. Denn Kantla und ich liebten uns sehr.

In dieser Zeit gab es noch andere Männer in meinem Leben. Einer von ihnen war Tsaa. Einmal saß ich mit Tsaa vor meiner Hütte, und der kleine Kxau trank an meiner Brust. Kantla kam dazu, und er und Tsaa begannen sich zu streiten. Kantla schrie ihn an und wurde so zornig, daß er Kohlen aus dem Feuer nahm und damit warf. Ich sprang auf, packte Kxau und gab ihn Tsaa auf den Arm. Dann fegte ich die Kohlen zusammen, und wir setzten uns wieder.

Ein anderes Mal kam Besa zurück und fragte: «Wieso sitzt Tsaa immer bei dir? Ich habe euch erst gestern zusammen gesehen.» Er warf mir vor, andere Männer zu haben, und begann mich zu schlagen. Das tut ein Mann, der dein Liebhaber ist, manchmal. Er versetzte mir Schläge auf den Rücken, und er begann zu schwellen. Der Tswanaführer griff schließlich ein. «Du schlägst Nisa tot! Du bist nicht mit ihr verheiratet. Also höre auf, sie zu schlagen. Warum tust du das? Was nützt ihr das?» Dann sagte er: «Es ist richtig, daß Nisas Mann erst kürzlich gestorben ist. Aber es gefällt mir nicht, daß sie nicht wieder heiratet, sondern mehrere Liebhaber hat.» Besa kam zu dieser Zeit schon lange in meine Hütte, und der Führer sagte, wir sollten heiraten.

Als mein Vater hörte, daß Besa mich heiraten wollte, brachte er ihn beinahe um. Mein Vater verließ sein Dorf und kam mit meiner Mutter und meiner Cousine. Als sie ankamen, waren Besa und ich in meiner Hütte. Mein Vater kam herein, zog einen Speer hervor (er war wirklich unvernünftig) und sagte: «Will dieses schlechte Wesen meine Tochter heiraten? Steh auf und geh!» Ich stand auf, nahm ihm den Speer ab und sagte: «Siehst du nicht, daß die Kinder bei mir sind? Wieso bist du auf den Mann zornig, der bei mir ist?»

Er antwortete: «Ich mag Besa nicht, und du heiratest ihn nicht. Dein Mann ist erst vor kurzem gestorben. Anstatt bei uns zu bleiben, bist du zurück in das Tswanadorf gegangen. Jetzt sagst du, daß du dir selbst einen Mann geben willst? Nein, du gehst mit mir, und ich gebe dir einen Mann. Wie kannst du es wagen, einfach selbst zu entscheiden?»

Dann sagte er zu Besa: «Und du, du wirst sie nicht heiraten, denn ihr Mann ist noch nicht lange tot. Warum belästigst du sie? Warum hast du mich nicht gefragt, ob du sie heiraten darfst, anstatt einfach so bei ihr zu leben?»

Besa sagte: «Ich werde deine Tochter heiraten! Warum auch nicht? Selbst wenn du mich umbringen willst . . . wenn du das tust, kann ich es nicht ändern. Aber wenn du es nicht tust, heirate ich sie. Ich heirate sie und sorge für ihre Kinder.»

Besa liebte mich wirklich sehr. Aber selbst damals liebte ich ihn kaum, selbst als wir zum erstenmal zusammen lebten. Mein Herz sehnte sich nie nach ihm. Ich hatte wirklich nur wenig für ihn übrig. Deshalb antwortete ich: «Ich werde selbst für die Kinder sorgen und sie mit dem ernähren, was ich sammle. Meine Verwandten werden mir Fleisch bringen, und mein Vater gibt mir zu essen. So werden sie wachsen. Warum sollte ich einen anderen Mann nehmen, der mir hilft, sie aufzuziehen, nachdem ihr Vater gestorben ist?» Besa sagte: «Unsinn! Deine Verwandten sind vielleicht hier, aber ich werde dir auch helfen, die Kinder großzuziehen.»

Mein Vater sagte: «Ich mag dich nicht, Besa! Ich will, daß meine Tochter mit mir geht. Ich finde einen Mann für sie, der im Busch lebt und der den Busch kennt. Ich will nicht, daß sie einen Mann aus den Dörfern heiratet.» Meine Mutter stimmte zu. Als sie gingen, nahmen sie mich mit, und Besa blieb zurück.

Als ich wieder in das Tswanadorf kam, wartete Besa auf mich. Mein Herz hatte immer noch nicht viel für ihn übrig. Aber ich ließ ihn in meine Hütte, und er konnte bei mir liegen. Ich dachte daran, daß er mich geschlagen hatte, und ich wollte nicht mit einem solchen Mann zusammensein. Ich dachte: «Ich werde mir viele Liebhaber nehmen. Später werden Besa und ich uns trennen.»

Aber während Besa und ich zusammenlebten, sagten alle, ich solle ihn heiraten. Schließlich willigte ich ein. Ich dachte: «Eh, eh, ja . . . heute will ich ihn heiraten, denn ich sehe, daß er mich gut behandeln wird. Der Tswanaführer sagte: «Besa, nachdem du in Nisas Hütte bist, mußt du gut für Nisa und ihre Kinder sorgen. Du hast sie so lange belästigt, und du warst so hartnäckig, daß sie dich schließlich nimmt. Also sorge gut für sie.»

Ich heiratete ihn. Kantla hatte inzwischen aufgegeben, und meine Eltern stimmten schließlich zu. Selbst meine Gefühle hatten sich geändert, als ich ihn heiratete. Ich hatte gelernt, ihn mit einem großen Teil meines Herzens zu lieben. Wir lebten viele Jahre zusammen, und viele Regenzeiten gingen vorüber. Wir gingen zusammen und arbeiteten zusammen. Manchmal gingen wir in den Busch, und er schoß ein Tier – vielleicht eine Gemsantilope. Am nächsten Morgen spürten wir sie auf, zerteilten das Fleisch und brachten es zurück ins Dorf. Oder er schoß etwas anderes – einen Steenbok oder eine Elenantilope. Dann gingen die Leute mit uns an die Stelle, wo es lag, zerteilten das Fleisch und halfen uns, es zurückzutragen. Wir hatten viel Fleisch zu essen, und mein Herz war froh.

Besa half mir auch, Kxau großzuziehen. Als Tashay starb, war

Kxau noch rosa und noch kein bißchen gewachsen. Als Kxau älter wurde, sagte er ‹Vater› zu Besa. Seine ältere Schwester tat das nicht. Nai hatte ihren Vater gekannt. Er hatte dazu beigetragen, daß ihre Knochen stark wurden, und hatte geholfen, sie großzuziehen. Deshalb weigerte sie sich mit einem Teil ihres Herzens, ‹Vater› zu ihm zu sagen, und sie nannte ihn statt dessen ‹Onkel›. Deshalb lebte sie auch immer wieder lange Zeit bei meinen Brüdern und ihren Familien.

Wenn Nai hörte, daß Kxau zu Besa ‹Vater› sagte, schimpfte sie mit ihm: «Hast du keinen Verstand? Besa ist nicht dein Vater. Er hat Mutter nur geheiratet. Frag sie nur, sie wird dir sagen, daß dein Vater gestorben ist und daß Besa kam und sie heiratete. Also warum nennst du jemand ‹Vater›, der es nicht ist. Sag ‹Onkel› zu ihm wie ich.»

Als Kxau älter war, fragte er: «Er ist nicht unser Vater? Wieso schreit er dann so mit Mami?»

Besa und ich stritten uns oft – üblicherweise wegen Sex. Er war einfach wie ein junger Mann, beinahe wie ein Kind. Er wollte tagein, tagaus mit seiner Frau schlafen. Werden ihre Genitalien nach einer Weile dann nicht wund?

Besa wollte mich jede Nacht, und er liebte mich jede Nacht. Dieser Besa! Irgend etwas stimmte in seinem Kopf nicht! Ich dachte: «Nein, das ist ein schlechter Mann. Was ist das für ein Mann, der soviel Sex hat? Vielleicht denkt er, ich sei etwas anderes als eine Frau.» Ich sagte: «Besa, weißt du nicht, daß du mich geheiratet hast. Ich bin die Frau in deiner Hütte. Warum hast du nicht einmal mit mir Sex und dann mit jemand anderem?» Er sagte: «Was? Du sagst, ich soll mit einer anderen Frau schlafen? Du bist meine Frau!» Ich erwiderte: «Ja. Ich mag nicht, wie du dich benimmst. Du willst zu oft Sex in einer Nacht. Vielleicht bist du nicht gesund. Du bist wie ein Hahn. So wie ein Hahn immer Sex mit einem Huhn will, so benimmst du dich einer Frau gegenüber. Du kannst mir auf diese Weise weh tun.» Er antwortete: «Du mußt andere Männer haben! Deshalb lehnst du mich ab und sagst so etwas zu mir.» Ich sagte: «Nein, das ist nicht der Grund. Hör mir mal zu. Die Genitalien einer Frau sind Teil ihres Körpers. Sie sind nichts Separates, mit dem man die ganze Zeit über Sex haben kann. Einmal nachts ist gut. Einmal genügt, und dann schläft man. In einer anderen Nacht hast du wieder Sex, und das ist auch gut. Aber wenn es nach dir ginge, würdest du eine Frau in einer Nacht zu Tode vögeln! Deshalb frage ich dich – wo willst du all den Sex finden, den du möchtest?»

So stritten wir uns die ganze Zeit. Er wollte mich sogar zu dem Tswanaführer bringen, aber ich weigerte mich. Dieser Mann! Sex war ihm wichtiger als alles andere! Nach einer Weile wurde mir klar, daß ich seine Art nicht mochte. Dann dachte ich: «Vielleicht verlasse ich ihn. Vielleicht finde ich einen anderen Mann und erfahre, wie er ist.»

Aber ich verließ ihn nicht – viele Jahre nicht. Ich hatte Liebhaber, und er hatte andere Frauen. Denn ich bin Nisa, und ich hatte viele Liebhaber. Damals gab es Tsaa und Nanau. Einen Tag liebte mich Tsaa und am anderen Tag Nanau. Sie waren eifersüchtig aufeinander. Einmal ging Tsaa sogar zu Besa und sagte ihm, daß Nanau und ich miteinander schliefen. Besa sagte: «Was kann ich dagegen tun.»

Einmal ging ich aus dem Dorf, um Feuerholz zu holen. Nanau folgte meinen Spuren und kam zu der Stelle, wo ich Holz sammelte. Wir legten uns zusammen. Auch Besa hatte das Dorf verlassen und suchte ein paar Tswanakühe, die davongelaufen waren. Unterwegs sah er meine Spuren im Sand und folgte ihnen. Er sah, wie Nanaus Spuren sich mit meinen vereinigten, und er ging weiter.

Nanau und ich hatten uns gerade geliebt. Wir saßen sehr nahe beieinander unter einem Baum und unterhielten uns. In der Nähe hörten wir plötzlich eine Stimme: «Wohin ist Nisa gegangen? Ihr Puder duftet so süß . . .» Mein Herz begann zu hämmern. «Das ist Besa!» flüsterte ich. Nanau und ich rückten auseinander und warteten. Bald kam Besa und stand vor uns. Er sagte: «Nisa!», und er sagte: «Nanau!» Dann fuhr er fort: «Hast du mir nicht gesagt, daß du keine Liebhaber mehr nehmen wolltest?» Ich antwortete: «Ja, das habe ich gesagt.» Er sagte: «Und mit wem sitzt du dann hier?» Ich sagte: «Mit Nanau.» Er fragte: «Und was habt ihr getan?» Ich antwortete: «Wir haben uns geliebt.» Es war unmöglich abzustreiten. Ich hatte nichts mehr zu fürchten. Ich war erwischt worden und war bereits tot. Besa sagte: «Gehen wir zurück ins Dorf.»

Wir gingen zusammen zurück. Nanau und ich zitterten vor

Angst. Besa ging zu dem Tswanaführer und sagte: «Nisa und Nanau haben gerade miteinander geschlafen.» Der Führer rief uns zu sich. Ich zitterte am ganzen Leib. Er fragte Nanau: «Was habt ihr zwei getan? Hat Besa euch gesehen?» Er antwortete: «Mm, ja.» Dann fragte er mich: «Nisa, hat Besa dich erwischt?» Ich sagte: «Mm, er hat uns erwischt.» Der Führer sagte: «Ihr werdet Schläge bekommen.»

Ich weigerte mich: «Nein, ich laß mich nicht schlagen. Ich bin eine Frau und will nicht geschlagen werden. Wenn du mich auf den Rücken schlägst, habe ich lange Zeit Schmerzen. Ich weiß etwas Besseres. Du nimmst ein Gewehr und schießt eine Kugel in mich. Wenn du mich schlägst, wird mein Herz sich vor Zorn gegen dich wenden.»

Sie ließen mich in Ruhe, und nur Nanau wurde geschlagen. Er legte sich auf den Boden, und der Führer gab ihm vier Schläge. Dann gingen wir alle nach Hause. Ich war traurig. Und ich dachte daran, daß Besa der Grund für Nanaus Schläge gewesen war.

Bald darauf besuchte ich meine Mutter in ihrem Dorf und blieb ein paar Nächte dort. Nanau folgte mir und lebte dort mit mir zusammen. Besa muß etwas geahnt haben, denn noch während ich weg war, schnitt er sich einen dünnen Zweig und ließ ihn trocknen, damit er hart wurde. Dann wartete er darauf, daß ich zurückkam. Am Tag meiner Rückkehr schliefen wir nur. In der nächsten Nacht war es nicht anders. Aber am Morgen darauf sagte er: «Heute klebt dein Blut an meinen Händen.»

Ich ging hinaus, um die Kühe der Tswanas zu melken, und als ich zurückkam, goß ich die Milch in die Milchgefäße. Besa kam zu mir, nahm mir die Milchgefäße aus der Hand und begann mich zu schlagen. Er schrie: «Ich schlage dir deine Schönheit aus dem Leib! Du glaubst, du bist so schön. Du glaubst, du bist eine schöne Frau und ich ein häßlicher Mann! Ich werde deine ganze Schönheit heute zerstören.» Ich sagte: «Das macht mir nichts aus. Ich fürchte mich nicht.»

Er setzte sich. Dann ging er weg und erledigte irgendwelche Arbeiten für den Tswanaführer. Er kam zurück, packte mich wieder am Arm und schlug mich – auf den Rücken, auf den ganzen Körper. Er schlug mich, bis ich dicke Striemen hatte wie schon einmal. Der Führer sagte: «Genug! Du bringst sie um. Nisa ist kein

Esel. Trotzdem hast du sie geschlagen, seit du heute morgen aufgestanden bist. Jetzt steht die Sonne niedrig am Himmel. Das reicht. Sonst schlägst du sie tot.»

Besa hörte auf, mich zu schlagen. Meine Striemen schwollen noch immer an, und ich begann zu weinen. Ich weinte und weinte, und die Tränen flossen, und die Schmerzen ließen nicht nach. Später zog ich aus Besas Hütte und lebte in einer leeren Hütte im Dorf. Besa blieb in unserer Hütte zurück. Wenn er mit Wasser vom Brunnen zurückkam, gab er mir davon. Aber ich nahm es nicht an. «Ich trinke kein Wasser, das du mir bringst!» Wenn er mir Milch eingoß, sagte ich: «Ich trinke auch keine Milch, die du bringst.» Ich weigerte mich, etwas von ihm anzunehmen, und trank nur die Milch, die andere mir brachten.

Mein Rücken begann bald wieder zu heilen; aber er schmerzte immer noch. Aber ich ließ trotzdem Tsaa neben mir liegen. Ich dachte: «Ich bin wirklich hartnäckig. Ich bin deswegen verprügelt worden, aber hier liege ich und tue es wieder und höre nicht auf.» Tsaa lag nachts bei mir und ging erst, wenn es hell wurde.

Erst nachdem mein Rücken völlig verheilt war, ging ich zu Besa zurück und lebte wieder in unserer Hütte.

Als ich eine junge Frau war, hatte ich viele Liebhaber. Aber Tsaa war sicher einer meiner wichtigen Liebhaber. Wir trafen uns lange Zeit, aber wir trennten uns, als er mich wegen einer anderen Frau verließ. Er hatte so viele Frauen! Er fürchtete sich vor niemandem, auch nicht vor mir.

Es geschah an dem Abend, als einige von uns zu einem Tanz in ein Nachbardorf gingen. Wir wollten dort übernachten. In dieser Nacht schlief Tsaa mit einer anderen Frau, obwohl ich dabei war. Er fürchtete sich nicht vor mir. Er machte sich nichts daraus, daß ich ihn sah. Er legte sich einfach zu ihr.

Am nächsten Morgen sagte ich: «So also machst du das. Es kümmert dich nicht, wer dich sieht.» Er antwortete: «Hast du nicht einen anderen Mann, deinen Ehemann? Deshalb kümmerte ich mich nicht um dich und blieb bei dieser anderen Frau.» Ich sagte: «Oh, so ist das. Hat sie nicht auch einen Ehemann? Ja, sie hat einen Ehemann. Aber heute hast du vor meinen Augen mit ihr geschlafen, um mir zu zeigen, daß sie für dich wichtig ist und daß ich es nicht bin. Ich bin für dich ein wertloses Ding, und deshalb hast du sie genommen.» Dann sagte ich: «Da es nun einmal so ist, ist es zwischen uns aus. Ihr könnt ruhig miteinander schlafen. Ich will dich nicht mit ihr teilen.»

Wir trennten uns, und die beiden liebten sich lange Zeit. Aber ich war eifersüchtig. Ich schmollte die ganze Zeit. Tsaa fragte mich: «Warum schmollst du?» Ich antwortete: «Du tust mir wirklich weh.»

Wir lebten weiter, und ich fühlte mich elend. Tsaa fragte: «Nisa, gibst du mir Wasser zu trinken?» Ich antwortete: «Nein, denn wenn du getrunken hast, sagst du, mein Wasser sei nicht gut. Geh und hol dir Wasser von der anderen Frau.»

Er kam wieder und wollte Wasser, um sich zu waschen. Ich sagte: «Nein, von mir bekommst du kein Wasser. Ich gebe nur meinem Mann Wasser. Dir gebe ich überhaupt nichts.» Ich war eifersüchtig und unglücklich. Ich schmollte; mein Gesicht war ein einziger Schmollmund.

Einige Zeit später kam der Ehemann der Frau wieder ins Dorf zurück. Ich dachte: «Wunderbar. Jetzt bekommt Tsaa seinen Teil. Jetzt bekommt er nicht mehr, was er will. Jetzt kann er Sand trinken. Er glaubte, ich sei nicht gut genug für ihn. Jetzt kann er Sand trinken und sich demütigen!»

Tsaa fürchtete sich vor dem Mann der Frau. Deshalb kam er zu mir zurück und wollte wieder mit mir schlafen. Ich sah ihn an und sagte: «Du willst mit mir schlafen? Heute willst du mit mir schlafen? Niemals! Wir haben uns getrennt, und zwischen uns ist es aus.»

Wir lebten weiter, und bald verließ Tsaa das Dorf. Er ging in den Osten, um dort zu leben.

Danach wollte ein Mann namens Kashe mein Liebhaber werden. Es dauerte nicht lange, und ich willigte ein. Einmal war Besa für ein paar Nächte weg, und ich ging in das Dorf meiner Mutter. Kashe folgte mir. Aber eines Nachts kam Besa, während wir beisammen lagen, und schlich um die Hütte. Ich hörte etwas und flüsterte: «Kashe, ich glaube, da draußen ist Besa.» Ich hörte wieder etwas, und dann sah ich ihn. Ich stieß Kashe an und versuchte, ihn leise zu wecken. «Besa ist hier ... Kashe ... Besa ist hier.» Kashe wachte auf: «Besa? Er tut mir nichts. Ich fürchte mich nicht vor ihm.» Ich sagte: «Bist du verrückt?» Ich begann zu zittern und flüsterte mit ihm, aber er war müde und wollte mir nicht zuhören. Ich stieß ihn wieder und wieder an und sagte: «Steh auf. Geh auf die andere Seite und setze dich dorthin. Hast du keinen Verstand?» Aber er sagte: «Ich stehe nicht auf. Ich bleibe hier liegen und will sehen, was Besa tut.»

Besa sah, daß er sich nicht fürchtete. Er sagte: «Also, das will er. Er möchte mich noch einmal beleidigen und will sehen, wie ich reagiere. Er will mich noch weiter demütigen.» Besa sprang vorwärts und wollte ihn schlagen, aber Kashe rannte aus der Hütte. Besa jagte hinter ihm her. Dann zog er ein Messer.

Inzwischen waren alle wach. Meine Mutter schrie: «Kein Messer . . . kein Messer . . .» Schließlich kam Besa zurück und legte das Messer hin. Er schrie meine Mutter an: «Was ist los mit dir? Du schläfst direkt neben deiner Tochter, und trotzdem können Männer in die Hütte kommen und sie lieben! Du jagst sie noch nicht einmal davon!»

Mutter schrie zurück: «Bist du verrückt? Bevormundet eine Mutter ihre Tochter? Bin ich da, um ihr nachzuspionieren? So etwas mache ich nicht. Bevormunden deine Eltern dich?» Er sagte: «Jedesmal, wenn sie dich besucht, trifft sie sich mit ihren Liebhabern. Immer wenn sie hierherkommt, bringt sie einen Mann mit, mit dem sie schlafen will.» Meine Mutter schrie: «Lügen! Nisa bringt keine Männer mit. Sie kommen hierher und suchen sie. Sie kommen von selbst; sie folgen ihr. Und überhaupt! Was fällt dir ein, so mit mir zu reden? Du hast es doch selbst gesehen. Du hast Kashe ertappt, und doch kannst du nichts dagegen tun.»

Danach blieb Kashe weg. Besa ging in sein Dorf zurück, während ich bei meiner Mutter blieb. Aber nach ein paar Tagen kam Kashe wieder zurück. Mein Vater saß mit einer Gruppe Männern zusammen, als er Kashe ins Dorf kommen sah. Er sagte: «Was? Kashe ist schon wieder hier?» Dann sagte er: «Kashe, ich möchte nicht, daß du hierherkommst, nicht nach der Nacht, in der Besa dich ertappte. Er hat dich zwar nicht umgebracht, aber wenn er dich wiederfindet, bringt er meine Tochter um. Ich will dich hier nicht noch einmal sehen. Du gehst auf der Stelle! Geh in dein Dorf zurück.»

Kashe blieb sitzen. Mein Vater sagte: «Du bist unvernünftig!» Er griff nach einem Stock und schlug Kashe auf den Bauch. Kashe krümmte sich vor Schmerzen. Mein jüngerer Bruder schrie meinen Vater an: «Was machst du? Du hast ihm gesagt, er soll gehen. Also laß ihn in Ruhe! Du hast keinen Grund, ihn umzubringen.»

Mein Vater sagte: «Ich will ihn nicht umbringen. Aber mein Herz ... mein Herz will solche Dinge nicht, die der junge Mann tut. Meinem Herzen gefallen sie nicht. Er ist heute zurückgekommen, und er ist schuld, wenn deine Schwester von ihrem Mann umgebracht wird. Diesmal wird er es sicher tun. Deshalb muß er gehen. Ich habe ihn geschlagen, damit er geht.»

Kashe stand auf. Er ging in sein Dorf zurück.

Nicht lange danach trennte ich mich von Kashe. Besa und ich blieben zusammen.

Es verging viel Zeit. Eines Tages kam Kantla zurück und sagte, er würde mich ins Dorf meiner Mutter zurückbringen. Ich war sehr glücklich und ging mit ihm. Ich ließ Besa zurück. Er sagte nichts, denn er fürchtete sich vor Kantla.

Ja, er fürchtete sich. Vermutlich hast du noch nie einen Menschen gesehen, der sich so vor einem anderen fürchtet wie Besa vor Kantla. Besa zitterte vor Angst, denn Kantlas Zorn ist furchtbar.

Es geschah auch nicht zum erstenmal. Bald nachdem Besa und ich geheiratet hatten, arbeiteten Besa und Kantla in einem anderen Dorf. Sie kamen zusammen zurück und ritten auf Eseln. Besa ging zu meiner Hütte und wollte gerade hinein, als Kantla sagte: «Nein, du schläfst da drüben. Ich gehe hinein.» Besa sagte: «Was? Du willst meine Frau nehmen, die ich gewollt und geheiratet habe? Du willst in die Hütte gehen und mit ihr schlafen, während ich im Busch liege? Willst du das? Das kommt nicht in Frage.» Aber Kantla hörte nicht auf ihn, kam in die Hütte und legte sich zu mir. Besa schlief draußen am Feuer.

Am nächsten Morgen war Besa wütend und eifersüchtig. Kantla sagte zu ihm: «Hol die Esel, damit wir gehen können.» Besa weigerte sich. Kantla sagte: «Hör auf dich zu weigern! Hol sie schon.» Besa rührte sich nicht. Kantla sagte: «Gut, dann nehme ich Nisa mit nach Hause und sage Bey, daß sie wieder mit uns die Hütte teilt.»

Und das tat er. Er nahm mich mit in sein Dorf. Bey war nicht da, und ich ging erst zu Besa zurück, als sie wiederkam. Erst dann lebten Besa und ich zusammen.

Es gab noch einen anderen Mann in dieser Zeit: Kantlas jüngeren Bruder Dem. Er versuchte, mich zu überreden, und schließlich gab ich nach. Er folgte mir einmal, als ich meine Mutter besuchte, und wir lebten dort zusammen.

Sein älterer Bruder Kantla mußte etwas erfahren haben, denn er kam und suchte uns. Als er ins Dorf kam, waren Dem und ich an der Wasserstelle und wuschen uns. Kantla fand mich nicht und fragte meine Mutter, wo ich sei. Als er zu dem Platz kam, wo Dem und ich saßen, begannen er und sein Bruder sich gegenseitig anzuschreien. Kantla warf mir vor, daß ich mit seinem Bruder schlief. Er war vor Eifersucht außer sich. Im Verlauf der Streiterei packte mich Kantla am Arm und zog mich davon. Dem packte mich am anderen Arm und zog mich in seine Richtung. Sie hätten mich beinahe auseinandergerissen. Ich schrie: «Ihr brecht mir die Arme! Hilfe! Mutter! Sie zerren an meinen Armen, bis sie brechen!»

Meine Mutter hörte mich und kam gelaufen. Sie schrie: «Was ist los mit euch beiden? Habt ihr keinen Verstand? Seht ihr nicht, daß ihr Nisa die Arme ausreißt? Ihr bringt sie um! Sie hat ein Baby bei sich. Ihr reißt beide in Stücke!» Kantla sagte: «Gut . . . aber Dem ist noch ein Kind ohne jeden Verstand. Er begreift nicht, daß er nicht eine Frau als Geliebte haben kann, die meine Geliebte ist. Will er mich demütigen? Warum nimmt er sie und sitzt bei ihr? Wem glaubt er das anzutun? Glaubt er, es gäbe keinen Unterschied zwischen uns? Glaubt er, er kann eine Frau mit seinem älteren Bruder teilen?»

Dem erwiderte: «Diese Frau gehört dir nicht. Sie ist nicht deine Ehefrau. Wir stehlen sie uns beide. Du hast eine Affäre mit ihr, und ich habe eine Affäre mit ihr. Du kannst dich nicht wie ihr Ehemann benehmen, denn Besa ist mit ihr verheiratet!»

Wir gingen ins Dorf zurück. Kantla verließ uns kurze Zeit darauf, und Dem und ich blieben zusammen. Meine Arme schmerzten und waren geschwollen. Wir lebten noch eine Weile zusammen, dann ging ich in mein Dorf zurück.

Besa erfuhr erst davon, als es ihm jemand erzählte. Er fragte mich: «Du hast also nicht nur mit Kantla geschlafen, sondern auch mit seinem jüngeren Bruder?» Ich antwortete: «Dem ist nicht mein Liebhaber, und Kantla – du weißt von ihm, seit wir verheiratet sind. Du wußtest sogar von Tsaa. Als du mich geheiratet hast, wußtest du, daß diese anderen Männer vorher mit mir zusammen waren und daß sie auch weiter bei mir bleiben würden. Du wußtest das, und du hast mich trotzdem geheiratet. Aber Dem ist nicht mein Liebhaber.»

Besa war wütend: «Nein, du . . . du bist keine Frau. Vielleicht ist das der Grund. Vielleicht bist du ein Mann, denn du benimmst dich wie ein Mann . . . eine Affäre nach der anderen. Was für eine Frau bist du? Bist du verrückt, daß du so etwas tust?» Ich sagte: «Besa, hör mir gut zu. Ich tue das, weil ich dich ablehne. Ich will dich nicht. Und als ich dich heiratete, tat ich das nur, weil alle darauf bestanden, ich solle bei dir bleiben. Ich fürchtete mich, nein zu sagen, und deshalb habe ich dich geheiratet. Du hast kein Recht, mir aus Eifersucht etwas vorzuwerfen. Wenn du das tust, verlasse ich dich. Ich wollte dich von Anfang an nicht heiraten. Und selbst heute empfinde ich wenig für dich. Dir gehört nicht mein ganzes Herz. Also laß mich mit meinen Liebhabern in Ruhe. Wenn du glaubst, jemand könnte mein Liebhaber sein, dann kannst du sicher sein, daß es stimmt. Wenn schön. Was willst du machen?»

Dann sagte ich: «Außerdem hast du jahrelang ein Verhältnis mit Twa gehabt. Du hast sogar ein Kind mit ihr. Aber ich habe nichts gesagt. Ich war nicht eifersüchtig. Also, warum machst du mir Vorwürfe? Du liebst deine Frauen, und ich liebe meine Männer. Aus deinen Gedanken spricht immer Eifersucht, aber aus meinen nicht.»

Er sagte: «Warum redest du so? Du sagst, daß du mir nicht dein Herz gibst, und ich gebe dir nicht meines. Wenn man heiratet . . . als ich dich geheiratet habe, schenktest du mir dein Herz, und ich schenkte dir meines. Jetzt kannst du mir nicht sagen, daß dein Herz nur dir gehört und mein Herz nur mir. Ich verstehe nicht, wieso du so etwas sagst.»

Ich antwortete: «Ich sage das, weil ich es anders will. Ich will nicht, daß mein Herz dir gehört und dein Herz mir. Wenn es so wäre, würde deine Eifersucht so groß, daß du mich umbringen würdest. Du würdest mich aus Eifersucht schlagen. Deshalb bleibt es, wie es war.»

Besa war außer sich vor Wut. Er schrie: «Du bist keine Frau! Du hast keine Achtung vor mir! Du machst alles vor meinen Augen! Du benimmst dich, als sei ich Luft . . . als ginge ich dich nichts an! Trotzdem habe ich dich noch nie geschlagen.»

Ich schrie ihn an: «Nur zu . . . schlag mich doch. Es macht mir nichts aus!»

Wir kämpften miteinander. Von diesem Kampf stammt die Narbe, die du hier an meinem Oberschenkel siehst. Besa ging mit dem Messer auf mich los. Ich riß es ihm aus der Hand und schrie: «Bist du so verrückt, daß du mich umbringen willst? Trauerst du meinen Genitalien nach? Willst du mich deshalb umbringen?»

Besas Vater sagte: «Bist du verückt geworden, daß du deine Frau umbringen willst? Eine Frau ist nicht stark. Man bringt keine Frau um.»

Das Blut floß aus der Wunde, und mein Bein begann zu schwellen. Ich war tagelang krank, dann heilte die Wunde langsam. Ich sagte: «Besa, diesesmal hast du mich beinahe umgebracht. Ich gehe zurück zu meiner Mutter.» Aber er ließ mich nicht weg. «Du gehst nirgendshin. Wir beide bleiben hier sitzen, hier, wo wir sind. So wie wir jetzt sitzen, werden wir auch weiterhin sitzen.»

Selbst sein Vater sagte: «Nein. Du hast deine Frau beinahe umgebracht. Also bring sie zurück ins Dorf ihrer Mutter. Wie kannst du zuerst versuchen, sie umzubringen, und dann bei ihr bleiben wollen.

Aber Besa weigerte sich, und wir lebten weiter.

Die Kung tolerierten die ersten Dörfer der Tswanas und Hereros im Dobegebiet vermutlich auch deshalb, weil es leichter war, sich zu arrangieren, als zu kämpfen. Wahrscheinlich brachten sie ihnen auch positive Gefühle entgegen. Die sehr viel größeren und kräftigeren Bantus mit ihrem christlichen Glauben standen in ebenso deutlichem Kontrast zu den Kung wie ihre Lebensweise – permanente Dörfer mit gesicherten Nahrungsquellen. Offenbar lebten die Tswanas und Hereros bequemer – sie tranken Milch, pflegten Gärten, züchteten Haustiere zum Eigenbedarf und zum Verkauf und trugen farbenprächtige Kleider (die Frauen der Hereros kleiden sich im Stil der Missionarsfrauen des neunzehnten Jahrhunderts. Ihre aufwendigen Kleider sind nicht selten aus mehr als zwölf Meter Stoff genäht). –, und auch dies schien attraktiv gewesen zu sein. Ihre ständigen Dörfer mit festen Hütten, die etwas abseits von den Tierkraalen standen, stellten für die Kung auch eine Art Sicherheit dar, wenn die Nahrung im Busch gelegentlich knapp wurde. Wenn nötig, konnten sie ihre Arbeitskraft gegen Milch und vielleicht auch Getreide eintauschen – vorausgesetzt, die Bantus hatten selbst genug. (In manchen Jahren zwangen Mißernten die Bantus dazu, sich auf die Kenntnisse der Nahrungsbeschaffung aus dem Busch zu verlassen, die die Kung besaßen.)

Aber auch die Nachteile für die Kung waren deutlich sichtbar. Die Wasserstellen wurden durch Ziegen und Kühe verseucht; die Konzentration von Tieren, ihrem Kot und den Schläuchen mit frischer und saurer Milch lockte Schwärme von Fliegen an; Geschlechtskrankheiten und andere Leiden, die bei den Tswanas und Hereros infolge ihres Kontakts mit den großen Bevölkerungszentren häufiger auftraten, griffen auch auf die Kung über – manche wahrscheinlich zum erstenmal. Die Kuh- und Ziegenherden vertrieben das Wild, sie zerstörten Grasflächen, Wurzeln, Beeren und andere Wildpflanzen, auf die sowohl die Kung als auch die Tiere angewiesen waren. Nur Dornbüsche überlebten die herumziehenden Herden – und bald im Übermaß. Die Herden grasten weiter und immer weiter von den permanenten Wasserstellen entfernt und drangen allmählich in Gebiete vor, in denen die Kung sammelten und jagten.

Als die Dörfer der Tswana und Hereros wuchsen und immer mehr Wasserstellen der Kung für sich in Anspruch nahmen, wurde es zunehmend schwieriger, die traditionelle Lebensweise aufrechtzuerhalten. Die reicheren Nachbarn um Lebensmittel zu bitten wurde nicht nur akzeptabel, sondern notwendig. Mit Ausnahme der Kungmädchen, die in Tswana- oder Hererofamilien einheirateten, waren viele Kung, die in den Dörfern oder in ihrer Nähe wohnten, im wesentlichen Bettler – oder verrichteten Dienstleistungen und arbeiteten viel und lange für einen geringen Lohn. Männer und Frauen, die früher Fleisch und Gemüse für ihre Familien beschafft und ein unabhängiges, würdevolles Leben geführt hatten, waren inzwischen Arbeitskräfte mit niedrigem Status, für ihre Arbeitgeber nichts weiter als Untergebene. Angesichts der psychologischen Auswirkungen einer solchen Veränderung der Lebensumstände ist es nicht erstaunlich, daß viele Kung dem Alkohol verfielen, der in den Dörfern gebraut und verkauft wurde. Andere waren jedoch in der Lage, sich anzupassen und sogar Nutzen aus der neuen Entwicklung zu ziehen. Wenn das Wasser im Busch knapp wurde, arbeiteten sie für Milch. Aber wenn der Regen kam, verließen sie die Dörfer, denn im Busch gab es jetzt wieder Nahrung im Überfluß. Und dieses freie Leben erschien ihnen verlockender.

1948 erhielten die Stämme im Dobegebiet offiziell einen politischen Status. Die Tswanaverwaltung ernannte ihren ersten offiziellen Vertreter: Isak Utugile galt als ihr regionaler Führer und blieb bis 1973 im Amt. Davor gab es keine gesetzliche Regelung bei Konflikten innerhalb und zwischen den Tswanas, Hereros und Kung. Isak Utugile – zu seinen Vorfahren gehörten auch Kung – sprach alle drei Sprachen fließend und vermittelte in allen möglichen Konflikten: Rinderdiebstahl, Ausbeutung der Kung, Ehebruch, Schlägereien und Mord. Er fällte Urteile auf der Grundlage von Stammesgesetzen und verhängte Strafen; wenn notwendig, sogar Gefängnisstrafen. Er wurde auch in Fragen von Eheschließungen und Scheidungen zu Rate gezogen.

Obwohl Kungfamilien bis in die sechziger Jahre nicht in Siedlungen lebten und sich hauptsächlich von Buschnahrung ernährten, ging der Trend unleugbar zum geregelten und seßhaften Dorfleben. Mit jedem Jahr hüten mehr Kung eigene Ziegen- und Rinderherden oder die anderer. Sie roden und bepflanzen Gärten, halten Hühner und verkaufen handwerkliche Erzeugnisse, um das Geld zu verdienen, mit dem sie Getreide, Zucker und Salz kaufen. Außerdem benutzen sie mehr Handelswaren – Töpfe, Pfannen, Teller, Besteck, Petroleumlampen und Kerzen, bunte und farbenfrohe Stoffe, Konfektionskleidung, Decken, Schuhe, Taschenlampen und hin und wieder sogar ein Radio. Auch der Stil der Kunghütten verändert sich. Man baut sie jetzt dauerhafter mit stabilen Holzpfosten, Lehmwänden und gedeckten Dächern – Kopien der Bantuhütten. Aber bedeutsamer ist vielleicht noch, daß der Lebensraum der einzelnen Familien innerhalb des Dorfes abgegrenzt wird.

Unvermeidlich gab es auch Veränderungen im Alltagsleben. Mädchen und Jungen, die früher gespielt haben oder lernten, zu sammeln und zu jagen, hüten jetzt die Ziegenherden.

Die Mütter führen ein seßhaftes Leben, und die Spannen zwischen den einzelnen Geburten werden kürzer. Diese Veränderung läßt sich vielleicht damit erklären, daß die vorhandene Milch von Ziegen und Kühen die Zeit verkürzt, in der die Mütter stillen. Sicher ist es für Frauen, die gut genährt und weniger aktiv sind, einfacher, eine Schwangerschaft durchzustehen. Wie auch immer, eine Frau, die zwei Kinder zu tragen hat, geht weniger wahrscheinlich sammeln. Sie wird abhängiger von den neuen Nahrungsquellen: Tierzucht und Landwirtschaft. Die Kungfrauen haben mehr Kinder, für die sie sorgen, und mehr Haushaltspflichten als zuvor – und es ist durchaus möglich, daß sie weniger Nahrung für die Familie beschaffen als früher. Die Kungmänner beschäftigen sich zunehmend mit Stammespolitik, und dadurch kann der Einfluß und relativ hohe Status der Kungfrau gefährdet werden.

Auch die Alten verlieren wahrscheinlich an Einfluß. Früher sah man in ihnen die Hüter der traditionellen Kultur. Was haben ihr Wissen und Können mit den Sorgen ihrer Enkel zu tun, die zur Schule gehen, Kühe melken, Ziegen und Esel hüten, die lernen, Brunnen zu bohren und sogar Dynamit zu benutzen? Was geschieht mit den früher respektierten «Besitzern» von Gebieten und Nahrungsquellen in einer Welt, in der das Land von Regierung und Kommissionen verwaltet wird, die Bewerbern mit großen Rinderherden Parzellen zuteilen, wenn sie in der Lage sind, komplizierte juristische Formulare auszufüllen? Trotz dieser Fragen gibt es auch positive Anzeichen. Das relativ seßhafte Leben ist für ältere Menschen leichter. Die Ausflüge in den Busch sind seltener; Kinder, die man im Dorf zurückläßt, um die Herden zu beaufsichtigen, können sich auch der Alten annehmen; Esel tragen das Sammelgut aus den entfernteren Gebieten ins Dorf, und dadurch werden die Exkursionen einträglicher und sind von kürzerer Dauer.

Es ist den Kung gelungen, auf viele Veränderungen in ihrer Lebensweise mit Flexibilität und Humor, wenn auch nicht immer mit Enthusiasmus zu reagieren. Sie wissen, daß die Anpassung an das neue Leben ihnen die größte Chance bietet zu überleben.

11

Frauen und Männer

Nachdem Besa und ich lange zusammen gelebt hatten, ging er in den Osten, um Freunde zu besuchen. Er fand dort Arbeit bei einem Aufseher der Rinderherden. Er kam zurück und sagte, ich solle packen. Er wollte, daß ich ihm dorthin folgte. Wir verließen das Dorf und machten uns auf den langen Weg in das Dorf des alten Debe – ein Zhuntwasidorf in der Nähe einer Siedlung der Tswana und der Europäer. Dort lebten wir lange zusammen.[1]

In dieser Zeit starb mein Vater. Mein älterer Bruder, mein jüngerer Bruder und meine Mutter waren bei ihm, als er starb, aber ich nicht. Ich lebte in dem Dorf, in das Besa mich gebracht hatte. Andere kamen mit der Nachricht. Sie sagten, Dau habe versucht, meinen Vater zu heilen. Er hatte ihm die Hände aufgelegt und sich sehr bemüht, ihm zu helfen. Aber Gott wollte nicht. Dau konnte nicht sehen, was die Krankheit verursacht hatte, und deshalb konnte er ihn auch nicht heilen. Dau sagte: «Gott weigert sich, meinen Vater loszulassen.»

Ich hörte das und sagte: «Eh, dann gehe ich heute. Ich will sehen, wo er gestorben ist.» Besa, ich und meine Kinder machten uns zusammen mit ein paar anderen auf den langen Weg nach Westen. Wir gingen den ersten Tag und schliefen in der Nacht. Am nächsten Morgen gingen wir weiter; nachts schliefen wir wieder, und wir schliefen noch eine Nacht unterwegs. Ich weinte beim Gehen und dachte: «Warum konnte ich nicht bei ihm sein, als er starb?» Ich weinte beim Gehen, einen Tag, den nächsten und den übernächsten.

Die Sonne war so heiß, daß sie richtig brannte. Sie brachte uns beinahe um. An einem Tag ruhten wir uns so lange aus, daß ich dachte: «Hält die Sonne mich davon ab, den Platz zu sehen, an dem mein Vater starb?» Als es kühler war, gingen wir weiter und übernachteten wieder unterwegs.

Wir kamen spät nachmittags im Dorf an. Mein jüngerer Bruder Kumsa sah uns zuerst. Als er mich sah, kam er zu mir und umarmte mich. Wir begannen zu weinen und weinten lange zusammen. Schließlich sagte unser älterer Bruder: «Das reicht jetzt. Eure Tränen machen den Vater nicht mehr lebendig.»

Wir hörten auf zu weinen und setzten uns alle. Auch meine Mutter war dabei. Mein Vater hatte sie zwar nie mehr zu sich genommen, nachdem sie ihn verlassen hatte, aber sie lebte, nachdem sie mit ihrem Liebhaber davongerannt und wieder zurückgekommen war, in seiner Nähe, bis er starb. Obwohl sie allein schlief, liebte sie ihn immer noch.

Später saßen meine Mutter und ich beisammen und weinten.

Wir blieben eine Weile dort, dann gingen Besa und ich wieder zurück in den Osten, wo er für die Europäer gearbeitet hatte. Es verging sehr viel Zeit, dann schickte mir mein Bruder die Nachricht, daß meine Mutter im Sterben lag. Wieder einmal machten wir uns auf die Reise zu meiner Familie; und als wir ankamen, sah ich sie: Sie war noch am Leben.

Wir blieben dort. Eines Tages verließ eine Gruppe das Dorf, um im Busch zu leben. Ich sagte: «Komm mit uns, Mutter. Ich sorge für dich, und du kannst dich um die Kinder kümmern.» Wir wanderten einen Tag und schliefen eine Nacht; wir wanderten am nächsten Tag und übernachteten wieder. Aber in der folgenden Nacht überfiel die Krankheit, die in ihr gewesen war, sie wieder und ließ sie nicht wieder los. Es war so wie bei meinem Vater. Am nächsten Tag kam Blut, wenn sie hustete. Ich dachte: «Oh, warum kommt Blut, wenn sie hustet? Wird sie daran sterben? Wird sie das töten? Was macht die Krankheit mit ihr? Sie hustet Blut . . . sie ist bereits tot!» Dann dachte ich: «Wenn nur Dau hier wäre. Er könnte sie heilen. Er würde sich jeden Tag für sie in Trance versetzen. Aber er und mein jüngerer Bruder waren zurückgeblieben. Besa war bei uns, aber er besaß nicht die Macht,

Menschen zu heilen. Es waren noch andere da, aber sie konnten auch nicht helfen.

Wir schliefen wieder. Am nächsten Morgen gingen die anderen, wie es bei uns Brauch ist, und nur wir blieben zurück – ich, meine Kinder, mein Mann und meine Mutter. Aber ihr Leben war eigentlich schon zu Ende, obwohl sie noch lebte.

Ich ging und holte ihr Wasser, und als ich zurückkam, sagte sie: «Nisa ... Nisa ... ich bin alt ... heute ... mein Herz ... heute bleiben wir noch eine Weile zusammen. Du und ich, wir bleiben noch hier sitzen. Aber später, wenn die Sonne dort drüben am Nachmittagshimmel steht, wenn der neue Mond aufgeht, werde ich dich verlassen. Dann werden wir uns trennen, und ich gehe.»

Ich fragte: «Mutter, was sagst du da?» Sie sagte: «Ja, das sage ich. Ich bin alt. Belüge dich nicht selbst, ich sterbe. Wenn die Sonne an diesem Punkt im Himmel steht, kommt unsere endgültige Trennung. Danach sind wir nicht mehr beisammen. Sorge gut für deine Kinder.»

Ich sagte: «Warum sagst du das? Wenn du stirbst, wie du sagst ... denn das sagst du mir ... wen läßt du an deiner Stelle zurück?» Sie antwortete: «Ja, ich verlasse dich. Dein Mann wird jetzt für dich sorgen. Besa wird bei dir und deinen Kindern sein.»

Wir verbrachten den Tag zusammen, während die Sonne langsam über den Himmel kroch. Als sie den Punkt erreichte, von dem meine Mutter gesprochen hatte, sagte sie wie ein gesunder Mensch: «Mm, mm ... jetzt ... alles Gute für euch», dann starb sie.

In dieser Nacht schlief ich allein und weinte, weinte und weinte. Niemand von meiner Familie war bei mir.[2] Ich weinte die ganze Nacht. Als es Morgen wurde, hob Besa ein Grab aus und begrub sie. Ich sagte: «Packen wir unsere Sachen und gehen zurück ins Dorf. Ich will Dau und Kumsa sagen, daß unsere Mutter gestorben ist.»

Wir gingen den ganzen Tag und schliefen nachts. Wir gingen den nächsten Tag und übernachteten wieder. Am Morgen darauf trafen wir meinen Bruder Kumsa. Man hatte ihm gesagt, daß seine Mutter krank war. Er nahm seinen Bogen, den Köcher mit den Pfeilen und machte sich auf die Suche nach uns. Er verließ das Dorf, als die Sonne gerade aufging, und kam uns entgegen. Wir trafen uns, als die Sonne am höchsten stand. Er stand da und sah mich an.

Dann sagte er: «Hier bist du, Nisa, mit deinem Sohn, deiner Tochter und deinem Mann, aber Mutter ist nicht bei dir . . .»

Ich setzte mich und begann zu weinen. Er sagte: «Mutter muß tot sein, sonst würdest du nicht so weinen», und begann ebenfalls zu weinen. Besa sagte: «Ja, deine Schwester hat eure Mutter zurückgelassen. Vor zwei Tagen haben deine Mutter und deine Schwester sich getrennt. Von dort kommen wir. Deine Schwester wird es dir erzählen. Ihr seid beisammen und könnt gemeinsam um eure Mutter trauern, und das ist gut.»

Wir blieben dort und weinten und weinten. Später nahm Kumsa meinen kleinen Sohn auf die Schultern und trug ihn. Ich trug meine Tochter, und wir gingen zurück ins Dorf. Als mein älterer Bruder uns sah, kam er uns mit seiner Frau entgegen, und auch er begann zu weinen.

Danach lebten wir eine Weile zusammen. Ich lebte und weinte. Ich lebte und weinte. Meine Mutter war so schön gewesen. Sie hatte ein so hübsches Gesicht. Als sie starb, bereitete sie mir großes Leid. Erst nach langer Zeit wurde ich wieder ruhig.

Ehe wir in den Osten zurückgingen, besuchte ich mit Besa seine Familie. Dort wurde ich sehr krank. Es kam davon, daß ich meine Mutter getragen hatte. Als sie krank war, trug ich sie auf meinem Rücken. Nach ihrem Tod begann mein Rücken an der Stelle zu schmerzen, an der ich sie getragen hatte. Einer von Gottes Geisterpfeilen muß mich dort getroffen und den Weg in meine Brust gefunden haben.

Ich war lange krank, und dann kam Blut aus meinem Mund. Mein jüngerer Bruder – er liebt mich wirklich! – war gerade zu Besuch. Als er sah, wie es mir ging, lief er zu seinem älteren Bruder zurück und sagte: «Nisa stirbt auf dieselbe Weise wie unsere Mutter. Ich bin gekommen, um dich zu holen, damit du sie heilst.» Mein älterer Bruder hörte auf ihn, und die beiden kamen zu mir. Die Sonne stand hoch am Nachmittagshimmel. Dau versetzte sich für mich in Trance. Er legte mir die Hand auf und heilte mich durch seine Berührung. Er arbeitete lange an meiner Heilung. Bald konnte ich schlafen, und dann kam kein Blut mehr aus meiner Brust. Später kam kein Blut mehr, selbst wenn ich hustete.

Wir blieben noch ein paar Tage. Dann sagte Dau: «Ich nehme Nisa mit zurück in mein Dorf.» Besa war einverstanden, und wir gingen alle zusammen. Wir blieben im Dorf meines Bruders, bis ich wieder ganz gesund war.

Besa und ich gingen schließlich wieder in den Osten zurück. Aber nachdem wir lange dort gelebt hatten, vertrugen wir uns nicht mehr. Ich fragte ihn eines Tages: «Besa, willst du mich nicht zurück ins Dorf meiner Familie bringen, damit ich dort leben kann?» Er antwortete: «Ich bin nicht mehr an dir interessiert.» Ich sagte: «Was ist los? Warum nicht?» Aber dann sagte ich: «Eh, wenn es so ist, macht das auch nichts.»

Ich arbeitete damals für eine Europäerin, und als ich ihr erzählte, was Besa zu mir gesagt hatte, schimpfte sie mit ihm: «Hör zu, Besa! Du wirst deine Frau vertreiben. Wenn du weiter so mit ihr redest, verläßt sie dich. Ich bin schwanger. Warum läßt du sie nicht in Ruhe? Wenn ich mein Kind habe, wird sie für mich arbeiten und sich um das Baby kümmern.»

Das taten wir. Wir lebten weiter zusammen, bis sie ihr Kind bekam. Danach half ich ihr. Ich wusch die Sachen des Babys und erledigte andere Aufgaben. Ich arbeitete lange für sie.

Eines Tages brach Besa mein Kästchen auf und stahl das Geld, das sie mir gegeben hatte. Er nahm es und kaufte sich Bier dafür. Ich ging zu der Frau und erzählte ihr, daß Besa mir fünf Rand[3] genommen hatte und damit verschwunden war. Ich bat sie, mir zu helfen, damit ich das Geld zurückbekam. Wir gingen in die Hütte eines Tswana, wo die Männer saßen und tranken. Die weiße Frau ging hinein, stieß einen Eimer um, und das Bier floß auf den Boden. Sie stieß noch einen um und noch einen, und überall floß Bier. Die Tswanas gingen. Sie stellte sich vor Besa hin und sagte: «Warum behandelst du diese junge Zhuntwasifrau so schlecht? Laß das sein!» Sie forderte ihn auf, ihr das Geld zu geben, und nachdem er das getan hatte, gab sie es mir. Ich ging zurück, legte das Geld in das Kästchen, nahm es und stellte es in ihre Küche. Dort blieb es. Später sagte Besa: «Warum hast du mich verraten? Dafür kriegst du Schläge!» Ich sagte: «Nur zu, schlag mich. Es macht mir nichts aus. Ich hindere dich nicht daran.»

Bald danach wurde ich von Besa schwanger. Aber als das Ungeborene noch sehr winzig war und ich es noch tief in mir trug, verließ es mich. Ich weiß nicht, warum es mich verlassen wollte.

Hatte Besa eine andere Frau? Ich weiß es nicht. Er sagte: «Ich fürchte mich vor einer Wunde in deinem Gesicht.» Mich hatte ein Insekt gestochen. Der Stich war geschwollen. Schließlich halfen mir die Europäer, und die Wunde heilte. Was es auch war, sein Herz hatte sich von mir abgewandt, und obwohl ich ihn noch immer mochte, machte er sich nur wenig aus mir. Deshalb verließ er mich.

Es geschah an dem Tag, als er zum letztenmal für die Europäer arbeitete. Er kam, als die Sonne tief am Himmel stand, und sagte: «Morgen gehe ich meinen jüngeren Bruder besuchen. Meine Arbeit ist zu Ende, und ich habe mein Geld bekommen. Ich gehe, aber du bleibst hier. Später können der alte Debe und seine Frau dich ins Dorf deines Bruders bringen.»

Ich sagte: «Nimmst du mich nicht mit? Er antwortete: «Nein.» Ich sagte: «Warum willst du ohne mich gehen? Wenn du mich mitnimmst und ich dort mein Kind bekomme, ist alles gut. Laß mich nicht hier zurück. Ich möchte mit dir gehen und im Dorf deines Bruders mein Kind bekommen.» Aber er sagte: «Nein, der alte Debe bringt dich zurück zu deiner Familie.»

Als ich den alten Debe sah, fragte er mich, was los sei. Ich sagte: «Weißt du, was Besa mir antut? Warum macht er nicht endgültig Schluß, wenn er mich nicht mehr will. Ich weiß schon lange, daß er mich nicht will.» Ich dachte: «Besa . . . er hat mich in dieses weit entfernte Dorf gebracht, hat mich schwanger gemacht, und jetzt will er mich an diesem fremden Ort einfach sitzenlassen. Hier lebt niemand von meiner Familie.»

Später sagte ich zu Besa: «Warum hast du mich von meinen Leuten getrennt? Meine Brüder leben noch, aber trotzdem willst du mich nicht zu ihnen bringen. Du sagst, jemand anderes wird das tun. Aber warum sollte ein anderer, beinahe ein Fremder, mich zu meiner Familie bringen, nachdem du mir diesen Bauch gemacht hast? Ich meine, du sollst mich zu ihnen bringen und sagen: ‹Hier ist eure Schwester. Ich trenne mich heute von ihr.› Statt dessen sagst du, daß du mich einfach hierlassen wirst . . . hier unter diesen Fremden. Ich bin dir an den Ort gefolgt, an dem du gearbeitet hast, weil du es so wolltest. Und jetzt verläßt du mich einfach. Warum tust du das? Kann das zu etwas Gutem führen?»

Ich sprach weiter: «Du bist hierhergekommen, um zu arbeiten. Und doch hast du kein Geld und keine Decken. Aber als du ohne

Arbeit und ohne Geld warst, habe ich gearbeitet – ich, eine Frau, ganz allein. Ich habe angefangen bei der Europäerin zu arbeiten, und ich habe uns Decken und eine Truhe gekauft. Ich habe alle diese Dinge gekauft, und du hast dich mit meinen Decken zugedeckt. Als du keine Arbeit hattest, mußtest du andere bitten, dir etwas zu geben. Wie kannst du mich nach all dem hier an diesem fremden Ort lassen?»

Er antwortete: «Was hätte ich arbeiten sollen, wenn es keine Arbeit gab?»

Ich sagte: «Das ist nicht mehr wichtig, denn ich weiß, daß du nur noch ein paar Nächte hierbleibst und dann gehst. Das weiß ich jetzt. Aber wenn du mich heute verläßt, werde ich dich morgen zurückweisen. Wenn du je zu mir kommst, nachdem du bei deinem Bruder warst, bin ich nicht mehr deine Frau. Du verläßt mich, während ich schwanger bin.»

Am nächsten Morgen packte er früh seine Sachen und ging. Er nahm alles aus unserer Hütte mit – auch die Decken, und ging ins Dorf seines Bruders. Ich dachte: «Eh, das ist auch nicht schlimm. Ich bleibe einfach hier sitzen und laß ihn gehen.» Er ließ mir nichts zurück. Die Leute im Dorf mußten mir Decken geben.

Dieser Mann, dieser Besa, ist wirklich schlecht. Er hat mich im Stich gelassen.

Nachdem er gegangen war, erkannte ich, daß ich eine Weile dort bleiben mußte. Ich dachte: «Jetzt weise ich keine Männer mehr ab. Ich lasse sie bei mir schlafen. Dann habe ich vielleicht eine Fehlgeburt. Denn es ist Besas Kind, und schließlich hat er mich verlassen und ist gegangen. Ich weise andere Männer nicht mehr zurück. Ich nehme sie einfach. Ich werde diese Schwangerschaft los, und dann gehe ich nach Hause.»

Damals kam Numsah in meine Hütte. Er redete mit mir, und ich stimmte zu. Die Leute sagten: «Ja, sie geht mit ihm in die Hütte. Aber wenn er sie genießt[4], beendet dies die Schwangerschaft.» Die Frau des alten Debe sagte: «Das ist auch nicht schlimm. Wenn ihre Schwangerschaft unterbrochen wird, ist das nicht schlimm, denn Besa hat sie verlassen. Deshalb werde ich für sie sorgen, und später bringe ich sie zu ihrer Familie.»

Ich lebte lange dort. Ich lebte allein und arbeitete für die Europäer. Eines Tages brannte mein Körper wie Feuer, und ich hatte im Bauch große Schmerzen, wie es mein Herz mir gesagt hatte. Ich sagte zur Frau des alten Debe: «Eh-hey, heute bin ich krank.» Sie fragte: «Wo tut es weh? Möchtest du Wasser trinken? Wo macht die Krankheit dir Schmerzen?» Ich antwortete: «Am ganzen Körper, nicht nur im Bauch.» Ich lag da und spürte die Schmerzen in Wellen aufsteigen, wieder und wieder. Ich dachte: «Dieser Mann hat wirklich dafür gesorgt, daß es mir schlechtgeht. Selbst heute liege ich hier und habe große Schmerzen.»

Sie betrachtete meinen Bauch und sah, wie er sich wölbte. Sie sagte: «Oh, mein Kind, wirst du das Baby verlieren? Was wird geschehen? Wirst du ein Baby bekommen, oder wird es eine Fehlgeburt sein? Wir beide sind ganz allein hier. Ich sehe niemanden, der dir helfen kann. Wenn du eine Fehlgeburt hast, sind wir beide ganz allein.» Ich sagte: «Ja, das ist gut. Wenn ich dieses Baby verliere, ist es nur gut. Ich möchte es verlieren, denn dann kann ich gehen. Mein Mann will das Kind ganz bestimmt nicht.»

Wir blieben den ganzen Tag zusammen. Als die Sonne tief am Himmel stand, sagte ich zu ihr, es sei Zeit, und wir gingen zusammen in den Busch. Ich setzte mich, und bald war das Baby geboren. Es war bereits groß. Es hatte einen Kopf, Arme und einen kleinen Penis. Aber es kam tot zur Welt. Vielleicht hatte mein Herz die Schwangerschaft ruiniert. Ich weinte: «Dieser Mann hat mich beinahe zerstört.» Debes Frau sagte: «Ja, er hat das Baby zerstört . . . dieses Baby, das von Gott kam. Aber wenn Gott dir nicht geholfen hätte, wärst du auch gestorben. Denn wenn ein Kind im Bauch einer Frau stirbt, kann es die Frau töten. Aber Gott . . . Gott gab dir etwas Schönes. Er gab dir dieses Baby, und obwohl es tot ist, bist du am Leben.» Wir verließen den Platz und gingen zurück ins Dorf. Dann legte ich mich hin.

Danach lebte ich weiter. Eines Tages sah ich Leute aus Besas Dorf, die auf Besuch waren. Ich sagte ihnen, sie sollten Besa ausrichten, daß unsere Ehe zu Ende sei. Ich sagte: «Er soll nicht glauben, auch nicht in einem geheimen Winkel seines Herzens, daß er noch eine Frau hat. Und wenn wir uns irgendwann in meinem Dorf wiedersehen, soll er nicht glauben, daß er mich haben kann.» Das sagte ich, und das dachte ich.

Denn er hatte mich dort zurückgelassen, damit ich sterbe.

Bald darauf sah mich ein Mann namens Twi und sagte: «Hat dich nicht dein Mann verlassen?» Ich antwortete: «Ja, er hat mich vor langer Zeit verlassen.» Er fragte: «Warum willst du nicht zu mir kommen?» Ich lehnte das erste Mal ab, das zweite Mal und das dritte Mal. Aber dann fragte er mich noch einmal. Ich willigte ein, und wir lebten zusammen. Ich arbeitete für die weiße Frau, bis meine Arbeit dort zu Ende war und sie mir sagte, ich könne nach Hause in mein Dorf gehen. Sie gab uns Essen für die Reise, und dann wanderten wir – der alte Debe, seine Frau, Twi und ich – den langen Weg zurück ins Dorf meiner Familie.

Twi und ich lebten lange im Dorf meines Bruders. Eines Tages kam Besa von wer weiß woher und sagte: «Nisa, ich bin gekommen, um dich mitzunehmen.» Ich sagte: «Was? Bin ich jetzt anders? Bin ich plötzlich schön geworden? Ich bin heute so, wie ich immer war. So, wie ich jetzt bin, war ich, als du mich verlassen und im Stich gelassen hast. Was redest du? Zuerst läßt du mich bei den Weißen zurück, dann kommst du zu mir und sagst, ich soll wieder zu dir kommen?» Er antwortete: «Ja, wir werden unsere Ehe wiederaufnehmen.»

Ich konnte es nicht fassen. Ich sagte: «Was redest du? Dieser Mann hier, Twi, half mir zurückzukommen. Er ist der Mann, der mich heiraten wird. Du bist der Mann, der mich verlassen hat.» Wir redeten, bis er nichts mehr sagen konnte. Er war gedemütigt. Schließlich sagte er: «Du bist Scheiße! Ja, das bist du.» Ich erwiderte: «Du sagst, ich bin Scheiße? Das hast du schon vor langer Zeit gedacht. Und ich wußte es. Als wir noch im Osten lebten, habe ich dich deshalb aufgefordert, mich zu meiner Familie zurückzubringen, um hier unsere Ehe zu beenden. Aber ich bin allein hierhergekommen. Du bist mir gefolgt, aber jetzt will ich nichts mehr mit dir zu tun haben.»

Damals brachte uns Besa vor den Tswanaführer. Der Führer hörte sich alles an. Er fragte mich: «Siehst du unter den Frauen, die hier leben, unter allen Frauen, die hier sitzen, eine Frau, die zwei Männer hat?» Ich antwortete: «Nein. Unter all den Frauen, die hier sitzen . . . hat keine zwei Männer. Ich kann keine einzige entdecken. Nur ich habe zwei. Aber dieser Mann, dieser Besa, hat mich mißhandelt und verletzt. Deshalb nahm ich den anderen Mann, Twi, der mich gut behandelt, der etwas für mich tut und mir zu essen gibt.» Dann sagte ich: «Er ist der Mann, den ich heiraten möchte. Den anderen möchte ich loswerden. Denn Besa hat keinen Verstand. Er hat mich verlassen, als ich schwanger war, und die Schwangerschaft hat mich beinahe umgebracht. Ich möchte den anderen Mann heiraten.»

Wir redeten lange Zeit. Schließlich sagte der Führer zu Besa: «Ich habe Nisa gefragt, was geschehen ist, und sie hat dich mit ihren Worten überführt. Zweifellos hat sie dich mit ihren Worten vernichtet. Was sie über ihre Schwangerschaft sagt, ist sehr ernst. Deshalb werden sie und Twi zusammenbleiben, und nach einiger Zeit werde ich euch alle auffordern, zu mir zurückzukommen.» Danach ging ich mit Twi zurück in das Dorf meines Bruders, um zu schlafen.

Am nächsten Tag entdeckte mein älterer Bruder Honig, während er durch den Busch ging. Er kam zu uns und wollte, daß wir ihm helfen. Wir hatten vor, die Nacht im Busch zu verbringen. Wir kamen an die Stelle und verbrachten den Tag damit, Honig zu sammeln. Später suchten wir uns einen Platz, um das Lager aufzuschlagen. Da sah ich Besas Spuren im Sand. Ich rief: «Kommt alle her. Hier sind Besas Spuren. Habt ihr seine Spuren gesehen?» Einer der Männer sagte: «Unsinn! Wie kannst du seine Spuren . . .» Ich fiel ihm ins Wort: «Mein Mann . . . der Mann, der mich geheiratet hat . . . ich kenne seine Spuren.» Die Frau des Mannes kam herüber und sah sich den Fußabdruck an. «Ja, das sind Besas Spuren. Seine Frau hat richtig gesehen.»

Am nächsten Morgen kam Besa ins Lager. Besa und Twi kämpften miteinander. Mein älterer Bruder schrie: «Wollt ihr zwei Nisa umbringen? Jetzt heiratet sie keinen anderen Mann. Heute schläft sie allein.» Ich stimmte zu: «Eh, ich möchte jetzt nicht wieder heiraten.»

Danach lebten Twi und ich wieder zusammen. Aber später trennten wir uns. Mein älterer Bruder war schuld daran. Er wollte, daß Besa wieder zu mir kam. Er mochte ihn, und er lehnte Twi ab. Deshalb zwang er Twi zu gehen. Als Twi erkannte, wie sehr Bau und Besa ihn haßten, fürchtete er sich und ging schließlich.

Ich sah, was mein Bruder getan hatte, und war traurig. Ich mochte Twi wirklich. Ich sagte: «Das also möchtest du? Gut. Aber nachdem du Twi davongejagt hast, will ich mit Besa überhaupt nichts mehr zu tun haben.» Damals lehnte ich Besa völlig ab. Besa ging zu dem Tswanaführer und sagte: «Nisa weigert sich, mit mir zusammenzuleben.» Der Führer antwortete: «Nisa weigert sich seit langem, mit dir zusammenzuleben. Es gibt keine gesetzlichen Gründe, die du gegen sie vorbringen kannst.»

Nachdem einige Zeit vergangen war, lebte ich mit einem Mann zusammen, der vor Jahren mein Liebhaber gewesen war. Bald waren wir wieder sehr verliebt. Er war so schön! Seine Nase ... seine Augen ... alles war so schön. Er hatte helle Haut und eine hübsche Nase. Ich liebte ihn wirklich, schon als ich ihn zum erstenmal sah.

Wir lebten eine Zeitlang zusammen, aber dann starb er. Ich war traurig. «Mein Liebhaber ist gestorben. Wo finde ich einen Mann wie ihn – einen Mann, der so schön ist, einen Mann, der so gut ist, einen Mann mit der Nase eines Europäers, mit heller Haut? Jetzt ist er tot. Werde ich je wieder einen Mann wie ihn finden?»

Mein Herz war bekümmert, und ich trauerte um ihn. Ich wurde vom Trauern ganz schwach, und erst als es vorbei war, ging es mir wieder besser.

Ich lebte einige Jahre, und was geschah, geschah. Dann begann ich, mit Bo zusammenzuleben. Er war der nächste wichtige Mann in meinem Leben, und mit ihm bin ich bis heute verheiratet.

Besa und ich lebten getrennt. Aber er wollte mich noch immer und blieb in meiner Nähe. Dieser Mann begriff nichts und hörte nichts. Er hatte wirklich keine Ohren, denn er sagte immer noch: «Ich bin mit dieser Frau, mit Nisa noch nicht zu Ende.»

Die Leute sagten: «Du wirst sterben, Bo. Besa wird dich umbringen. Es ist besser, wenn du Nisa verläßt.» Aber Bo weigerte sich: «Ich ... ich gehe nicht in eine andere Hütte. Ich bleibe bei Nisa, selbst wenn Besa versuchen sollte mich zu töten, bleibe ich hier. Ich gehe nicht.»

Zuerst schlichen Bo und ich zusammen davon. Aber Besa schöpfte Verdacht. Er war sehr eifersüchtig. Er beschuldigte mich die ganze Zeit. Selbst wenn ich urinieren ging, sagte er, ich sei bei Bo gewesen. Wenn ich Wasser holte, sagte er: «Hast du dich gerade mit deinem Liebhaber getroffen?» Aber ich antwortete: «Was denkst du dir eigentlich? Wie kannst du so mit mir reden?» Er sagte: «Nisa, du bist doch immer noch meine Frau. Warum leben wir nicht zusammen? Warum willst du nicht?»

Ich sagte: «Hast du keine anderen Frauen, oder lehnen sie dich auch ab? Du hast andere Frauen. Also, warum fragst du, weshalb ich dich nicht will?»

Eines Nachts lagen Bo und ich in meiner Hütte, und als ich durch einen Türspalt blickte, sah ich draußen jemanden. Es war Besa. Ich konnte sein Gesicht erkennen. Er wollte uns ertappen und hoffte, ich würde dann zu ihm zurückkehren.

Ich sagte: «Was? Besa ist da! Bo . . . Bo . . . draußen steht Besa.» Bo stand auf, und Besa trat in die Tür. Ich stand auf, Besa kam herein und packte mich. Er hielt mich fest und drohte, mich ins Feuer zu werfen. Ich verfluchte ihn: «Besa mit dem großen Hoden! Besa mit dem langen Penis! Zuerst hast du mich verlassen und bei anderen Frauen getrunken; jetzt kommst du zurück und sagst, ich sei deine Frau!» Er stieß mich auf das Feuer zu, aber ich drehte mich zur Seite und fiel nicht in die Glut. Dann griff er Bo an. Bo ist schwächer und älter als Besa. Deshalb konnte Besa ihn packen, aus der Hütte schleppen und zu Boden werfen. Er biß ihn in die Schulter. Bo schrie vor Schmerzen.

Mein jüngerer Bruder wachte auf, kam gerannt und schrie: «Verflucht seien deine Genitalien!» Er riß die beiden auseinander. Bo verfluchte Besa. Besa verfluchte Bo: «Verflucht sei dein Penis!» Er schrie: «Ich bring dich um, Bo! Dann wird Nisa leiden! Wenn ich dich nicht umbringe, töte ich vielleicht sie. Dann mußt du leiden. Denn was du hast und ihr Vergnügen macht, habe ich auch. Warum will ihr Herz dich und lehnt mich ab?»

Ich schrie ihn an: «Das ist nicht der Grund! Du bist es! Was du bist und wie du denkst! Bo ist gut, und seine Gedanken sind gut. Aber du bist gemein! Gerade hast du Bo gebissen, und auch das ist sehr typisch für dich. Du hast mich im Stich gelassen, und ich sollte sterben! Und vor dem Tod fürchte ich mich! Deshalb hast du nicht mehr über mich zu bestimmen. Ich bin nicht mehr mit dir verheiratet. Ich will, daß Bo mein Mann ist.»

Besa belästigte mich und trieb sich in meiner Nähe herum. Er fragte: «Warum kommst du nicht mit mir? Komm zu mir. Ich bin ein Mann. Warum fürchtest du dich vor mir?» Ich antwortete ihm nicht. Einmal sagte Bo zu ihm: «Ich verstehe nicht, warum du immer wieder diese Frau belästigst, wenn du ein Mann bist. Glaubst du, das nutzt etwas? Ich verlasse sie nicht! Du hast mich zwar gebissen, und ich habe die Narbe noch, aber trotzdem wirst du weichen und nicht ich. Ich habe die Absicht, Nisa zu heiraten.»

Einmal sagte ich zu Bo: «Hab keine Angst vor Besa. Du und ich, wir heiraten. Ich bleibe nicht mit ihm verheiratet. Laß dir von ihm keine Angst machen, denn selbst wenn er mit Pfeilen kommt, wird er sie nicht benutzen.» Bo sagte: «Was würde es nützen, selbst wenn er es täte. Ich bin auch ein Mann und im Schießen ein Meister. Wir würden uns beide treffen. Deshalb sage ich ihm immer wieder, er soll dich gehenlassen. Ich bin der Mann, mit dem du jetzt zusammenlebst.»

Das nächste Mal kam Besa mit seinem Köcher voller Pfeile und sagte: «Ich hole mir Nisa und nehme sie mit zurück.» Er brachte noch einen anderen Mann in mein Dorf. Als er ankam, stand die Sonne hoch am Himmel. Ich ruhte mich aus. Besa sagte: «Nisa, komm, gehen wir!» Ich antwortete: «Was? Ist dein Penis krank? Ist er geil?»

Die Leute hörten uns streiten, und bald standen alle um uns herum. Mein älterer Bruder und mein jüngerer Bruder auch. Besa und ich stritten uns immer weiter, bis ich schließlich außer mir vor Wut schrie: «Gut! Ich habe keine Angst mehr!» Ich riß mir alles vom Leib, was ich trug – erst eine Decke, dann die zweite und schließlich den ledernen Lendenschurz. Ich zog alles aus und und legte es auf den Boden. Ich schrie: «Hier! Hier ist meine Vagina! Sieh, Besa, sieh mich an! Das ist es, was du willst!»

Der Mann, der mit Besa gekommen war, sagte: «Das Herz dieser Frau hat wirklich nichts für dich übrig. Besa, sei vernünftig! Nisa lehnt dich völlig ab . . . aus ganzem Herzen. Sie weigert sich, Sex mit dir zu haben. Deine Beziehung zu ihr ist beendet. Siehst du, sie hat ihre Kleider ausgezogen, auf den Boden gelegt und zeigt mit ihren Genitalien allen, was sie von dir hält. Sie will dich nicht, Besa! An deiner Stelle würde ich heute mit ihr Schluß machen.»

Besa sagte schließlich: «Eh, du hast Recht. Ich bin fertig mit ihr.»

Die beiden gingen. Ich zog meinen ledernen Lendenschurz an, dann hüllte ich mich in meine restlichen Sachen.

Mutter! Genau das tat ich!

Besa versuchte es ein letztes Mal. Er ging wieder zu dem Tswanaführer, und als er zurückkam, sagte er: «Der Führer will dich sehen.» Ich dachte: «Wenn er mich sehen will, kann ich mich nicht weigern.»

Als ich ankam, sagte der Führer: «Besa erklärt, er will die Ehe immer noch aufrechthalten.» Ich antwortete: «Unsere Ehe aufrechthalten? Warum? Bin ich so dumm, daß ich nicht einmal meinen Namen weiß? Soll ich mit einem Mann verheiratet sein, der mich an einem fremden Ort in Stich gelassen hat? Wenn der alte Debe und seine Frau nicht gewesen wären, hätte ich nicht überlebt. Ich soll mit Besa noch verheiratet sein? Ich kann mir das nicht vorstellen.»

Ich wendete mich an Besa: «Habe ich das dir nicht gesagt, als wir noch im Osten lebten?» Besa antwortete: «Mm, das hast du gesagt.» Ich redete weiter: «Und habe ich dir nicht gesagt, daß du mich schwanger mit deinem Baby zurückläßt? Habe ich dir das nicht auch gesagt, als du mich verlassen hast?» Er antwortete: «Ja, das hast du gesagt.» Ich redete weiter: «Und habe ich dir nicht gesagt, daß ich mit dir gehen wollte? Du solltest helfen, daß ich ein starkes Kind zur Welt bringe. Habe ich das nicht gesagt, und du hast dich geweigert?» Er antwortete: «Ja, das hast du gesagt.» Dann sagte ich: «Mm, und deshalb besteht diese Ehe nicht mehr, von der du heute vor dem Führer sagst, sie soll weiterbestehen. Ich bin Nisa, und wenn ich dich heute ansehe, möchte ich mich am liebsten übergeben. Für mich bist du nur noch ein Brechmittel, mehr nicht. Während wir hier zusammensitzen und ich mir dein Gesicht ansehe, kommt es mir hoch und würgt mich.»

Der Führer lachte, schüttelte den Kopf und sagte: «Nisa ist unmöglich.» Dann sagte er: «Besa, du würdest besser auf sie hören. Hörst du, was sie sagt? Sie sagt, daß du sie verlassen hast, als sie schwanger war, daß sie eine Fehlgeburt hatte und daß es ihr schlechtging. Heute will sie dich nicht mehr.» Besa sagte: «Weil sie jetzt bei Bo ist und ihn nicht verlassen will. Aber ich will sie immer noch und möchte unsere Ehe weiterführen.» Ich sagte: «Was? Besa, bist du blind? Kannst du nicht sehen, daß ich einen anderen Mann gefunden habe? Hast du vielleicht geglaubt, ich wäre zu alt, um noch einen anderen Mann zu finden?»

Der Tswana lachte wieder. Ich sagte: «Ja, ich bin eine Frau. Und ich habe etwas, das ebensoviel wert ist wie dein Penis. Es ist wie der Penis eines Häuptlings . . . ja, ich habe, was ein Häuptling hat, und es ist soviel wert wie Geld. Und deshalb . . . der Mann, der daraus trinkt . . . es ist, als würde ich ihm Geld geben. Aber du bekommst es nicht, denn als du es hattest, wußtest du nichts damit anzufangen, und es verdarb.»

Der Tswana sagte: «Nisa ist verrückt. Sie redet jetzt wirklich wie eine Verrückte.» Dann sagte er: «Ihr zwei überdenkt es noch einmal heute nacht. Nisa, überdenke es alles noch einmal. Ich will, daß ihr beide morgen zurückkommt.»

Besa ging und legte sich schlafen. Ich legte mich ebenfalls schlafen und dachte noch einmal über alles nach. Am Morgen ging ich zu dem Tswanaführer. Ich schämte mich wegen meiner Rede vom Abend vorher. Ich setzte mich ruhig hin. Der Führer sagte: «Nisa, Besa möchte, daß du mit ihm verheiratet bleibst.» Ich antwortete: «Warum sollte er mit mir verheiratet bleiben, wenn er mich gestern im Stich gelassen hat, als ich sein Baby im Bauch trug? Selbst Gott will nicht, daß ich einen Mann heirate, der mich verläßt, einem Mann, der meine Decken nimmt, obwohl ich kleine Kinder habe, einem Mann, der andere zwingt, mir Decken zu geben, damit ich meine Kinder zudecken kann. Sag ihm, er soll sich eine andere Frau suchen.»

Der Führer wendete sich an Besa: «Nisa hat sich deutlich ausgedrückt. Ich sehe nicht, daß ich noch etwas hinzufügen kann. Selbst du, du kannst hören, daß sie gewonnen hat. Also, verlasse Nisa, und so wahr ich der Führer bin, endet heute deine Ehe mit ihr. Sie kann jetzt Bo heiraten.[5]

Besa ging noch einmal zu dem Führer. Als er versuchte, die Sache noch einmal zu diskutieren und sagte: «Bitte hilf mir, gib mir Nisa zurück», antwortete der Tswana: «Hast du mit mir nicht schon darüber gesprochen? Du hast geredet und geredet, und die Worte sind in meine Ohren gedrungen. Willst du sagen, daß ich nicht bereits darüber entschieden habe? Willst du sagen, daß mein Wort kein Gewicht hat? Bin ich ein wertloses Ding, auf das du nicht zu hören brauchst? Es besteht kein Grund, dir Nisa zurückzugeben.»

Ich war dankbar, als ich seine Worte hörte, und mein Herz war voller Glück.

Bo und ich heirateten bald danach.[6] Wir lebten zusammen, saßen beisammen und arbeiteten zusammen. Wir liebten uns aus ganzem Herzen, und unsere Ehe war sehr, sehr glücklich.

Auch Besa heiratete kurze Zeit später – diesesmal eine Frau, die viel jünger war als ich. Eines Tages kam er zu mir und sagte: «Siehst du, wie falsch es von dir war, mich abzulehnen. Vielleicht hast du geglaubt, du wärst die einzige Frau. Aber jetzt bist du alt und kannst mit eigenen Augen sehen, daß ich eine junge Frau geheiratet habe . . . eine schöne Frau.»

Ich sagte: «Gut! Ich habe dir gesagt, daß du eine junge Frau finden würdest, die du heiraten und mit der du schlafen kannst, wenn wir uns trennen. Das ist mir recht, denn ich will nichts von dir. Aber natürlich weißt du, daß sie eines Tages auch alt sein wird wie ich.»

Wir lebten weiter; aber nicht lange danach kam Besa zurück. Er sagte, daß es mit seiner jungen Frau Schwierigkeiten gäbe. Er wollte mich wieder haben. Ich weigerte mich und erzählte Bo davon. Bo fragte, warum ich mich geweigert habe. «Weil ich ihn nicht will», gab ich zur Antwort. Aber was er über seine Frau erzählt, stimmt. Sie hat eine schreckliche Krankheit, eine Art Wahnsinn. Gott hat ihr diese Krankheit gegeben. Sie war eine sehr schöne Frau, aber das ist sie nicht mehr. Ich frage mich, warum eine junge Frau so etwas haben muß . . .»

Auch wenn mich Besa heute sieht, kommt er zu mir und sagt, daß er mich immer noch will. Ich sage: «Wir haben uns getrennt. Laß mich in Ruhe.» Manchmal weigere ich mich sogar, ihm etwas zu essen zu geben. Bo sagt, ich sollte das nicht tun; aber ich fürchte, er belästigt mich nur noch mehr, wenn ich ihm etwas gebe, denn sein Herz sehnt sich immer noch nach mir.

Manchmal gebe ich ihm etwas zu essen, und er gibt mir ebenfalls etwas. Einmal sah ich ihn in meinem Dorf. Er kam zu mir und sagte: «Nisa, gib mir Wasser zu trinken.» Ich spülte einen Becher aus und goß ihm Wasser ein. Er trank und sagte: «Gib mir etwas Tabak.» Ich holte Tabak, und er nahm ihn. Dann sagte er: «Nisa, du bist wirklich erwachsen. Du kannst arbeiten. Ich bin mit einer Frau verheiratet, aber mein Herz ist nicht sehr einverstanden mit ihr, aber du . . . du läßt mich leiden, denn du hast mich verlassen und einen anderen geheiratet. Ich habe auch geheiratet; aber ich bin müde, weil ich die Falsche geheiratet habe. Du hast Hände, die arbeiten können. Wenn ich dich hätte, gäbe es etwas zu essen. Du würdest Wasser holen, damit ich mich waschen kann. Heute leide ich wirklich.»

Ich sagte: «Warum denkst du an unsere gestorbene Ehe? Natürlich waren wir einmal verheiratet, aber unsere Wege haben sich getrennt. Jetzt will ich dich nicht mehr. Nach allem, was geschehen ist, als du mich in den Osten brachtest – das Leben dort, die Arbeit, der Tod meines Vaters, der Tod meiner Mutter und das ganze Elend, das du mir verursacht hast – sagst du, wir sollten wieder zusammenleben?»

Er erwiderte, das sei nicht die ganze Geschichte.

Er drohte: «Eines Tages werde ich dich Bo wegnehmen.» Ich rief: «Was? Sag mal, Besa, hat dich etwas gebissen, weil du so redest?» Er sagte: «Gut, dann nimm mich zum Liebhaber. Willst du meinem Herzen nicht helfen?» Ich sagte: «Gibt es nicht genug Männer, die meine Liebhaber sein könnten? Warum sollte ich dich nehmen?»

Er sagte: «Sieh mal, Nisa ... ich habe geholfen, deine Kinder großzuziehen ... Kinder, die du und dein Mann geboren haben. Du wurdest schwanger mit meinem Kind, und das war gut. Du hast es in dir getragen und mit ihm gelebt, bis Gott kam und es tötete. Deshalb redet dein Herz diese Sprache und lehnt mich ab.»

Ich sagte ihm, er habe nicht recht ... aber er hatte auch recht. Denn nach Besa bekam ich keine Kinder mehr. Er nahm mir das. Mit Tashay hatte ich Kinder, aber Besa zerstörte mich. Aber selbst das eine Mal, als ich noch schwanger wurde, hatte ich eine Fehlgeburt. Und das geschah wegen allem, was er mir angetan hatte. Das sagen alle.

Männer und Frauen leben in der Kung-Gesellschaft mit alten Traditionen auf nicht ausbeuterische Art zusammen. Es herrscht ein auffälliges Maß an Gleichberechtigung der Geschlechter, und in dieser Hinsicht könnte unsere Gesellschaft vielleicht von ihnen lernen.

Trotzdem scheinen die Kungmänner zu dominieren, denn sie haben weit öfter eine einflußreichere Position. Die Rolle der Frau ist von großer praktischer Bedeutung für die wirtschaftliche Situation der Familie. Frauen haben den größten Einfluß auf alle Entscheidungen, die die Kinder betreffen, von der Geburt bis ins Erwachsenenleben. Die

Kungmänner sind bei der Geburt nicht gern gesehen, und die Frauen haben sie völlig unter ihrer Kontrolle, einschließlich der Entscheidung für oder gegen das Kind (Kindermord). Das Geschlecht des Kindes scheint dabei keine Rolle zu spielen; die Kung äußern keinerlei Präferenzen.

Man hat beobachtet, daß die Kungväter sich mehr um Babies und Kleinkinder kümmern als Väter in anderen Gesellschaften. Aber sie verbringen sehr viel weniger Zeit mit den Kindern als die Mütter. Die Kinder scheinen sich bei beiden Eltern äußerst wohl zu fühlen, und man sieht oft, wie sie ihre Väter umarmen, bei ihnen sitzen oder sich mit ihnen unterhalten. Der Vater ist keine Autoritätsfigur, deren Zorn man fürchten muß. Beide Eltern erziehen die Kinder, und das Wort der Mutter hat das gleiche Gewicht wie das des Vaters.

Der Einfluß der Kungfrauen wächst mit dem Älterwerden der Kinder. (Eine unfruchtbare Frau wird nicht verachtet und verliert auch nicht ihr Ansehen; man bemitleidet sie vielleicht, weil sie einen wichtigen Aspekt des Lebens nicht kennengelernt hat.) Wenn die Töchter und Söhne das heiratsfähige Alter erreichen, ist die Mutter bei der Entscheidung ausschlaggebend, wen und wann sie heiraten.

Die Kungfrau ist in den Augen der Gemeinschaft im wesentlichen Ernährerin der Familie. Sie sammelt etwa dreimal in der Woche eßbare Pflanzen und versorgt damit neben ihrer Familie noch andere Verwandte. Sie ist dabei völlig autonom. Die Männer machen ihr keine Vorschriften. Sie bestimmen nicht, was gesammelt werden soll, und sie mischen sich in die Verteilung des Gesammelten nicht ein. Die Frauen informieren ihre Männer, wann sie einen Sammeltag planen; die Männer tun das normalerweise ebenfalls, wenn sie auf die Jagd gehen. Dies ist einerseits eine Geste der Höflichkeit, andererseits schafft es die Möglichkeit, sich zu beeinflussen. Vielleicht sagt der Mann, die Frau habe Pflichten im Dorf; vielleicht möchte er sie begleiten, oder er schlägt vor, im Nachbardorf zusammen einen Besuch zu machen; vermutlich hört die Frau auf ihn. Aber die Männer können es sich nicht leisten, die Frauen in ihren Aktivitäten zu behindern, da auch sie auf die Arbeit der Frauen angewiesen sind.

Gelegentlich geht eine Frau allein sammeln, aber die meisten ziehen aus einem Gruppengefühl heraus die Gesellschaft anderer vor und denken dabei auch an ihre Sicherheit. Der einzige bedeutende Unterschied zwischen Männern und Frauen im Hinblick auf die Bewegungsfreiheit ist das Ausbleiben über Nacht. Die Frauen kehren normalerweise am Ende eines Sammeltags ins Dorf zurück. Ist ein längerer Sammelausflug notwendig, zieht die ganze Gruppe weiter. Im Gegensatz dazu bleiben die Männer auf der Jagd oft mehrere Tage dem Lager fern (obwohl sie das nicht gerne tun). Dieses männliche Vorrecht könnte auf ein Vorurteil hinweisen; andererseits gibt es vernünftige Gründe für diese Regelung: Der Jagderfolg ist unvorhersehbar, und es dauert oft mehrere Tage, bis ein Tier erlegt ist. Beim Sammeln dagegen genügt ein Tag, vielleicht sogar ein Teil des Tages, um soviel zu finden, wie man nach Hause tragen kann. Da die Frauen auch für die Kinder verantwortlich sind, müßten sie bei mehrtägigen Ausflügen entweder die Kinder in eine unbekannte, vielleicht sogar gefährliche Umgebung mitnehmen oder sie anderen Erwachsenen anvertrauen.

Als Methode der Nahrungsbeschaffung ist das Sammeln eine befriedigende Arbeit. Gleichgültig wie groß eine Familie ist, die Frau kann sich dieser Aufgabe voll zuwenden. Ihr Zeitplan ist flexibel, sie bestimmt selbst den Weg, und sie verrichtet die Arbeit in Gesellschaft anderer. Eine Frau sammelt im wesentlichen für sich, aber sie trennt sich nicht von der Gruppe. Die Frauen schenken sich gegenseitig besonders begehrte Funde als Zeichen guten Willens und der Solidarität.

Nachdem die Frau ins Dorf zurückgekehrt ist, entscheidet sie, was von dem Sammelgut (und ob überhaupt etwas) weggegeben wird und an wen. Für alle, denen sie sich verpflichtet fühlt, legt sie entsprechende Mengen beiseite. Den Rest bringt sie in den hinteren Teil der Hütte oder zur Feuerstelle der Familie. Sie und ihre Familie essen an diesem Abend, am nächsten Tag und vielleicht sogar am übernächsten hauptsächlich das, was sie nach Hause gebracht hat. Vom Beginn bis zum Ende unterliegen ihr Einsatz und das Produkt ihrer Arbeit ausschließlich der eigenen Kontrolle.

Ein anderer Hinweis auf das hohe Ansehen der Frau sind ihre Beziehungen im Rahmen des Geschenkaustausches, der Hxaro genannt wird. Alle erwachsenen Kung (und einige Kinder) sind Teil dieses Kommunikationsnetzes. Jeder hat eine bestimmte Zahl von Partnern, mit denen er gewisse Dinge austauscht. Die Frauen beteiligen sich ebenso am Hxaro wie die Männer, und es gibt keine bedeutenden Unterschiede in der Zahl der Tauschpartner oder in Qualität und Quantität der Geschenke.

Darüber hinaus sind Frauen auch Kernmitglieder einer Gruppe und «Besitzer» von Wasserstellen und lebenswichtigen Nahrungsbeständen.

Die Kungfrau genießt ein erstaunliches Maß an Autonomie, aber man darf nicht übersehen, daß Männer gewisse Vorrechte haben – etwa in der Bewertung ihres Tuns durch die Gesellschaft (wirtschaftlich und geistig) und in ihrem etwas größeren Einfluß auf Entscheidungen, die die Gruppe betreffen. Die Männer liefern den Frauen auch das Handwerkszeug zum Sammeln: gegerbte Häute, in denen das Sammelgut transportiert wird, die als Schlingen für Babies und als Mäntel benutzt werden, die zu Kleidung und Beuteln verarbeitet werden. Sie fertigen Grabstöcke an, Mörser und Stößel; sie liefern Sehnen für Reparaturen und zum Auffädeln von Perlen oder anderem Schmuck, und sie machen Schuhe. Diese Dinge sind langlebig, und die Frauen kümmern sich um ihre Pflege und Instandhaltung. Die Frauen kümmern sich nicht um die Jagdausrüstung. Im Gegenteil, es ist ihnen sogar verboten, diese Gegenstände zu benutzen und an der Jagd teilzunehmen, besonders während der Menstruation – obwohl dieses Tabu nur wenig praktische Auswirkungen hat.

Das Bild der wirtschaftlichen Situation wird differenzierter, wenn man sich mit dem Sammeln und Jagen etwas näher beschäftigt. Nicht nur die Männer bringen Fleisch ins Dorf. Die Frauen finden Eidechsen, Schlangen, Schildkröten, Vogeleier, Insekten, Heuschrecken und hin und wieder kleine oder junge Säugetiere. Sie liefern den Männern auch wichtige Informationen über Tierspuren und die Bewegungen des Wilds, die sie bei ihren Wanderungen im Busch beobachten. Aber man kann nicht behaupten, die Frauen seien Jägerinnen. Ich hörte nur von einer einzigen Ausnahme – eine Frau im mittleren Alter, die so gern Fleisch aß und es leid war, sich über die Faulheit ihres Mannes zu beklagen, daß sie beschloß, selbst auf die Jagd zu gehen. Alle, die sie kannten (auch Männer), sagten, sie sei eine recht geschickte Jägerin, aber man hielt sie für exzentrisch, und sie galt keineswegs als Vorbild für andere Frauen. Ihre Leistungen wurden weit weniger gewürdigt als die eines Mannes, was man an den leicht spöttischen Bemerkungen erkennen konnte. Niemand behauptete, sie handle falsch, aber man wies wiederholt darauf hin, daß sie die einzige war; ihr Verhalten fiel nicht auf den Mann zurück, sondern auf sie selbst. Die Fähigkeiten ihres Mannes wurden nicht in Frage gestellt, und seine Männlichkeit litt nicht darunter. In vielen anderen Gesellschaften, einschließlich unserer, wäre dies wahrscheinlich der Fall.

Die Männer haben ein ungezwungeneres Verhältnis zum Sammeln als die Frauen zum Jagen. Es bestehen keine gesellschaftlichen Verbote, die mit dem Tabu vergleichbar wären, daß eine menstruierende Frau die Pfeile nicht berühren darf, weil sie damit den Erfolg der Jagd negativ beeinflussen würde. Man glaubt nicht, daß Männer den Erfolg beim Sammeln negativ beeinflussen. Es ist nicht ungewöhnlich, daß Männer sammeln gehen; man hält das nicht für unmännlich oder besonders erwähnenswert. (Dies steht im Gegensatz zu vielen Kulturen, in denen Männer sich schämen, «Frauenarbeit» zu verrichten.) Ihre Kenntnisse der Pflanzen sind ebenso groß wie die der Frauen, und sie sammeln, wann immer sie Lust dazu haben. Männer beschaffen auf diese Weise etwa zwanzig Prozent der Nahrung.

Die männliche Vorrangstellung wird deutlicher im spirituellen Bereich, der seinen bedeutsamsten Ausdruck im traditionellen Medizintanz (beschrieben in Kapitel 13) findet. Der Heiler versetzt sich in Trance und gewinnt so Zugang zu seinen Heilkräften. Die meisten Heiler sind Männer. Nur gelegentlich beherrscht eine Frau die Kunst des Heilens und wendet sie meist im Rahmen des Trommeltanzes der Frauen an. Frauen benutzen ihre Heilkräfte hauptsächlich bei Krankheiten der nächsten Familienangehörigen und nicht in öffentlichen Ritualen. Deshalb erringen sie nur selten den Status und Respekt, der einem Heiler entgegengebracht wird. Somit beherrschen traditionsgemäß Männer diesen Bereich des Lebens.

Führerschaft und Entscheidungsfindung sind vielleicht die bedeutsamsten Aspekte im Gleichgewicht der Kräfte. Es ist sehr schwer festzustellen, wie die Kung wichtige Entscheidungen treffen. Man kennt keine offiziellen Führer oder Hierarchien, ebensowenig politische oder juristische Institutionen, die als Autorität gelten könnten. Entscheidungen fällt man auf der Grundlage des Gruppenkonsensus. Natürlich gibt es in jeder Gruppe Persönlichkeiten, deren Ansichten größeres Gewicht haben als die anderer – Alter, Vorfahren, die lange in dem betreffenden Gebiet gelebt haben, oder persönliche Eigenschaften wie Wissen, Intelligenz oder Charisma spielen dabei eine Rolle. Diese Persönlichkeiten treten in Gruppendiskussionen stärker in Erscheinung, äußern ihre Meinung und Vorschläge; sie artikulieren die Entscheidung, die man in der Gruppe gefunden hat. Obwohl sie keine offizielle Autorität besitzen, fungieren sie praktisch als Gruppenführer.

Männer nehmen solche Positionen häufiger ein als Frauen. Aber es gibt durchaus auch ältere Frauen, besonders mit weitverzweigten Familien, die in der Gruppe diese Rolle übernehmen. Bei den Diskussionen melden sich im allgemeinen die Männer öfter zu Wort. Der zunehmende Kontakt mit anderen Kulturen macht Persönlichkeiten wichtiger, die die Gruppe repräsentieren, und dadurch treten die Männer immer stärker in Erscheinung. Sie lernen fremde Sprachen; sie nehmen an Regierungsversammlungen teil, und sie vertreten die Rechte der regionalen Kunggemeinschaften.

Ein weiteres Zeichen für die männliche Dominanz: Männer initiieren Sex, und die männlichen Initiationsriten sind geheim, während die weibliche Initiation in aller Öffentlichkeit stattfindet. Die Frauen selbst sprechen von der männlichen Dominanz und scheinen sie nicht abzulehnen. Es ist wichtig festzustellen, daß es männliche Vorrechte gibt, und man sollte sie nicht leugnen – aber ebensowenig überbewerten.

Die Kungkultur schenkt vielen Verhaltensweisen, die männliches Dominanzverhalten fördern, kaum Beachtung und unterscheidet sich darin von vielen anderen Kulturen. Alles in allem hat die Kungfrau einen Status, der sehr viel höher ist als der Status der Frauen in vielen Agrar- und Industriegesellschaften der Welt. Sie bestimmen ihr Leben und das ihrer Kinder in erstaunlichem Ausmaß selbst. Sie wachsen mit dem Gedanken ihrer Bedeutung für das Leben der Gemeinschaft auf und entwickeln sich zu differenzierten Persönlichkeiten, die höchstwahrscheinlich kompetent, selbstsicher, fürsorglich und kooperativ sind.

12

Liebhaber

Marjorie, wenn dir die Leute erzählen, daß Frauen, die im Busch leben, sich keine Liebhaber nehmen oder das erst in letzter Zeit von den Schwarzen gelernt haben, stimmt das nicht. Sie belügen dich oder versuchen, dich zu täuschen. Aber ich, ich bin wie deine Mutter und will dich nicht täuschen. Ich sage dir nur die Wahrheit. Ich bin eine alte Frau. Wenn ich höre, was die Leute dir erzählen, durchschaue ich ihre Lügen. Und Liebesaffären – eine verheiratete Frau schläft mit einem Mann, der nicht ihr Ehemann ist – hat es schon vor langer Zeit gegeben. Selbst mein Urururgroßvater wußte das. Es gab auch Kämpfe mit Giftpfeilen und Morde aus Eifersucht. Liebesaffären gehören zu den Dingen, die Gott uns gegeben hat.

Ich habe dir von meinen Liebhabern berichtet, aber ich habe dir nicht von allen erzählt, denn es sind so viele, wie ich Finger und Zehen habe.[1] Manche sind gestorben, andere leben noch. Ja, ich bin eine schlechte Frau. Ich bin nicht wie du. Du hast keine Liebhaber. Aber als Frau sitzt du nicht nur am Feuer und tust nichts . . . du hast Liebhaber. Du sitzt auch nicht nur bei deinem Mann, bei dem Mann in deiner Hütte; nicht nur bei einem Mann. Ein Mann kann dir nur wenig geben. Ein Mann gibt dir nur eine Art Nahrung. Aber wenn du Liebhaber hast, bringt dir der eine etwas und der nächste etwas anderes. Der eine kommt nachts mit Fleisch, ein anderer mit Geld und wieder ein anderer mit Perlen. Auch dein Ehemann tut etwas für dich.

Aber nur bei einem Mann zu sitzen? Nein, das tun wir nicht. Hat ein Mann genug Gedanken für dich im Kopf? Es gibt viele Arbeiten, die eine Frau tun muß. Wohin sie auch geht, sollte sie Liebhaber haben. Macht sie einen Besuch und ist allein, schenkt ihr jemand Perlen. Ein anderer gibt ihr Fleisch, und ein dritter gibt ihr etwas anderes zu essen. Wenn sie dann in ihr Dorf zurückgeht, ist sie gut versorgt worden.

Auch wenn sie mit ihrem Ehemann irgendwohin geht, sollte sie ein paar Liebhaber haben, denn jeder gibt ihr etwas. Sie bekommt von dem einen Mann etwas, von einem anderen etwas anderes und von einem dritten wieder etwas anderes. Es ist, als seien ihre Genitalien Geld wert . . . Pfunde! Rand! Schillinge! (Sie lacht.) Sie nimmt von jedem Ort Geschenke mit und füllt ihren Mantel mit Perlen, Kleidern und Geld.

Wenn sie nach Hause kommt, vertraut sie ihren Freundinnen an: «Einer meiner Liebhaber hat mir dies gegeben, ein anderer das, und wieder ein anderer hat mir dies hier gegeben.» Ihre Freundinnen sagen: «Oh, an dem Ort, an dem du warst, gibt es wunderbare Liebhaber. Sie haben dich sehr gut behandelt.» Sie sagt: «Ja, wenn ihr alle so schön seid, wie ich glaube, und dorthin geht, werden euch die Männer sehen und euch ebenfalls mögen. Wie sie mich behandelt haben, werden sie auch euch behandeln.»

Aber wenn eine Frau zu Hause bleibt, ist es nicht anders. Wenn sie mit ihrem Mann wie gewöhnlich zusammenlebt, sagt er eines Tages: «Ich gehe für ein paar Tage weg.» Sie bleibt zurück und trifft sich mit ihren Liebhabern. Der eine Liebhaber lebt vielleicht im Nachbardorf und hat ein Tier erlegt. Er nimmt ein Stück Fleisch und bringt es ihr. Es ist schönes Fleisch, saftig und sehr fett. Er setzt sich zu ihr, kocht es, bis die Suppe schön fett und das Fleisch weich ist. Die Frau ißt, und ihr Herz ist glücklich. Sie denkt: «Oh, mein Mann ist gerade gegangen, und ich sitze hier und trinke diese wunderbare Fleischbrühe.»

An einem anderen Tag kommt ihr Liebhaber vielleicht wieder, und sie schlafen zusammen. Er fragt: «Wann kommt dein Mann zurück?» Sie antwortet: «Es dauert noch eine Weile. Mein Bein zittert noch nicht», und das heißt, ihr Mann kommt noch nicht nach Hause. Sie lieben sich, und wenn der Hahn kräht, verläßt er sie, noch ehe es hell ist.

An einem anderen Tag kommt er vielleicht wieder. Die zwei legen sich zusammen, und er fragt: «Ich würde wirklich gern die ganze Nacht bei dir bleiben. Beim letztenmal bin ich gegangen, nachdem wir uns geliebt haben. Aber heute ... was sagt dein Bein heute?» Sie antwortet: «Heute morgen saß ich vor der Hütte, und meine Schenkel begannen zu zittern, nur ein bißchen. Vielleicht kommt mein Mann heute noch zurück. Vielleicht kommt er mitten in der Nacht. Ich weiß nicht, wann er zurückkommen will, aber mein Bein hat gezittert, also kann es heute sein.» Ihr Liebhaber sagt: «Gut, dann bleibe ich nicht lange und gehe bald wieder.»

Die beiden schlafen zusammen und trennen sich dann. Er geht, und bald darauf kommt ihr Mann zurück. Am nächsten Morgen, wenn sie bei der Arbeit ist – vielleicht am Brunnen Wasser holt –, trifft sie sich mit ihrem Liebhaber, und er fragt, ob ihr Mann zurück sei. Sie sagt: «Ja, er kam kurz nachdem du weg warst. Habe ich dir nicht gesagt, daß mein Bein morgens gezittert hat? Es war eine zuverlässige Warnung.» Ihr Liebhaber sagt: «Jetzt leidet mein Herz, weil dein Mann wieder da ist. Es schmerzt wirklich sehr. Wenn die Sonne tief am Himmel steht und du mit deiner Arbeit fertig bist, müssen wir uns irgendwo treffen.» Sie sagt: «Gut, aber erst wenn meine Arbeit erledigt ist. Ich habe viel zu tun. Nach dem Wasserholen muß ich mich um meinen Mann kümmern, denn er ist zurückgekommen. Erst sehr viel später, wenn die Sonne untergeht, kann ich ihn allein lassen und dich treffen.»

Den nächsten Tag verbringt sie bei ihrem Ehemann. Sie arbeitet für ihn; sie wäscht und kocht. Sie denkt: «Mein Liebhaber wollte mich heute wieder treffen.» Den ganzen Tag über erledigt sie, was sie zu tun hat. Sie arbeitet schwer und vergißt, daß sie sich mit ihm treffen wollte. Sie arbeitet bis zum Schlafengehen. Sie denkt: »Oh, wenn mein Liebhaber mich morgen sieht, ist er sicher wütend.» Sie fürchtet sich. Dann denkt sie: «Er hat keinen Grund, wütend zu sein. Ich habe mich nicht mit ihm getroffen, weil ich für meinen Mann arbeiten mußte.»

Wenn sie am nächsten Tag die Wasserbehälter am Brunnen füllt, kommt ihr Liebhaber und sagt: «Hatten wir nicht verabredet, daß wir uns gestern treffen wollten?» Sie erwidert: «Ja, ich habe dir aber doch gesagt, daß ich für meinen Mann arbeiten muß ... kochen und waschen. Er schickte mich Holz holen, und als ich zurückkam, sollte ich noch andere Dinge für ihn tun. Ich mußte sehr schwer arbeiten und vergaß sogar, daß ich mich mit dir treffen wollte. Deshalb arbeitete ich weiter.» Ihr Liebhaber ist wütend und sagt: «Wenn dein Mann schuld war, ist es in Ordnung. Aber wenn du es noch einmal tust, gibt es Prügel. Was ist mit deinen Genitalien los? Sind sie so alt, daß sie nicht mehr wollen?» Sie sagt: «Was hab ich gemacht? Warum willst du mich schlagen? Ich habe für meinen Mann gearbeitet.»

Danach lebt sie weiter wie gewöhnlich. Sie arbeitet für ihren Mann. Sie arbeitet hart. Eines Tages sagt sie: «Ich gehe Holz sammeln. Paß auf den Topf auf, der auf dem Feuer steht.» Sie geht und sucht weit entfernt vom Dorf Holz. Sie trifft ihren Liebhaber. Sie legen sich zusammen und lieben sich. Sie verläßt ihn und kehrt mit Holz ins Dorf zurück. Ihr Herz ist glücklich, weil sie mit ihrem Liebhaber zusammen war, ohne daß ihr Mann es weiß.

Bei einer anderen Frau ist es vielleicht anders. Vielleicht war ihr Liebhaber weg. Wenn er zurückkommt und sie sieht ihn, weiß ihr Herz, daß er wieder da ist. Sie wartet auf eine Gelegenheit, mit ihm allein zu sein. Wenn sie sich treffen, sagt er: «Vielleicht hast du gar nicht an mich gedacht.» Er fragt: «Hast du auch einmal an mich gedacht, während ein Tag nach dem anderen verging?» Sie antwortet: «Was? Ich habe oft an dich gedacht! Was hätte mich daran hindern können? Was hätte ich tun sollen, um nicht an dich zu denken? Bin ich kein Mensch? Denn wenn man menschlich ist, denkt man an den anderen.»

Er sagt: «Ich dachte, du hättest mich vielleicht vergessen.» Sie antwortet: «Nein, ich habe oft und leidenschaftlich an dich gedacht.» Er sagt: «Mm, deshalb bin ich gekommen, um mit dir zu reden. Ich wollte sehen, was du denkst.» Und sie sagt: «Was fühlst du jetzt, nachdem du es weißt?» Er sagt: «Du . . . du hast mich wirklich unglücklich gemacht! In all den Monaten, in denen ich weg war, hat mein Herz sich schmerzlich nach dir gesehnt und wollte bei dir sein.» Sie sagt: «Mir ist es auch so gegangen. Ich wollte dich bei mir haben, und mein Herz hat sich nach dir gesehnt.»

Sie warten, bis der Ehemann weggeht, und treffen sich weit entfernt vom Dorf; dann tun sie ihre Arbeit.

Manchmal trifft sich eine Frau sogar nachts mit ihrem Liebhaber, nachdem sie und ihr Mann schlafen gegangen sind. Der Liebhaber hat ihr gesagt, daß er sie in dieser Nacht treffen will. Wenn er ins Dorf kommt, geht er zu einer ihrer Freundinnen. Sie soll die Frau für ihn wecken. Die Freundin geht zur Hütte und flüstert: «Dein Liebhaber ist hier. Steh auf und geh zu ihm.» Dei Frau denkt: «Oh, was mache ich mit meinem Mann? Wie mache ich das?» Sie weckt den Ehemann und sagt: «Ich gehe in die Hütte, wo die Leute alle reden. Ich komme später zurück.» Sie und ihr Liebhaber treffen sich dann und tun ihre Arbeit. Wenn sie fertig sind und ihr Liebhaber geht, setzt sie sich zu den anderen und unterhält sich mit ihnen. Dann geht sie zurück und legt sich neben ihren Ehemann.

Ja, Frauen sind klug!

Selbst meine Mutter hatte Liebhaber. Ich war dabei, wenn sie sich mit ihnen traf. Aber ob mein Vater andere Frauen hatte, weiß ich nicht. Denn er nahm mich nicht mit; ich ging immer nur mit den Frauen. Selbst wenn er andere Frauen hatte, merkte ich nie etwas davon. Aber die Frauen ... als Kind wußte ich alles über ihre Liebhaber – ich kannte die Liebhaber meiner Mutter und meiner Tante.

Ich erinnere mich: Als ich noch klein war, sah ich meine Mutter einmal mit einem Mann. Sie trafen sich, er nahm sie, und sie liebten sich. Ich saß in der Nähe und wartete. Als sie zurückkam, trug sie Holz, und ich dachte: «Ich sag es Papa!» Dann dachte ich: «Soll ich es ihm sagen oder nicht?» Aber als wir ins Dorf kamen, sagte ich nichts. Ich dachte: «Wenn ich es meinem Vater sage, bringt er meine Mutter um.»

Nur Toma, er war der einzige, über den ich etwas sagte. Es war, nachdem meine jüngere Schwester Kxamshe gestorben war. Die ältere Schwester meiner Mutter kam aus dem Osten und wollte uns mit zurücknehmen. Als wir bei ihr lebten, war ich sehr jung und hatte noch keine Brüste. Bald darauf fing die Sache mit Toma, dem Mann ihrer Schwester, und meiner Mutter an. Sehr viel später nahm er sie sogar meinem Vater ab. Er überredete sie, ihn zu verlassen. Ich war dabei, als es geschah. Er sagte zu ihr: «Ich will dich lieben und dich mitnehmen. Ich will dich heiraten.»

Am Anfang wußte mein Vater nichts von ihrem Verhältnis. Sie trafen sich im Busch. Sie setzte mich ab und ging zusammen mit ihm weg. Ich blieb sitzen und wartete. Manchmal stand ich da und wartete lange. Einmal sagte ich sehr laut: «Ich sage es Papa, wenn er zurückkommt. Mama, sag diesem Menschen, er soll aufhören, dich zu verführen! Sag ihm, daß wir gehen müssen. Ich sag Papa, daß er Sex mit dir gehabt hat!» Als meine Mutter zurückkam, sagte sie: «Eins mußt du wissen, wenn du es deinem Vater erzählst, bringt er mich um. Also, sag nichts, oder du siehst mich nicht mehr.» Ich hörte auf sie, und als wir zurückkamen, sagte ich nichts.

Aber das eine Mal, als ich es sagte, hatten sie mich sehr lange warten lassen. Ich war müde und unglücklich. Ich dachte: «Ich will nach Hause! Was ist mit diesem Mann los, daß er uns nicht nach Hause gehen läßt. Und wieso ist überhaupt ein anderer Mann bei Mutter? Wenn Papa aus dem Busch kommt, sag ich es ihm.»

Als wir zurückkamen, tat ich das. Ich sagte: «Papa, als Mami und ich Feuerholz suchen gingen, war Toma da. Er nahm mir Mami weg, und dann hatte er Sex mit ihr.» Ich saß da und wartete.

Meine Eltern begannen, sich zu streiten, und mein Vater schlug meine Mutter. Ich dachte: «Warum habe ich es gesagt? Mami wird sterben. Ich habe etwas Schlechtes getan. Ich werde nie mehr etwas sagen. Auch wenn ich sie mit einem Mann sehe, bleibe ich einfach sitzen und warte. Ich sage nichts mehr.»

Manchmal blieb Toma bei uns, wenn Vater auf der Jagd war. Wir legten uns alle zusammen schlafen. Mein Herz war unglücklich und dachte: «Was soll das?» Aber wenn mein Vater nach Hause kam, sagte ich nichts.

Das ging lange Zeit so. Dann kam die Auseinandersetzung. Ich weiß noch, daß mein Vater einmal meine Mutter anschrie: «Chuko, ich bring dich mit einem Giftpfeil um, und dann erschieße ich Toma. Was für ein Ding ist er?[2] Er bleibt nicht bei seiner Frau und sorgt nicht für sie. Er hat dich mir weggenommen und gibt dich nicht mehr zurück. Was hast du, was keine andere Frau hat?»

Später schrie er Toma an: «Wenn mich etwas vernichten will, dann tu ich etwas. Ich bin ein Mensch aus dem Busch. Ich bin keiner aus den Dörfern wie du. Ich bring dich um! Dann geh ich mit meinen Kindern zurück in den Busch. Nimm deine Frau, und geh hier weg. Ich bleibe bei der Frau, die ich geheiratet habe.»

Manchmal stritten meine Brüder mit Toma. Wenn mein älterer

Bruder aufhörte, fing mein jüngerer Bruder an, der inzwischen schon ziemlich groß war. Kumsa sagte: «Gib meinem Vater meine Mutter zurück! Wieso glaubst du, du kannst uns einfach in den Osten mitnehmen und unserem Vater seine Frau wegnehmen?»

Einmal packte Kumsa ihn und warf ihn auf den Boden. Sie kämpften miteinander, bis die anderen sie trennten. Ein anderes Mal schrie Kumsa meine Mutter an: «Steh auf und geh hinüber zu meinem Vater! Warum sitzt du bei diesem Menschen? Was suchst du hier? Wenn du nicht zu Vater gehst, bringe ich dich um.» Dann sagte er: «Was tust du? Warum hast du mit dem Mann deiner Schwester ein Verhältnis angefangen und weigerst dich jetzt, ihn zu verlassen. Wieso machst du dir überhaupt etwas aus diesem alten Zhuntwasi?»

Er nahm etwas und schlug sie. Er schrie und beschimpfte sie, bis die anderen ihn wegzogen. Sie sagten: «Deine Mutter hat keinen Verstand! Laß sie in Ruhe. Deine Mutter ist eine Frau. Du bringst sie um, wenn du sie so schlägst. Hier . . . er ist ein Mann. Kämpf mit ihm!» Dann sagten sie: «Was macht Toma eigentlich? Seine erste Frau ist noch am Leben. Er wird sie nicht begraben, wenn sie stirbt. Er will deine Mutter deinem Vater wegnehmen. Also hör auf, sie zu schlagen. Er ist es . . . schlag dich mit ihm.»

Kumsa ging hinüber zu Toma, und sie kämpften miteinander. Als es vorbei war, lebten wir weiter.

Bis Toma eines Tages meine Mutter nahm und beide davongingen. Vorher hatte es viele Streitereien gegeben. Mein älterer Bruder hatte meine Mutter angeschrien und sie geschlagen: «Du willst Vater im Stich lassen? Du willst ihn verlassen und Toma folgen? Und was ist mit deinem jüngsten Sohn? Er sitzt Tag für Tag von Sonnenaufgang bis Sonnenuntergang da und weint. Wie kannst du deine Kinder im Stich lassen und nicht für sie sorgen?»

Aber sie gingen. Toma lockte meine Mutter von meinem Vater weg. Ich dachte: «Mami ist im Unrecht, wenn sie meinen Vater verläßt und einen anderen Mann heiratet.»

Kumsa und ich weinten und weinten. Wir blieben bei meinem Vater und weinten.

Nicht lange danach folgte mein Vater ihnen in ihr Dorf. Als er meine Mutter sah, sagte er: «Chuko, was machst du? Warum bist du nicht bei mir? Wir beide könnten immer noch zusammenleben.»

Es gab oft Streit. Die ältere Schwester meiner Mutter sagte: «Chuko, geh mit deinem Mann zurück, und kümmere dich um deine Kinder. Warum klammerst du dich an meinen Mann und folgst ihm überallhin?»

Meine Mutter ging mit uns und verließ Toma. Sie war wieder zurückgekommen; sie war zu mir zurückgekommen.

Wir lebten und lebten lange Zeit. Dann kam Toma wieder. Ich dachte: «Wollen beide mit meiner Mutter zusammenleben?»

Mein Vater versuchte wieder, meine Mutter zurückzuhalten, aber es nützte nichts. Mein Vater schrie sie an, beschimpfte sie und stritt mit ihnen. Im Streit biß er sogar einmal meine Mutter in die Hand. Ich sagte: «Wenn das so weitergeht, stirbt sie. Laß sie in Ruhe!»

Schließlich tat er das. Er gab auf und überließ Toma meine Mutter. Er dachte: «Eh-hey, so ein Mann ist das also! Dann verlasse ich diese Frau. Ich gebe sie ihm und suche mir ein junges Mädchen.» Er sagte zu ihnen: «Also gut! Nimm dein Ding und tu mit ihr, was du willst.» Es war Toma gelungen, Mutter zurückzugewinnen, und mein Vater gab auf. Schließlich überließ er sie Toma.

Bald darauf nahm mein Vater mich, Kumsa und Dau, und wir gingen davon. Toma und meine Mutter blieben im Osten. Wir gingen in ein Dorf, blieben dort eine Weile und dann in ein anderes. Wir lebten und lebten, und nachdem noch mehr Zeit vergangen war, ließ uns mein Vater bei anderen Leuten zurück und sagte: «Ich will ein paar meiner Dinge holen.» Als er zurückkam, brachte er eine ältere Frau mit. Sie war seine neue Ehefrau. Dann gingen wir alle zusammen in ihr Dorf und lebten dort.

Tomas erste Frau heiratete nicht wieder. Wie die anderen gesagt hatten, lebte sie noch eine Weile, dann starb sie in einem anderen Dorf. Sie hatte meine Mutter als Nebenfrau abgelehnt, deshalb ging sie davon. Als sie starb, war Toma nicht bei ihr. Er war bei meiner Mutter. Er besuchte noch nicht einmal ihr Grab.

Wir lebten und lebten. Wir lebten bei unserem Vater und wurden bei ihm groß. Eines Tages starb Toma, und meine Mutter kam zu uns zurück. Sie kam dorthin, wo wir lebten. Meine Brüder und ich waren glücklich, daß er gestorben war. Wir lobten Gott und sagten: «Er hat uns etwas Gutes getan.»

Aber Vater weigerte sich, sie wieder aufzunehmen. Sie wollte,

Frauen manchmal über Ehemänner, normalerweise aber nicht über ihre Liebhaber. Denn die Liebhaber wissen, wie man eine Frau befriedigt. Wenn eine Frau mit ihrem Liebhaber schläft, ist er üblicherweise sehr gut.

Das sind die Dinge, über die die Zhuntwasifrauen miteinander sprechen. Reden nicht alle Frauen so miteinander?

Es gibt viele unterschiedliche Arten von Liebhabern. Manche Männer haben einen kleinen Penis, und andere Männer haben einen großen Penis. Wieder andere Männer haben einen Penis mit unglaublich viel Samen. Ein solcher Mann ist nicht sehr gut, denn beim Sex spritzt er alles naß. Du denkst: «Der Mann hat so viel Samen, daß er meine Kleider beschmutzt. Ich schlafe zum erstenmal mit ihm, aber warum hat er soviel Samen?» Danach weigerst du dich, ihn noch einmal zu treffen, und suchst einen anderen Mann mit wenig Samen. Ein solcher Mann als Liebhaber ist gut.

Es ist auch nicht gut, wenn der Penis eines Mannes zu groß ist. Ein solcher Mann bringt deinen Genitalien Schmerzen. Du denkst: «Nein, sein Penis ist so groß. Er bringt mich beinahe um, und dadurch wird mein Inneres krank.»

Der beste Mann ist ein Mann mit einem kleinen Penis. Ein solcher Mann macht dich nicht krank.

Die meisten Männer haben Kraft im Rücken, und viele sind noch im Alter sexuell aktiv. Anfangs sind diese Männer vielleicht nicht erregt, aber wenn du sie anfaßt und ihnen hilfst einzudringen, wird ihr Penis groß. Aber es gibt andere, deren Penis schlaff bleibt. Ihr Herz begehrt dich, aber ihr Penis ist tot. Wenn du mit einem solchen Mann schläfst, versucht er es zwar, aber sein Penis richtet sich nie wirklich auf, und er kann nur schlecht in dich eindringen. Selbst wenn er es tut, ist es nur ein bißchen, und er ist sehr schnell fertig. Ein solcher Mann hat keine Kraft in seinem Rücken. Das kommt bei jungen Männern ebenso wie bei alten vor. Sie haben einen Penis, der so weich ist wie Stoff.

Wenn ein Mann bei einer Frau liegt und sein Penis bleibt schlaff, denkt er: «Was ist los?» Er faßt ihn an und fragt sich: «Was ist los mit mir?» Er faßt noch einmal hin. «Was soll ich machen?» Die Frau fragt: «Stimmt etwas nicht? Willst du mich nicht? Was hat er . . . laß mich mal fühlen . . . was? Ist dein Penis gestorben?» Sie fassen ihn beide an und versuchen Sex zu haben, und der Mann vergießt seinen Samen, und das ist alles. Der Penis wird nie wirklich hart; die Frau war zwar erregt, aber nicht der Mann. Schließlich sagt die Frau: «Wir haben schon lange ein Verhältnis und hatten heute wieder die Chance, zusammenzusein. Aber dein Penis hat sich geweigert, obwohl wir alles versucht haben. Ich verstehe nicht, warum. Unsere Herzen haben sich geliebt, aber dein Penis hat nicht gearbeitet und mir geholfen. Du gehst jetzt besser, denn es ist deine Schuld, daß ich jetzt unglücklich bin.»

Ich erlebte das einmal bei einem jungen Mann. Er hat seither mehrere Kinder geboren. Das überraschte mich wirklich! Womit konnte er seine Frau schwanger machen? Vielleicht nahm er Medizin, um seinen Rücken zu stärken. Denn vor seiner Heirat war er so schlaff wie Stoff. Wir lagen zusammen, und meine Genitalien waren bereit. Aber was wir auch versuchten – und wir versuchten! –, sein Penis weigerte sich. Ich fragte: «Was ist los? Was hat dein Penis? Will er nichts essen?» Wir versuchten es immer wieder, aber nichts geschah. Ich sagte: «Uhn, uhn . . . als ich einwilligte, dachte ich, daß du vielleicht ein starker Mann bist. Aber . . . ist das alles?» Er sagte: «Ich weiß nicht, was los ist. Warum weigert sich mein Penis?» Ich sagte: «Wenn wir noch länger hierbleiben, findet uns mein Mann. Wenn du stark wärest, könnten wir schon fertig sein. Aber ohne alles kannst du mir nicht helfen.» Schließlich schaffte er es, aber er war sofort fertig.

Am nächsten Tag ging er zu seinen Freunden: «He, hört mal her! Mir geht es sehr schlecht. Wenn ich eine Frau frage und sie willigt ein, kann ich nicht. Ich versuche, ihn hochzukriegen, aber er weigert sich. Ich bitte euch, gebt mir Medizin, damit sich das ändert. Ich habe keine Kraft mehr. Bitte, helft mir!»

Er erklärte: «Die Frau, die ich gestern fragte, war einverstanden. Sie ist wirklich schön! Aber als ich bei ihr lag, berührten sich nur unsere Körper. Ich konnte sie nicht lieben. Mein Herz wollte mit ihr schlafen, aber mein Penis weigerte sich. Ich mag sie wirklich und will sie wiedersehen. Könnt ihr mir nicht Medizin geben? Ich mag Frauen so sehr wie ihr. Aber ihr habt alle Sex und ich nicht!»

Ein Mann stellt seinen Freunden solche Fragen. Seine Freunde fragten: «Warum konntest du keinen Sex mit ihr haben, wenn sie so schön ist, wie du sagst? Wir besuchten gestern ein paar Frauen in dem Dorf, aber wir hatten Sex mit ihnen und spielten nicht nur herum.»

Der Mann sagt: «Helft mir, ich bitte euch. Diese Frau ist so schön. Sie hat ein hübsches Gesicht. Ich mag sie so sehr. Aber als wir uns zusammenlegten, konnte ich nicht. Ich, ein Mann, konnte nicht. Heute fühle ich mich schrecklich. Deshalb bitte ich euch um Medizin, damit ich sie heute noch nehmen kann. Wenn ich gestern meine Stärke gehabt hätte, wäre ich bei ihr geblieben, denn sie ist eine so schöne Frau. Ich hätte bis zum Morgen Sex mit ihr gehabt.»

Einer der Männer gibt ihm Medizin. Er trinkt sie, und sie macht seinen Penis wieder hart und stark. Und von da an kann er sehr gut mit Frauen schlafen.

Ein starker Mann, ein Mann mit einem starken Rücken . . . sein Penis ist hart! Er wird sehr steif. Wenn ein solcher Mann eine Frau haben will und mit ihr redet, spricht er aus seinem Herzen . . . Wenn ein solcher Mann über seine Gefühle spricht und sie ansieht . . . in der Nähe ihrer Hütte . . . wird er bereits steif! Das ist ein Mann mit starkem Rücken. Wenn so ein Mann mit einer Frau schlafen will und sie darüber reden, wird er schon steif.

Die Frau denkt: «Ich sehe, was sein Herz sagt, sagt auch sein Penis. Ich möchte mit ihm zusammensein», und sie willigt ein. Dann gehen die beiden in eine Hütte, wo er sie nimmt und Sex mit ihr hat.

Wenn sich zwei Menschen lieben, bewegt sich die Frau, und der Mann bewegt sich auch. Wenn sie Verlangen haben und hart arbeiten, dann haben sie beide großen Genuß. Aber wenn die Frau den Mann nicht wirklich will und nur er arbeitet, haben sie nur sehr wenig Genuß miteinander.

Manchmal wird die Frau zuerst fertig und der Mann später. Manchmal werden sie zusammen fertig . . . beides ist gleich gut. Schlecht ist nur, wenn die Frau noch nicht fertig ist und der Mann ist fertig. Das kommt manchmal vor, wenn ein Mann zum erstenmal mit einer Frau schläft. Sie ist so süß und gut wie Zucker . . . oder Honig! Deshalb ist er schon fertig, obwohl er gerade erst angefangen hat. Die Frau ist noch ganz erregt und denkt: «Dieser Mann hat mich gerade geliebt und ist mit seiner Arbeit fertig, aber ich mit meiner nicht. Warum läßt er mich so im Stich?» Sie liegen noch eine Weile zusammen. Wenn sie ihn erregt, kommt er wieder zu ihr. Sie denkt: «Ja, jetzt kann ich fertig werden.» Sie lieben sich, und diesesmal braucht er lange . . . sehr lange. Vielleicht wird sie zuerst fertig, und er macht weiter. Oder wenn er kommt, ist sie auch soweit. Dann schlafen sie.

Manchmal ist die Frau nur mit halbem Herzen dabei. Wenn sie ihn nicht begehrt, wenn ihr Herz sich nicht nach ihm sehnt, sondern nur das Herz des Mannes sich nach ihr sehnt und der Mann sie liebt, denkt sie: «Obwohl er mich gerade liebt, sehnt sich mein Herz nicht nach ihm!» Wenn der Mann kommt, ist sie nicht fertig. Aber dann ändert sich ihr Herz. Ihr Herz sehnt sich nach ihm, und wenn er das nächste Mal zu ihr kommt, werden sie beide fertig. Ich meine . . . auch wenn ihr Herz zuerst nicht so recht wollte, denn eine Frau hat immer sexuelles Verlangen. Und selbst wenn sie keinen bestimmten Mann will, spürt sie doch das Verlangen. Deshalb gibt es keine Medizin für Frauen, sondern Medizin für Männer, damit sie Sex haben können. Das Verlangen kommt direkt aus dem Herzen einer Frau.

Aber es gibt eine Medizin, die eine Frau nimmt, damit die Männer sie wollen. Sie duftet süß, und wenn sie sich damit einreibt, will ihr Ehemann sie, und die anderen Männer wollen sie auch. Für Männer gibt es ebenfalls eine Medizin. Wenn ein Mann sich damit einreibt, wandelt sich das Herz einer Frau. Wenn sie sich zusammenlegen, mag sie ihn, und beide befriedigen ihr Verlangen.

Alle Frauen haben sexuellen Genuß. Manche Frauen, die Sex wirklich gern haben und nicht so schnell wie der Mann fertig sind, warten, bis der Mann sich ausgeruht hat. Dann legen sie sich auf ihn, denn sie wollen auch fertig werden. Sie haben Sex mit dem Mann, bis sie befriedigt sind . . . sonst kann die Frau krank werden. Wenn eine Frau ihre Arbeit nicht fertigmacht, kann die Krankheit ihren Rücken befallen.

Nur sehr selten, wenn sie wirklich frustriert ist, macht sie es sich selbst. Erwachsene Männer machen es sich auch selbst – im Busch, manchmal sogar in der Hütte – aber nur, wenn die Frauen sie abweisen.

Weder nehmen Frauen die Genitalien der Männer in den Mund, noch küssen Männer die Genitalien der Frauen. Männer küssen Frauen nur auf den Mund. Die Genitalien einer Frau könnten den Mann verbrennen. Deshalb küßt er sie nur auf den Mund. Und wenn er hart wird, legt er sich zu ihr.

Wenn die kleinen Mädchen Sex spielen, wissen sie nicht, wozu ihre Genitalien da sind. Sie tun so, als hätten sie Sex. Aber Erwachsene wissen es. Erwachsene wissen, wie man die Genitalien einer Frau richtig berührt. Wenn ein Mann bei einer Frau liegt, berührt er ihre Genitalien,[4] hat Sex mit ihr, berührt ihre Genitalien und hat wieder Sex mit ihr. So wird er fertig, und sie wird auch fertig. Ja, zu wissen, wie es geht, ist sehr wichtig!

Sex mit einem Liebhaber, den die Frau wirklich mag, ist sehr schön. Sex mit ihrem Mann auch. Der Genuß, den sie sich beide schenken, ist gleich groß. Nur wenn eine Frau ihrem Liebhaber ihr Herz entzogen hat, gibt es beim Sex wenig Genuß.

Wenn eine Frau einen Liebhaber hat, öffnet sie ihm ihr Herz und auch ihrem Ehemann. Ihr Herz hat starke Gefühle für beide Männer. Aber wenn ihr Herz für den wichtigen Mann nur wenig übrig hat und für den anderen viel, wenn ihr Herz nur für den Liebhaber leidenschaftlich schlägt und beim Ehemann kalt bleibt, ist das sehr schlecht. Ihr Ehemann merkt das und will sie und ihren Liebhaber umbringen. Eine Frau muß ihren Ehemann und ihren Liebhaber gleich stark lieben, dann ist es gut.

Frauen sind stark. Frauen sind wichtig. Die Zhuntwasimänner sagen, die Frauen sind die Häuptlinge, die Reichen und die Weisen. Denn die Frauen besitzen etwas sehr Wichtiges, etwas, das für die Männer lebenswichtig ist: ihre Genitalien.

Eine Frau kann einem Mann Leben schenken, selbst wenn er beinahe tot ist. Sie kann ihm Sex schenken und ihn wieder lebendig machen. Wenn sie sich weigert, müßte er sterben! Wenn es keine Frauen gäbe, würden die Männer an ihrem Samen sterben. Hast du das gewußt? Wenn es nur Männer gäbe, würden sie alle sterben. Die Frauen machen es möglich, daß sie am Leben bleiben. Die Frauen besitzen etwas sehr Gutes. Wenn ein Mann es nimmt und sich darin hin und her bewegt, erreicht er einen Höhepunkt, und das macht ihn stark.

Die Kung sagen: Als die Götter den Menschen den Sex schenkten, gaben sie ihnen etwas Wunderbares. Sie sehen in Sex so etwas wie Nahrung. Ein Mensch kann ohne Essen nicht überleben, und der

Hunger nach Sex kann dazu führen, daß jemand stirbt. Für ein Volk, deren Nahrungsquellen nicht zuverlässig sind und das ständig auf Nahrungssuche gehen muß, ist diese Analogie sehr aufschlußreich.

Gespräche über Sex scheinen beinahe ebenso wichtig zu sein. Männer und Frauen im Dorf und beim Sammeln, Frauen unter sich, praktisch alle verbringen Stunden damit, sexuelle Erfolge in allen Einzelheiten zu erzählen. Späße über alle Aspekte sexueller Erlebnisse sind an der Tagesordnung – außer zwischen Personen, die in einer «Respektbeziehung» miteinander stehen und denen es nicht erlaubt ist, in Gegenwart des anderen sexuelle Anspielungen zu machen. In «ungezwungenen» Beziehungen beschimpft man sich oft mit deftigen und komischen Bemerkungen, die sich auf die Genitalien und das sexuelle Verhalten beziehen. «Dein Penis ist riesig!» – «Deine Hoden hängen bis zu den Knien und stinken!» – «Deine Schamlippen sind lang, dunkel und häßlich!» – «Fick dich ins Knie!» – «Hol dir einen runter!» (Die meisten sexuellen Ausdrücke können sowohl im Spaß benutzt werden als auch in der Absicht, ernsthaft zu beleidigen. Der Kontext bestimmt, wie der andere darauf reagiert.) Solche und andere Anzüglichkeiten werden meist von entsprechenden Gesten begleitet. Manche Wortgefechte locken begeisterte Zuhörer an. Unter ihren anfeuernden Zurufen geben zum Beispiel zwei Männer vor, sich gegenseitig die Hoden abzureißen und sie in die Luft zu werfen, wo sie an einem Baum hängenbleiben. Sie schildern genußvoll, was Geier und andere Tiere damit anfangen werden, und das trägt zur allgemeinen Belustigung bei.

Die Kung benutzen sexuelle Späße manchmal bewußt, um Spannungen abzubauen. Ich erlebte einmal, wie ein Mann versuchte, eine Kobra vom Grasdach seiner Hütte zu verjagen. Offensichtlich kam er ihr zu nah, die Schlange richtete sich auf und spritzte ihm ihr Gift in die Augen. Man holte Wasser, um die Augen auszuwaschen. Aber dann konnte man nichts anderes tun als warten, bis er seine Sehfähigkeit wiedergewonnen hatte. In der nächsten halben Stunde begannen zwei Männer den Vorgang auf besonders anschauliche und dramatische Weise zu schildern, um den Mann abzulenken und aufzuheitern. Während sie die Geschichten erzählten und wieder erzählten, wurden ihre Gesten zusehends drastischer und eindeutiger. Die letzten Versionen der Schlange, die sich aufrichtete und ihr Gift verspritzte, waren unverhüllt pornographisch (und wahnsinnig komisch). Die Zuhörer lachten. Der verletzte Mann, der sich noch immer mit seinen Augen beschäftigte, konnte sich der allgemeinen Stimmung nicht entziehen und lachte ebenfalls. Unter allgemeinem Gelächter löste sich auch der letzte Rest Spannung. (Ein paar Tage später konnte der Mann wieder normal sehen.)

Natürlich ist nicht alles, was Sex angeht, für leichte Unterhaltung und Späße geeignet. Man weiß, daß Sex die intensivsten und potentiell explosivsten Gefühle auslösen kann – besonders wenn es sich um außereheliche Vergnügungen handelt. In solchen Fällen sieht man im Sex etwas Gefährliches. Viele Affären, die aufgedeckt werden, führen zu Gewalttätigkeiten, die in der Vergangenheit manchmal mit Tod endeten. Die Beteiligten sind deshalb äußerst vorsichtig und diskret – es sei denn, sie wollen ihre Ehepartner reizen.

Viele Kungehen sind Liebesehen; und die verliebten Eheleute zeigen das deutlich: Paare gehen demonstrativ allein sammeln und manchmal tagelang auf Jagd; sie machen sich gegenseitig Geschenke und erledigen die täglichen Pflichten gemeinsan. Die Frauen machen aus ihren intensiven Gefühlen für ihre Ehemänner keinen Hehl. Trotzdem haben viele Frauen bereits nach kurzer Zeit Liebhaber. Solche Affären dauern oft lange – ein paar Monate oder ein paar Jahre, und bestehen manchmal das ganze Leben.

Es ist nicht ganz klar, ob außereheliche Beziehungen bei den Kung üblich waren oder ob das Phänomen auf den Einfluß der Hereros und Tswanas zurückzuführen ist. Selbst unter den Kung bestehen darüber beträchtliche Meinungsverschiedenheiten. Aber in ihrer mündlich überlieferten Geschichte und Mythologie ist Untreue ein ständig wiederkehrendes Element.

Das beste Mittel, um Komplikationen zu vermeiden, die durch eine Affäre entstehen, ist, sie geheimzuhalten. Man achtet sorgfältig darauf, das Zusammentreffen auf sichere Zeiten und an sichere Orte zu verlegen – auf jeden Fall weit weg von allen anderen. Augenzeugen werden sehr ernst genommen. Aber jemand, der etwas gesehen hat, entschließt sich vielleicht zu schweigen. Denn als Zeuge wird er vielleicht zur zentralen Figur in den Auseinandersetzungen, die mit Sicherheit folgen. Zum Teil macht man ihn sogar für den Ausgang verantwortlich.

Für eine Frau ist es auch wichtig, eine gewisse emotionale Zurückhaltung ihrem Liebhaber gegenüber zu wahren. Der Ehemann muß immer an erster Stelle stehen, gleichgültig wie romantisch und aufregend die Affäre auch sein mag. Der kleinste Hinweis auf Untreue – die Zurückweisung der sexuellen Wünsche des Ehemanns, ungewöhnliche Streitsucht oder Reizbarkeit, zu lange Abwesenheit vom Dorf – kann sehr leicht zu wütenden Anschuldigungen und Eifersucht führen. Aber es ist unter Umständen schwierig, diese Gefühle unter Kontrolle zu behalten, besonders wenn ein neuer Liebhaber (zumindest temporär) im Mittelpunkt der Aufmerksamkeit steht. In seltenen Fällen werden langjährige Ehen aufgelöst, wenn die Gefühle der Verliebten sehr intensiv sind oder (ebenfalls sehr selten) weil die Frau schwanger ist. Wenn der Ehemann abwesend war, läßt sich der wahre Vater des

Kindes nicht verheimlichen. Dann versuchen die Verliebten vielleicht, ihre bestehenden Bindungen zu lösen, und heiraten. Auch wenn es dabei nicht zu Gewalttätigkeiten kommt, macht der emotionale Preis für alle Beteiligten diese Situation so unerfreulich, daß man sie möglichst vermeidet.

Soll eine außereheliche Beziehung Genuß verschaffen, muß man akzeptieren, daß die Gefühle für den Ehemann – «er ist der Wichtige» – «er lebt in der Hütte» – sich nicht mit den Gefühlen für den Liebhaber – «der Kleine» – «der aus dem Busch» – vermischen. Die eheliche Beziehung ist warm, liebevoll und sicher – die andere ist leidenschaftlich und aufregend, allerdings oft flüchtig und unberechenbar. Manche Kungfrauen (und Männer) halten es für ideal, beides zu haben. Der Reiz der Affären, sagen sie, ist nicht nur sexueller Natur. Geheime Blicke, verstohlene Küsse und kurze Begegnungen machen sie vielschichtig und reizvoll. Solche Beziehungen werden oft als aufregende Abenteuer geschildert und gehören zu den Themen, die die Frauen untereinander ausgiebig diskutieren.

Außereheliche sexuelle Kontakte scheinen nur unregelmäßig stattzufinden – das hängt zum Teil mit der fehlenden Privatsphäre zusammen. Nicht alle Erwachsenen haben Affären. Manche scheuen sich vor einem Skandal, andere fürchten sich vor möglichen Geschlechtskrankheiten (die in diesem Gebiet relativ neu sind).

Die meisten Kung sind stolz auf ihren Körper und besitzen ein großes Selbstbewußtsein. Es scheint das natürliche Ergebnis ihrer Erziehung zu sein. Man denke etwa an das soziale Umfeld eines Mädchens in der Pubertät. In den kleinen Dörfern gibt es, wenn überhaupt, dann nur wenige Gleichaltrige, mit denen es sich vergleichen kann. Deshalb vollzieht sich für sie der Übergang zur erwachsenen Frau nicht im Kontext intensiven Vergleichs und Wettbewerbs. Jedes junge Mädchen steht wahrscheinlich für Jahre im Mittelpunkt bewundernder Aufmerksamkeit. In der Zeit der körperlichen Reife liefern ihr die Männer anerkennende Kommentare zu den Veränderungen ihres Körpers – in einer Kultur, in der die Brüste nicht verhüllt werden, sind sie nicht zu übersehen –, sie äußern im Spaß Heiratsabsichten oder sagen, sie würden mit ihr davonlaufen. Manche schlagen ihr vielleicht tatsächlich vor, sie als Nebenfrau zu heiraten. Es ist unwahrscheinlich, daß das Mädchen diese Art Bewunderung mit anderen teilen muß.

Diese Erfahrung scheint das Selbstbewußtsein zu fördern. Ich beobachtete eines Tages eine Zwölfjährige, deren Brüste sich gerade zu entwickeln begannen. Das Mädchen betrachtete sich im Rückspiegel unseres Landrover. Sie studierte aufmerksam ihr Gesicht, stellte sich auf die Zehenspitzen und blickte prüfend auf ihre Brüste und ihren Körper, soweit sie ihn sehen konnte. Dann richtete sie ihre Aufmerksamkeit wieder auf das Gesicht. Sie trat einen Schritt zurück, um besser sehen zu können. Sie war ein hübsches Mädchen, aber in keiner Weise außergewöhnlich. Sie sah, daß ich sie beobachtete. Ich neckte sie auf die Art der Kung, die ich inzwischen gut gelernt hatte. «Wie häßlich! Wie kann ein junges Mädchen schon so häßlich sein.» Sie lachte. Ich fragte: «Glaubst du mir nicht?» Sie strahlte: «Keine Spur. Ich bin schön!» Sie betrachtete sich weiter im Spiegel. Ich sagte: «Schön? Vielleicht hat das Alter meine Augen getrübt, aber ich kann keine Schönheit sehen. Wo ist sie?» Sie antwortete: «Überall ... mein Gesicht, mein Körper. Es gibt nichts Häßliches an mir.» Sie traf diese Feststellung unbeschwert und mit einem fröhlichen Lächeln, aber auch ohne jede Spur der Überheblichkeit. Das Vergnügen, das ihr die Veränderungen ihres Körpers machten, war ebenso deutlich wie das Fehlen aller Konflikte deswegen.

Das Selbstbewußtsein, das die Kungfrauen in Kindheit und Jugend entwickeln, begleitet sie ihr ganzes Leben. Im Gegensatz zu den Erfahrungen vieler Frauen in unserer Kultur nutzt sich dieses Gefühl durch kulturelle Ideale von «vollkommener Schönheit» nicht ab (an dem sich die Frauen bei uns ständig messen); die Kung haben einen Blick für individuelle körperliche Attraktivität, und man hält bestimmte Menschen für besonders gutaussehend oder schön. Aber die Kultur mißt solchen Unterschieden nur wenig Bedeutung zu. Jeder hat die Möglichkeit, sich attraktiv zu machen. Man zieht einfach die besten Kleider an – den traditionellen Mantel aus Leder mit aufgenähten Perlen oder in letzter Zeit ein Kleid in leuchtenden Farben –; man wäscht sich, ölt Gesicht und Körper ein und schminkt sich mit kosmetischen Mitteln, die aus Wildpflanzen hergestellt werden. Mit Ausnahme von Kranken, «zu Mageren» und den sehr Alten halten die meisten Frauen sich für attraktiv. Um Selbstbewußtsein zu beschreiben, verwenden sie meist Redewendungen wie: «Ich habe Arbeit» – «Ich bin produktiv» oder sogar: «Ich bin wertvoll». Deshalb glauben die meisten Kungfrauen, es sei ihnen ohne weiteres möglich, einen Liebhaber zu finden – obwohl nicht alle von dieser Möglichkeit Gebrauch machen. Aber ausnahmslos alle Kungfrauen erreichen das Ziel, für einen Mann so attraktiv zu sein, daß er sie heiratet.

13

Das Ritual der Heilung

Num – die Kraft, zu heilen, ist etwas Gutes. Es ist eine Medizin, die deiner Medizin sehr ähnlich ist, denn sie ist stark. Wie deine Medizin den Menschen hilft, so hilft auch unser Num den Menschen. Aber um mit Num heilen zu können, muß man wissen, wie man sich in eine Trance versetzt. Denn in der Trance beginnt die Heilkraft, die im Körper des Heilers liegt – das Num –, zu wirken. Männer und Frauen lernen, wie man damit heilt, aber nicht alle wollen das lernen. Trancemedizin tut weh! Am Anfang einer Trance heizt das Num dich innerlich auf und zieht an dir. Es erhebt sich, bis es dein Inneres packt und dir die Gedanken raubt. Dein Verstand und deine Sinne verlassen dich, und du kannst nicht mehr klar denken. Die Dinge werden seltsam und verändern sich. Du kannst nicht mehr hören oder verstehen, was die Menschen sagen. Du siehst sie an, und plötzlich werden sie winzig. Du denkst: «Was ist los? Tut Gott das?» Nur noch das Num ist in dir. Mehr fühlst du nicht.

Du berührst Leute, legst ihnen die Hände auf und heilst, wen du berührst. Am Ende halten dich andere und blasen ihren Atem um deinen Kopf und in dein Gesicht. Plötzlich wachen deine Sinne wieder auf und kommen zu dir zurück. Du denkst: «Eh – hey, hier sind Leute», und du siehst wieder wie zuvor.

Mein Vater besaß die Kraft, Menschen mit Trancemedizin zu heilen. Er sang das Gemsbokantilopenlied. Bestimmte Tiere – Gemsbokantilope, Elenantilope und Giraffe – haben Trancelieder, die nach ihnen benannt sind. Es sind Lieder, die uns Gott vor langer Zeit geschenkt hat. Diese Lieder wurden uns gegeben, damit wir sie singen und mit ihnen arbeiten. Diese Arbeit ist sehr wichtig und gut. Sie ist ein Teil unseres Lebens.

Es ist immer dasselbe. Auch mit den Tieren ist es nicht anders. Wenn ein Jäger in den Busch geht, und Gott will, sagt er zu ihm: «Da drüben liegt ein totes Tier für dich.» Der Mann geht einfach durch den Busch, und bald sieht er ein totes Tier. Er sagt: «Wer hat es getötet? Es muß Gott gewesen sein, der mir ein Geschenk machen wollte.» Dann enthäutet er das Tier und ißt es. So lebt er.

Aber wenn Gott nicht gewollt hätte, hätte der Jäger viele Tiere sehen können, seine Pfeile hätten sie aber nie getroffen. Wenn Gott sich von einem Tier nicht trennen will, können die Pfeile eines Mannes nicht töten. Selbst wenn das Tier ganz in seiner Nähe steht, treffen seine Pfeile nicht. Schließlich gibt er auf, und das Tier springt davon. Nur wenn Gottes Herz sagt, daß ein Mensch das Tier erlegen soll – sei es eine Antilope oder eine Giraffe –, trifft er und hat zu essen. Er sagt: «Welch eine große Giraffe! Ich, ein Mensch, habe gerade etwas Kleines getötet, das Gott gehört.» Vielleicht trifft sein Pfeil aber auch eine große Elenantilope. So handelt Gott. So tut Gott Dinge, und so geschieht es auch mit uns, wenn wir leben. Denn Gott herrscht über alles.

Gott ist die Kraft, die die Menschen geschaffen hat. Er ist wie ein Mensch mit dem Körper eines Menschen. Er trägt schöne Kleider. Er hat ein Pferd, und darauf setzt er Menschen, die die Trance lernen, um Heiler zu werden. Gott läßt den Menschen in der Trance dorthin reiten, wo er ist, damit er den neuen Heiler sehen und mit ihm sprechen kann.[1]

Es gibt zwei verschiedene Wege, durch die man Trance lernen und zum Heiler werden kann. Manche lernen Trance und Heilen nur durch die Trommellieder. Meine Mutter konnte sich in Trance versetzen, aber sie lernte nie zu heilen. Es gibt andere, die sich mit Hilfe der Trommellieder in Trance versetzen und heilen ... und auch durch die Lieder, die man beim Zeremonientanz singt. Das Num ist in beiden Fällen gleich. Wenn ein Mensch im Sterben liegt und jemand trommelt die Trommelmedizinlieder, begibt sich ein Heiler in Trance und heilt den Kranken, bis er gesund ist. Männer und Frauen besitzen Num, und ihre Macht zu heilen, ist gleich groß. So wie ein Mann einen Kranken wieder gesund macht, so macht eine Frau einen Kranken wieder gesund.

Mein Vater war ein sehr mächtiger Heiler. Er konnte sich durch beide Arten Lieder in Trance versetzen, und er lehrte das Num meinen älteren Bruder. Er lehrte es auch meinen jüngeren Bruder. Aber als mein Vater starb, stahl er Kumsas Medizin. Dau ließ er sie, aber Kumsa nicht. Kumsa versucht nicht, jemanden zu heilen, der krank ist – das tut nur Dau.

Mein jetziger Mann Bo besitzt kein Num. Er fürchtete sich. Man wollte es ihn lehren, aber er weigerte sich. Er sagte, es würde ihm zu weh tun.

Num ist machtvoll, aber es ist auch unberechenbar. Manchmal hilft es, und manchmal hilft es nicht, denn Gott will nicht immer, daß ein kranker Mensch gesund wird. Manchmal sagt er einem Heiler in Trance: «Heute will ich diese Kranke. Morgen auch. Aber wenn du am übernächsten Tag versuchst, sie zu heilen, werde ich dir helfen. Ich gebe sie dir für eine Weile.» Gott beobachtet die Kranke, und der Heiler versetzt sich für sie in Trance. Schließlich sagt Gott: «Gut, ich habe sie nur etwas krank gemacht. Jetzt kann sie wieder aufstehen.» Wenn es ihr bessergeht, denkt sie: «Oh, wenn dieser Heiler nicht hiergewesen wäre . . . ich wäre sicher gestorben. Er hat mir das Leben wiedergegeben.»

Das ist Num – etwas sehr Hilfreiches!

Ich war eine junge Frau, als meine Mutter und ihre jüngere Schwester mich die Trommelmedizin lehrten. Es gibt eine Wurzel, die einem hilft zu lernen, sich in Trance zu versetzen. Sie gruben eine für mich aus. Meine Mutter legte sie in meinen kleinen Lederbeutel und sagte: «Jetzt wirst du anfangen, das zu lernen, denn du bist schon eine junge Frau.» Ich trug die Wurzel ein paar Tage im Beutel bei mir. Eines Tages nahm meine Mutter sie, zerstampfte sie zusammen mit Knollen und Bohnen und kochte den Brei. Es schmeckte schrecklich, und ich hatte einen bitteren Geschmack im Mund. Ich mußte mich übergeben. Wenn sie es nicht mit den anderen Dingen zerstampft hätte, würde mein Magen sich weit mehr dagegen gewehrt haben; ich hätte alles erbrochen, und die Wurzel hätte mir nicht geholfen. Ich trank mehrmals davon und übergab mich immer wieder. Schließlich begann ich zu zittern. Man massierte meinen Körper, während ich dasaß und spürte, wie die Wirkung stärker und stärker wurde. Mein Körper zitterte heftig. Ich begann zu weinen. Ich weinte, während die Leute mich berührten und mir bei dem halfen, was mit mir geschah.

Schließlich lernte ich, aus meinem Selbst auszubrechen und in Trance zu fallen. Als ich die Trommelmedizinlieder hörte, setzte die Trance ein. Andere flochten mir Perlen und Kupferringe in die Haare. Die Trance begann, und die Frauen sagten: «Die Trance beginnt, paßt gut auf sie auf. Laßt sie nicht fallen.» Sie beobachteten mich, berührten mich und halfen mir. Wenn noch eine Frau in Trance war, legte sie mir die Hände auf und half mir. Sie ölten mein Gesicht ein, und da stand ich – eine schöne junge Frau, die in Trance zitterte –, bis es vorbei war.

Ich liebte meine Mutter, weil sie mir das beibrachte, und nachdem ich es gelernt hatte, war ich sehr glücklich darüber. Jedesmal wenn ich hörte, daß die Leute Trommelmedizinlieder sangen, fühlte ich mich glücklich. Manchmal grub ich die Wurzel selbst, und wenn mir danach war, kochte ich sie und trank sie. Andere wollten auch davon haben, aber wenn sie nicht gelernt hatten, in Trance zu fallen, sagte ich: «Nein. Wenn ich dir etwas gebe, weißt du nicht richtig damit umzugehen.» Aber als ich erst einmal wußte, wie man richtig in Trance fällt, trank ich die Medizin nicht mehr. Ich brauchte sie nur am Anfang.

Wenn meine Nichte älter ist, werde ich die Wurzel für sie suchen, sie ein paar Tage lang in ihren Mantel legen und dann kochen. Sie wird lernen, sie zu trinken und in Trance zu fallen. Ich werde neben ihr stehen und es ihr beibringen.

Im Gegensatz zu meiner Mutter kann ich Leute mit Trommelmedizin heilen. Ein älterer Onkel lehrte es mich vor einigen Jahren. Er berührte mich mit den spirituellen Medizinpfeilen. So lernt es jeder. Wenn ich jetzt die Trommel höre: «Dong . . . dong . . . dong . . . dong», packt mich das Num, und ich kann Leute heilen.

Aber in letzter Zeit wollte ich niemanden heilen, auch wenn man mich darum bat. Ich lehnte ab, weil die Schmerzen so stark sind. Manchmal habe ich Angst, weil es in meinem Inneren schrecklich zieht. Es zieht und zieht tief in mir. Ich fürchte mich vor dem Schmerz. Deshalb lehne ich ab. Außerdem werde ich manchmal für eine Weile krank, nachdem ich jemanden geheilt habe. Es ist noch nicht lange her, als ich die Frau meines älteren Bruders heilte. Am nächsten Tag war ich krank. Ich dachte: «Ich werde es nicht wieder tun. Ich habe sie geheilt, und jetzt bin ich krank!» Dau heilte sie kürzlich wieder. Ich saß dabei und sang die Medizinlieder für ihn. Er bat mich, ihm zu helfen. Aber ich sagte: «Nein, das letzte Mal wurde ich so krank, daß ich beinahe starb. Meine Medizin ist nicht stark genug.»

Ich besitze eine Meisterschaft darin, zu den Trommelmedizinliedern in Trance zu fallen. Ich lege den Menschen die Hände auf, und dann geht es ihnen meist besser. Ich weiß, wie man Gott davon abhält, jemanden zu töten, und ich kann ihn dazu bringen, mir einen Menschen zurückzugeben. Aber ich habe noch nie direkt mit Gott gesprochen; ich habe ihn auch nicht gesehen, und ich bin nicht dort gewesen, wo er lebt. Meine Heilkraft ist immer noch sehr gering, und ich habe diese Reisen noch nicht gemacht. Andere haben es getan, aber nicht so junge Heiler wie ich. Ich heile nicht sehr oft, nur ab und zu. Ich bin eine Frau, und Frauen heilen nicht oft. Sie fürchten sich vor dem Schmerz der Medizin, und es tut wirklich weh! Aber eigentlich weiß ich nicht, warum Frauen nicht öfter heilen. Die Männer haben weniger Angst. Es ist wirklich komisch . . . Frauen fürchten sich nicht vor der Geburt, aber sie fürchten die Medizin.

Das Reich des Spirituellen durchdringt alle Bereiche im Leben der Kung. Das Spirituelle gibt den entscheidenden Ausschlag im empfindlichen Gleichgewicht zwischen Leben und Tod, Krankheit und Gesundheit, Regen und Dürre, Überfluß und Mangel. Es wird von einem Gott und seinem Gefolge niederer Götter beherrscht. Die mächtigen und weniger mächtigen Gottheiten sind nach menschlichem Vorbild geschaffen; ihre Eigenschaften spiegeln die Vielfalt der Möglichkeiten wieder, die der menschliche Geist hervorbringt. Manchmal sind sie freundlich, menschlich und großzügig, dann wieder heimtückisch, rachsüchtig oder grausam. Ihr willkürliches Verhalten ist für die Unberechenbarkeit von Leben und Tod der Menschen verantwortlich.

Die Geister greifen in das Leben der Menschen ein, indem sie zum Beispiel unsichtbare Pfeile auf sie abschießen, die Krankheit, Tod oder

Unglück bringen. Gelingt es, den Pfeil abzuwehren, kann sich die Krankheit im Menschen nicht festsetzen. Ist sie aber bereits in den Körper eingedrungen, müssen die Pfeile entfernt werden, damit der Kranke wieder gesund wird. Der Geist eines Vorfahren übt seine Macht vielleicht auf diese Weise aus, wenn ein Mensch von den anderen nicht gut behandelt wird: Sie streiten immer wieder mit einer Frau; ihr Mann demonstriert durch unverhüllte Affären, wie wenig er von ihr hält; die Leute im Dorf wollen nicht mit ihr zusammenarbeiten oder teilen. In einem solchen Fall kann der Geist zu dem Schluß kommen, daß sich niemand darum kümmert, ob sie lebt oder ob er «sie in den Himmel nimmt».

Es ist die Aufgabe der Kungheiler – Männer und Frauen, die die mächtige Heilkraft besitzen, die man *Num* nennt –, zwischen Geistern und Menschen zu vermitteln und die unsichtbaren Pfeile aus dem Körper zu entfernen. Das Num eines Heilers schlummert im allgemeinen, bis eine Anstrengung unternommen wird, es zu wecken. Dies kann einem Heiler allein gelingen, indem er singt oder ein Instrument spielt; aber die übliche Methode ist die medizinische Heilzeremonie oder der Trancetanz. Die Frauen singen monotone Melodien, zu denen der Heiler manchmal stundenlang um das Feuer tanzt. Musik, Gesang, die Anstrengung des Tanzens, der Rauch, die Hitze des Feuers und die intensive Konzentration des Heilers bewirken, daß das Num sich erhitzt. Wenn es zu kochen beginnt, setzt die Trance ein.

In diesem Moment steht das Num der gesamten Dorfgemeinschaft als mächtige Heilkraft zur Verfügung. In Trance legt der Heiler Hände auf und heilt rituell jeden, der um das Feuer sitzt. Er hält seine leicht zuckenden Hände an den Kopf des Kranken, an dessen Brust oder dorthin, wo die Krankheit sitzt. Der Heiler zittert am ganzen Körper; er atmet tief und schwer und ist schweißbedeckt – dem Schweiß schreibt man ebenfalls Heilkraft zu. Das «Schlechte», das er im Kranken entdeckt, zieht er in den eigenen Körper, wo es auf das Num trifft, das im Rückgrat aufsteigt. Der Heiler stößt einen Laut aus, der in einem markerschütternden Schrei gipfelt, während die Krankheit aus seinem Körper in die Luft geschleudert wird.

In Trance sehen viele Heiler Götter und Geister, die außerhalb des Feuerscheins sitzen und sich am Schauspiel des Tanzes erfreuen. Manchmal kennt er sie – verstorbene Verwandte und Freunde –, aber mitunter sind es auch «einfache Leute». Um wen es sich auch handelt, der Heiler macht sie meist für das Unglück verantwortlich, das über die Dorfgemeinschaft gekommen ist. Er bewirft sie mit Gegenständen, beschimpft sie und warnt sie energisch davor, einen der Lebenden in das Dorf der Geister zu entführen.

Um eine schwere Krankheit zu heilen, ruft man einen erfahrenen Heiler, denn nur er besitzt genug Wissen, um auf die gefährliche Reise zu gehen, die vielleicht für die Heilung notwendig ist. Man glaubt, daß in Trance die Seele den Körper des Menschen verläßt, um in die Welt der Geister zu reisen. Dort erfährt sie den Grund für die Krankheit. Meist ist es der Geist eines Vorfahren oder ein Gott, und der Heiler bittet ihn, seine Absicht zu überdenken. Gelingt es, ihn zu überreden, und er erfüllt den Wunsch des Heilers, wird der Kranke sich erholen. Bleibt der Geist aber unbeeindruckt oder gibt nur ausweichende Antworten, gelingt die Heilung nicht. Dann geht der Heiler vielleicht zu dem Hauptgott; aber selbst dort hat er nicht immer Erfolg. Ein Heiler erklärte dazu: «Manchmal, wenn ich mit Gott rede, sagt er: ‹Ich möchte, daß dieser Mensch stirbt; ich will nicht, daß du ihn heilst!› Aber es gibt auch Fälle, in denen Gott hilft. Ein Schwerkranker steht dann vielleicht am nächsten Morgen auf und kann wieder gehen.»

Reisen in die Welt der Geister hält man für gefährlich, denn die Seele des Heilers verläßt dabei seinen Körper, und er ist währenddessen «halb tot». Mediziner und Wissenschaftler haben sich mit diesem Zustand beschäftigt und bestätigt, daß es sich dabei um eine Art Bewußtlosigkeit handelt. Man glaubt, daß das Num anderer Heiler ihn in diesem Zustand vor dem Tod bewahrt. Man widmet ihm große Aufmerksamkeit und Fürsorge. Sein Körper wird kräftig massiert, man reibt ihm den Schweiß in die Haut und legt ihm Hände auf. Erst wenn das Bewußtsein zurückkehrt – das Zeichen, daß seine Seele sich wieder mit dem Körper vereinigt hat –, hören die anderen mit dieser Behandlung auf.

In dem eigentlichen Grund der Krankheit, den der Heiler in Trance entdeckt, zeigt sich sein Verständnis, daß psychologische Faktoren bei Krankheiten eine große Rolle spielen. Die Analyse des Kungheilers im Fall einer jungen Frau mit einer Malariaattacke illustriert zum Beispiel seine Erkenntnis, daß der Tod des kürzlich gestorbenen Vaters ihre Gesundheit untergraben hatte. Die Seele des Heilers reiste in die Welt der Toten, um herauszufinden, warum die Frau krank war. Er traf den Geist des Vaters, der auf dem Boden saß und den Geist seiner Tochter in den Armen hielt. Er wiegte sie zärtlich und sang für sie. Der Heiler fragte, warum seine Tochter bei ihm in der Welt der Toten sei und nicht im Land der Lebenden. Der Vater erklärte, er habe sich ohne sie in der Geisterwelt einsam und verzweifelt gefühlt und sie geholt, um wieder mit ihr zusammenzusein. Der Heiler verteidigte das Recht und die Pflicht der Tochter, zu leben: «Deine Tochter hat im Leben noch viele Aufgaben. Sie muß sich um ihre Kinder kümmern, für die Familie und Verwandten sorgen, und sie muß bei der Erziehung der Enkelkinder helfen.» Nach einer erregten Diskussion überzeugte der Heiler den Geist davon, seiner Tochter Zeit zu lassen, alt zu werden und zu erleben, was das Leben zu bieten habe. «Dann wird sie zu dir kommen.» Zögernd stimmte der Vater zu, lockerte seinen Griff, und der Geist der Tochter kehrte in ihren Körper zurück. Die Heilung war erfolgreich, und die Frau wurde wieder gesund.

Im Num spiegelt sich das elementare Gleichheitsprinzip der Kung wider. Es ist nicht nur wenigen Privilegierten vorbehalten; beinahe die Häfte der Männer und ein Drittel der Frauen besitzen es. Es gibt genug Num für alle; es ist unerschöpflich und kann allen dienen. Nahezu jeder, der bereit ist, sich der anstrengenden Lernprozedur zu unterziehen, kann es erwerben. Aber nicht jeder will es. Viele Anwärter fürchten sich oder sind nicht ehrgeizig genug. Andere – allerdings wenige – bemühen sich erfolglos um Num. Die Kung sagen, man kann das Num eines Menschen stärken, indem man daran arbeitet. Aber letzten Endes bestimmt Gott, wie stark es ist.

Der übliche Weg zum Num besteht für einen jungen Mann darin, daß ihn ein erfahrener Heiler, oft ein naher Verwandter, während des zeremoniellen Medizintanzes anleitet. Der Anwärter folgt dem Heiler – entweder tanzt er allein, oder er legt seine Arme um die Taille des Heilers – Stunde um Stunde, mit nur kurzen Unterbrechungen, oft von der Dämmerung bis zum Morgengrauen. Jedesmal wenn die Trance des Heilers intensiv und machtvoll wird, reibt er den Körper des Anwärters mit seinem Schweiß ein, legt ihm die Hand auf und schnippt mit den Fingern wiederholt gegen die Taille des Anwärters, um spirituelle Pfeile in seinen Körper zu schießen – man glaubt, daß auf diese Weise das Num übertragen wird. Dieser Vorgang wird vielleicht mehrmals im Laufe der Nacht wiederholt; die «Lehrzeit» dauert Monate, mitunter sogar Jahre, aber der Novize – zu dieser Zeit meist um zwanzig Jahre alt – wird am Ende ein Heiler.

Während der «Lehrzeit» besteht eine große Abhängigkeit vom Lehrer; sie hilft dem Novizen, seine Abwehr aufzugeben und das veränderte Bewußtseinsstadium zu erreichen – oder wie die Kung es ausdrücken, eine höhere spirituelle Realität. Der Anfänger erlebt oft extreme emotionale Schwankungen, wenn er lernt, sich in Trance zu versetzen. Er greift vielleicht plötzlich nach brennendem Holz oder wirft sich ins Feuer, oder er läuft hinaus in den nächtlichen Busch. Er weint oder wütet gegen die Gruppe, bewirft sie mit glühenden Kohlen oder heißem Sand oder zertrümmert Gegenstände in seiner Reichweite. Im nächsten Moment jammert er wie ein kleines Kind, und wenn man ihm etwas zu trinken gibt, spuckt er es sofort wieder aus. Überwältigt ihn die Trance, verliert er vielleicht das Bewußtsein, stürzt zu Boden und wirkt halb tot. Ein solches Verhalten alarmiert die Umsitzenden nicht wirklich. Die Frauen in der Nähe des Feuers verhindern, daß er sich verbrennt, und die Männer laufen hinter ihm her und holen ihn aus dem Busch zurück. Die anderen Heiler, besonders sein Lehrer, sind dafür verantwortlich, daß seine Seele wieder in seinen Körper zurückkehrt, nachdem er das Bewußtsein verloren hat; und sie lehren ihn, die Kontrolle über die Trance nicht zu verlieren. Erst die gebändigte Tranceenergie kann dem Allgemeinwohl dienen. Jüngere Männer, die sich in der Trance äußerst dramatisch und extrem verhalten, sind deshalb meist weniger mächtige Heiler als ältere Männer, die die großen Kräfte meistern, die in der Trance freigesetzt werden.

Ein alter Mann drückte dies so aus: «Mein Num ist stark. Ich kann mit den Leuten reden, aufstehen und Holz aufs Feuer legen, wenn ich in Trance bin.» Heiler wie er können sich meist leicht, beinahe willentlich in Trance versetzen und sind weniger von äußerer Stimulation abhängig. Bei anderen wird die altersbedingte Schwächung des Körpers von einer ähnlichen Schwächung der spirituellen Kräfte begleitet.

Trotz der ernsten und dramatischen Natur des Num ist die Atmosphäre beim traditionellen Medizintanz alles andere als ehrfurchtsvoll. Für die Kung handelt es sich um ein wichtiges gesellschaftliches Ereignis; alle sind aufgeregt und in festlicher Stimmung. Es führt zur Festigung der gemeinschaftlichen Bande, und Konflikte werden vergessen. Die Dorfbewohner unterhalten sich, flirten, machen Späße und kommentieren, was geschieht. Diese Tänze werden selten geplant, mit Ausnahme von schweren Krankheitsfällen, und finden meist spontan statt – etwa nach den ersten Regenfällen, nachdem ein großes Tier erlegt wurde oder wenn Kinder einen Trancetanz gespielt und die Erwachsenen mit ihrer ausgelassenen Stimmung angesteckt haben. Obwohl Heiler und Novizen im Mittelpunkt stehen, kann ein Tanz nie ohne aktive Teilnahme der anderen stattfinden. Jeder, der Lust dazu hat, beteiligt sich, und in den Wintermonaten, wenn sich die Kung in der Nähe der permanenten Quellen sammeln, nehmen meist sehr viele daran teil. Die Heiler sagen, ihre Trance intensiviere sich, wenn außer ihnen noch viele andere Männer in Trance fallen. Sie glauben, daß ihr Num dann machtvoller ist.

Bei den Ritualtänzen bilden die Frauen den Chor. Ihr Singen und Klatschen ist ein wesentlicher Bestandteil des Tanzes und beeinflußt die Stärke des Num, das in einem Heiler aufsteigt. Außerdem ist es ihre Aufgabe zu verhindern, daß die Männer in Trance sich am Feuer verletzen. Manche Frauen halten oder massieren die Körper ihrer Männer, bis diese ihre Trance unter Kontrolle haben. Unter den Frauen sind vielleicht eine oder zwei erfahrene Heilerinnen, die selbst Hände auflegen und Seite an Seite mit den Männern heilen.

Es gibt einen anderen Tanz, bei dem hauptsächlich Frauen ihr Num aktivieren und in die Welt der Geister reisen. Der Tanz der Frauen oder Trommeltanz scheint im Dobegebiet relativ neu zu sein, obwohl man ihn dort seit mindestens hundert Jahren kennt. Ein Mann trommelt bestimmte Rhythmen – darin unterscheidet sich dieses Ritual von den anderen Medizintänzen –, die Frauen stehen im Halbkreis und klatschen einen bestimmten Rhythmus und singen eine bestimmte Melodie. Der Trommeltanz ist in der letzten Zeit häufiger aufgeführt worden und beginnt im religiösen Leben der Gemeinschaft eine Rolle zu spielen. Obwohl sich einige Männer nicht dafür interessieren, werden andere angezogen und sitzen als Zuschauer dabei.

Trotzdem ist die elementare psychische Erfahrung beider Tänze vergleichbar. Wenn die Frauen in Trance fallen, zeigt sich das etwas anders als bei den Männern. Die Frau steht auf der Stelle, während ihr Körper von Kopf bis Fuß in heftige Schwingungen gerät – insbesonders in der unteren Körperhälfte. Erfahrene Frauen können diese Bewegung lange Zeit aufrechterhalten; weniger erfahrene werden oft überwältigt, fürchten sich und setzen sich auf den Boden, um sich zu beruhigen. Frauen, die die Trance in ihrer ganzen Kraft erleben wollen, haben meist die gleichen Schwierigkeiten wie Männer mit der Intensität der freigesetzten Gefühle. Sie können die Kontrolle verlieren, rennen in den Busch, greifen ins Feuer und bewerfen andere mit brennenden Zweigen oder stürzen zu Boden.

Ungefähr ein Drittel der Kungfrauen ist in der Lage, sich in Trance zu versetzen. Aber nur wenige lernen, Hände aufzulegen und zu heilen – was im spirituellen Leben der Kung zweifellos die höchste Achtung genießt. Die meisten Frauen benutzen ihr Num nicht dazu, anderen zu helfen, sondern sehen den überwältigenden Trancezustand als ausreichendes Ziel. Viele äußern den Wunsch, in höhere spirituelle Bereiche vorzudringen, aber die meisten verzichten darauf. Manche begründen dies mit der größeren Furcht der Frauen vor Schmerz (mit der Trance assoziiert man allgemein intensiven körperlichen Schmerz). Aber es ist sehr viel wahrscheinlicher, daß die weniger gezielte Ausbildung der Mädchen und Frauen und die beschränkten Möglichkeiten, das Können zu praktizieren, dafür ausschlaggebend sind.

Ein Mädchen erlebt den veränderten Bewußtseinszustand vielleicht zum erstenmal mit acht Jahren, wenn die Mutter ihr kleine Mengen einer psychoaktiven Wurzel *(Gwa)* zu essen gibt. Die Ausbildung wird bei der ersten Schwangerschaft unterbrochen, da man glaubt, das Num schade dem Fötus und Kleinkindern. Wird die spirituelle Ausbildung der Frau überhaupt wiederaufgenommen, dann wahrscheinlich erst, wenn sie über vierzig und ihr letztes Kind zumindest entwöhnt ist. Die gleichaltrigen Heiler haben zu diesem Zeitpunkt ihr Können schon lange erworben – zu einer Zeit, als sie noch jung, körperlich stark und anpassungsfähig waren.

Trotz dieser Hindernisse ist es immer einigen älteren Kungfrauen gelungen, die hohen Ebenen spiritueller Meisterschaft zu erreichen. Wenn sie Hände auflegen, gilt ihr Num als ebenso mächtig und wirkungsvoll wie das von Männern mit vergleichbarer Erfahrung und ähnlichem Können. Das derzeitige Interesse am Trommeltanz wird möglicherweise noch mehr Frauen ermutigen, sich aktiv damit zu beschäftigen. Die erfolgreichen Heilerinnen fördern diese Entwicklung, indem sie Trommeltänze in den Dörfern durchführen; sie bringen den Frauen bei, sich in Trance zu versetzen; sie übertragen ihnen das Num und lehren sie, Hände aufzulegen und zu heilen.

14

Weitere Verluste

Wenn man mehrere Kinder hat, weiß man, daß eines wahrscheinlich sterben wird. So war es bei mir. Die Kleine, mein erstes Kind, starb als erstes. Sie starb, bevor ich wieder schwanger war. Ich trauerte um sie und weinte. Ich preßte die Milch aus meinen Brüsten und schüttete sie in den Sand, denn sie waren voll Milch und schmerzten. Ich trauerte monatelang. Dann dachte ich: «Ich werde noch mehr Kinder bekommen.»

Ich wurde wieder schwanger, und mein Bauch wuchs. Ich bekam mein zweites Kind: Nai. Sie wuchs heran, und ich wurde mit meinem dritten Kind schwanger, einem Mädchen, das auch sehr bald starb. Ich wurde wieder schwanger und bekam mein letztes Kind: Kxau. Ich sorgte für ihn, und er wuchs heran. Er, ein kleiner Junge, und sie, ein kleines Mädchen, wurden zusammen groß.

Aber sie starben beide. Mein Sohn wußte bereits über Mädchen Bescheid und wie man sie liebt. Meine Tochter war bereits eine junge Frau und menstruierte. Ihre Brüste waren groß und straff. Sie war groß – sie war nicht so klein wie ich. Sie war schön! Sie starb vor meinem Sohn.

Nai und Kxau – diese zwei lebten. Sie wurden alt genug, um mir zu helfen und etwas zu tun. Ihr Tod bereitete mir große Schmerzen. Eh, Mutter! Ich starb beinahe vor Qual und Pein. Ich trauerte viele Sommer um sie, denn wir taten viele Dinge zusammen. Wir gingen zusammen in andere Dörfer und redeten über vieles. Nais jüngerer Bruder ging schon selbst auf die Jagd und brachte Fleisch mit zurück. Kxau erlegte nur ein großes Tier, ehe er starb ... eine

Gemsbokantilope. Aber er hatte schon viele kleinere Tiere nach Hause gebracht – Steenbok- und Duckerantilopen. Er gab mir das Fleisch, und wir saßen am Feuer und redeten. Nai füllte die Wasserbehälter an der Wasserstelle. Manchmal ging sie mit den anderen Frauen sammeln, auch wenn ich zu Hause blieb. Wenn sie zurückkam, gab sie mir, was sie gesammelt hatte.

Ich erinnere mich, daß ich sie einmal mit in den Busch nahm. Wir waren nur zu zweit – zwei Frauen allein im Busch. Damals war ich noch mit Besa verheiratet. Aber die Sache mit Bo hatte schon angefangen. Besa war immer eifersüchtig. Er beschuldigte mich immer und schimpfte mit mir. Eines Tages riß mir die Geduld, und ich nahm Nai und verließ ihn. Ich dachte, sie ist alt genug. Kxau blieb bei Besa zurück. Wir gingen und gingen, bis wir schließlich an den Platz kamen, wo Ninbeeren wuchsen. Dort blieben wir und sammelten.

Besa verließ das Dorf bald nach uns. Er folgte unseren Spuren, bis er uns erreichte. Er sagte: «Ich komme, um euch ein brennendes Holzscheit zu bringen, damit ihr Feuer habt. Ich weiß, du warst zornig, als du gegangen bist. Ich weiß, ihr beide wandert allein. Aber du bist eine Frau, und du wirst bald Angst haben, allein im Busch zu sein, und auch Nai wird sich fürchten. Also laß mich um ihretwillen mit dir gehen.»

Ich sagte: «Es ist mir egal, was du tust, denn ich mag dich nicht mehr. Du redest soviel. Andere Leute leben, aber du, du bringst mich mit deinen vielen Worten um. Deshalb habe ich heute das Kind genommen und bin gegangen. Wenn Gott uns beschützt, wenn Gott uns behütet, wandern wir auf diesem Pfad weiter.» Besa verließ uns und ging ins Dorf zurück.

Nai und ich gingen und gingen, bis wir an einen Brunnen kamen, wo wir die Nacht über blieben. Ich machte ein Feuer, und Nai spielte die Pluriarc[1], die sie immer bei sich trug. Sie lag da und spielte. Ich saß neben ihr und aß Ninbeeren. Sie spielte lange, und als sie aufhörte, saßen wir beisammen und redeten. Wir redeten und redeten so lange, daß der Mond unterging, ehe wir uns schlafen legten. Uns geschah nichts. Wir beide lagen auf dem Boden und schliefen. Wir schliefen sehr gut. Morgens wachten wir auf und gingen weiter, bis wir ins Dorf meines Bruders kamen.

Als Dau uns sah, sagte er: «Was? Wer hat dich gezwungen, mit deiner Tochter allein durch den Busch zu wandern? Du kommst allein mit ihr hierher? Habt ihr im Busch geschlafen, oder seid ihr die ganze Nacht gewandert?» Nai antwortete: «Mutter und ich sind gestern gegangen, weil sie Streit mit Besa hatte. (Nai nannte ihn immer Besa, weil er nicht ihr wirklicher Vater war.) Ihr Herz wendete sich gegen ihn, und deshalb sind wir gegangen. Wir haben unterwegs am Brunnen geschlafen, und jetzt sind wir hier.» Dau sagte: «Es stimmt. Besa redet viel . . . aber ein wildes Tier hätte dich und deine Mutter töten können. Was deine Mutter gemacht hat . . . hätte euch beiden das Leben kosten können.»

Wir lebten eine Weile im Dorf meines Bruders. Und während wir dort waren, wollte ein Zhuntwa Nai heiraten. Schließlich tat er es. Ich lebte weiter bei meinem Bruder. Aber Nai zog ins Dorf ihres Mannes. Eines Tages kam jemand und sagte: «Deine Tochter hat ihre erste Menstruation.» Ich verließ das Dorf und ging zu ihr. Wir tanzten, solange sie menstruierte. Wir tanzten jeden Tag für sie. Als es vorüber war, wuschen wir sie, und sie kam aus der Hütte, in der sie gelegen hatte. Nachdem alles vorüber war, kehrte ich in das Dorf meines Bruders zurück.

Danach wollte Nais Mann Sex mit ihr haben. Sie weigerte sich und dachte: «Ich habe doch gerade erst die Waschungen meiner ersten Menstruation hinter mir. Warum sagt dieser Mann, wir sollten Sex miteinander haben?» Weil sie solche Gedanken hatte, weigerte sie sich. Aber er ließ nicht locker.

Und so geschah es. Eines Nachts wurde er so zornig, daß er sie packte und versuchte, sie mit Gewalt zu nehmen. Sie kämpften miteinander, und er stieß sie heftig. Sie stürzte und brach sich das Genick – einer der Knochen stand so weit heraus, daß man ihn sehen konnte.

Sie lebte nur noch wenige Tage und war sehr krank. Jemand kam zu mir und sagte: «Nisa, deine Tochter ist sehr krank. Geh und besuche sie. Ihr Mann hat sie geschlagen, und jetzt liegt sie bewegungslos in der Hütte. Ich weiß nicht, was sie hat, aber ich bin gekommen, um es dir zu sagen.»

Ich ging in ihr Dorf und sah sie. Sie konnte kaum sprechen. Mit einer Geste zeigte sie mir, wie ihr Mann sie gepackt hatte, und sie sagte unter großen Schwierigkeiten: «Mein Mann wollte mit mir schlafen, aber ich weigerte mich. Er packte mich und stieß mich, und jetzt ist mein Hals gebrochen.» Sie nahm meine Hand und führte sie an ihren Hals. Ich spürte den gebrochenen Knochen.

Wir brachten sie in unser Dorf, und ihr Onkel Dau versuchte, sie zu heilen. Aber er sah, daß es keine Rettung mehr gab. Er sagte: «Dein Kind . . . der Knochen in ihrem Hals ist gebrochen, und sie wird sterben. Du kannst jetzt schon um sie weinen. Du sitzt hier und hoffst, daß sich etwas ändert. Es stimmt, sie hat noch immer ihre Schönheit, ihre hellhäutige Schönheit, obwohl sie todkrank ist. Glaubst du, deshalb wird sie am Leben bleiben? Glaubst du, deshalb mußt du nicht weinen?»

Er gab seine Bemühungen auf und setzte sich auf den Boden. Ich sah es und begann zu weinen. Dann hörte ich wieder auf und sagte: «Nein, ein Zhuntwa hat mein Kind getötet, und ich will nicht um sie weinen. Ich will warten, bis dieser Mensch hierherkommt. Vielleicht kommt er morgen, und wenn er hier ist, werde ich ihn töten. Vielleicht tu ich auch, was er getan hat. Wenn seine ältere Schwester hierherkommt, werde ich sie umbringen und begraben.»

Wir blieben bei meiner Tochter, bis sie starb.[2] Sie lebte nur noch zwei Tage. Als sie starb, weinte ich und weinte: «Warum ist das geschehen? Meine Tochter war alt genug, um ein Kind zu bekommen. Ein Kind hätte ich auf den Armen tragen und mit Freude begrüßen können. Aber diese Frau, die bereits erwachsen war, die meine Tochter war, ist tot.»

Am nächsten Tag kam ihr Mann in unser Dorf, um zu trauern. Er kam mit seiner älteren Schwester. Als ich sie sah, packte ich sie und stieß ihr mein Knie in den Bauch. Ich schrie: «Du hattest die Möglichkeit, Kinder zu gebären, aber meine Tochter nicht.» Ich warf sie zu Boden und würgte sie – ich wollte ihr den Hals brechen. Sie begann zu schreien, und die anderen kamen herbeigelaufen und rissen mich weg. Ich trat sie in den Bauch. Ihr Bruder, Nais Mann, sagte: «Es ist gerecht, wenn Nais Mutter sich rächen will. Ich habe Unglück über sie gebracht.»

Ich holte meinen Grabstock und schlug auf ihn ein. (Ich schlug ihn auf den Körper, nicht auf den Kopf. Ich fürchtete, ihm den Schädel einzuschlagen, und das Blut würde spritzen. Das wollte ich nicht. Davor fürchtete ich mich.) Ich schlug ihn, wieder und wieder, aber schließlich hörte ich auf. Ich sagte: «Jetzt habe ich genug. Ich habe deine Schwester geprügelt, und ich habe dich geprügelt.

Das reicht mir. Nehmt den Leichnam meiner Tochter und beerdigt ihn. Ich gehe nicht mit euch.»

Das taten sie auch. Sie trugen meine Tochter aus dem Dorf und begruben sie, während ich zurückblieb und weinte.

Später ging ich zu dem Tswanaführer und erzählte ihm, was geschehen war. Er berief eine Versammlung ein. Er fragte Nais Mann: «Ein junges Mädchen wollte nicht mit dir schlafen, und du hast versucht, sie mit Gewalt zu nehmen?» Dann sagte er: «Du hast sie umgebracht. Du hast Nisa die Tochter geraubt. Was willst du Nisa als Gegenleistung geben? Was willst du Nisa geben, die neben dir steht und weint?» Nais Mann stand auf und antwortete: «Ja, ich war bei meiner Frau und sagte zu ihr, daß ich mit ihr schlafen wolle. Aber sie stieß mich zurück.»

Der Führer sagte: «Wenn ein Mädchen gerade zum erstenmal menstruiert, hat man keinen Sex mit ihr. Man wartet, bis es vorüber ist. Nai wußte, warum sie dich wegstieß. Aber das hat dich nicht abgehalten, und du hast sie getötet!» Dann sagte er: «Ich möchte, daß du morgen Nisa fünf Ziegen bringst.»[3]

Ich schrie: «Nein, meine Tochter ist tot. Dieser Mann hat mein Kind umgebracht. Ich möchte keine Ziegen. Ich möchte, daß du ihn ins Gefängnis wirfst und hinrichten läßt.» Dann begann ich zu weinen. Ich weinte und weinte und weinte.

Der Führer entschied anders. Er tat ihm nichts. Er ließ ihn noch nicht einmal prügeln. Er ließ ihn gehen, und er lebt noch immer unter uns. Aber er kam und brachte mir die Ziegen. Ich behielt drei für mich und gab zwei dem Führer.

Aber ich weinte noch monatelang. Ich weinte und weinte. Erst als viele Monde vergangen waren, hörte ich schließlich auf.

Nur mein Sohn war mir geblieben. Nach Nais Tod lebten wir lange Zeit zusammen, bevor seine Brust ihn zu schmerzen begann. Er war bereits ein junger Mann, ein «Schattenexperte».[4] Er sah so gut aus, daß alle jungen Frauen ihn heiraten wollten!

Nach einer Reise mit einem Herero in den Osten setzte die Krankheit ein. Am Abend, als er zurückkam, ging es ihm gut. Auch in der nächsten Nacht schlief er noch. Aber am Tag darauf setzte sich die Krankheit wie bei seinem Vater in der Brust fest.

Es begann mit einem Bienenschwarm, den er in einem Termitenhügel entdeckt hatte, während er im Busch jagte. Es gab noch

Honig, aber einen Teil hatte bereits ein Honigdachs gefressen, der den Bienenstock zuerst entdeckt hatte. Kxau starb an dem, was übriggeblieben war. Er sammelte den Honig und aß ihn, und Gott schleuderte einen Pfeil in seine Brust. Vielleicht wollte Gott nicht, daß er den Honig aß, von dem der Honigdachs schon gefressen hatte, denn als er zurückkam, sagte er: «Mutter, ich habe Honig gefunden, den ein Honigdachs übriggelassen hat. Ich habe davon gegessen, aber jetzt habe ich Schmerzen in der Brust. Es ist, als ob mich hier etwas geschlagen hätte, als ob ein Stock in meine Brust eingedrungen wäre und versucht mich zu töten.»

Mein älterer Bruder begann, ihn zu heilen. In Trance sah er die Ursache der Krankheit. Er sagte: «Ja, es ist der Pfeil, mit dem Gott ihn getroffen hat, der ihn krank macht. Gott sagt, Kxau stahl Honig, der dem Honigdachs gehörte. Er hätte das nicht tun dürfen.»

Er war lange krank, bevor er starb. Er war Tag um Tag krank, monatelang. Zuerst einen Monat, dann noch einen Monat und noch einen, und mit jedem Monat starb etwas von ihm. Uhn, uhn . . . ich litt unaussprechliche Qualen. Er war als einziger übriggeblieben. Ich sagte: «Ich habe nur dieses Kind. Nur er hilft mir und tut etwas für mich. Er gibt mir Essen und Häute. Und nun stirbt er einfach! Wie grausam ist das!» Mein Bruder und andere versuchten, ihn zu heilen. Sie bemühten sich um ihn und legten ihm die Hände auf, aber die Krankheit wich nicht aus seiner Brust.

Die Krankheit blieb hartnäckig, und schließlich starb er.[5] Ich klagte: «Warum habe ich kein einziges Kind mehr? Für welche Schuld muß ich büßen? Wie habe ich mich gegen Gott vergangen? Ich habe nichts falsch gemacht. Ich habe Gott nicht beleidigt, nicht im geringsten. In welche Trauer stürzt Gott mich, indem er mir alle Kinder nimmt? Was kann meinen Schmerz lindern?»

Diesesmal weinte ich sehr viel länger. Jetzt hatte ich noch nicht einmal mehr meinen Sohn. Ich weinte Monat um Monat, bis mich die Tränen beinahe umbrachten. Ich weinte, bis ich krank wurde und selbst beinahe gestorben wäre. Mein älterer Bruder kam zu mir und versuchte zu helfen. Er versetzte sich in Trance und heilte mich. Er legte mir die Hände auf und bemühte sich sehr. Er versuchte, mir zu helfen. Schließlich sagte er: «Wenn dieser Mond vorüber ist, sollst du nicht mehr trauern. Auch Gott mißbilligt, was du tust. Auch Gott sagt, du sollst nicht mehr um deinen Sohn weinen. Du mußt jetzt damit aufhören!» Andere sagten mir das gleiche: «Genug! Du mußt jetzt aufhören zu trauern!»

Ich hörte auf sie und beendete die Trauer. Ich war erschöpft. Ich hatte für alle meine Kinder getrauert und besaß keine Kraft mehr. Ich war erschöpft von den Klagen, daß Gott mich verstoßen hatte.

Schließlich kehrte ich ins Leben zurück, in den Alltag. Aber obwohl ich nicht mehr trauerte, vermißte ich meine Kinder. Ich vermißte sie, wenn ich allein vor der Hütte saß und niemanden fand, mit dem ich mich unterhalten konnte. Dann wurde mein Herz schwer. Ich vermißte sie, wenn ich Streit hatte und man mich anschrie. Dann dachte ich an die beiden, denn wenn mich früher jemand angeschrieen hatte, war Nai zur Stelle, um mich zu verteidigen, selbst wenn es nur ein Kind war, das mit mir schimpfte. Ja, so war sie. Wenn jetzt, nachdem sie tot war, jemand mit mir stritt, mußte ich daran denken und begann zu weinen. Bo mißbilligte das: «Laß das, du machst dich mit deinen Tränen selbst krank. Fang nicht wieder damit an.» Meine beiden Kinder ... meine Tochter und mein Sohn ... verursachten mir große Pein – schwere und grausame Qualen.

Heute denke ich selten an die Toten. Ich denke nicht an Tashay ... meinen Mann. Heute ist nicht mehr damals. Er lebt nicht mehr in meinem Herzen. Ich denke auch nicht mehr an meine Kinder ... nur noch manchmal.

Es ist noch nicht lange her, daß mein jüngerer Bruder Kumsa und seine Frau mir eines ihrer Kinder gaben, die kleine Nukha. Ich sollte eine Zeitlang für sie sorgen.[6] Sie brachten sie zu mir. Seine Frau war mit ihrem dritten Kind schwanger und wollte Nukha entwöhnen. Aber Nukha wollte nicht und weinte die ganze Zeit. Schließlich sagte mein Bruder: «Nisa, meine ältere Schwester, kannst du nicht eine Weile für sie sorgen?» Das tat ich. Ich nahm sie mit, und sie blieb bei mir. Ich kümmere mich noch immer um sie. Ich ziehe sie groß. Sie wächst bei mir auf, und sie nennt mich Mutter. Sie sagt, ihre richtige Mutter sei wie jeder andere Mensch, und sie will nicht in ihrer Hütte schlafen. Manchmal bleibt sie tagsüber bei ihr, aber abends kommt sie zu mir.

Es macht mich sehr glücklich, für sie zu sorgen. Es ist, als hätte ich sie selbst geboren. Ich liebe Kinder. Als mein Bruder sein drittes Kind bekam, nahm ich sie zu mir und behielt sie.

Deine Kinder, deine Mutter und dein Vater nehmen in deinem Herzen denselben Platz ein. Wenn einer von ihnen stirbt, bricht dir das Herz. Wenn dein Kind stirbt, denkst du: «Wie ist es möglich? Dieses kleine Wesen, das ich in den Armen hielt und nicht aus den Augen ließ, ist tot und hat mich verlassen? Es war mein einziges Kind. Mit ihm verbrachte ich meine Tage. Wir lebten zusammen und sprachen miteinander. Dieser Gott . . . er ist schlecht! Warum hat er mir dieses Kind erst gegeben und nimmt es mir dann weg?»

Du klagst und weinst und weinst und weinst. Wenn deine Mutter stirbt, ist es nicht anders. Du weinst um sie wie um dein Kind. Du reißt dir den Schmuck und die Perlen vom Leib. Du trauerst um sie, du vermißt sie, und du fühlst dich elend. Du denkst: «Nur Mutter half mir, Essen zu beschaffen. Sie schenkte mir Perlen. Jetzt ist sie tot. Wer wird mir helfen?» Wenn man im Dorf der Schwiegereltern lebt, hat man andere Gedanken: «Ich lebe hier mitten unter fremden Menschen, nicht bei meinen Verwandten. Gott kam und nahm meine Mutter mit sich. Jetzt werden die Leute unfreundlich zu mir sein. Sie werden mit mir streiten – erst einer, dann ein anderer und noch ein anderer.»

Deine Gedanken kommen aus dem Herzen, und dein Herz sagt: «Wer bestimmt, daß das Leben so ist? Gott hat mich betrogen, als er mir die Mutter nahm. Ich sehe sie vor mir, als wäre sie noch am Leben, und doch hat Gott sie mir bereits genommen.»

Vielleicht lebt dein Vater noch und wohnt bei dir. Aber die Zeit vergeht, und irgendwann ist auch sein letzter Mond gekommen. Er wird krank und stirbt, und deine Gedanken kehren wieder zum Tod zurück. «Wer bestimmt, daß es so sein muß? Zuerst starb meine Mutter, und nur noch der Vater war da, um mir zu helfen. Jetzt ist er auch tot. Wer wird mir helfen? Wer hilft mir beim Sammeln? Wer macht mir Kleider? Gott wendet sich von mir ab. Gott hat meine Eltern mitgenommen, und er wird mir nicht mehr helfen.»

Du klagst und trauerst um deinen Vater. Du weinst und weinst und weinst. Schließlich sagen die Leute zu dir: «Hör mal, was soll das, daß du nicht aufhörst zu weinen. Wo glaubst du denn, ist dein Vater? Wo glaubst du denn, ihn wiederzusehen? Gott hat ihn bereits zu sich genommen, und das ist das Ende. Wenn du weiter trauerst, wird Gott dich ebenfalls holen, und dann wirst du ihn sehen. Mehr wirst du mit deinem Weinen nicht erreichen.» Das sagen die Leute, und bald ist man ruhig. Man hört auf zu trauern.

Wenn dein Mann stirbt, ist es das gleiche. Wenn er krank wird, machen andere Medizinschnitte, und die Heiler versuchen, ihn zu heilen. Aber er stirbt. Du weinst um ihn und um die anderen.

Beim Tod der Eltern, des Mannes oder der Kinder fühlst du immer den gleichen Schmerz. Aber wenn sie sterben und niemand von deiner Familie ist mehr am Leben, dann ist der Schmerz wirklich groß. Niemand sorgt mehr für dich. Du bist ganz allein. Wenn deine Mutter stirbt und dein Vater stirbt, dein Mann aber noch lebt, ist es nicht so schlimm. Dein Herz sagt: «Auch wenn meine Eltern tot sind, gibt es einen Menschen, der für mich sorgt.» Wenn dein Mann stirbt und deine Eltern noch leben, macht dich der Tod des Mannes sehr unglücklich. Aber nach einer Weile läßt der Schmerz nach; du weißt, Vater und Mutter sind immer noch bei dir.

Aber bei einem Kind ist es anders. Auch wenn die anderen Kinder noch leben, verursacht dir der Tod deines Kindes unermeßliche Qual. Du hast dein Kind geliebt, und der Schmerz begleitet dich lange Zeit. Er nagt an dir, und er schwindet erst, wenn du wieder schwanger bist.

Der Tod eines Angehörigen ist schlimm, aber wenn andere aus deiner Familie noch leben, läßt der Schmerz nach einer Weile nach. Wenn einer nach dem anderen stirbt, bis schließlich alle tot sind, leidest du Monat um Monat. Du siehst andere im Kreis ihrer Familie, und du fragst dich, warum deine ganze Familie sterben mußte.

Dein Herz schmerzt, und du weinst; du kannst nicht aufhören zu klagen. Du trauerst und ißt nichts; du wirst dünn und verhungerst. Erst nach vielen, vielen Monden fühlst du dich wieder als Mensch.

So ist das. Gott ist der Zerstörer, nicht die Menschen; es ist Gott.

Zu den großen Sorgen der Kung gehören die wilden Tiere. In der Halbwüste des Dobegebietes leben gefährliche Raubtiere (Löwen, Leoparden, Geparden, Hyänen, Büffel und Elefanten) und Giftschlangen (Mabas, Vipern, Kobras und Baumschlangen). Auch Wildhunde,

Wildkatzen, Dachse, Schakale, Füchse und andere kleinere Säugetiere sind dort zu finden, ebenso wie Skorpione, Tausendfüßler, Spinnen und gefährliche Insekten. Normalerweise greifen diese Tiere Menschen nicht an – mit Ausnahme der Büffel, der Felsenpython und einiger anderer Säugetiere. Sie werden von den Kung auch kaum gejagt und gegessen. Wenn die Jäger jedoch mit anderen aus dem Dorf zu ihrer Jagdbeute zurückkehren, begegnen sie oft Löwen und Großkatzen, die ihnen die Beute streitig machen. Geschrei und das Schlagen mit Stöcken auf Büsche und Boden vertreiben die Raubtiere meist, ohne daß es zu einem Zusammenstoß kommt; eine wirkliche Bedrohung sind nur die Einzelgänger unter den Raubtieren, die zu alt, krank und verwundet sind. Sie können das schnelle Wild nicht mehr jagen und greifen deshalb Menschen oder Haustiere an. Zwar sind nur wenige Kung tatsächlich auf diese Weise ums Leben gekommen, aber diese Unglücksfälle sind Anlaß genug, um ständig wachsam zu sein. Die Angst vor Raubtieren ist der Hauptgrund dafür, daß die Kung vermeiden, bei Nacht durch den Busch zu wandern. Schon der Traum von einem Raubtier wird als Vorzeichen drohender Gefahr gedeutet und kann dazu führen, daß eine Reise um ein oder zwei Tage verschoben wird.

Eine größere Bedrohung als die der wilden Tiere sind die Gewalttätigkeiten der Menschen. Alle wissen von Kämpfen mit tödlichem Ausgang oder erinnern sich daran; und man fürchtet jederzeit Gefühlsausbrüche, die der Kontrolle entgleiten; die Angst vor Gewalttaten durchzieht den Alltag der Kung. Deshalb hütet sich jeder vor offenen Konflikten. Das ständige Gespräch in den Dörfern ist eine Art, den ständigen Spannungen Ausdruck zu verleihen, die im Alltag entstehen. Man redet mit sich selbst und anderen und beteiligt sich an Gesprächen. Auch die Katharsis der Trance, auf die eine völlige psychische und körperliche Erschöpfung folgt, dient wahrscheinlich diesem Zweck. Die uneingeschränkte Bewegungsfreiheit von Männern und Frauen trägt ebenfalls dazu bei, daß Konflikte nicht eskalieren.

Die meisten Konflikte werden auf verbaler Ebene gelöst, aber trotzdem kommt es zu Handgreiflichkeiten. Frauen sind dabei ebensooft beteiligt wie Männer, obwohl sie seltener einen Kampf provozieren. Wenn sie jedoch herausgefordert werden, kämpfen sie so entschlossen und geschickt wie Männer. Bei Streitigkeiten zwischen Männern und Frauen handelt es sich meist um Auseinandersetzungen von Ehepaaren, und beinahe immer ist der Mann der Aggressor. Im allgemeinen flammen diese Kämpfe spontan auf und werden einige Minuten lang mit großer Leidenschaft geführt. Freunde und Verwandte sind die einzigen Autoritäten, die wirksam eingreifen können. Sie trennen die

Streitenden und sind auch dafür verantwortlich, künftige Zusammenstöße zu vermeiden. Es geht selten darum, den Schuldigen zu finden, und nur in äußerst extremen Fällen werden Strafen verhängt. Die Gruppe gibt deutlich zu erkennen, daß Gewalt kein geeignetes Mittel ist, um Konflikte zu lösen.

Trotz dieser Grundhaltung führen Auseinandersetzungen manchmal zu Gewalttätigkeit. Solche Ausbrüche erregen die Aufmerksamkeit aller, und das ganze Dorf gerät in Bewegung. Jeder ergreift Partei, und längst begrabene Verstimmungen kommen wieder an die Oberfläche. Dies führt zu neuen Streitigkeiten und Kämpfen, die oft nichts mehr mit dem ursprünglichen Konflikt zu tun haben. Im allgemeinen Tumult droht ein Mann vielleicht, zu den Waffen zu greifen. «Ich bin ein Mann; ich habe meine Pfeile, und ich fürchte mich nicht zu sterben.» Wenn niemand wirkungsvoll Einhalt gebietet, kommen vielleicht Speere, Knüppel, Messer und vergiftete Pfeile ins Spiel. (Die Kung kennen keine ritualisierten Kriegshandlungen und besitzen keine Waffen, die ausschließlich für Kampfhandlungen benutzt werden.) Es kann im allgemeinen Tumult durchaus geschehen, daß Pfeile abgeschossen werden. Die Überlebenschance eines Getroffenen ist geringer als fünfzig Prozent, da kein Gegengift bekannt ist.

Es sind hauptsächlich die Männer zwischen zwanzig und fünfzig, die bei Auseinandersetzungen zu den Waffen greifen. (Alle Todesfälle der letzten fünfzig Jahre im Dobegebiet waren auf den Waffengebrauch von Männern zurückzuführen. Aber die Opfer waren meist ebenfalls Männer.) Es ist durchaus üblich, Ehen zwischen feindlichen Familien zu stiften, um Kämpfe zu schlichten.

In der Vergangenheit verließ man das Dorf, wenn man für einen Todesfall verantwortlich war, und lebte friedlicher an einem anderen Ort. Bei wiederholter Gewalttätigkeit konnte es geschehen, daß die Gruppe eine Hinrichtung beschloß. Nach Einführung der Tswanagesetzgebung im Dobegebiet verurteilten die Tswanagerichte die des Mordes schuldigen Kung zu Gefängnisstrafen. Die Zahl der Todesfälle auf Grund von Auseinandersetzungen war früher relativ hoch; aber seit 1955 ist kein einziger Fall mehr bekannt geworden.

15

Altern

Nachdem meine Kinder gestorben waren, lebte ich einfach weiter.[1] Während meiner Ehe mit Bo bekamen wir beinahe ein Kind. Ich hatte drei Monate lang keine Periode, aber dann wurde ich krank, und danach hatte ich eine Fehlgeburt.[2]

Ich sah das Ungeborene – einen winzigen kleinen Fötus. Bo sagte, meine Fehlgeburt käme daher, daß ich mit anderen Männern geschlafen habe. Aber ich erwiderte: «Nein, ich war lange Zeit krank, und deshalb hatte ich eine Fehlgeburt.»

Danach geschah nichts mehr; ich wurde nicht wieder schwanger. Ich hatte meine Regel – viele Monate, viele Jahre lang. Aber das hat jetzt auch aufgehört. Es ist erst wenige Monate her. Eines Tages hatte ich leichte Schmerzen, und dann menstruierte ich. Im nächsten Monat ging es mir noch schlechter. Aber danach verließ mich der Mond, und seitdem blute ich nicht mehr. Die Beschwerden bleiben, denn wenn der Mond nicht mehr zu einer Frau kommt, schmerzt ihr Inneres.[3]

Vielleicht kannst du mir Medizin geben. Ich würde gern wieder menstruieren, damit die Schmerzen in meinem Innern aufhören. Vielleicht kannst du mir auch Medizin geben, damit ich wieder schwanger werde. Ich habe gehört, daß die Europäer eine solche Medizin haben. Ich wäre glücklich, wenn ich wieder menstruieren könnte – dann wäre ich wieder gesund.

Es tut wirklich weh, ein Kind zu bekommen. Die Schmerzen bei der Geburt sind sehr groß. Jahrelang war ich sehr glücklich darüber, daß ich nicht schwanger wurde. Dieses Blut kenne ich nicht mehr.

Gott meinte es sehr gut mit mir, als er mir das nahm, aber leider gab er mir auch keine Kinder mehr.

Gott verweigerte mir Kinder. Wenn ich ein Kind gebar, starb es. Es wurde geboren, und dann starb es. Das geschah nur, weil Gott mich bestrafte. Ich habe oft geboren, aber er tötete alle meine Kinder. Er hätte mir wenigstens eins lassen können. Wie soll ich jetzt noch ein Kind bekommen? Selbst meine Regel hat aufgehört. Gott hat mir auch das genommen, und ich weiß, daß ich keine Kinder mehr haben werde – keine kleinen Babies. Wenn man noch menstruiert, kann man nach ein paar Monaten vielleicht schwanger werden. Aber wenn das aufgehört hat, bekommt man auch keine Kinder mehr. Dann ist man alt, und man kann nur noch leben.

Und alt bin ich heute; meine Haare sind grau. Ich bin eine alte Frau. Deshalb menstruiere ich nicht mehr, und deshalb ist das alles für mich vorbei.

Heute . . . lebe ich nur.

Es ist noch nicht lange her, da hatte ich einen Traum.[4] Ich war schwanger und bekam ein kleines Mädchen. Ich dachte: «Was? Ich menstruiere doch nicht mehr! Wie kann ich dieses Kind, dieses schöne Kind, geboren haben?» Da ich sie geboren hatte wie meine anderen Kinder, hielt ich sie im Arm und nannte sie: «Meine Tochter . . . meine Tochter.» Ich sorgte für sie, und sie wuchs. Dann starb sie, und ich weinte und weinte und weinte. Ich schrie: «Warum behandelt mich Gott so schlecht? Er weigert sich immer, mir zu helfen. Will mich irgend etwas töten und nimmt mir deshalb dieses wunderbare Kind?»

Ich weinte und weinte, und meine Tränen sprachen von Schmerz. Ich schluchzte so laut, daß ich aufwachte und erkannte, daß ich geträumt hatte.

Warum träumte ich, ich sei schwanger und hätte ein Kind geboren, das starb? Ich hatte doch gerade aufgehört zu menstruieren. Wollte Gott mich mit diesem Traum zum Narren halten? Wollte Gott mich täuschen? Gott will mir nicht helfen. Warum bat ich dann darum, wieder schwanger zu werden?

Ich träume sehr oft. Vor ein paar Monaten träumte ich von einem Tier, das in einer Höhle lebt. Seine Hände und Füße sind wie die Hände und Füße eines Menschen. Ich träumte von einem Ameisenbär. Ich traf ihn mit einem Speer, und er schrie: «Au! Wer hat mich mit dem Speer getroffen?»

Ich sagte: «Bo, hör dir das an. Tötet ein Mensch ein Tier, und dann beginnt das Tier zu reden? Weshalb sprach es zu mir?» Denn obwohl es ein Tier war, sprach es wie ein Mensch.

Wir liefen davon und schrien vor Angst. Aber sosehr ich mich auch bemühte, ich kam nicht von der Stelle. Bo fürchtete sich ebenfalls und lief davon. Aber der Ameisenbär blieb in der Höhle und redete. War er ein Mensch? Ich versuchte davonzulaufen, aber ich konnte nicht. Ich rief: «Nimm meine Hand ... nimm meine Hand.» Bo kam zurück und nahm mich bei der Hand. Dann rannten wir zusammen davon. Der Ameisenbär blieb in der Höhle.

Die Dinge, die Gott mir bringt, sind nicht gut für mich.

Manchmal träume ich jede Nacht, und dann vergehen wieder viele Nächte, ohne daß ich träume. Manchmal träume ich, daß ich tot bin. Ich träume, daß ich lange krank bin und dann sterbe. Wenn ich das träume, fühle ich mich morgens krank und elend. Das bleibt eine Weile so, dann geht es mir besser, und meinem Körper geht es wieder gut.

Ich habe noch einen anderen Traum. Ich gehe einen langen Weg zu einer Wasserstelle, an der eine Elfenbeinpalme steht. Ich träume, daß ich mit anderen zusammen bin. Wir sitzen an der Wasserstelle, und ich falle in den Brunnen. Ich versuche, wieder herauszukommen, und halte mich an den Rändern fest. Aber jedesmal, wenn ich mich hochziehe, falle ich wieder zurück. Ich versuche es immer wieder. Aber ich falle jedesmal wieder ins Wasser.

Sogar heute morgen hat Gott mich mit einem Traum gequält, in dem ich gefallen bin. Ich träumte, daß ich auf einen Baum kletterte, um mir Baumsaft zu holen. Ich stürzte ab. Beim Fallen schlug ich mit dem Bein gegen einen Ast, und ich schrie vor Schmerzen: «Au! Dieser Ast hat sich in mich gebohrt!» Der Ast bohrte sich in mein Bein und brach ab.

Dann bist du gekommen, Marjorie, und hast mir geholfen. Du hast gesagt: «Oh, Nisa du bist tot!» Du hast die anderen gerufen, und zusammen habt ihr versucht, den Ast aus meinem Bein zu ziehen. Schließlich gelang es euch. Du hast Medizin auf die Wunde gestrichen, und es ging mir besser. Dann hast du mir Medizin zu trinken gegeben.

Der Traum weckte mich heute morgen sehr früh. Ich zitterte schrecklich, und mein Bein schmerzte genau an der Stelle. Ich zitterte und zitterte und sagte: «Was kann dieser Traum bedeuten? Gott spielt mir wirklich gern Streiche. Er sagt mir, ich sei vom Baum gefallen.» Dann dachte ich: «Marjorie hat mir geholfen, gesund zu werden.»

Ich lag wach und wollte nicht wieder einschlafen. Ich fürchtete, ich würde den Traum noch einmal träumen. Ich lag da und versuchte wach zu bleiben, bis es hell wurde.

Als kleines Kind träumte ich, aber ich erinnerte mich nicht an meine Träume. Wahrscheinlich konnte ich damals gar nicht sagen, ‹ich habe etwas geträumt›, denn mir war vieles nicht bewußt. Ich träumte, und manchmal weinte ich. Aber ich wußte nicht, was mich weinen ließ oder warum ich weinte.

Als ich älter war, wußte ich, daß ich träumte, und ich kannte die Namen der Dinge im Traum. An manchen Tagen träumte ich, daß ich lebte und Fleisch aß. Dann wieder träumte ich, daß ich weinte. Manchmal träumte ich, daß ein Tier mich biß oder daß jemand mich schlug.

Marjorie, Gottes Träume sind mir peinlich! (Sie lacht.) Vor kurzem träumte ich, daß ein Mann, der hier lebt, mit mir schlief. Ich sagte: «Nein, mein Mann wird es merken. Du kannst nicht mit mir schlafen. Aber er hörte nicht auf mich. Er wollte mich, und so schliefen wir zusammen. Mein Mann entdeckte uns nicht. Aber morgens wachte ich auf und dachte: «Gott versucht, mir weh zu tun. Er schickt mir solche Träume von Männern.»

Einmal träumte ich, daß ich mit jemandem schlief, und mein Mann entdeckte uns. Er schlug uns beide . . . immer wieder. Als ich aufwachte, dachte ich: «Was ich alles träume! Gott schickt mir immer wieder diese Träume von Männern!»

In einem anderen Traum schlief mein Mann mit einer anderen Frau, und ich sah ihnen zu. Ich weiß nicht, wer es war. Ich sah die beiden im Traum. Ich beschimpfte sie, und die beiden trennten sich. Danach wollte mein Mann mich und wies die Frau ab.

Träume von Männern sind gute Träume – sie bedeuten, daß Männer dich attraktiv finden und dich wollen. Wenn das geschieht, träumst du von Sex.

Ich habe immer wieder solche Träume. Gott quält mich wirklich mit Träumen! (Sie lacht.) Aber wenn ich träume, daß jemand mit mir schläft, macht mich das glücklich. Es bedeutet, daß ich Liebhaber habe, und das gefällt mir.

Ich bin eine ältere Frau, aber ich bin noch immer stark. Ich habe noch Interesse an Sex ... aber nicht mehr so viel. Ist es mein Herz? Ich weiß nicht. Ist mein Herz bereits tot? Vielleicht. Denn mein Herz sehnt sich nicht mehr nach Männern. Es sucht keine Liebhaber mehr. Ich sitze nur noch herum ... Tag für Tag. Und dann nach vielen Tagen ... sehnt sich mein Herz ein bißchen danach. Erst dann suche ich einen Mann, weil ich «essen» will. Ich suche einen Mann, der eine Weile bei mir bleibt.

Aber heute ist mein Herz ruhig ... vielleicht ist es sogar eingeschlafen. Es ist nicht erregt. Wenn ich stärker bin, schlägt mein Herz hoch, und die Leute sagen: «Seht euch Bos Frau an. Wie schön sie ist! Bo ist mit einer schönen Frau verheiratet!» Ich trage Perlen am ganzen Körper; ich nehme ein Tuch und binde es um den Kopf. Dann gehe ich durchs Dorf und bin schön. Mein Herz ist so glücklich ... ich bin wieder wie eine junge Frau.

Heute fühle ich mich alt und will keine Liebhaber. Ich habe mich völlig verausgabt. Heute fühle ich mich häßlich ... nicht wie früher. Früher fühlte ich mich schön. Als junge Frau war ich wirklich schön. Jetzt bin ich müde und mager und nicht mehr attraktiv. Deshalb suche ich jetzt keinen Sex mehr.

Vielleicht ... irgendwann einmal ... an einem Tag, an dem mein Herz will, werde ich einen Mann fragen: «Willst du nicht mit mir schlafen, weil ich häßlich bin?»

Es gibt viele Männer, die mich noch immer wollen und mich nicht abweisen, weil ich alt bin. Wenn ich vor meiner Hütte sitze, kommen sie zur mir und sprechen davon. Aber ich weise sie zurück. Ich sage ihnen, daß ich alt bin und keine Liebhaber will. Sie fragen: «Warum? Was ist los? Andere ältere Frauen haben Liebhaber. Warum behauptest du, kein Mann möchte mit dir schlafen?» Ich sage im Spaß: «Nein, ich will nicht. Denn wenn ich einen von euch jungen Männern zum Liebhaber hätte, wäre das mein Tod! Eure Kraft, eure schweren, starken Körper würden mich töten!»

Sie sagen: «Weißt du nicht, daß sogar Kühe Sex haben, wenn sie alt sind? Mit einer älteren Frau ist es nicht anders. Man hat immer noch Sex mit ihr, auch wenn sie alt ist. Also, was ist los mit dir? Warum willst du keinen Sex?» Ich antworte: «Eine Kuh . . . wenn eine Kuh alt ist und ein Bulle besteigt sie, dann bricht sie zusammen. Selbst ihr habt schon gesehen, wie eine alte Kuh unter einem Bullen zusammenbricht. Trotzdem sagt ihr, daß ihr Sex mit mir haben wollt? Ihr würdet mich umbringen.»

Wenn die jungen Männer hören, was ich ihnen zu sagen habe, gehen sie. Nur ein junger Mann kam immer wieder. Aber ich schickte ihn trotzdem weg.

Eines Tages interessiere ich mich sicher wieder dafür. Eines Tages denke ich an Männer. Dann pudere ich mich und trage Perlenketten. Mit den Perlen und dem Puder bin ich wieder schön. Ich bin so schön, daß die Männer sagen: «Du bist aber hübsch, Nisa!» Ich dufte so gut, daß sie sagen: «Warum weist mich diese ältere Frau zurück, die so gut duftet?» Dann lache ich und sage: «Laß mich los. Wer hält mich fest? Habe ich etwas, das dir gehört? Wer versucht, es mir zu nehmen? Ich bin alt, aber es gehört immer noch mir. Ich gebe es nicht her! Was ist los mit dir? Du willst es jedesmal haben, wenn wir uns sehen. Obwohl ich mich weigere, willst du es immer wieder.» Ich lehne ab und jage ihn davon.

Das geschah erst kürzlich mit einem Mann. Er fragte mich: «Nisa, willst du mir nicht etwas geben?» Ich antwortete: «In meiner Hütte ist heute kein Essen.» Er sagte: «Ich frage dich nicht nach gewöhnlichem Essen.» Er deutete auf mich und sagte: «Ich bitte dich um dieses besondere Essen da. Willst du mir nichts davon geben?» Ich sagte im Spaß: «Dieses Essen ist aufgegessen. Die Männer haben gegessen und gegessen, und es ist nichts mehr übrig. Jetzt ist keine Frucht mehr da . . . nur noch die Schale. Es ist nichts Nahrhaftes oder Süßes mehr übrig. Es ist unbefriedigend. Es ist wie ein Insekt, das dich beißt.»

Vielleicht will ich ihn im Winter, wenn es kalt ist. Aber heute ist es noch heiß, und ich liege einfach neben meinem Mann. Denn eine alte Frau wie ich mag die Kälte nicht. Jetzt im Sommer gibt es keine Kälte, vor der ich mich fürchten muß. Aber im Winter gebe ich nach. Mein Mann wird auf die Jagd gehen, und ich stehle mich mit meinem jungen Liebhaber davon. Er ist der einzige neue, den ich habe.

Es gibt ein paar wenige Männer, ein paar meiner Liebhaber, die in meinem Herzen immer noch lebendig sind. Da ist Debe, und da ist Kantla, der von Anfang an bei mir war. Aber der Wichtigste, der in meinem Herzen am lebendigsten ist, ist Debe. Ich mag ihn wirklich. Erst gestern kam er und sprach mit mir, als wir vor der Hütte saßen. Sein Herz mag mich wirklich. Deshalb mag ich ihn sehr. Wenn es nicht so wäre, wenn nicht sein ganzes Herz für mich empfinden würde, wie es der Fall ist, hätte ich ihn vielleicht nicht so gern.

Einmal kam Bo dahinter. Debe und ich waren mit einigen anderen Leuten für ein paar Tage in die Mongongowälder gegangen. Als wir ins Dorf zurückkamen, sagten die Leute, die uns sahen: «Oh, ihr seid schon so gut wie tot. Nisa, mit dir und deiner Freundin ist es aus. Eure Männer werden euch umbringen.» Denn meine Freundin und ihr Liebhaber waren ebenfalls bei uns. Mir wurde ganz elend. Ich sagte: «Wenn es so ist, bleibe ich hier sitzen. Und wenn mein Mann kommt, soll er mich eben umbringen.»

Der Mann meiner Freundin kam zuerst. Er schlug sie heftig. Ich fragte mich, was mit mir passieren würde. Ich ging Tabak holen, und als ich zurückkam, setzte ich mich zu anderen Leuten. Debe saß ebenfalls dort. Ich stand auf und verschenkte Mongongonüsse, und als ich mich wieder setzte, kam Bo. Er blieb einen Moment stehen und sah uns an. Dann rannte er an mir vorbei und packte Debe. Sie kämpften miteinander. Sie rauften und schlugen sich, bis die anderen sie trennten. Zornerfüllt kam Bo auf mich zu und trat mir in die Brust. Er trat so fest, daß es «Bumm» machte. Ich fiel um und landete in einem Busch.

Jemand half mir aufzustehen. Ein anderer Mann schrie Bo an: «Was ist los mit dir? Nisa ist eine Frau! Wen wolltest du töten, als du sie beinahe umgebracht hast? Weißt du nicht, daß du ihr die Rippen hättest brechen können?» Ich blieb ruhig sitzen. Ich fürchtete mich vor Bos Zorn. Deshalb sagte ich nichts. Alle waren da und sprachen über den Vorfall.

In dieser Nacht schliefen wir. Aber am nächsten Morgen kam ein Lastwagen der Tswanas vorbei, der zurück in den Osten fuhr. Ich dachte: «Ich setze mich auf den Lastwagen. Ich fliehe von hier.» Ich hörte, wie ich diese Gedanken aussprach. Ich fragte mich: «Ist es so?» Und ich antwortete: «So ist es!» Ich ging zu dem Fahrer und sagte:

«Ich habe Angst, daß mein Mann mich umbringt. Ich möchte gern mit den anderen und dir in den Osten zurück.»

Als der Lastwagen weiterfuhr, stieg ich auf. Mein Mann sah mich und rannte hinter uns her. Er folgte den Spuren. Der Lastwagen fuhr bis ins nächste Dorf. Dort hielt er, und die Fahrer tranken Milch von der Kuh eines Herero. Ich wartete mit den anderen auf dem Wagen.

Bo war uns gefolgt und erreichte uns. Er rannte zu den Tswanas und schrie: «He, schwarzer Mann! Gib mir meine Frau zurück. Laß sie hier! Gib sie mir wieder zurück!» Er beschimpfte sie und fluchte: «Ist euer Penis verdorrt, daß ihr meine Frau mitgenommen habt? Tod euren Genitalien, schwarze Männer. Laßt meine Frau hier!»

Schließlich sagte einer der Männer: «Hier hast du deine Frau.» Und er gab mich Bo zurück. Wir gingen zusammen in unser Dorf, und das war alles. Wir lebten weiterhin zusammen. Aber seit damals habe ich Angst, einen Liebhaber zu nehmen, und lehne neue Männer ab. Ich habe sogar Debe eine Zeitlang zurückgewiesen.

Bald nach diesem Vorfall kam Debe zu mir und sagte: «Nisa, ich möchte jetzt heiraten. Soll ich das tun?» Ich antwortete: «Ja, heirate.» Er heiratete, und das war es. Aber er wollte mich trotzdem immer noch, obwohl ich ihn abwies. Er kam zu mir, und ich jagte ihn weg. Er kam wieder, und ich sagte: «Du hast jetzt eine junge Frau!»

Er ging, aber eines Abends kam er wieder. Er sagte: «Nisa, mach das Bett, damit wir uns hinlegen können.» Ich sagte: «Nein!» Und er ging. Aber als er das nächste Mal kam, gab ich schließlich nach. Ich willigte ein, ihn wieder als Liebhaber zu haben.

Ach, Liebhaber . . . wegen Debe mußte ich beinahe sterben. Mein Mann brachte mich damals beinahe um. Am meisten störte Bo, daß wir zusammen weggegangen waren. Ich glaube, er hätte sich nicht so sehr aufgeregt, wenn wir nur zusammen in die Hütte gegangen wären. Einige Zeit später sprach er sogar mit Debe. Er sagte sehr schöne Worte: «Debe, damals habe ich dich beinahe umgebracht, weil du etwas Schlechtes getan hast – du hast meine Frau genommen und bist mit ihr davongegangen. Deshalb war ich so zornig. Aber wenn du das nicht mehr tust, wenn du mich nicht mehr todtraurig machst, schreie ich dich auch nicht mehr an. Denn scheinbar hat jeder Liebesaffären. Du bist nicht der einzige. Es gibt nicht mehr soviel Streit, weil jeder es tut. Also sag nicht, daß ich unfair zu dir bin.»

Danach war er nicht mehr so eifersüchtig ... vielleicht auch, weil Debe heiratete. Er heiratete eine von Bos Nichten. Außerdem mag Bo mich wirklich und möchte nicht, daß ich ihn verlasse. Selbst gestern, als Debe in der Nähe unseres Lagers war, sah Bo ihn. Er sagte zu mir: «Ich weiß, da du wahrscheinlich zu ihm gehst und daß ihr miteinander schlaft.» Das war alles. Aber ich konnte sehen, es lag ihm auf dem Herzen. Und er hat das Herz eines Mannes. Deshalb treffe ich mich nicht mit Debe, wenn Bo da ist.

Gestern abend war im Nachbardorf ein Tanz. Ich ging noch einmal zurück, um etwas aus meiner Hütte zu holen. Dort traf ich Debe. Er wollte mit mir in den Busch gehen, aber ich weigerte mich. Ich sagte: «Nein, mein Mann wird zornig auf mich sein, wenn er mich nicht bald wieder beim Tanz sieht, wird er mit mir schimpfen.» Debe küßte mich auf den Mund und ging. Mein Herz war sehr glücklich, und ich kehrte zum Tanz zurück.

Aber ich mag ihn wirklich. Vielleicht treffe ich mich mit ihm. Vielleicht betrüge ich Bo morgen abend ... nur ein kleines bißchen ... einen winzigen Löffel voll.

Und Kantla? Mein Herz sehnt sich immer noch nach ihm. Er ist immer noch ein wichtiger Mann in meinem Leben. Selbst jetzt kommt Kantla und legt sich zu mir, wenn mein Mann nicht da ist. Es ist noch nicht lange her, daß wir uns getroffen haben. Weder Bo noch Kantlas Frau Bey wissen davon. Aber meist fürchten wir uns. Wenn viele Leute in der Nähe sind, sehen wir uns nur an. Wir blicken einander in die Augen, und unsere Herzen brennen. Dann denke ich: «Oh, mein Geliebter! Wir müssen uns so benehmen, weil so viele Leute in der Nähe sind und weil wir uns vor Bo und Bey fürchten.»

Manchmal ist Bo eifersüchtig, und wenn er Kantla sieht, fragt er mich, warum er mein Liebhaber ist. Ich kenne sein Herz und sehe, daß es voll Eifersucht ist. Deshalb treffe ich mich nur mit Kantla, wenn Bo und Bey nicht da sind. Aber dann wieder scheint Bo ihn zu akzeptieren und begrüßt ihn sogar freundlich. Er sagt vielleicht: «Mein älterer Bruder.» Obwohl sie nicht verwandt sind. Denn schließlich kannte Kantla mich lange, bevor ich Bo kennenlernte.

Bey weiß natürlich von uns. Aber sie ist nicht eifersüchtig. Selbst vor langer Zeit, als wir noch jung waren, war sie nicht eifersüchtig. Kantla fürchtet sich auch nicht, zu mir zu kommen und mich zu berühren, wenn Bey daneben sitzt. Aber wenn eine andere Frau bei ihm ist, schimpft Bey: «Laß diesen Mann in Ruhe!» Und beißt sie. Ich tu das auch. Aber Bey und ich haben uns nie so behandelt. Wir mochten uns immer, und wir fühlen uns wie «Nebenfrauen».

Aber heute nimmt Kantla nur noch wenig Platz in meinem Herzen ein, weil er mein Herz gebrochen hat. Er ist hinterhältig und schlecht. Er hat eine andere Frau. Was kann ich machen, wenn er bei ihr ist? Ich habe mit ihm darüber gesprochen. Ich habe ihn aufgefordert, sie fallenzulassen, aber er hörte nicht auf mich. Er sagte, ich sei eifersüchtig. Ich antwortete: «Nein, ich bin nicht eifersüchtig. Ich habe Angst, durch sie krank zu werden.»

Deshalb weist mein Herz ihn manchmal zurück. Aber an anderen Tagen fühlt mein Herz immer noch sehr stark für ihn. Ich weiß nicht, wie lange ich ihn noch halten werde. Soll ich ihn neben Debe haben? Debe gefällt nicht, daß ich Kantla habe, und er sagt, ich soll ihn verlassen. Und Kantla will, daß ich Debe aufgebe. Er sagt, Debe sei noch ein Kind. Aber ich antworte: «Debe ist vielleicht jung, aber er ist sehr vernünftig, und ich verlasse ihn nicht.»

Ich empfinde sehr viel für beide. Wenn ich woanders bin, denke ich an sie und vermisse sie. Wenn ich einen von ihnen sehe, schlägt ihm mein Herz entgegen. Dann ist alles gut.

Ich verstehe nicht, was mein Frauenherz mir antut. Liegt es daran, daß es Männer mag?

Ich schlafe immer noch gern mit meinem Mann. Wenn er zu mir sagt: «Heute suche ich mir bei dir etwas zu ‹essen›», ist mein Herz glücklich. Er kommt zu mir, und wenn wir fertig sind, liegen wir nebeneinander.

Manchmal weigere ich mich auch bei ihm. Aber es ist schon lange her, daß ich das getan habe. Ich sagte ihm, ich sei krank. «Ich bin zu mager. Vielleicht sollten wir es einfach eine Weile lassen.» Er fragte: «Bin ich vielleicht daran schuld? Nein, Gott hat dich dünn und krank gemacht.» Danach legten wir uns hin und schliefen.

Ein anderes Mal schimpfte er mit mir, es läge daran, weil ich andere Männer hätte. Ich sagte: «Nein, das stimmt nicht. Weist eine Frau ihren Mann zurück, wenn sie einen Liebhaber hat?» Er sagte:

«Du hast Liebhaber. Wenn es nicht so wäre, würdest du dich nicht weigern.» Ich antwortete: «Unsinn! Kennst du eine Frau, die so dünn und krank ist wie ich und Sex mit Liebhabern hat?»

Damals schlief er noch oft mit mir. Aber seit einer ganzen Weile schläft er kaum noch mit mir. An einem Abend schläft er mit mir und dann lange Zeit nicht mehr, und wir leben einfach zusammen. Erst im nächsten Monat, wenn der Mond wieder zunimmt, schläft er wieder mit mir. Aber nur einmal, dann warten wir wieder, bis zum nächsten Mond. So ist er in letzter Zeit.

Vielleicht will sein Herz mich nicht mehr. Vielleicht schläft er deshalb nicht öfter mit mir. Ich weiß wirklich nicht, was es ist. Und ich verstehe nicht, warum er jetzt so wenig Interesse an Sex hat. Wenn er mit mir schläft, ist es sehr schön. Vielleicht denkt er, daß ich alt bin. Er sagt, ich sei zu dünn. Er glaubt, es ist besser, wenn ich wieder kräftiger werde.

Was es auch ist, es ist nicht gut. Ich habe ungute Gefühle.

Ich bin immer noch an Sex interessiert, aber wenn ich Sex will, nützt das nichts. Bo ist nicht interessiert, deshalb muß ich nach anderen Männern suchen, damit ich Sex haben kann. Deshalb habe ich auch Debe, und das ist der Grund, warum ich ihn mag. Er ist beinahe wie ein Ehemann zu mir, und er kennt sich mit der Arbeit aus. Wenn ich mit ihm die Nacht über zusammen bin, haben wir Sex bis zum Morgengrauen.

Meine anderen Ehemänner waren nicht wie Bo. Als ich mit Tashay zusammenlebte, liebten wir uns in der einen Nacht und in der nächsten nicht. Manchmal liebten wir uns zweimal in einer Nacht – das erste Mal, wenn wir uns hinlegten, dann wieder, ehe es hell wurde. Und Besa . . . er wollte immer. Er war immer erregt, immer steif. Er ließ mir keine Ruhe. Als seine Frau hatte ich niemals Ruhe. Er hatte Sex mit mir, bis ich erschöpft und müde war. Wenn er seine Arbeit getan hatte, war mein ganzer Körper wie zerschlagen. Dieser Mann . . . er wollte nichts anderes als Sex. Ich konnte das nie verstehen. Was wollte er denn eigentlich essen? Er machte mich so müde! Ich dachte: «Warum hat Besa so oft Sex mit mir? Will er mich zu Tode vögeln?»

Dieser Mann, er liebte den Sex wirklich. Mutter!

Als Bo und ich noch nicht verheiratet waren, schlief auch er mehrmals in der Nacht mit mir. Selbst als wir geheiratet hatten, war es so. Sein sexuelles Interesse an mir war immer sehr groß. Sein Herz war voll Wärme, und seine Liebe für mich war sehr stark. Er schlief oft mit mir, und es war sehr schön. Selbst vor ein paar Monaten war es noch so.

Deshalb gefällt mir nicht, was seit kurzem geschieht. Und deshalb habe ich ihn gefragt, warum er sich so verändert hat, wenn er doch ganz anders sein kann. Ich weiß nicht, was los ist. Er hat nicht seine Kraft verloren, er ist auch noch potent. Er ist noch immer sehr stark. Vielleicht ist etwas mit seinem Herzen. Vielleicht ist sein Herz tot, denn ich habe nie gehört, daß er mit anderen Frauen zusammen wäre. Wenn er andere Frauen hat, würde er es mir nicht sagen, denn Zhuntwasi fürchten sich vor ihren Frauen und sagen deshalb nichts. Sie haben ihre Affären und sprechen nicht darüber. Deshalb weiß ich es wirklich nicht. Aber da ich von anderen nichts darüber gehört habe, glaube ich, daß er wohl keine anderen Frauen hat.

Vielleicht hat er aber auch kein Interesse mehr an mir.

Es ist erst vier Monate her, daß ich ihn zum erstenmal danach gefragt habe. Vor dieser Zeit war er oft mit mir zusammen, und es war immer gut. Wir lebten allein im Busch, als es anfing. Ich fragte: «Obwohl wir nicht in einem Dorf leben, obwohl wir beide ganz allein sind, willst du nicht mit mir schlafen. Unsere Hütte steht allein, und außer uns ist niemand hier. Warum schlafen wir dann nicht zusammen?» Er antwortete: «Weil ich krank bin. Wenn man krank ist und Sex hat, kann man sterben, wenn man oben liegt. Du redest wie ein Kind und sagst, ich soll Sex mit dir haben, obwohl ich krank bin.»

Nachdem er mir das gesagt hatte, dachte ich: «Ich werde einfach eine Weile nicht darüber rden. Ich lasse es dabei, denn ich glaube nicht, daß er krank ist. Er ist gesund. Er sagt, er sei krank, aber es stimmt nicht.» Verstehst du, das ist nur eine Ausrede. Er versucht, mir einzureden, er sei krank. Deshalb rede ich nicht mehr darüber.

Aber ich trage diese Gedanken in meinem Herzen. Ich habe immer noch meine eigenen Gedanken.

Ich bin ziemlich sicher, daß es keine andere Frau in seinem Leben gibt. Bevor wir zusammenlebten, als er noch nicht mit mir verheiratet war, hatte er viele Frauen. Aber nachdem er mich geheiratet hatte, wies er sie ab. Nur ich stehle bei ihm. Ich frage mich, warum . . .?

Neulich sagte ich zu ihm, er soll eine Affäre mit einer jungen Frau haben. Aber er weigerte sich. Er fragte: «Warum willst du mir eine andere Frau einreden? Du sagst das so oft.» Ich antwortete: «Warum nicht? Ich hätte nichts dagegen. Nur zu . . . fang etwas mit dieser jungen Frau an.» Aber er sagte: «Ich will mit einer verheirateten Frau nichts zu tun haben. Wenn der Mann mich in der Hütte findet, wird er mich sicher umbringen.» Danach sprach ich nicht mehr darüber.

An manchen Tagen fühle ich mich deshalb verletzt und bin wütend. Dann fragt er mich: «Was ist los mit dir? Warum bist du so wütend?» Ich sage dann: «Weil du mich nicht wirklich geheiratet hast. Wenn es so wäre, würdest du mit mir schlafen.» Er sagte: «Warum willst du immer Sex? Du bist eine Frau, und trotzdem beklagst du dich immer darüber, daß du zu wenig Sex hast.» Ich sagte: «Was wolltest du mir geben, als du mich geheiratet hast? Hast du mich geheiratet und geglaubt, du hättest Sex mit mir, oder hast du geglaubt, du hättest keinen Sex mit mir? Haben wir nur geheiratet, um uns gegenseitig bei der täglichen Arbeit zu helfen?»

Wenn du heiratest, bittet dich dein Mann darum, ihm zu helfen und Dinge für ihn zu tun. Aber er hat auch Sex mit dir. Wenn er keinen Sex mit dir hat, stirbt dein Herz. Wenn man das nicht miteinander teilt, gehen die Herzen auseinander. Verstehst du das? Wenn dein Mann keinen Sex mit dir hat, beunruhigt dich das. Dein Verlangen verwirrt deine Gedanken. Nur wenn du Sex hast, ist alles in Ordnung.

Deshalb denke ich: «Eh . . . ein Mann ist stark. Bo ist ein starker Mann. Aber er leistet nicht die Arbeit eines Mannes. Soll ich ihn jeden Tag zur Arbeit anhalten? Warum lasse ich es nicht einfach dabei, und er kann machen, was er will. Ich tue, was ich tun muß, um mir zu helfen, um mir etwas Gutes zu verschaffen.»

Manchmal denke ich: «Wenn ich nicht Bo geheiratet hätte, sondern einen anderen Mann, einen Mann, der immer mit mir geschlafen hätte, wäre ich vielleicht wieder schwanger geworden. Denn wenn ein Mann immer mit dir schläft, wirst du schwanger und bekommst wieder ein Kind.» Marjorie, als Frau weißt du das ebensogut wie ich. Vielleicht bin ich nicht mehr schwanger geworden, weil mein Mann nicht oft genug mit mir geschlafen hat.

Bo fragt sich auch, warum wir keine Kinder haben. Er hatte sich ein Kind von mir gewünscht. Aber ich sagte: «Sieh mal, du wirst nur schwanger, wenn du menstruierst. Wenn das vorbei ist, bekommst du keine Kinder mehr.»

Mit einer anderen Frau hatte er ein Kind. Seine Tochter war sehr schön. Sie wurde erwachsen, menstruierte, heiratete, wurde schwanger und bekam ein Kind. Aber sie und das Kind starben bald nach der Geburt. Ich bin die einzige Frau, mit der er zusammen war und die kein Kind von ihm bekam. Nur von mir hat er keine Kinder.

Ich würde Bo nie verlassen. Wenn ich einen anderen Mann fände, der mir gefällt, würde ich ihn als Liebhaber nehmen . . . als Liebhaber, der nicht so wichtig ist. Selbst wenn ein anderer Mann käme und mich heiraten wollte, wäre es nicht anders. Ich würde mit ihm schlafen, wenn Bo nicht da ist, und zulassen, daß er mir gefällt. Aber ich würde Bo nie verlassen. Das habe ich nicht nötig.

Mein Mann und ich, wir streiten uns viel. Wir beschuldigen uns und beschimpfen uns die ganze Zeit. Aber das war von Anfang an so. Manchmal haben wir Streit, weil ich nicht arbeiten will, wenn er mich dazu auffordert. Er sagt, ich solle etwas tun, und ich weigere mich. Er schreit mit mir, und dann geht es los. Er sagt: «Willst du heute kein Wasser holen?» Wenn ich nicht gehen will, sagt er: «Ich möchte mal wissen, was ihr Frauen eigentlich tut. Wenn ein Mann eine Frau heiratet, sagt er ihr, was sie zu tun hat: Wasser holen, Feuerholz sammeln und das Lager machen. Das sind die Aufgaben einer Frau. Was bist du für eine Frau? Du willst das Bett nicht machen, kein Wasser holen und kein Holz sammeln.»

Aber ich antworte: «Helfen die anderen Männer vielleicht nicht ihren Frauen? Sammeln die anderen Männer etwa nicht mit ihren Frauen Holz oder holen Wasser? Wer sagt dir, daß du mir nicht helfen mußt?» Und so streiten wir.

Wir streiten uns auch wegen anderer Dinge. Er bittet mich um etwas, und ich weigere mich, es ihm zu geben. Er schreit mich an: «Nisa, du bist wirklich schlimm. Selbst die anderen Männer sagen, daß du schlimm bist. Warum weigerst du dich jedesmal, wenn du etwas für mich tun sollst? Was ist mit dir los? Du bist eine schlechte Ehefrau! Ich weiß, was ich tue. Ich verlasse dich und suche mir eine andere Frau!»

Ich sage: «Bitte, geh! Such dir eine andere Frau. Es stimmt vielleicht, daß ich faul bin, und vielleicht willst du mich verlassen, um eine andere zu heiraten. Aber das macht mir nichts aus. Glaubst du, ich werde deshalb leiden? Nein! Ich nehme mir Liebhaber, und sie werden mir helfen. Glaubst du, du bist der einzige Mann?» Dann sagt er: «Ja, deine Liebhaber sind schuld daran, daß du nichts für mich tun willst. Deshalb hörst du nicht auf mich.»

Einmal hatte er einen Dorn im Fuß. Er sagte: «Komm her, Nisa, und hilf mir, den Dorn aus dem Fuß zu ziehen.» Ich sagte: «Tu es doch selbst. Warum soll ich das tun? Habe ich dich nicht neulich gebeten, mir einen Dorn aus dem Fuß zu ziehen, und du hast es nicht getan?» Er behauptete, ich würde lügen.

Natürlich zog ich ihm den Dorn heraus. Aber danach sagte ich: «Siehst du, ich habe dir diesen Dorn herausgezogen. Aber wenn er in meinem Fuß gewesen wäre und ich hätte dich darum gebeten, hättest du dich geweigert und gesagt: ‹Ich ziehe ihn nicht heraus. Hast du schon einmal einen Mann gesehen, der einer Frau einen Dorn aus dem Fuß zieht?› Und ich hätte gesagt: ‹Unsinn! Wenn ich eine andere Frau wäre, würdest du mir den Dorn herausziehen. Warum weigerst du dich, wenn ich dich darum bitte?›»

Ich ging auf die andere Seite der Hütte und legte mich hin. Bo fragte: «Warum streiten wir uns immer? Jetzt liegst du da drüben, und ich bin ganz allein auf dieser Seite. Warum bist du aufgestanden und weggegangen?»

Ich sagte: «Weil du nur häßliche Dinge zu mir sagst und nicht nett bist. Du schreist mich immer an . . . jeden Tag. Du gibst nie Ruhe.»

Auch gestern hatten wir Streit. Ich bat ihn um seine Pfeife, weil ich Tabak rauchen wollte. Er sagte, ich hätte die letzte Pfeife verloren, und ich bekäme keine Pfeife mehr von ihm. Ich sagte: «Das ist gelogen! Was ist los mit dir? Warum zündest du mir nicht eine Pfeife an?» Er antwortete: «Pech gehabt . . . dann sei eben unglücklich. Heute zünde ich meine Pfeife für dich nicht an.» Und dabei blieb es.

Am Abend stritten wir uns wieder. Nachdem wir eine Weile beim Tanzen zugesehen hatten, sagte Bo, er wolle zurück in die Hütte gehen. Ich erklärte, ich wolle bleiben; er könne ja allein gehen. Aber ich sollte ihn begleiten, und deshalb gingen wir zusammen.

Wir streiten uns so oft, daß mein älterer Bruder einmal sagte: «Nisa, was ist los mit dir? Du schreist immer deinen Mann an.» Ich sagte: «Uhn, uhn ... er schreit mich immer an. Ich bin eine Frau, und ich bin friedlich. Er fängt immer an.» Aber mein Bruder sagte: «Es gefällt mir wirklich nicht, was du tust. Das ist schlecht. Du schreist ständig mit ihm. Was hat er dir getan? Er ist ein guter Mensch. Warum schimpfst du immer mit ihm?» Ich antwortete: «Bo haßt mich! Er schimpft mit mir. Selbst wenn es nur ums Wasserholen geht. Er sagt, ich soll Wasser für ihn holen. Aber wenn ich es tue, hat er etwas auszusetzen.»

Es stimmt, manchmal will ich nicht arbeiten. Wenn Bo mich auffordert, etwas für ihn zu tun, und ich bin müde, weigere ich mich. Aber wenn ich nicht müde bin, weigere ich mich nicht. Er sagt, ich sei keine gute Frau und das sei der Grund für unsere ständigen Streitereien. Aber das stimmt nur, wenn es ums Arbeiten geht. Dann weigere ich mich manchmal, und dann schimpft er mit mir.

Meist geht es nur um kleine Dinge. Aber wir hatten auch ein paar ernsthafte Auseinandersetzungen. Einmal stritten wir wegen irgend einer Sache, und er schrie mich an. Er wurde so wütend, daß er mir ins Gesicht schlug und beinahe das Auge traf. Ich ging wütend auf ihn los und schlug auf ihn ein. Er hob mich in die Luft, warf mich auf den Boden und hielt mich fest, bis die Leute ihn wegzogen. Er setzte sich, und ich stand vor ihm und schrie ihn an. Ich suchte einen Stock, weil ich ihn verprügeln wollte, aber die anderen hielten mich fest. Deshalb stand ich vor ihm und schrie ihn an.

Wir hatten noch einen anderen bösen Kampf. Es war wegen meiner Nichte ... der kleinen Nukha, die bei uns lebt. Bo, ich und meine Nichte waren mit ein paar anderen in den Busch gegangen, um dort zu leben. Ich schnitt in der Nähe des Lagers Gras für unsere Hütte. Da hörte ich die kleine Nukha weinen. Ich arbeitete weiter, und sie weinte weiter. Ich hörte auf und rannte, so schnell ich konnte, zurück ins Lager. Als ich ankam, war ich wütend. Ich sagte: «Warum hat die kleine Nukha so lange geweint? Wer hat ihr etwas getan? Warum hat sie geweint?» Ich fragte sie: «Hat dir dein Großvater etwas getan, weil du so weinst?» Ich wendete mich wieder zu Bo und fragte: «Wer hat dir aufgetragen, sie zum Weinen zu bringen?» Er erwiderte: «Dein kleines Ding, dieses schlechte Ding, ist eine Heulsuse. Warum weint sie immer? Sie hat einfach angefangen zu weinen. Ich habe ihr nichts getan, und trotzdem behauptest du, sie weint meinetwegen.»

Wir stritten uns und begannen miteinander zu kämpfen. Er gab mir einen Stoß, und ich fiel zu Boden. Ich sprang auf und packte ihn, und dann biß ich ihn. Er schlug mich mit der Faust, und zwar so fest, daß ich hier am Kopf noch immer eine Narbe habe. Dann versuchte ich, ihn zu packen, und biß ihn in die Hand. Ich wollte ihm die Hand brechen. Aber die anderen trennten uns, und das war alles.

Dann versöhnten wir uns und liebten uns wieder. Jeder sagte: «Eh, Nisa und Bo machen es richtig. Sie vertragen sich wieder, nachdem sie sich gestritten haben.» Das stimmt. Wir lieben uns immer noch und sitzen zusammen vor unserer Hütte. Wir hassen uns nicht, nachdem wir uns gestritten haben. Nein, wir lieben uns, wenn wir uns versöhnt haben. Wir kämpfen miteinander und lieben uns. Wir streiten, und wir versöhnen uns. So leben wir.

Das ist mein Leben. So ist es, und so bin ich. Ich habe immer noch Liebhaber, und ich tue immer noch alles mögliche. Ich habe gelebt und gelebt, und jetzt bin ich alt. Heute weiß ich über vieles Bescheid. Ich weiß, was die Leute vor langer Zeit gesagt haben. Ich erinnere mich an die Dinge, die ich gesehen habe. Davon habe ich dir erzählt, und das sind die Worte, die du mitnimmst, wenn du gehst.

Woran denkst du, wenn du an den Tod denkst?

Der Tod ist etwas Schlechtes. Wenn man stirbt, kann man nichts sehen. Man geht zu dem Ort im Himmel.

Was tut man dort?

Dahin gehen die Menschen. Wie sollen wir wissen, was sie dort tun?

Sagen dir die Erwachsenen das nicht?

Nein, sie sagen nur, daß man in den Himmel geht und dort lebt . . . man lebt mit all den Menschen zusammen, die bereits tot sind.

Ist das etwas Schlechtes?

Ja, denn schließlich ist man doch tot.

Fürchtest du dich davor?

Ich fürchte mich. Sterben ist etwas Schreckliches. Man sieht nichts und niemanden mehr.

Und wie ist es mit dem Altwerden?

Das ist auch schlecht. Was kann man noch tun, wenn man alt ist?

(Aus einem Gespräch mit einem vierzehnjährigen Kungmädchen.)

Nur wenige Kung freuen sich darauf, alt zu werden. Aber man ist sich bewußt, daß alte Menschen etwas Einmaliges zu bieten haben. Die Kultur der Kung ist in den meisten Aspekten human, und das trifft auch auf den Umgang mit Älteren zu. Alte Menschen werden hoch geachtet. Innerhalb der Gruppe haben sie großen Einfluß, und sie besitzen bestimmte Privilegien, die jüngeren Erwachsenen versagt bleiben.

Für die meisten Kung ist das Altwerden etwas Außergewöhnliches, es ist ein Luxus. Kaum mehr als zwanzig Prozent der Bevölkerung erreichen ein Alter von sechzig Jahren. (In den Industriegesellschaften sind es etwa dreiundachtzig Prozent.) Der Tod wird daher nicht ausschließlich mit Alter assoziiert. Er betrifft alle Altersgruppen. Kung, die alt werden, sind wie alle anderen von Infektionskrankheiten und Unfällen bedroht. Aber sie leiden nicht unter den Krankheiten, die unter den Älteren in anderen Kulturen weit verbreitet sind. (Arteriosklerose, Gehörverlust, hoher Blutdruck und Krankheiten, die offensichtlich auf Stress zurückzuführen sind wie Magengeschwüre und Kolitis.) Viele sechzigjährige Kung sind vital und unabhängig. (Sie waren robust genug, um Krankheiten zu überleben, an denen andere gestorben sind.) Aber mehr als die Hälfte sind auf Grund körperlicher Gebrechen von anderen abhängig. (Am verbreitetsten ist ein teilweiser Sehverlust.) Zahnverfall kommt im wesentlichen nicht vor. Möglicherweise liegt es daran, daß die Kung so wenig Zucker und raffinierte Kohlehydrate essen. (Sie pflegen ihre Zähne regelmäßig mit dem Stengel einer Pflanze, der die Zähne reinigt und weiß hält.) Aber da ein Großteil der Nahrung sehr rauh ist, sind die Zähne vieler alter Menschen beinahe bis zum Zahnfleisch abgenutzt.

Wer sechzig Jahre alt wird, hat eine Lebenserwartung von weiteren zehn Jahren. (In den USA sind es beinahe zwanzig Jahre.) Natürlich widerlegen manche Kung die Statistiken und sterben erst in hohem Alter. Auf meinen beiden Reisen zu den Kung erlebte ich viele alte Menschen, die aktiv am Alltagsleben teilnahmen. Und es gab immer auch einige ‹sehr Alte› – von denen die Demographin Nancy Howell festgestellt hatte, daß sie über achtzig waren. Ein Mann war beinahe neunzig. Trotzdem bilden die alten Menschen insgesamt nur einen kleinen Teil der Gesamtbevölkerung. (Nur 10 Prozent sind sechzig oder älter; im Vergleich zu 16 Prozent in den Vereinigten Staaten.)

Da Frauen üblicherweise fünf bis fünfzehn Jahre ältere Männer heiraten, sind etwa vierzig Prozent der Kungfrauen über sechzig Witwen. Zwar heiraten die meisten Frauen, die zwischen vierzig und Anfang Fünfzig Witwe werden, innerhalb eines Jahres wieder, aber eine ältere Frau kann sich durchaus entschließen, nicht mehr zu heiraten. Wenn keines ihrer Kinder mehr lebt oder wenn Kinder, die nächsten Verwandte und Freunde weit weg sind, beschließt sie vielleicht, als Nebenfrau in eine Ehe einzutreten. Dies sichert ihr Gesellschaft und den Lebensunterhalt. Aber sie muß dafür auch einen hohen Preis bezahlen. Als Neuankömmling in einer langjährigen Ehe erwartet man vielleicht von ihr, daß sie einen Großteil der Pflichten übernimmt. Der Ehemann schenkt ihr vielleicht weniger Zuneigung, und wahrscheinlich muß sie sich mit der Eifersucht der ersten Frau auseinandersetzen. Leben Kinder, Enkel und andere Verwandte in der Nähe, verzichtet sie vielleicht auf das polygame Leben und baut sich eine Hütte «inmitten ihrer Familie».

Die Kung sehen sich nicht in Begriffen chronologischen Alters. Sie messen den Ablauf der Zeit in weniger präzisen Einheiten – dem Wechsel der Jahreszeiten, Mondzyklen und dem Rhythmus von Tag und Nacht. Die Spanne des menschlichen Lebens wird als ein geordnetes Fortschreiten der biologischen und sozialen Ereignisse verstanden, die die meisten Menschen erleben. Die Kindheit gilt zum Beispiel als eine Sequenz: das erste soziale Lächeln, selbständiges Sitzen, Stehen, Gehen und das Sprechenlernen. Für den Erwachsenen und den alten Menschen kennt man ähnliche Sequenzen. Die Kung berechnen das Alter zwar nicht numerisch, aber sie sind sich des relativen Alters sehr genau bewußt. Da Alter mit Status assoziiert wird, kommt der Frage: ‹Wer ist älter?› – seien es Jahre oder auch nur ein paar Tage –, größte Wichtigkeit zu. Und dies beeinflußt alle Beziehungen. Mit Ausnahme eines gelegentlichen Besuchers aus einem entfernten Gebiet kennt üblicherweise jeder den Altersstatus aller anderen um ihn herum.

Die Vorsilbe *na* in Verbindung mit dem Namen ist ein Ausdruck der Achtung und bezeichnet einen Erwachsenen. Hin und wieder verwendet man sie auch bei einem jüngeren Menschen, um große Leistungen zu würdigen. (Bei der Jagd, beim Heilen oder in der Beherrschung eines Musikinstruments.) Aber üblicherweise verwendet man sie nur für über Vierzigjährige – also für Männer und Frauen in der Zeit ihrer größten Vitalität und Produktivität. Die Vorsilbe *na* wird auch benutzt, um sie von jüngeren mit demselben Namen zu unterscheiden. Beinahe Sechzigjährige und ältere ehrt man mit *na na*. Die Vorsilbe *da* bedeutet soviel wie «sehr alt». Siebzigjährige und ältere bezeichnen sich oft im Spaß selbst als *da ki*, das heißt: ‹So alt, daß man beinahe tot ist›.

Die sichtbaren Zeichen des Alters scheinen sich im wesentlichen nicht von denen unserer Kultur und denen anderer Kulturen zu unterscheiden. Da die Haut ständig Sonne und Wind ausgesetzt ist, wird sie sehr früh faltig. Aber da die Kung mit zunehmendem Alter nicht dicker werden, behalten sie ein jugendliches Aussehen.

Für die Frauen ist ein unleugbares Zeichen des Altwerdens das endgültige Ausbleiben der Menstruation. Dies scheint mit etwa fünfzig Jahren der Fall zu sein, aber der genaue Zeitpunkt ist nur schwer festzustellen – auch für die Frauen selbst. Für Frauen, die ihr letztes Kind Mitte Dreißig bekommen und nach der Geburt noch jahrelang menstruieren, markiert sich das Einsetzen der Menopause meist sehr deutlich. Aber Frauen, die mit Anfang Vierzig noch ein Kind bekommen (die älteste Mutter, von der man weiß, war bei der Geburt ihres Kindes sechsundvierzig) und bei denen durch das Stillen die Regel unterdrückt wird, bemerken das Einsetzen der Menopause nicht. Wenn sie das Kind entwöhnt haben, menstruieren sie nicht mehr. Bestimmte Krankheiten, die zu temporärem oder permanentem Aussetzen der Menstruation führen, verwischen das Bild noch mehr. Aber die meisten fünfzigjährigen Kungfrauen wissen, daß sie nicht mehr menstruieren.

Das Einsetzen der Menopause ist für eine Frau sehr schmerzlich, wenn sie keine Kinder hatte oder ihre Kinder nicht mehr leben. Aber Frauen mit gesunden Kindern und vielleicht Enkelkindern nehmen das Ende ihrer Fortpflanzungsfähigkeit vielleicht nicht so schwer. Eine Frau erklärte: «Dein Herz ist glücklich, wenn du nicht mehr menstruierst, denn du bekommst keine Kinder mehr.» Wie auch immer, die Menopause ist ein unleugbares Zeichen des Alters, ein Vorbote des Todes, und als solcher ist sie sicher nicht willkommen.

Die meisten Frauen sprechen vom Ende der Menstruation wie von der Menstruation selbst als einer Angelegenheit ohne größere Bedeutung. «Du bist gesund; du hast keine Schmerzen; deine Monde bleiben einfach für immer aus.» Als ich eine Frau fragte, ob dies etwas Schlechtes sei, antwortete sie: «Wenn ich jung wäre, ja, aber ich bin alt.» Die Kungfrauen berichten im Zusammenhang mit der Menopause nicht von den Symptomen, von denen die Frauen unserer Kultur sprechen. Sie stellen in den ersten Monaten ein gewisses körperliches Unbehagen fest, aber Hitzewellen und andauernde körperliche und psychische Störungen sind offensichtlich unbekannt.

Das Leben eines Sechzigjährigen hat sich gegenüber dem Leben eines Vierzigjährigen grundlegend verändert. Die Fortpflanzungsfähigkeit der Frauen ist lange erloschen; bei Männern ist sie biologisch noch möglich. Aber es kommt sehr selten vor, daß ein Mann Mitte bis Ende Fünfzig noch Vater wird. Die Kung behaupten, daß viele ältere Menschen noch ein aktives Sexualleben führen. Aber die spöttischen Bemerkungen über die sexuellen Gewohnheiten bestimmter alter Männer und Frauen deutet darauf hin, daß dies doch ungewöhnlich ist.

Im Alter ist auch das wirtschaftliche Leistungsvermögen herabgesetzt. Die meisten Älteren beteiligen sich nicht mehr an der Nahrungsbeschaffung für die Gruppe, obwohl viele noch in der Lage sind, für sich selbst zu sorgen. (Sie können keine so großen Entfernungen mehr zurücklegen, und wer in der Nähe des Dorfes sammelt, findet mit großer Wahrscheinlichkeit nur die weniger begehrenswerten eßbaren Pflanzen. Da innerhalb einer Familie das Sammelgut meist geteilt wird, kommt der ältere Mensch jedoch ebenso in den Genuß abwechslungsreicher Ernährung wie ein jüngerer.) Männer, die zu alt sind, um auf die Jagd zu gehen, lesen Spuren und entwickeln Jagdstrategien für die anderen. Sie beschäftigen sich mehr mit Dingen, die sie bislang nicht so intensiv betrieben haben: Sie stellen Vogel- und Tierfallen und sammeln eßbare Pflanzen. Ehepaare teilen sich diese Pflichten, solange es die Gesundheit erlaubt. Sie werden wahrscheinlich erst im hohen Alter völlig abhängig von der Familie.

Obwohl manche sich darüber beklagen, daß ihre geistigen Kräfte im Alter nachlassen, behaupten andere, daß ihre spirituellen Kräfte auch weiterhin wachsen. Das trifft besonders auf Frauen zu, die sich der Trance und der Heilkunde erst ernsthaft zuwenden, nachdem sie ihre Kinder großgezogen haben. Im spirituellen Bereich spielen ältere Männer und Frauen eine wesentliche Rolle. Für sie gelten die Nahrungstabus und andere Restriktionen nicht mehr, denen die jüngeren Erwachsenen unterliegen. Sie leiten Rituale (etwa im Zusammenhang mit den Initiationszeremonien für Jungen und Mädchen), für die die Eltern der Kinder nicht in Frage kommen.

Ältere Menschen besitzen großes Wissen. Sie kennen die neuere und ältere Vergangenheit; sie wissen, wer mit wem verheiratet oder verwandt ist und wer wann geboren wurde. Wenn sich etwas Ungewöhnliches ereignet, kann ein Älterer wahrscheinlich sagen, wann etwas Ähnliches schon einmal geschehen ist, und er wird wissen, was zu tun ist. Die Älteren kennen auch die jährlichen Schwankungen der Ergiebigkeit der Nahrungsquellen, und in schlechten Zeiten wissen sie, wohin sich die Gruppe wenden muß.

Außer seinem Wissen besitzt ein älterer Mensch traditionsgemäß nur wenig. Wertbeständige materielle Besitztümer werden im Laufe eines Lebens nicht angesammelt. Nach dem Tod gibt es für die Familie deshalb wenig oder nichts zu erben. Der Austausch von Geschenken, der für die Kung charakteristisch ist, endet auch im Alter nicht, aber viele der Tauschpartner (Eltern, Geschwister, nahe Verwandte, Gleichaltrige) eines Älteren sind vielleicht bereits tot. Aber dann tritt vermutlich ein Jüngerer das «Tauscherbe» an.

Manche alten Menschen besitzen jedoch etwas, das ihnen ein gewisses Maß an Einfluß sichert. Die Kung kennen den Besitz von Wasser- und Nahrungsquellen – das Nutzungsrecht, das üblicherweise dem ältesten Mitglied einer Gruppe zusteht, dessen Familie bereits am längsten in der Umgebung lebt. Nur sehr selten werden solche Rechte angezweifelt, und es kommt auch kaum vor, daß der Besitzer anderen den zeitlich begrenzten Zugang zu den Nahrungsquellen verwehrt. Aber solcher Besitz bringt einen einflußreichen und begehrenswerten Status mit sich.

Die Lebensumstände der Alten sind recht unterschiedlich. Leben Ehepartner, Kinder, Enkel und nähere Verwandte im Dorf, kann das Alter sehr angenehm sein. Die Jüngeren bringen genügend Nahrung zurück; abends sitzt man beisammen und erzählt Geschichten über die Erschaffung der Welt, über die Zeit, als die Tiere noch Menschen waren und die Geschöpfe des Buschs ihre Gestalt bekamen; Kinder, die zu alt sind, um noch bei ihren Eltern zu schlafen, übernachten vielleicht bei den Großeltern oder werden für Tage oder Wochen ihrer Obhut überlassen. Man bittet sie um Rat, hört auf ihre Meinung und bringt ihnen Zuneigung entgegen. Ältere Frauen, deren Männer bereits tot sind und die noch im Kreis ihrer Familie leben, zählen zu den einflußreichsten Mitgliedern der Gruppe.

Für die etwa fünf Prozent der Männer und zwanzig Prozent der Frauen, deren Ehepartner und Kinder tot sind, kann das Alter jedoch beschwerlich sein. Andere müssen sich um sie kümmern, und sie werden möglicherweise eine Bürde für die ganze Gruppe. Man muß für sie besondere Nahrung beschaffen und zubereiten; Reisen gehen langsamer vonstatten, und Sammel- oder Jagdausflüge müssen auf ein Minimum beschränkt werden.

Kungfrauen (oder -männer), die heutzutage alt werden, sehen einer ungewissen Zukunft entgegen: Ihr wirtschaftlicher Beitrag zum Gruppenleben nimmt mit Sicherheit ab; die Frau wird sehr wahrscheinlich Witwe, körperliche Gebrechen machen sie zunehmend abhängig; vielleicht muß sie sogar in eine Tswana- oder Hererosiedlung ziehen und sich auf die Großzügigkeit anderer verlassen, die für sie sorgen.

Aber das Alter bringt ihr noch immer Achtung ein, besonders da man von ihr erwartet, daß sie Geschichten aus der Vergangenheit erzählt – seien es Mythen oder historische Begebenheiten. Sie lebte bereits, als die ersten Hereros ins Land kamen, und sie begegnete auch den ersten Anthropologen, die fünfundzwanzig Jahre später das Leben der Kung studierten. Sie kennt die Geschichten und Skandale der Lebenden und der Toten ebenso wie die Stammesmärchen, die durch mündliche Überlieferung von einer Generation an die andere weitergegeben werden. Sie kann die anderen mit anzüglichen Berichten über das Treiben mythologischer Helden unterhalten – etwa mit den Streichen, die der Gott Kauha seinen Frauen spielte, ehe er in den Himmel kam, oder dem Streit zwischen dem Mond und dem Hasen über die Frage, ob der Tod ein Dauerzustand sein sollte, wie der Hase es wollte, oder nur etwas Vorübergehendes, wie der Mond es für richtig hielt, der seine ständige Wiedergeburt als gutes Beispiel anführte. Wenn die Frau solche Geschichten und die Geschichte und die Erfahrungen ihres eigenen Lebens berichtet, ist sie vielleicht in der Lage, auf ihre Weise den Reichtum der Traditionen zu bewahren, der in Gefahr ist, verlorenzugehen.

Nachwort

Nisa und ihr Volk

Es gibt nur noch wenige Völker auf der Erde, die sich von Sammeln und Jagen ernähren; und doch war dies für neunzig Prozent der etwa einhunderttausend Jahre Menschheitsgeschichte die vorherrschende Lebensweise. Es sind beinahe drei Millionen Jahre (und etwa neunundneunzig Prozent), wenn man die Evolutionsgeschichte der Menschheit hinzurechnet. Sammler- und Jägergesellschaften gab es auf der ganzen Welt – für einen weit längeren Zeitraum als die bäuerlichen Gesellschaften, die es erst seit etwa zehntausend Jahren, oder die Industriegesellschaften, die es erst seit etwa zweihundert Jahren gibt. Die Einzigartigkeit der Menschen – und der menschlichen Persönlichkeit – entwickelte sich im Rahmen der Sammler- und Jägerkultur.

Dies soll keineswegs bedeuten, daß die Kung San oder andere Sammler- und Jägervölker der Gegenwart weniger hochentwickelte Menschen sind als wir. Biologisch gesehen sind alle Menschen im wesentlichen ähnlich und waren dies bereits vor Zehntausenden von Jahren. Sammler und Jäger besitzen das gleiche emotionale und intellektuelle Potential, das man in anderen Gesellschaften findet. Sie sind die Vertreter einer erfolgreichen Lebensweise – zumindest in zeitlichen Begriffen ist es die erfolgreichste Adaptionsleistung von Menschen an ihre Umgebung.

Nisa[1] gehört zu einer der letzten traditionellen Sammler- und Jägergesellschaften – eine Gruppe, die sich *Zhuntwasi* nennt, «die wahren Menschen». Sie leben in den abgeschiedenen Gegenden von Botswana, Angola und Namibia. In der Vergangenheit bezeichnete man sie als Sonquas und in Botswana als Basarwa. Aber man kennt sie auch als Kung Buschmänner, Kung San oder auch nur als Kung. Sie sind klein – im Durchschnitt etwa ein Meter fünfundfünfzig –, schlank, muskulös und für einen afrikanischen Stamm hellhäutig. Sie haben hohe Backenknochen und orientalisch wirkende Augen. In diesen und anderen körperlichen Merkmalen unterscheiden sie und ihre bäuerlichen Nachbarn – die Khoi-Khoi – sich deutlich von den Schwarzafrikanern, die sie umgeben. Biologen sehen sie als Teil einer eigenen Rasse – die Khoisan. (Aus diesem Begriff leiten sich die Namen ab, mit denen man sie zur Zeit bezeichnet: «Khoi» für Hottentotten; «San» für Buschmänner. Die Bezeichnungen «Hottentotten» und «Buschmänner», die für mehr als dreihundert Jahre benutzt wurden, sind zwar bekannter, aber auch diskriminierender.)

Irven DeVore und Richard Lee, Anthropologen von der Harvard University, kamen 1963 zum erstenmal mit Nisas Stamm in Kontakt – einer traditionellen Gruppe der Kung San im Dobegebiet des nordwestlichen Botswana.[2] Sie planten eine Langzeituntersuchung, in deren Rahmen Wissenschaftler vieler Disziplinen detaillierte Studien über das Leben der Kung erarbeiten wollten. Das differenzierte Gesamtergebnis sollte Informationen über Gesundheit und Ernährung, Demographie, Archäologie, Wachstum und Entwicklung der Kinder, Erziehung, Genetik, rituelle Heilzeremonien, Volkstum und das Leben der Frauen geben. 1969, sechs Jahre nach Beginn und kurz vor dem Abschluß des Projekts, nahmen mein Mann und ich unsere Arbeit auf und lebten eine Zeitlang bei den Kung.

Einige Forschungsergebnisse standen mir vor der Abreise nach Afrika bereits zur Verfügung. Ich war dankbar für die Perspektive, die sie mir gaben, und für die Informationen über die Kung und ihre Lebensweise. Aber wenn ich Fragen darüber stellte, wie sie als Menschen waren und wie sie über ihr Leben dachten, erhielt ich so unterschiedliche Antworten, daß sie mir ebensosehr die Persönlichkeit des jeweiligen Anthropologen widerzuspiegeln schienen als alles, was er über die Kung gelernt hatte. Mit wem ich auch sprach, was ich auch las, ich hatte hinterher nie das Gefühl, die Kung zu kennen. Wie sahen sie sich selbst? Ihre Kindheit? Ihre Eltern? Liebten sich die Ehepartner? Waren sie eifersüchtig? Überlebte die

Liebe in der Ehe? Was träumten sie? Und wie deuteten sie ihre Träume? Fürchteten sie sich vor dem Alter, vor dem Tod? Vor allem interessierte mich das Leben der Frauen. Was hieß es, Frau in einer Kultur zu sein, die sich von meiner so sehr unterschied? Was waren die Gemeinsamkeiten, wenn es welche gab? Womit würde ich mich identifizieren können?

Mein erster Aufenthalt bei den Kung fiel in eine Zeit, in der in meiner Welt die traditionellen Werte in Hinblick auf Ehe und Sexualität in Frage gestellt wurden. Die Frauenbewegung hatte gerade großen Auftrieb bekommen und drängte auf eine Überprüfung der traditionellen Rolle der Frau in der westlichen Kultur. Ich hoffte, meine Reise würde mir Klarheit über einige der Themen bringen, die die Frauenbewegung zur Diskussion stellte. Vielleicht konnten mir die Kungfrauen Antworten geben. Schließlich sorgten sie zum größten Teil für die Ernährung einer Familie, zogen die Kinder auf und waren außerdem Ehefrauen in langjährigen Bindungen.

Obwohl die Kung einen kulturellen Umbruch erlebten, war diese Entwicklung relativ neu und so in den Anfängen, daß das traditionelle Wertsystem noch weitgehend unangetastet war. Deshalb konnte eine Untersuchung des Lebens der Frauen heute zeigen, wie sie seit Generationen, vielleicht Jahrtausenden gelebt hatten.

Nach meiner Ankunft tat ich alles, was ich konnte, um das Leben der Kung zu verstehen. Ich lernte die Sprache, ging mit den Frauen sammeln, begleitete die Männer auf die Jagd, ernährte mich manchmal tagelang nur von Buschnahrung, lebte in Grashütten in den Dörfern, saß an den Feuern und hörte Diskussionen, Streitereien und Geschichten. Teilnehmend und beobachtend gewann ich wertvolle Einblicke in ihr Leben. Mich erstaunte ihre große Kenntnis des Lebensraums, ihre außerordentlichen Fähigkeiten, die Spuren von Mensch und Tier im Sand zu entziffern und im Gewirr vertrockneter Ranken die zu entdecken, die auf wasserspeichernde Wurzeln in der Erde hinweisen. Ich sah, wie sie die eßbaren Pflanzen, das Fleisch und die materiellen Güter teilten, damit niemand wesentlich mehr besaß als die anderen. Ich erlebte, wie Meinungsverschiedenheiten durch stundenlange Diskussionen beigelegt wurden, die bis spät in die Nacht geführt wurden und in denen jeder Standpunkt gehört wurde, bis ein Konsens erreicht war. Ich setzte mich zu den

Jägern, die von erfolgreichen Jagden berichteten, zu den Musikern, die eigene Kompositionen und die anderer sangen und spielten. Ich hörte den Geschichtenerzählern zu, die ihre Zuhörer immer wieder zum Lachen brachten. Ich erlebte Medizinzeremonien und sah, wie die Gemeinschaft in einem kraftvollen, bewegenden Ritual gefestigt wurde.

Ich war begeistert, in so kurzer Zeit so viel erlebt zu haben. Trotzdem ließ mich das Gefühl nicht los, nur oberflächlich zu verstehen, was dies für die Kung wirklich bedeutete. So sah ich zum Beispiel, wie sehr sie sich aufeinander verließen und wie eng sie üblicherweise beisammen saßen, aber ich wußte nicht, wie sie ihre Beziehungen und ihr Leben empfanden. Ich brauchte Informationen, die sich nicht durch Beobachtungen erwerben ließen. Ich war darauf angewiesen, daß die Kung für sich selbst sprachen.

Im Mittelpunkt meiner Arbeit standen deshalb Gespräche mit Menschen und Fragen, die sie ermutigten, offen mit mir zu sprechen. Da ich persönlich sehr daran interessiert war, etwas über das Leben der Frauen zu erfahren, und es mir im allgemeinen leichter fiel, mit ihnen als mit Männern zu sprechen, konzentrierte sich meine Arbeit beinahe ausschließlich auf sie. Ich stellte mich ihnen dar, wie ich mich damals selbst sah: Eine junge Frau, die erst vor kurzem geheiratet hatte und die sich mit den Themen Liebe, Ehe, Sexualität, Arbeit und Identität auseinandersetzen mußte – im Grunde mit allem, was Frausein für mich bedeutete. Ich fragte die Kungfrauen, was Frausein für sie bedeutete und welche Ereignisse in ihrem Leben wichtig waren.

Eine Frau – Nisa – beeindruckte mich durch die Fähigkeit, ihre Erlebnisse anschaulich zu schildern, mehr als die anderen. Ihre Begabung als Geschichtenerzählerin verblüffte mich: Sie wählte sorgfältig ihre Worte; sie erzählte dramatisch, und sie hatte viel erlebt. Hunderte von Interviews mit den Kung hatten mir gezeigt, daß ein Großteil des emotionalen Lebens universell ist. Nisas Erzählungen vertieften diese Gewißheit.

Das Dobegebiet am Rande der Kalahari zählt zu den Baum- und Grassteppen. In dieser trockenen Landschaft wachsen Gras, dornige Büsche, Gestrüpp und dünnstämmige Bäume. Das Land wirkt flach, aber unter der Vegetation verbergen sich niedrige Hügel,

Dünen, Senken und Flußläufe. Die Flüsse führen im allgemeinen nur zweimal in zehn Jahren Wasser. Die durchschnittliche Höhe beträgt eintausendeinhundert Meter, und die Temperaturen schwanken zwischen Frost im Winter und achtunddreißig Grad im Sommer. Die Regenzeit dauert vier bis sechs Monate, und die jährliche Niederschlagsmenge schwankt zwischen dreizehn Zentimetern und einhundert Zentimetern. Ihr folgen ein kurzer Herbst (April und Mai) und ein drei vis vier Monate dauernder Winter mit ungefähr sechs Wochen, in denen die Nachttemperatur um den Gefrierpunkt liegt. Der Frühling beginnt spät im August und geht schnell in einen heißen, trockenen Sommer über, in dem die Temperaturen nicht selten auf einundvierzig, zweiundvierzig Grad ansteigen.

Das Fehlen zuverlässiger Wasserstellen, die ausgedehnte Trockenzone, von der das Dobegebiet umgeben ist, und die harten Lebensbedingungen sorgten lange Zeit dafür, daß sich dort keine Außenseiter wie Europäer oder Bantus ansiedelten. Für Sammler und Jäger schien das Land jedoch geeignet zu sein; archäologische Ausgrabungen zeigen, daß das Dobegebiet seit mehr als elftausend Jahren von Sammlern und Jägern bevölkert ist.

Die Kung sind in dieser Umgebung Meister des Überlebens. Sie sind in der Lage, auf die ständig wechselnden und oft extremen Anforderungen zu reagieren. Ihre Adaptionsfähigkeit ist der Schlüssel zu ihrem Erfolg. Gruppen von zehn bis dreißig Menschen leben in Dörfern oder Lagern, die je nach Bedarf gebaut oder verlassen werden. Persönlicher Besitz muß auf ein Minimum beschränkt bleiben (das Gesamtgewicht der persönlichen Habe beträgt durchschnittlich weniger als fünfundzwanzig Pfund), denn wenn die Gruppe weiterzieht, muß alles getragen werden. Die technischen Mittel zur Herstellung von Werkzeugen und Gegenständen für den Alltag sind relativ einfach, und jede Familie stellt sie selbst her.

Was jemand besitzt, gehört ihm allein, und er kann damit nach eigenem Gutdünken verfahren. Die meisten Gegenstände werden irgendwann einmal verschenkt und werden so Teil eines Netzwerks von Dingen, die ständig getauscht werden. Generelle Großzügigkeit sichert dem einzelnen die Hilfe der anderen in Zeiten von Krankheit oder Not.

Familien- und Dorfleben spielen sich im Freien ab. Die Hütten sind zu klein, um Platz für mehr als zum Schlafen zu bieten. Sie stehen dicht beisammen, und vor jeder Hütte brennt ein Feuer. Der Platz um das Feuer ist der eigentliche Lebensraum für die Bewohner der Hütte – die Kernfamilie – und ihre Gäste. Die Eingänge weisen alle auf einen großen, gemeinschaftlichen Platz. Offensichtlich ist das intensive gesellige Leben, das dadurch gefördert wird, erwünscht, denn es gibt genügend Raum, und es ließe sich leicht eine Privatsphäre schaffen. Aber abgesehen von gelegentlichen Ausflügen in den Busch scheint kein Kung großen Wert darauf zu legen. Man schätzt und sucht die Gesellschaft anderer.

Die Bewohner eines Dorfes wechseln immer wieder – von Tag zu Tag, von Monat zu Monat. Ein Kreis älterer, meist verwandter Personen bildet den Kern eines Dorfs. Sie haben jahrelang, vielleicht den größten Teil ihres Lebens erfolgreich zusammen verbracht und miteinander gearbeitet. Sie teilen Essen und materielle Güter. Sie gehen gemeinsam auf Sammelexpeditionen in bestimmte Gebiete, die traditionsgemäß ihnen «gehören». Ein solcher «Besitz» ist weitläufig, aber trotzdem begrenzt, ein Gebiet von etwa sechshundertfünfzig Quadratkilometern. Es wird allgemein als «Besitz» der männlichen und weiblichen Nachkommen der Familie anerkannt, die am längsten in dieser Gegend gelebt hat. (Nur sehr selten ist das länger als einige Generationen.) Besitzrechte sind kollektiv, nicht exklusiv und wie so vieles andere im Leben der Kung flexibel. Im Verlauf ihres Lebens sind die meisten Kung Gäste und Besucher in vielen verschiedenen Dörfern. Das Wohnrecht an einer Wasserstelle wird durch den vorübergehenden Aufenthalt nicht in Frage gestellt. Man erwartet, daß Besucher – vielleicht aus einem Gebiet mit augenblicklicher Nahrungsknappheit – die Erlaubnis der «Besitzer» einholen, ehe sie von dem Wasser, den Wild- und Pflanzenbeständen Gebrauch machen. Dies bringt jedoch die Verpflichtung mit sich, den jetzigen Gastgebern später im eigenen Gebiet dasselbe Recht einzuräumen.

Kunggruppen, die nach der Tradition leben, sind wirtschaftlich unabhängig und versorgen sich selbst (nur Eisen muß durch Handel erworben werden). Kinder, Jugendliche unter fünfzehn und Erwachsene über sechzig tragen wenig zur Nahrungsbeschaffung bei, und die anderen sammeln oder jagen nur an zwei oder drei Tagen in der Woche. Zu ihren täglichen Pflichten gehören Hausarbeiten, Kochen und Zubereiten der Mahlzeiten, Kinderpflege, Herstellung und Reparatur von Kleidung und Hütten. Sie haben aber genügend Zeit, zu singen, Lieder zu komponieren, zu musizieren, schwierige Perlenmuster zu entwerfen, Geschichten zu erzählen, zu spielen, Besuche zu machen oder sich einfach auszuruhen.

Der rituelle Mittelpunkt in ihrem Leben war und ist der traditionelle Heiltrancetanz, an dem alle Dorfbewohner teilnehmen.

Lange Wanderungen – zur Nahrungsbeschaffung oder um Verwandte in entfernten Dörfern zu besuchen – unternehmen sie meist in der Regenzeit oder kurz danach, wenn in der ganzen Savanne Wasser zu finden ist und viele eßbare Pflanzen wachsen. Abends suchen sie sich einen Lagerplatz, säubern ihn rasch von Gebüsch und Gras und errichten einfache Schutzhütten. Dann wird ein großes Feuer entzündet, um die Macht über den Busch und die Nacht zu demonstrieren. Plant die Gruppe, länger an einem Ort zu bleiben, werden die Grashütten etwas fester gebaut, besonders wenn man mit Regengüssen und Gewittern rechnen muß. Aber nach einem Aufenthalt von wenigen Wochen sind die wichtigsten Nahrungsquellen der Umgebung erschöpft, und die Gruppe zieht weiter. Man bleibt nur, wenn ein größeres Tier erlegt wurde. Aber selbst dann ziehen alle dorthin, wo es liegt.

Wenn die Wasserlöcher und Quellen austrocknen, wandern sie wieder zurück zu den permanenten Wasserstellen und bauen neue Dörfer für den Winter.

Die große Ansammlung der Menschen in den Winterquartieren – manchmal sind es mehr als zweihundert – intensiviert das rituelle und das soziale Leben der Gruppe und des einzelnen. Es finden häufiger Trancetänze statt – bis zu zwei-, dreimal in der Woche –, Initiationszeremonien werden abgehalten, für die eine größere Zahl etwa gleichaltriger Jungen die Voraussetzung sind, Geschenke werden ausgetauscht und Ehen arrangiert.

Da in dieser Zeit so viele Menschen von einer begrenzten Zahl Nahrungsquellen abhängig sind, kommt es unvermeidlich zu Spannungen, besonders wenn die Entfernungen, die auf der Suche nach Nahrung zurückgelegt werden müssen, größer werden und die herannahende Trockenzeit Wanderungen mühsam und unangenehm macht. In den Dörfern kommt es zu zahlreichen Auseinandersetzungen und Kämpfen, die mit großer Leidenschaft ausgetragen, meist aber schnell und ohne ernsthafte Schwierigkeiten beigelegt werden.

Die tägliche Nahrungsbeschaffung zu organisieren ist eine Aufgabe, die viel Geschick und Anpassungsvermögen verlangt. Den größten Teil der Nahrung (60%–80%) sammeln und tragen die Frauen. Ein Grundnahrungsmittel ist die im Überfluß vorkommende Mongongonuß (oder Mangettinuß), die für die Kung mehr als die Hälfte ihrer pflanzlichen Nahrung liefert. Sie essen sowohl ihren Kern als auch das süße Fruchtfleisch. Sie sammeln die Früchte des Baobabbaums, Marulanüsse, saure Pflaumen, Tsamamelonen, Tsinbohnen, Wasserwurzeln und eine Vielzahl von Beerenfrüchten. Die meisten Frauen teilen das Gesammelte, aber dafür bestehen keine festen Regeln, und Frauen mit großen Familien können anderen vielleicht nicht viel geben.

Die Entfernungen zu den Sammelplätzen sind unterschiedlich, aber im Durchschnitt finden die Frauen ausreichende Mengen. Meist verlassen Gruppen von drei bis fünf Frauen frühmorgens das Dorf. Sie gehen langsam und sammeln bereits auf dem Weg zu ihrem Ziel alle eßbaren Pflanzen, die sie finden. Am späten Nachmittag kommen sie wieder ins Dorf zurück. Nach einer kurzen Ruhepause werden die Pflanzen und Früchte sortiert und alles beiseite gelegt, was weggegeben wird. Der größte Teil wird innerhalb von achtundvierzig Stunden verteilt und gegessen.

Auch die Betreuung der Kinder gehört neben den täglichen Pflichten zu den Aufgaben der Frauen. Durchschnittlich arbeiten sie etwa vier Stunden täglich für die Familie: Wasser holen, Feuerholz sammeln, das Feuer unterhalten, Hütten bauen (Gerüst und Grasdach), das Schlaflager vorbereiten, Essen kochen und austeilen (dazu gehört auch das Aufschlagen von Nüssen). Die Männer verbringen etwa drei Stunden täglich damit, Werkzeuge herzustellen und zu reparieren. Auch sie beteiligen sich an den Haushaltspflichten: Sie fällen Bäume, um Hütten zu bauen und für das Feuer; sie sammeln Feuerholz, zerlegen das Fleisch, bereiten es zu und verteilen es; sie sind liebevolle, geduldige Väter und kümmern sich auch um die Kinder. Aber sie verbringen weit weniger Zeit mit ihnen als die Frauen.

Der Status der Frau ist in der Gemeinschaft hoch, und ihr Einfluß ist beträchtlich. Bei wichtigen Familien- oder Gruppenentscheidungen ist ihre Meinung von großer Bedeutung. Viele Frauen sind Mitbesitzerinnen von Wasserstellen und Sammelplätzen und gehören zur Führungsgruppe eines Dorfs. Aber zu entscheiden, wie einflußreich sie wirklich sind und wie sich ihr Status mit dem der Männer vergleichen läßt, ist sehr schwer. Praktisch sind die Frauen den Männern beinahe gleichgestellt, aber die Kultur scheint sie als weniger mächtig anzusehen. In anderen Worten: Ihr Einfluß ist vielleicht größer, als die Kung (beiderlei Geschlechts) wahrhaben wollen.

Die Qualität der Nahrung ist ausgezeichnet. Richard Lee untersuchte 1968 die Ernährungsweise der Kung und stellte fest, daß das durchschnittliche Quantum an Kalorien und Proteinen, das sie täglich zu sich nahmen, die Empfehlungen der Vereinten Nationen für Menschen ihrer Größe und Statur überstieg. Ihre Nahrung ist äußerst niedrig im Salzgehalt, saturierten Fetten und Kohlehydraten – besonders Zucker – und hoch an ungesättigten Ölen, Ballaststoffen, Vitaminen und Mineralien. Sie entspricht durchaus den zeitgenössischen Vorstellungen von guter Ernährung.

Die Ernährung und die gelassene Lebensweise scheinen die Kung vor manchen Krankheiten zu schützen, die bei uns so weit verbreitet sind. Sie leiden weder an hohem Blutdruck, blutdruckbedingten Herzkrankheiten oder Arteriosklerose, Gehörverlust oder Senilität, Krampfadern, auch nicht an stressbedingten Krankheiten wie Magengeschwüren oder Colitis.

Das bedeutet aber nicht, daß der Gesundheitszustand der Kung im allgemeinen gut ist. Beinahe fünfzig Prozent der Kinder sterben vor dem fünfzehnten Lebensjahr, zwanzig Prozent bereits im ersten Jahr (meist an Magen-Darm-Infektionen). Die Lebenserwartung bei der Geburt beträgt dreißig Jahre, für Fünfzehnjährige liegt sie bei fünfundfünfzig. Nur zehn Prozent der Gesamtbevölkerung ist älter als sechzig Jahre – das Alter, in dem sie allmählich anfällig für altersbedingte Leiden werden. (Dies ist auch der Grund dafür, daß solche Krankheiten bei den Kung selten zu sein scheinen.) Häufige Todesursachen der Erwachsenen sind Infektionen der Atemwege und Malaria. Trotzdem ist der Gesundheitszustand der Kung im Vergleich zu vielen anderen nichtindustriellen Gesellschaften, und dem unseres eigenen in der Zeit vor der öffentlichen Gesundheitsfürsorge, recht gut.

Unter den gegebenen Umständen waren die Kung bemerkenswert erfolgreich. Sie überleben in einer Landschaft, die nur denen zugänglich ist, die sie sehr genau kennen. Ihre Traditionen haben sich über Jahrtausende entwickelt und sind von Generation zu Generation weitergereicht worden. Keine Legende spricht von einer Zeit, in der es das Gift noch nicht gab, mit dem sie ihre Pfeile bestreichen, oder in der sie ihr Tranceritual noch nicht tanzten. Sie kennen beinahe fünfhundert Pflanzen- und Tierarten und wissen, welche eßbar sind, welche medizinische, toxische, kosmetische oder andere Eigenschaften besitzen. Sie ziehen den größtmöglichen Nutzen aus ihrer Umgebung und haben deshalb genug Zeit, um sich auf Familie, gesellschaftliches Leben und die geistige Entwicklung zu konzentrieren. Ihr Leben ist reich an menschlicher Wärme und ästhetischer Erfahrung. Sie haben eine beneidenswerte Balance zwischen Arbeit und Liebe, Ritual und Spiel erreicht.

Unter den Sammler- und Jägervölkern sind die Kung keine Ausnahme. Wissenschaftler haben die sozialen und ökonomischen Bedingungen verschiedener zeitgenössischer Sammler- und Jägerkulturen miteinander verglichen und festgestellt, daß diese Gesellschaften mehr miteinander gemein haben als mit ihren Ackerbau und Viehzucht treibenden oder industrialisierten Nachbarn.

Aber was bedeutet dies alles für uns? Welchen Nutzen ziehen wir aus dem Wissen über das Leben der Sammler- und Jägervölker? Es ist das Leben unserer Vorfahren und ein reiches Erbe. Das Leben unserer prähistorischen Vorfahren wurde nicht von ständigen Entbehrungen bestimmt; sie hatten üblicherweise keine Nahrungssorgen; der Arbeitsaufwand war relativ gering; ihnen blieb viel freie Zeit; sie teilten sich die Nahrungsquellen; Frauen und Männer sorgten gleichermaßen für die Familie, die Gesellschaft und Ökonomie. Heute leben die Sammler und Jäger – einschließlich der Kung – nur in entfernten Randgebieten, während die prähistorischen Sammler und Jäger Landstriche bevölkerten, in denen es Wasser, eßbare Pflanzen und Tiere im Überfluß gab. Wenn man deshalb die Informationen über moderne Sammler und Jäger auswertet, erkennt man sehr wahrscheinlich, daß wir die Lebensqualität ihrer – unserer – Vorfahren bislang weit unterschätzt haben.

Ich spreche mit Nisa

Ich erinnere mich nicht, wann ich Nisa zum erstenmal sah. Vielleicht war sie in unser Lager gekommen und hatte um Tabak gebeten – eine von vielen Frauen, die sich mit einer bestimmten Bitte an uns wendeten. Es waren etwa zehn Monate vergangen – die Hälfte meines ersten Aufenthalts – als Nisa mir zum erstenmal auffiel. Mein Mann und ich hatten unser Lager für eine Woche in der Nähe von Gausha aufgeschlagen, in einem Gebiet, in dem mehrere Dörfer der Kung und Bantus lagen und wo Nisa lebte.

Als wir aus Goshi, wo sich unser Hauptlager befand, nach Gausha kamen, war es bereits dunkel. Wir fuhren in unserem Landrover an einem Kungdorf vorbei und hielten an einem verlassenen Dorf in der Nähe. Der Vollmond stand hoch am Himmel; er wirkte klein und verströmte ein kaltes Licht. Im Scheinwerferlicht warfen die Büsche und das dornige Gestrüpp lange Schatten, dann schalteten wir die Scheinwerfer aus.

Kxoma und Tuma, zwei Kung, die uns begleiteten, schlugen vor, das Lager an derselben Stelle aufzuschlagen, an der vor vier Jahren Richard Lee und Nancy Howell kampiert hatten. Sie sagten, es sei richtig, an einer Stelle zu bleiben, an der bereits jemand zuvor gelebt hatte, denn das bringe die Verbindung zur Vergangenheit. Das dünne Holzskelett von Richards und Nancys Hütte stand noch immer. Es wirkte bizarr und fremdartig im Mondlicht. Lange Zweige, die von den Bäumen in der Nähe stammten, beschrieben einen Kreis von etwa zwei Meter Durchmesser. An der Spitze liefen sie zusammen und waren mit den Blättern einer fasrigen Pflanze zusammengebunden – das Skelett einer traditionellen Kunghütte. Das Grasdach hatte man schon lange abgenommen und in Nisas Dorf gebracht. In diesem Zustand bot die Hütte weder Schutz vor dem Wetter noch vor neugierigen Blicken.

Tuma machte mit herumliegenden Zweigen ein Feuer. Er goß aus den Kanistern, die wir immer bei uns hatten, Wasser in den Kessel und setzte ihn aufs Feuer. Wir glaubten, daß niemand aus dem Dorf uns besuchen würde. Die Leute hatten zwar das Geräusch des vorüberfahrenden Wagens gehört und dann, daß wir angehalten hatten. Aber für einen Besuch war es zu spät. Sie kannten uns inzwischen und wußten, daß wir am nächsten Morgen noch dasein würden. Dann würden sie herausfinden, welche Pläne wir hatten und wie lange wir bleiben wollten. Die Kung würden um Medikamente und Tabak bitten, und ihre Nachbarn, die Hereros, würden ihre Wünsche vortragen.

Zu viert luden wir langsam die Decken und Zelte vom Wagen. Kxoma und Tuma stellten ihr Zelt unter einem kleinen Baum auf. Mein Mann hängte unser Zelt über das Gerüst von Richards und Nancys Hütte. Ich packte das Bettzeug aus und schüttelte den Sand aus den Decken, ehe ich sie auf den Boden legte. Ich dachte daran, daß Nancy einmal eine Puffotter in ihrem Schlafsack gefunden hatte. Ich legte mich auf das Bett, ließ die Hände über die Decken gleiten, um dornige Zweige und getrockneten Kuhdung zu finden und wenn nötig zu entfernen. Wir hatten beschlossen, diesesmal wie die Kung ohne großes Gepäck zu reisen, und hatten die Matratzen und Kissen im Hauptlager zurückgelassen.

Ich setzte mich zu den Männern und trank eine Tasse von dem frisch gekochten Zichorienkaffee. Es erstaunte mich immer wieder, wie schnell ein neuer Ort weniger fremd wirkte: Ein Feuer, Decken und Kaffee schienen zu genügen, um sich wohl zu fühlen. Ich war müde und genoß die Momente der Ruhe und der Entspannung, die erstaunlich selten geworden waren. Vom nahe gelegenen Dorf hörte man das Lachen und Rufen der Menschen. Es war beruhigend zu wissen, daß sie da waren. Ich fühlte mich angenehm müde und legte mich auf meine Jacke, sah ins Feuer und lauschte schläfrig den Stimmen.

Ein Ortswechsel war immer anstrengend. Es gab so viele Dinge zu ordnen und zu organisieren, ehe wir den Wagen packen konnten: Benzin, Wasser und Vorräte, Notizbücher, Fragebögen, Kameras, Tonbänder, Lampen, Zelte, Decken, Kleider usw. Die Spannung der Abreise nahm zu, und jeder spürte es: die Leute, die für uns arbeiteten, mein Mann, ich und die Bewohner des Dorfes, das wir an dem Tag verlassen hatten. Es war unvermeidlich – je länger wir an einem Ort blieben, desto mehr wurden die Leute von uns abhängig. Sie wollten Tabak, Medikamente; sie wollten etwas verkaufen oder kamen aus Interesse – wir wurden ein Grund, daß die Leute blieben – manchmal länger, als sie es sonst getan hätten. Wenn wir schließlich aufbrachen, dann geriet auch ihr Leben wieder in Bewegung – besonders in Goshi, wo wir einen Großteil der Zeit verbrachten. An diesem Tag waren wir erst sehr spät abgefahren.

Wir hatten unseren Kaffee beinahe ausgetrunken und wollten ins Bett gehen. Plötzlich hörten wir Leute kommen. Es waren zwei: Nisa und ihr Mann Bo. Nisa trug über einem verblaßten, geblümten, viel zu großen Kleid eine alte Decke, Bo ein paar Shorts, die so fadenscheinig waren, daß selbst die Flicken an manchen Stellen durchgewetzt waren. Sie begrüßten uns und setzten sich ans Feuer, wo ich sie besser sehen konnte. Beide waren etwa fünfzig Jahre alt. Bo bewegte sich langsam, sprach leise und klar. Aus seinen Augen strömte Kraft und Intelligenz. Nisa war geballte Energie. Sie war ständig in Bewegung. Sie hatte ein ausdrucksvolles Gesicht. Sie sprach schnell. Sie wirkte gleichzeitig stark und überraschend kokett.

Sie saßen kaum, als Bo bereits zu meinem Mann sagte: «Hey, Tashay (er benutzte den Kungnamen meines Mannes), gib mir Tabak. Der Hunger nach Tabak hat mich beinahe umgebracht. Siehst du nicht, daß ich vor Hunger nach Tabak schon tot bin?» Ich dachte, mein Mann würde antworten: «Warte bis morgen. Jetzt sind wir müde. Die Bitten um Dinge haben *uns* heute umgebracht.» Aber das sagte er nicht. Es war zu spät, um zu diskutieren, und es waren nur zwei. Manchmal fanden wir es leichter, den Leuten zu geben, worum sie baten, bis uns die ständigen Forderungen zuviel wurden. Dann wehrten wir uns und argumentierten, wohl wissend, daß es leichter gewesen wäre, es nicht zu tun. Wenn wir in ihrer Art argumentierten, war es in Ordnung – halb ernst, halb als Mittel der Kontaktaufnahme. Aber manchmal gelang uns das nicht, und die Beschimpfungen, die uns entgegengeschleudert wurden, schmerzten: «Ihr seid reich, aber geizig!» Und: «Ihr könntet helfen, aber ihr weigert euch!»

Mein Mann stand auf, öffnete die Hecktür des Landrovers und kam mit geschnittenem Tabak zurück. Er gab ihn Bo und Nisa und sagte, am nächsten Morgen bekämen sie mehr. Dann würden wir ihn an die Kung verteilen, mit denen wir arbeiten wollten. Mein Mann untersuchte die Mutter-Kind-Beziehungen und die geistige und körperliche Entwicklung von Kleinkindern, während ich hoffte, eine Frau zu finden, die mir etwas über die medizinischen Eigenschaften bestimmter Wurzeln sagen konnte. Bau hatte mehrere solcher Wurzeln erwähnt, die angeblich zu Empfängnisverhütung, Abtreibung und zum Einleiten von Fehlgeburten verwendet wurden.

Bo stopfte sich eine alte Holzpfeife, die er wohl getauscht hatte und an der nur noch der Pfeifenkopf intakt war. (Das Mundstück wird von den Kung selbst bei neuen Pfeifen kaum benutzt.) Er öffnete einen kleinen, abgewetzten Stoffbeutel, in den er den Tabak gefüllt hatte, und stopfte die Pfeife. Er zündete sie an und nahm vier oder fünf tiefe Züge, wobei er versuchte, bei jedem Zug soviel Rauch wie möglich zu inhalieren, hielt bei jedem Zug den Atem an und blies die Backen auf. Als er den Rauch ausstieß, drehte er sich um, spuckte in den Sand und gab die Pfeife an Nisa weiter. Sie rauchte auf dieselbe Weise und reichte die Pfeife Kxoma und Tuma. Kxoma gab seinen restlichen gesüßten Kaffee den beiden.

Die vier unterhielten sich über die letzten Neuigkeiten in ihren Dörfern. Unsere Anwesenheit schien ihnen gleichgültig zu sein, und ich gab mir keine Mühe mehr, sie zu verstehen. Ich war müde, allmählich wurde der Klang der Stimmen zu einem inhaltslosen, aber angenehmen Geräusch. Plötzlich wurde mir bewußt, daß Nisa mit mir sprach und meinen Kungnamen benutzte: «Hwantla ... Hwantla ... was gibt es Neues von meinen wunderbaren Freunden Richard und Nancy. Ich hatte sie wirklich gern! Sie hatten uns ebenfalls gern ... sie machten uns schöne Geschenke und nahmen uns überall mit hin. Bo und ich arbeiteten hart für sie, denn wir scheuen uns nicht vor der Arbeit. So war das damals mit uns vieren. Ja, Nancy und Richard ... Oh! Ich wünschte, sie wären hier!»

Sie sprach weiter über die Ereignisse vor vier Jahren, als Richard und Nancy zeitweise in Gausha gelebt hatten. Während ich ihr zuhörte, dachte ich wie so oft über einige Schwierigkeiten nach, die wir in den letzten zehn Monaten hatten. Die Schwierigkeiten, uns anzupassen. Wir gehörten zu den letzten einer ganzen Reihe von Anthropologen, die in diesen abgelegenen Dörfern arbeiteten. Als letzte hatten wir gewisse Vorteile. Wir wurden von einem Kollegen nach Goshi gebracht, den wir bereits kannten, und die Kung waren auf unsere Ankunft vorbereitet. Uns stand das Informationsmaterial zur Verfügung, das unsere Vorgänger gesammelt hatten – dazu gehörten auch Identifikationshilfen, Unterlagen über Familiengeschichten, Geburten und Todesfälle. Mit all den Vorkenntnissen konnten wir unsere Energien auf die Aspekte des Lebens richten, die uns am meisten interessierten.

Aber im Lauf der Zeit wurde uns klar, daß wir auch ernsthafte Probleme übernommen hatten. Die Kung hatten beinahe sechs Jahre lang Anthropologen beobachtet und nicht wenig über sie gelernt. Sie hatten Vergleichsmöglichkeiten und erwarteten, daß wir uns wie die anderen verhielten. Dies fiel uns schwer, denn wir sahen vieles, was wir vorfanden, mit kritischen Augen: ein separates, aufwendiges Lager für die Anthropologen, Geschenke von Tabak an die Kung, Geld als Gegenleistung für Arbeit und handwerkliche Erzeugnisse. Gelegentliche Ausflüge in die Nußwälder mit dem Lkw. Wir waren entschlossen, unseren eigenen Weg zu gehen. Wir verpackten das uns überlassene Zelt und zogen in eine Grashütte im Kungdorf.

Sobald wir auf uns allein gestellt waren, stellten die Kung unsere romantischen Vorstellungen in Frage. Sie wollten, daß wir ihnen wie die anderen Arbeit gaben. Sie wollten Geld. Sie wollten sich nicht länger an ihre traditionelle Lebensweise halten, die praktisch zum Aussterben verurteilt war.

Mit Geld, so sagten sie, konnten sie Ziegen, Kleider und Decken kaufen. Sie wollten Saatgut, um Felder anzulegen, wie die Hereros und Tswanas. Und sie wollten Tabak. «Ohne Tabak wacht man auf und läuft den ganzen Tag halbherzig herum. Man weiß noch nicht einmal, wann die Sonne auf- oder untergeht.»

Sie glaubten uns nicht, und es störte sie nicht, wenn wir ihnen sagten, Tabak sei gesundheitsschädlich. Sie argumentierten, ohne unsere Hilfe müßten sie sich Tabak von ihren Hereronachbarn erbitten und sich demütigen. Außerdem sollten wir ihnen nicht etwas vorenthalten, das ihr Leben freundlicher mache. Schließlich arbeiteten sie mit uns zusammen; sie gestatteten uns, in ihr Leben einzudringen. Dafür sollten wir ihnen etwas geben, das uns leicht zugänglich war und das sie sich sehr wünschten.[3] Sie konnten uns nicht überzeugen. Zumindest noch nicht. Wir konnten es vor uns nicht rechtfertigen, unter ihrem Druck ihnen Tabak zu schenken oder für geleistete Arbeit mit Geld zu bezahlen. Es gab zu viele

Fragen, die noch nicht beantwortet waren. In der traditionellen Wirtschaft hatte Geld keinen Platz. Es war erst vor kurzem bis zu den Kung vorgedrungen. Wie sahen die Langzeitwirkungen aus, wenn wir einigen Geld gaben und anderen nicht? Welche Auswirkungen auf Jagd und Sammeln hatte es, wenn wir Männer und Frauen anheuerten, damit sie für uns arbeiteten? Würde sich die Einstellung ihrer Söhne und Töchter zum Leben im Busch ändern und ihr Wissen schwinden? Was würde geschehen, wenn ausbleibender Regen zu Mißernten führte, nachdem wir sie ermutigt hatten, Felder anzulegen?

Vielleicht war der wichtigste Gesichtspunkt, daß wir nach unserer Arbeit gehen würden wie die anderen Anthropologen vor uns. Was dann? Würden die Kung bereit sein, die schlechtbezahlte Arbeit anzunehmen, die ihnen die Rinderzüchter boten? Wenn nicht, würden sie wieder jagen und sammeln? Würden sie davon dann noch leben können? Der Zustrom von Bantus, die sowohl Tierherden als auch ein neues Bewußtsein von der Welt draußen mitbrachten, machte eine Veränderung unvermeidlich. Aber wie konnten wir als Anthropologen den kurzfristigen Zufluß von Gütern und Geld rechtfertigen? Handelten wir nicht unverantwortlich, wenn wir dem Druck nachgaben?

Eine Konfrontation schien unvermeidlich, und als sie kam, kreiste sie um Tabak. Seit einiger Zeit weigerten wir uns, jemandem Tabak zu geben, der nicht in einem der Dörfer lebte, in dem wir arbeiteten. Wir hofften, die Tabakgeschenke allmählich einstellen zu können. Eines Morgens fuhr mein Mann mit den leeren Wassertonnen zu dem fünf Meilen entfernten Brunnen und stellte fest, daß ihm eine Barriere aus Dornen den Weg versperrte. Kurze Zeit später erschienen die Bewohner eines nahe gelegenen Dorfs. «Denkst du, daß du Wasser von den Leuten holen kannst, denen du den Tabak verweigerst?» Schließlich ließen sie ihn passieren. (Es war illegal, jemandem Trinkwasser zu verweigern), aber uns wurde klar, daß wir einen solchen Protest nicht einfach ignorieren konnten. Die Kung forderten eine Beziehung zu ihren Bedingungen, nicht zu unseren. Schließlich akzeptierten wir diese Bedingungen, wie unsere Kollegen uns vor Monaten dringend geraten hatten. Unsere Tabakgeschenke wurden großzügiger, und wir verweigerten auch den Besuchern der Dörfer keinen Tabak mehr.

Später erkannten wir, daß wir auch nach unserer Abreise noch bestimmte Verantwortungen zu tragen hatten: Mit den Kung in ihrem Kampf um eine lebenswerte Zukunft zusammenzuarbeiten. Aber als wir mit Nisa und Bo am Feuer saßen, hatten wir keine Vorstellung davon, wie wir unseren Verantwortungen nachkommen konnten. Damals schlugen wir uns immer noch mit der Frage herum, ob wir uns nicht aus dem Leben der Kung heraushalten sollten.

Nisas lobende Worte über Richard und Nancy erinnerten mich an unsere problematische Situation. Hatten sie es besser gemacht? War ihre Beziehung zu den beiden so umkompliziert, wie Nisa es darstellte? Nisas Erzählung weckte meine Neugier. Ich war inzwischen wieder hellwach und bat sie, mehr zu erzählen.

«Nancy und Richard? Sie waren die besten. Nancy, ich grüße dich! Hallo, Nancy! Sie und Richard gaben uns, was wir wollten: Kleider, Essen und Geld, alles mögliche. Sie verweigerten uns nichts! Oh, wie ich Nancy liebte. Sie war die beste Weiße hier. Du mußt ihr schreiben und das sagen! Bitte sie auch um Stoff und Geld für mich. Im Vergleich zu ihr waren alle anderen geizig. Sie war anders! Sie war keine Europäerin. Sie war eine Kung! Oh, ich wünschte, sie wäre hier bei uns. Sie sorgte wirklich für mich.»

Mich überkam eine vertraute Verzweiflung. Was, hatte ich erwartet, würde sie erzählen? Von den Konflikten? Von den zahllosen Forderungen, die Richard und Nancy abgelehnt hatten? Wie oft Nancy Nisa gesagt hatte, sie solle später wiederkommen? Nein, ich wußte, wie es gewesen war. Ich mußte nicht fragen. Die Kung hatten Nancy und Richard genauso behandelt wie uns.

Als Nisa weitersprach, empfand ich ihre Stimme plötzlich sehr unangenehm. Ich hoffte, sie würde aufhören zu reden, wenn ich nichts mehr sagte, und das tat sie auch bald. Sie wendete sich Kxoma, Tuma und ihrem Mann zu und beteiligte sich an deren Unterhaltung. Inzwischen war es sehr spät geworden. Nisa und Bo hatten geraucht, den viel zu süßen Kaffee getrunken und Neuigkeiten ausgetauscht. Es war Zeit für sie zu gehen. Ich fühlte mich erleichtert, als sie gingen.

Diesmal blieben wir eine Woche in Gausha. Nisa kam jeden Tag ins Lager und erinnerte mich jeden Tag daran, wieviel Nancy und Richard für sie getan hatten. Sie kam morgens, saß herum und beobachtete den allgemeinen Aufruhr, den unsere Anwesenheit hervorrief, und unterhielt sich mit den Leuten, die auf Medikamente und Tabak warteten. Ihre dreijährige Nichte begleitete sie immer, und die beiden spielten und lachten zusammen. Nach dem ersten Tag graute mir vor diesen Stunden. Nisas Stimme war laut, scharf und irgendwie hektisch. Sie suchte ununterbrochen die Aufmerksamkeit anderer und schien unentwegt zu reden. Wann immer sie meine Aufmerksamkeit auf sich zog (oft sogar, wenn dies nicht der Fall war), redete sie über Nancy und Richard. Bald empfand ich ihr gegenüber einen Widerwillen, der immer stärker wurde. Ich versuchte, in mein Zelt zu fliehen und den Eingang zu schließen. Aber der Sommer kam, und die Tage wurden bereits heiß. Ich konnte es dort nicht lange aushalten.

Ich interviewte Frauen in den Dörfern, aber wenn ich zurückkam, war Nisa häufig schon da. Ihre Stimme war nicht zu überhören. Ich konnte sie mit ihrem Sperrfeuer nur notdürftig verschleierter Kritik nicht ignorieren. Ich spürte, ich brauchte einen Platz, an dem ich meine Ohren und Augen schließen konnte, einen Platz, wo ich nichts mehr hören und nicht mehr reagieren mußte. Ich mußte etwas unternehmen.

Schließlich beschloß ich, ihr zuzuhören, da ich ihr ohnedies nicht entfliehen konnte. Ich wollte sie bitten, über etwas zu reden, was ich hören wollte. Ich hatte andere Frauen in Gausha über die medizinischen Eigenschaften verschiedener Pflanzen und Wurzeln befragt. Aber diese Interviews waren nicht sehr zufriedenstellend ausgefallen. Die Frauen schienen auszuweichen. Vielleicht wußten sie aber auch nicht genug darüber. Keine der Frauen sagte deutlich, welche Wurzeln welche Wirkung hatten. Sie sagten, ich sollte eine ältere Frau fragen, vielleicht jemanden, der anderen bei solchen Problemen half. Sie nannten aber keine Namen. Wie konnte ich ahnen, daß Nisa die richtige Frau war?

Endlich sprach ich mit ihr. «Ich möchte dir ein paar Fragen stellen. Würdest du gern mit mir arbeiten?» Sie unterbrach ihre Unterhaltung und lächelte über das ganze Gesicht. Sie blickte mir in die Augen und sagte: «Aiye!», das heißt soviel wie «Mutter» – aber in diesem Zusammenhang: «Natürlich will ich!».

Heute scheint es mir ein seltsamer Anfang für eine Beziehung, die so wichtig für mich werden sollte. Aber ihr Verhalten mir gegenüber änderte sich erst, nachdem ich mich ihr genähert hatte. Sie hatte die ganze Zeit über versucht, mit mir zu sprechen. Aber sie glaubte, Nancy und Richard seien das einzige Thema, das uns beide interessierte. Jetzt hatte ich sie um etwas Neues gebeten. Es schien, als habe sie darauf gewartet, daß ich erkannte, daß sie etwas zu bieten hatte.

Unser erstes Gespräch dauerte eine Stunde. Sie konzentrierte sich auf meine Fragen und antwortete sehr überlegt. Sie nannte vier medizinische Pflanzen und beschrieb sie ausführlich. Sie sagte, eine verhindere Fehlgeburten, eine andere führe die Menstruation herbei und zwei wirkten empfängnisverhütend. Sie erzählte mir von ihrer Schwägerin, deren «Herz von den Kindern ruiniert worden war». Sie hatte zehn Kinder geboren, von denen aber nur vier noch lebten. Nach dem Tod des jüngsten Kindes trank sie die Medizin, die Frauen unfruchtbar macht. Sie hatte unter dem Tod ihrer Kinder so sehr gelitten, daß sie das nicht noch einmal erleben wollte. Während unseres Gesprächs zeigte sich Nisa sehr hilfsbereit und rücksichtsvoll. Sie wiederholte Gedanken in verschiedener Form, um sicherzugehen, daß ich sie verstanden hatte. Am meisten überraschte mich, daß ihr unser Gespräch Spaß zu machen schien. Am Ende der Stunde mußte ich mir eingestehen, daß das Interview außergewöhnlich gut verlaufen war.

Bei unserem zweiten Gespräch fragte ich sie nach Kindern: «Was tun Kinder, und wie spielen sie?» Sie bestätigte, was Bau (eine andere Frau) über die sexuellen Spiele der Kinder berichtet hatte. Sie sagte: «Kinder haben in diesem Alter noch keinen Verstand, und ihre Mütter würden sie schlagen, wenn sie sie dabei ertappen würden.» Amüsiert fügte Nisa hinzu: «Wenn ein Mädchen nicht lernt, daß Sex etwas Schönes ist, entwickelt sie sich im Kopf nicht normal; sie geht herum und ißt Gras wie die verrückte Hererofrau, die in einem Dorf in der Nähe lebte. Auch erwachsene Frauen brauchen Sex. Wenn eine Frau keinen Sex hat, gerät sie durcheinander und ist immer wütend.»

Am nächsten Tag unterhielt ich mich wieder mit Nisa; am darauffolgenden Tag wieder und am nächsten Tag ebenfalls. Sie erzählte mir von ihrer Kindheit: ihren homosexuellen Erfahrungen, ihrer anfänglichen Weigerung, mit Jungen Sex zu haben, dem Freund, den sie liebte und der ihr beibrachte «Haus» zu spielen, und schließlich ihrem Vergnügen am Sex. Inzwischen war ich begeistert; die Interviews waren schön. Aber bei unserem letzten Treffen erzählte sie mir etwas, das mich so verwirrte, daß ich nicht nur an dieser Geschichte zweifelte, sondern auch an den anderen.

Ich hatte sie nach ihren frühesten Kindheitserfahrungen gefragt. Sie erklärte: «Ein sehr kleines Kind nimmt außer dem Stillen und Schlafen nichts wahr. Erst wenn es Laufen und Reden lernt, beginnt es, sich zu erinnern.» Nisas früheste Erinnerungen kreisten um das Gestilltwerden, das sie sehr liebte. Aber als ihre Mutter schwanger wurde (mit ihrem jüngeren Bruder Kumsa), mußte Nisa entwöhnt werden. Sie litt sehr darunter. «Ich war damals zu jung», sagte sie, «deshalb bin ich auch viel kleiner als meine beiden Brüder.» Als sie an der Brust ihrer Mutter trinken wollte, stellte sie fest, daß sie mit einer bitteren Paste bestrichen war. Nisa weinte und schrie so lange, bis die Mutter die Paste abwusch. Aber sie erklärte, die Milch in ihren Brüsten gehöre dem Baby, das in ihr wuchs. Wenn Nisa weiterhin gestillt werde, könne sie krank werden und sogar sterben. Auch ihr Vater schimpfte mit ihr. Nisa bekam Wutanfälle und wurde bestraft, weil sie immer wieder versuchte, an der Brust ihrer Mutter zu trinken. Sie war sehr unglücklich.

Soweit klang alles vernünftig. Andere Frauen hatten von ähnlichen Erfahrungen berichtet, und mein Mann hatte im Dorf kleine Kinder beobachtet, die während der Zeit der Entwöhnung eine große emotionale Krise erlebten.

Aber da war noch etwas. Nisa beschrieb einen Tag, an dem sie mit ihrer Mutter sammeln gegangen war. Nicht weit vom Dorf entfernt setzte sich die Mutter in den Schatten eines Baums und gebar Nisas Bruder Kumsa. Nachdem das Baby geboren war, forderte die Mutter Nisa auf, den Grabstock zu holen, damit sie das Kind begraben könne. Die Mutter sorgte sich, weil sie Nisa so früh entwöhnt hatte. Wenn es kein anderes Baby gab, konnte sie Nisa wieder stillen. Aber Nisa weinte und sagte ihrer Mutter, sie wollte nicht mehr gestillt werden; sie wolle, daß ihr Brüderchen lebe. Sie stritten sich, und schließlich gab die Mutter nach. Sie wollte das Baby behalten. Nisa glaubte, Kumsa habe ihr das Leben zu verdanken.

Hatte ich sie falsch verstanden? Es wird berichtet, daß Fälle von Kindesmord in der damaligen Zeit durchaus vorgekommen seien, aber ganz gewiß nicht in Gegenwart eines kleinen Mädchens, das gerade Zeuge einer Geburt war. «Erzähle es mir noch einmal», sagte ich, «aber diesmal langsamer. Was geschah, als dein Bruder geboren wurde?» Sie erzählte mir im wesentlichen dieselbe Geschichte. Konnte sie sich an all das erinnern, was sie beschrieb, oder hatten ihr das andere erzählt? Sie sagte: «Ich erinnere mich, es mit eigenen Augen gesehen zu haben.»

Ich wußte nicht, was ich glauben sollte. Für eine Lüge erschien es mir zu ausgefallen. Vielleicht mußte ich es anders interpretieren. Da es sich um eine ihrer frühesten «Erinnerungen» handelte, war es vielleicht eine Phantasievorstellung aus der Zeit, als ihr Bruder geboren wurde, um den Zorn und die Eifersucht zu unterdrücken, die sie ihm gegenüber empfand. Vielleicht hatte Nisas Mutter nie ernsthaft vor, das Baby zu töten, und sprach nur davon, weil sie wußte, daß Nisa sich dagegen sträuben würde. Vielleicht wollte sie erreichen, daß Nisa sich einsetzte und ihren Bruder schützte. Oder noch wahrscheinlicher, die Drohung sollte Nisas Schuldgefühle wecken, damit sie sich nicht länger über das Entwöhntwerden beklagte. Mir fielen noch andere Erklärungen ein, aber eines stand fest: Nisa glaubte die Geschichte in der Form, in der sie sie erzählte.

Trotzdem, ich zweifelte an ihr. Wir wollten Gausha am nächsten Tag verlassen. Wir hätten bleiben können, aber wegen meiner wiedererwachten ambivalenten Gefühle Nisa gegenüber war ich froh, gehen zu können. Tage später hatte ich mich innerlich von ihr distanziert und weigerte mich, die Einmaligkeit unseres Kontakts anzuerkennen. Aber ich erkannte, daß die Gespräche mit ihr gut für mich gewesen waren. Jetzt war ich entschlossen, andere Frauen mit noch größerer Intensität und Eindringlichkeit über ihr Leben zu befragen.

In den nächsten zehn Monaten interviewte ich sieben Frauen, und die Interviews waren zum größten Teil sehr erfolgreich. Die anderen Frauen bestätigten und ergänzten, was mir Bau und Nisa bereits erzählt hatten. Am Ende besaß ich ein besseres Verständnis der vielschichtigen Gefühle der Kungfrauen und ihrer Einstellung zum Leben. Dies hatte ich mir anfänglich erhofft, und ich freute mich, mein Ziel erreicht zu haben. Auf einer anderen Ebene fühlte ich mich jedoch unzufrieden. Ich hatte damit gerechnet, daß die Frauen mir mehr geben würden, als sie mir gegeben hatten. Ich hatte geglaubt, daß zumindest ein paar Frauen sich mehr an der Beschreibung ihrer Erfahrungen engagieren und daß durch unsere Arbeit enge Freundschaften entstehen würden.

Rückblickend sehe ich viele vernünftige Gründe dafür, daß nichts geschah. Die Interviewsituation beruhte schließlich auf einem Arbeitsverhältnis: Ich bezahlte mit Geld oder Geschenken für die Interviews. Vielleicht trauten die Frauen mir nicht, weil ich reich und fremd war und einen anderen Status als sie hatte. Möglicherweise gab es einen nicht so leicht erkennbaren Grund, und es lag an den Frauen, die ich ausgesucht hatte. Wie auch immer, es dauerte lange, bis ich erkannte, daß ich weder Freundschaften noch eine offene, wirklich spontane Einstellung zu den Interviews erwarten konnte.

Schließlich dachte ich wieder an Nisa. Ich wußte immer noch nicht, ob ich ihr trauen konnte, aber etwas an ihr faszinierte mich. Ich dachte daran, wie geduldig sie mit mir gewesen war und wie sehr sie darauf geachtet hatte, daß ich sie wirklich verstand. Sie war offen und freundlich gewesen und hatte unterhaltsam erzählt. Sie hatte auch gesagt, sie habe noch sehr viel mehr zu berichten. Natürlich konnte ich im voraus nicht wissen, daß sie es sich wirklich zur Aufgabe setzen würde, mir ernsthaft und verständlich etwas über ihr Leben zu vermitteln – etwas, das noch keine andere Frau getan hatte. Ich wußte nur, ich konnte nicht abreisen, ohne den Interviews eine letzte Chance gegeben zu haben. Am nächsten Tag schickte ich ihr eine Nachricht und fragte, ob sie kommen würde, um in meinem Lager zu leben und mit mir zu arbeiten. Sie könnte ihren Mann und ihre Nichte mitbringen; ich würde für die Familie sorgen und sie für die Arbeit bezahlen. Nach ein paar Tagen kam ihre Antwort: Sie sei bereit, wann immer ich es sei.

In Nisa fand ich, was ich gesucht hatte. Nachdem sie den Zweck der Interviews begriffen hatte, sprach sie in locker chronologischer Form über ihr Leben. Dann folgte sie meiner Anregung, und wir unterhielten uns über jede wichtige Frage eingehender. Im ersten Interview wiederholte sie die Geschichte von der Geburt ihres jüngeren Bruders. Obwohl diese Version detaillierter war, hatte sich die Geschichte im wesentlichen nicht verändert. Aber diesmal war ich nicht so vor den Kopf geschlagen. Ich nahm sie als etwas, das ich noch nicht verstand. Eine endgültige Interpretation dieser und einiger anderer Geschichten wird wahrscheinlich immer spekulativ sein. Ich mußte einsehen, daß dies eine der Spielregeln war.

Nisa und ich «arbeiteten» sehr gut zusammen. Wir sprachen oft im Spaß darüber, daß ich (ihre «Nichte») ein Kind sei und sie (meine «Tante») die Frau mit der großen Erfahrung. Es war ihre Aufgabe, mir etwas über das Leben beizubringen. Wir mochten uns, die Gespräche verliefen freundschaftlich, und der Gedankenaustausch war mühelos. Sie war entschlossen, aus jedem Interview einen Erfolg zu machen, und die Entwicklung der Arbeit schien ihr großes Vergnügen zu bereiten. Manchmal wollte sie von mir die Richtung wissen, aber meist übernahm sie die Führung des Gesprächs. Bei Beginn eines Interviews bat sie oft darum, sich das Ende des letzten Gesprächs anhören zu können, um zu sehen, wo wir unterbrochen hatten und ob noch etwas zu besprechen sei. Sie sagte etwa: «Wir wollen über Dinge sprechen, die weit zurückliegen. Heute wollen wir über Geschichten sprechen, die nur die Alten kennen. Ich werde sie dir erzählen, damit du sie kennenlernst.» Einmal kam ihr im Verlauf einer Geschichte etwas anderes in den Sinn. Beglückt rief sie: «Was ist los mit mir? Ich sitze bei dir und erzähle eine Geschichte, und eine andere drängt sich in meinen Kopf und meine Gedanken!» Sie nahm sich zusammen, als sei ich ein kleines Kind, und fügte hinzu: «Ich werde darüber sprechen, wenn ich die Geschichte zu Ende erzählt habe. Ich werde dir meine Gedanken dann anvertrauen, wenn ich mit den angefangenen zu Ende bin.»

Am Ende einer Geschichte machte sie mich jeweils darauf aufmerksam und sagte: «Das ist jetzt zu Ende, nicht wahr? Laß uns über etwas anderes reden.» Wenn ich keine Fragen stellte, sprach sie weiter. Sie gebrauchte noch einen anderen Ausdruck dafür, den ich sehr liebte: «Der Wind hat es davongetragen.» Einmal wurde sie noch ausführlicher: «Ich erzähle dir noch eine Geschichte. Ich zerschlage die Schale der Geschichte und erzähle dir, was darin ist. Und ich beende sie wie die anderen, die in den Sand gefallen sind, und der Wind wird sie davontragen.»

Die meisten ihrer Geschichten waren reich an Details und hatten einen Anfang, eine Mitte und ein Ende. Wenn ich ihr beim Erzählen eine Frage stellte, sagte sie oft: «Warte, das kommt noch. Hör mir erst einmal zu.» Einmal beschrieb sie das Ende einer ihrer Ehen. Offensichtlich war das eine sehr schwere Zeit für sie gewesen. Sie endete auf die übliche Weise und sagte: «Das ist alles, und das Leben ging weiter.» Ein ungewöhnlich langes Schweigen folgte. Dann fügte sie langsam und nachdenklich hinzu: «Nein, da ist etwas in meinem Herzen, über das ich noch nicht gesprochen habe. Mein Herz bebt noch immer. Die Geschichte ist noch nicht vollständig. Ich will weiter darüber sprechen, und dann beginne ich eine andere. Dann wird sich mein Herz beruhigen.»

In unserem letzten Interview sprachen wir über meine bevorstehende Abreise und ihre Pläne für die Zukunft. Sie sagte: «Wenn du gegangen bist, werde ich noch ein paar Tage hierbleiben. Dann gehe ich in den Busch, um zu leben und zu essen. Es gibt noch genug Wasser, Nüsse, Knollen und Wurzeln. Deshalb werde ich im Winter dort bleiben. Ich werde nicht bei den Schwarzen leben oder in den Dörfern, wo die Kühe sind.

Denn wir sind Menschen, die im Busch leben und die in den Busch gehören. Wir sind keine Dörfler. Ich habe keine Ziegen, ich habe keine Rinder. Ich bin ein Mensch, der nichts besitzt. Das sagen auch die Leute: «Eine arme Frau. Ja, Großmutter! Eine arme Frau ohne eine Ziege oder klitzekleine Kuh. Ich besitze noch nicht einmal eine kleine junge Ziege, die ‹bäh ... bäh ...› schreit ... auch keinen Esel. Ich trage meine Dinge immer noch in meinem Mantel, wenn ich umherziehe. Deshalb lebe ich auch im Busch.»

Sie glaubte, ein Traum gefährde ihre Pläne – ein beinahe prophetischer Blick in die Zukunft. Sie hatte diesen Traum in der vorausgegangenen Nacht: «Ich träumte, man habe mich angestellt, um Gras für die Hütte des Tswanaführers zu schneiden. Er lobte mich: ‹Du arbeitest gut. Wenn du mit dem Gras fertig bist, werde ich dir Maisbrei zu essen geben.› Ich sagte: ‹Ich verkaufe meine Arbeit nicht für Maisbrei. Ich möchte lieber Geld.› Der Führer willigte ein, aber als ich aufwachte, dachte ich: ‹Warum erzählt mir Gott,[5] daß ich etwas tue, was ich nicht tun wollte?› Der Führer fragte mich vor langer Zeit, ob ich diese Arbeit für ihn tun wolle, und ich lehnte ab. Ich sagte, ich wolle es nicht tun, denn ich würde nicht dafür bezahlt. Jetzt sagt mir Gott, daß ich diese Arbeit doch tun werde.» Sie schwieg und fügte dann hinzu: «Aber ich möchte solche Arbeiten nicht mehr tun.»

Sie dachte wieder an meine Abreise und sagte: «Wenn du gegangen bist, werde ich weiterleben. Ich werde die Dinge sehen, die um mich herum geschehen, und ich werde sie im Gedächtnis bewahren, weil du mich darum gebeten hast. Wenn ich etwas Interessantes sehe, sage ich: ‹Eh, dies ist etwas, worüber Marjorie und ich gesprochen haben. Hier habe ich den Kern der Geschichte vor mir. Jetzt kann ich ihr wieder etwas erzählen.› Ich werde es nicht vergessen und werde die Geschichte in mir tragen. Wenn ich etwas anderes sehe, werde ich es ebenfalls in mir tragen. Ich werde alle Dinge in mir tragen, die ich noch sehe, und wenn du zurückkommst, werde ich sie dir geben.»

Dann sagte sie: «Vielleicht kommt irgendwann ein anderer Weißer hierher. Richard vielleicht. Nachdem er eine Weile hier ist, werde ich ihn bitten, dir ein Geschenk von mir zu bringen. Ich werde etwas Schönes suchen . . . vielleicht ein paar Straußeneierperlen. Oder wenn ich Leder habe, nähe ich einen Beutel mit Perlen. Er soll wirklich schön werden. Ich sage: ‹Richard, wenn du nach Hause kommst, gibst du das Marjorie von mir. Aber nur Marjorie!› Ich werde ihn auch bitten, die Dinge aufzuschreiben, die ich dir sagen möchte. Ich sage: ‹Schreib hier auf dieses Papier, daß ich den Beutel Marjorie schenke. Nimm das Papier mit dem Beutel und gib es ihr. Ich mag sie, und als sie ging, starb mein Herz beinahe daran.›

Aber heute habe ich keinen Beutel und auch keinen Mantel, um sie mit Knollen zu füllen. Ich weiß nicht, wo ich sie finden soll. Deshalb habe ich dir immer noch kein Geschenk gegeben.» Sie betastete einen Armreif an ihrem Handgelenk und streifte ihn dann ab: glatte Kupferperlen auf ein dunkles Lederband genäht. Sie gab ihn mir: «Ich habe etwas für dich gesucht und diesen Armreif gefunden. Du kannst ihn nicht tragen, denn er ist zu klein. Bewahre ihn auf. Eines Tages gibst du ihn einem Kind.» Ich protestierte: «Du kannst ihn nicht weggeben.» Sie antwortete: «Ich gebe ihn dir, und ich möchte, daß du ihn hast. Aber verschenke ihn nicht weiter. Behalte ihn. Wenn du ein Kind bekommst, wirst du es Nisa nennen und ihr den Reif ums Bein legen. Du wirst deiner kleinen Tochter sagen, daß er ein Geschenk ihrer Tante ist. Und wenn du sie mit hierherbringst, werde ich sie herumtragen und ihr viele Geschenke machen.»

Dies waren für uns beide bewegende Momente – ein Nachhall der Intensität unserer Gespräche. Trotzdem wurde ich nicht Nisas «beste Freundin» und sie auch nicht meine. Sie stellte mir kaum Fragen über mich und interessierte sich auch nicht sonderlich für mein Leben. Zweifellos war das finanzielle Abkommen für sie sehr wichtig. Nachdem die Interviews erst einmal in Gang gekommen waren und ich erkannte, was sie mir gab, wurde alles andere unwichtig. Ihr Engagement an den Interviews und ihre Bereitschaft, offen über alle Aspekte ihres Lebens zu sprechen, waren in gewisser Weise das wertvollste Geschenk unserer Freundschaft. Ich war für sie nicht nur «die weiße Frau» oder «die reiche Frau». Ich war eine Zhuntwa wie sie, ein «wahrer Mensch». Aus diesem Grund war ich es wert, daß sie sich große Mühe gab.

Aus diesen Bemühungen entstanden fünfzehn Interviews in zwei Wochen und vier Jahre später, während meines zweiten Aufenthalts, weitere sechs. Sie erlaubten mir einen echten Einblick in das Leben der Kung. Die Interviews (ungefähr acht Prozent aller Interviews, die ich mit Kungfrauen durchführte) ergaben nahezu dreißig Stunden Tonband in der Originalsprache und mehrere hundert Maschinenseiten wörtliche Transkription. Die Transkriptionen waren zum größten Teil in Englisch mit vielen Kungausdrücken, damit die endgültige Übersetzung Nuancen der Kungsprache wiedergeben konnte. Die chronologische Folge, in der die Geschichten hier wiedergegeben sind, entspricht nicht unbedingt dem Verlauf der Interviews. In einer Reihe von Fällen ist der Ablauf einer Geschichte kontinuierlich wiedergegeben, setzt sich aber in Wirklichkeit aus mehreren Berichten zusammen. Manche Änderungen entstanden durch das Streichen erläuternder Bemerkungen, Modifizierungen, oder Wort- und Satzwiederholungen – für die Kung ein dramatisches, erzählerisches Mittel. In unserer Sprache dienen Adjektive diesem Zweck. Abgesehen von solchen Änderungen entsprechen Nisas Erzählungen den Interviews. Wo es möglich war, habe ich Idiome wörtlich übersetzt, um etwas von der Schönheit und dem Nuancenreichtum der Sprache wiederzugeben.

Nisas Erzählung ist der Bericht eines Individuums. Er bietet nicht das gesamte Spektrum der Erfahrungen von Frauen in ihrer Kultur. Die Lebensgeschichten anderer Frauen klingen oft ganz anders. Es ist auch nicht möglich, alles wörtlich zu nehmen, was Nisa erzählt

– besonders nicht die Beschreibungen ihrer frühen Kindheit. Sie genoß die Interviewsituation mit «der Maschine, die meine Stimme einfängt». Um ihre Geschichte lebendig und dramatisch zu machen, sprach sie oft in der hohen und etwas zu lauten Stimme eines jungen Mädchens, als wolle sie die Ereignisse der Kindheit durch die Augen der kleinen Nisa sehen. Vermutlich klingen diese Berichte leicht übertrieben – eine Kombination von Erinnerungen, Informationen über die Kindheit, die sie erhielt, als sie älter war, allgemeinen Erfahrungen, die in ihrer Kultur verankert sind, und Phantasie. Im Verlauf der Erzählung wird ihre Stimme reifer und selbstbewußter; und die Geschichten werden vermutlich wahrheitsgetreuer. Vieles von dem, was sie über ihr späteres Leben erzählte, konnte ich durch unabhängige Quellen verifizieren. Deshalb ist die Beschreibung ihres Lebens als erwachsene Frau lebendig und wahrheitsgetreu.

Mein zweiter Aufenthalt bei den Kung

Als Richard Lee und Irven Delfore 1963 in das Dobegebiet von Botswana kamen, lebten viele Kung noch immer wie ihre Vorväter. Bei meinem ersten Aufenthalt 1969 spürte man deutlich die Tendenz zu Veränderungen, aber trotzdem bestimmten die Traditionen nach wie vor das Leben. Als ich im Frühjahr 1975 zum zweitenmal bei den Kung war, hatte das Tempo der Veränderungen merklich zugenommen, und der Wechsel in der Lebensweise war überall deutlich zu sehen. Die Kung ernährten sich zwar noch immer von der Jagd und vom Sammeln, aber es gab Gärten, Ziegenherden, das Sammelgut wurde auf Eseln transportiert, und aus dem Erlös von kunsthandwerklichen Gegenständen kaufte man Rinder. Aber am deutlichsten hatte sich die Einstellung der Menschen geändert. Sie sahen jetzt ihre Nachbarn, die Ackerbau und Viehzucht treiben, als Vorbild für die eigene Zukunft.

Diese Veränderungen sind teilweise das Ergebnis des jahrelangen Kontakts mit den Hereros und den Tswanas, die zwischen 1920 und 1930 in das Dobegebiet kamen und dort seßhaft wurden. Die Kung waren in ihren Dörfern willkommen, denn sie waren zusätzliche Arbeitskräfte und halfen ihnen, die Herden zu hüten. Als Gegenleistung erhielten sie Essen und Unterkunft. Trotzdem dauerte es lange, bis die traditionelle Lebensweise der Kung, das Sammeln und Jagen, ernsthaft beeinträchtigt wurde. Aber Dürreperioden in ganz Botswana und das Überweiden großer Landstriche in den mehr bevölkerten Gebieten bewirkten, daß das landwirtschaftlich genutzte Dobegebiet, in dem es keine Viehherden gab, für die Nachbarstämme immer attraktiver wurde. Außerdem wurde es durch neue Technologien immer leichter, Brunnen zu bohren. Ende der sechziger Jahre mußten die vierhundertsechzig Kung, die in diesem Gebiet lebten, alle neun Wasserstellen mit den etwa dreihundertfünfzig Hereros und Tswanas teilen, die nach Schätzungen viertausendfünfhundert Rinder und eintausendachthundert Ziegen besaßen. Es wurde für die Kung immer schwieriger, Wurzeln und Beeren zu finden, da sie von den Tieren entweder zertrampelt oder gefressen wurden. Außerdem verscheuchten die Herden das Wild. Zum Jagen und Sammeln mußten die Kung sich jetzt weiter von den permanenten Wasserstellen entfernen, wo sie früher ihre Lager hatten.

In den letzten Jahren trugen noch andere Entwicklungen dazu bei, daß sich das Leben für die Kung änderte. 1967 gründete ein Händler die erste Rinderstation. Dort wird mit Vieh gehandelt, aber man kann auch Lebensmittel und andere Güter kaufen, unter anderem Zucker, mit dem man Bier braut. Der Verkauf und Konsum von Bier sind seit dieser Zeit allgemein verbreitet. Der zunehmende Handel und der häufige Besuch von Regierungsbeamten führen auch zu wachsendem Straßenverkehr. Eine Reihe von Kung sind mit den Lkws in den Osten gefahren, um in den Goldminen von Südafrika Arbeit zu finden. Wenn sie Monate oder Jahre später zurückkehren, bringen sie nicht nur das verdiente Geld mit, sondern ein neues Bewußtsein und ein Wissen um die Welt draußen.

Lohnarbeit ist für die Kung nicht völlig neu. Viele Männer und Frauen haben im Lauf der Jahre in der näheren Umgebung an Projekten mitgearbeitet, die die Botswanaregierung fördert, oder sich für vorübergehende Arbeit in Namibia anwerben lassen. Die ständige Anwesenheit von Anthropologen von 1963 bis 1972 intensivierte diese Entwicklung, denn sie boten im Austausch von Arbeit und Hilfe den Kung Löhne oder Naturalien, Waren etc. an.

Mitte der siebziger Jahre gab die Botswanaregierung neue Impulse. Botswana ist seit 1966 ein unabhängiger Staat, der sich mit einem umfassenden Modernisierungsprogramm darum bemüht, alle Stämme gleichermaßen zu fördern. Aber man erkannte in der Regierung, daß die San (ein Name, durch den man den abwertenden Begriff ‹Buschmänner› ersetzt hat) ohne Hilfe vermutlich weiterhin in ihrer Rolle als Bürger zweiter Klasse verharren würden, die man ihnen seit Generationen zuschrieb. Auf sich gestellt, würden solche Stämme wie die Kung im Dobegebiet sich vermutlich nach dem Muster entwickeln, das sich bereits in anderen Teilen des Landes abzeichnete, und zu Pächtern oder mittellosen Hirten auf den Farmen der Reichen werden, da sie wegen ihrer politischen

Naivität das Land nicht halten konnten, in dem ihre Vorfahren gejagt und gesammelt hatten.

Aus diesem Grund schuf man 1974 innerhalb eines Ministeriums ein Büro für die Basarwa-Entwicklung. Die erste Aufgabe bestand darin, Statistiken über die im Land lebenden San zu erstellen und ihre Bedürfnisse zu erforschen. Mit Unterstützung internationaler Hilfsorganisationen wurden dann Mittel für Projekte bereitgestellt, die das Leben der San auf Dauer verbessern sollten.

Weitere Unterstützung kam durch die Anthropologen und andere, die mit den San an verschiedenen Stellen im ganzen Land zusammengelebt hatten und denen ihre Zukunft am Herzen lag. Die Botswana-Regierung förderte die Gründung der Kalahari People's Fund (KPF)[1]. In Zusammenarbeit mit der Regierung und den San half der KPF, Programme zu entwickeln, die die Rechte der Kung und anderer Sanstämme auf ihr Land und ihre eigene Kultur schützen sollen. Die Organisation hat Gelder für Hilfsprogramme beschafft, von denen viele durch die San angeregt wurden.

Aber es ist deutlich, daß das Leben als Sammler und Jäger künftigen Generationen keine Perspektive bietet. Die Veränderungen im Dobegebiet entziehen sich ihrer Kontrolle und vollziehen sich immer schneller. Die Kung sind nicht länger von anderen Bevölkerungsgruppen oder von den materiellen Gütern oder den sozialen, wirtschaftlichen und politischen Einflüssen der Welt isoliert. Heute gibt es im Dobegebiet bereits Straßen, auf denen Lkws fahren, Geschäfte, Schulen und sogar ein Krankenhaus. Die Zukunft verspricht noch mehr Aktivitäten in diese Richtung. Die Kung begrüßen das. Sie nehmen nicht nur die Herausforderung der Zukunft an, sondern suchen sie aktiv. Wieviel von ihrem kulturellen Erbe dann noch lebendig sein wird, ist eine Frage, die sich heute nicht beantworten läßt.

Mein zweiter Aufenthalt bei den Kung wurde zu einer der interessantesten Erfahrungen meines Lebens. Mir blieben die mühevollen Anpassungsschwierigkeiten der ersten Reise erspart, und die Einschränkungen, die die Situation mit sich brachte, führten nicht mehr zu großen emotionalen Problemen. Was ich sah, was ich hörte und was ich bei den Menschen erlebte, war mir unerwartet vertraut, und ich hatte das Gefühl, ein Teil meines Wesens wiederzufinden, mit dem ich vier Jahre lang keine Berührung mehr gehabt hatte. Ich war glücklich, dort zu sein, und wurde freundlich aufgenommen. (Ich wußte nicht mehr, wie großzügig die Kung sein können.) Nach einigen Wochen hatte ich auch meine Sprachkenntnisse aufgefrischt.

In der ersten Zeit informierte ich mich über die Ereignisse im Leben der Menschen. Ich sprach mit Frauen, mit denen ich arbeiten wollte. Wir lebten wieder in der Nähe unseres alten Lagerplatzes, wo im Umkreis vier Dörfer standen, die alle nicht weit voneinander entfernt waren. Dort lebten sieben Frauen, die weder zu jung noch zu alt waren, die regelmäßig menstruierten, nicht mehr stillten und sich bereit fanden, mir bei meiner Untersuchung zur Verfügung zu stehen – später kam noch eine Frau hinzu, die aus einem Dorf kam, das drei Meilen entfernt lag.

Ich interviewte die meisten Frauen im Verlauf zweier Menstruationszyklen und hatte am Ende mehr als zweihundert Interviews. Die Auswertung sollte erst nach der Rückkehr in die USA erfolgen. Dort wurden die Angaben statistisch erfaßt, und man konnte mehr als hundert Variablen isolieren und kodieren.

Die Ergebnisse waren faszinierend. Im Gegensatz zu uns kennen und glauben die Kung nicht an ein Prämenstrual- oder Menstrualsyndrom, und sie schreiben dem Menstruationszyklus keine Wirkungen auf das Verhalten oder die Stimmungen der Frau zu. Sie reagierten überrascht auf diesbezügliche Fragen und erklärten, die Menstruation sei ein unwichtiges Ereignis, das kaum Beachtung verdiene. (Ich erwähnte einer Frau gegenüber, daß Frauen unserer Kultur um die Zeit der Menstruation mitunter depressiv sind. Sie glaubte, es käme vielleicht daher, daß die Männer in dieser Zeit keinen Sex mit ihr hätten.) Die Frauen dachten, ich spräche von der Schwangerschaft. «Du meinst wohl die Schwangerschaft. Denn dann verhält sich eine Frau vielleicht merkwürdig.» Sie assoziierten körperliches Unbehagen mit der Menstruation (besonders bei Beginn), aber es wurde nur in physischem Sinne empfunden und nicht psychisch. (Zum Beispiel das Bemühen darum, daß andere das Menstruationsblut nicht sehen.)

Aber nicht der Hormonhaushalt ist für das unterschiedliche Erleben der Menstruation verantwortlich. Die Blutproben der acht Kungfrauen zeigten im wesentlichen dieselben monatlichen Hormonschwankungen wie bei westlichen Frauen. Die Auswertung der Interviews ergab, daß Stimmungs- und Verhaltensschwankungen, die allgemein von Frauen berichtet werden, bei den Kungfrauen minimal waren. Weit stärker wirkten Einflüsse wie das Verhalten von Ehemann, Verwandten und Freunden, das Vorhandensein von Nahrung und Wasser oder Erkrankungen. Die Wirkungen des Menstruationszyklus waren statistisch bedeutsam, praktisch aber unwichtig.

Natürlich standen mir die Ergebnisse damals nicht zur Verfügung. Die Fülle der gesammelten Daten machte es unmöglich, auch nur zu ahnen, wie das Resultat aussehen würde. Deshalb hatte ich mir nur die Aufgabe gestellt, das Leben der Frauen so vollständig wie möglich festzuhalten. Die Interviews waren sehr zeitraubend und langwierig. Aber ich hatte oft das Gefühl eines Abenteuers, wenn ich das Leben der acht Frauen im Verlauf von zwei Monaten verfolgte – mit jedem Tag wurde das Bild von ihren Lebensbedingungen deutlicher und differenzierter.

Die zweihundert zusätzlichen Interviews eröffneten mir auch eine wertvolle Perspektive für meine früheren Gespräche mit Nisa. Der Inhalt und die Tendenz ihrer Geschichten waren nicht ungewöhnlich. Alle Kungfrauen schienen es zu genießen, sich über Sex zu unterhalten und Späße darüber zu machen. Ich war noch immer bereit, darüber zu reden, aber nicht mehr so sehr daran interessiert wie vor vier Jahren. Ich wollte mich jetzt auf weniger romantische Themen konzentrieren: Freundschaft, die Rolle der Frau als Ernährerin, Kinderpflege und die Möglichkeiten der Selbstverwirklichung und Kreativität – Themen, die auch in meinem Leben relevanter geworden waren.

Ich machte zwar klar, daß meine Arbeit jetzt ein breiteres Spektrum umfaßte als vor vier Jahren, aber ich stellte fest, daß die Unterhaltungen immer wieder zu sexuellen Themen führten, wenn nicht sogar sich völlig darauf beschränkten. Die Frauen berichteten meist nur pflichtbewußt über den Alltag, aber wenn sie über ihre Beziehungen zu Männern sprachen – reale oder erhoffte –, machten ihnen unsere Gespräche offensichtlich Spaß.

Mein Eindruck verstärkte sich durch einige Ereignisse, die nicht mit den Interviews in Zusammenhang standen. Eines Tages saß eine Gruppe Frauen in unserem Lager, die mein Mann bestellt hatte. Ich setzte mich zu ihnen und hörte, daß sie über «Essen» sprachen. Der lebhafte Ton, der Ausdruck auf den Gesichtern und das allgemeine Gelächter zeigten mir jedoch schnell, daß es dabei um Sex ging. Mutig beteiligte ich mich an der Unterhaltung und versuchte, auf ihre Scherze einzugehen. Es muß mir gelungen sein, denn die Frauen stellten nach kurzer Zeit fest, ich sei wirklich eine Kung geworden, und priesen meine Schlagfertigkeit. Meine vergeblichen Versuche, sie von diesem Thema abzulenken, bestärkten sie nur noch mehr, und bald ging die Unterhaltung im allgemeinen Gelächter unter.

Einmal begleitete ich eine Gruppe Frauen beim Sammeln. Wir gingen unter Mongongobäumen und suchten Nüsse. Etwa nach einer Stunde warfen die Frauen ihre Ladung ab und ruhten sich im Schatten eines großen Baums aus. Ich beschäftigte mich mit meinem Gepäck: Kamera, Objektive, Notizbücher, aber auch Nüsse, Wurzeln und Beeren. Die Frauen schienen außergewöhnlich gut gelaunt zu sein. Sie rauchten, redeten, lachten und begannen zu singen. Scherzhaft beschrieb jede Quantität und Qualität des Gesammelten. Ich war von meinen Dingen in Anspruch genommen, als ein Mädchen, das ich seit Jahren kannte, zu mir kam und sagte, sie glaube, ich hätte nicht genug zu «essen». Ohne aufzublicken, erklärte ich, ich könne kaum tragen, was ich gesammelt hatte. Als sie jedoch weitersprach, wurde an ihrem Ton deutlich, daß ich sie nicht richtig verstanden hatte. Ich sah auf. Sie stand mit hochgehobenem Lendenschurz vor mir und zeigte ihre Genitalien. Ich hielt mich an die neuen Regeln und sagte: «Ich habe ganz sicher genug zu essen. Mein Mann und ich müssen nicht hungern. Und wie man sieht, hast du auch nichts zu befürchten.» Die anderen brachen in schallendes Gelächter aus; und übermütig begannen sie Schritte und Melodien des Tanzes von der ersten Menstruation zu imitieren – bei dem die Frauen wiederholt Gesäß und Genitalien entblößten, um ihre Fraulichkeit zu demonstrieren.

Ich begriff, daß solche Situationen Ausdruck der Freundschaft, des Vertrauens und sogar der Gruppensolidarität waren. Sexualität ist ein emotional stark besetztes Thema, aber keineswegs ein Tabu. Sich darüber freimütig zu äußern – untereinander und mir gegenüber – fiel ihnen möglicherweise leichter, als meine Fragen zu beantworten, die ich ihnen zu bestimmten problematischen Themen stellte, oder wenn ich sie aufforderte, von persönlichen Erfahrungen zu sprechen. Dies schien auch auf Nisa zuzutreffen, als wir unsere Arbeit wiederaufnahmen. Während des ersten Interviews fragte ich sie, was sie in der Zwischenzeit erlebt habe. «Meinst du mit Männern?» wollte sie wissen. Ich erwiderte, ich würde gern alles wissen, und dazu gehörten auch die Männer. Aber ich betonte, mich interessierten nur die wirklich wichtigen Dinge. Danach sprach sie eine Stunde lang über ihre Liebhaber – hauptsächlich über Verflossene. Ich konnte noch so oft versuchen, sie auf ein anderes Thema zu bringen, es gelang mir nicht. Erst bei späteren Interviews schien sie sich bei mir wohl genug zu fühlen, um über einige der «persönlicheren» Dinge ihres Lebens zu sprechen.

Das Wiedersehen mit Nisa

Bei diesem zweiten Aufenthalt traf ich Nisa am Tag unserer Ankunft. Wir fuhren durch ein Dorf nach dem anderen, hielten immer wieder an, um alte Bekannte zu begrüßen. Ich machte mir Sorgen, als ich Nisa nicht in ihrem alten Dorf antraf. Aber man sagte mir, sie sei weggezogen. Als wir in der Nähe des neuen Dorfs anhielten, kam sie mit den anderen, um uns zu begrüßen. Sie wirkte älter, aber die vertraute geistige Lebendigkeit war unübersehbar. Neben ihr stand Bo. Wir umarmten uns, und sie sagte: «Meine Nichte ... meine Nichte.» Sie wollte wissen, ob ich mich noch an unsere Gespräche vor vier Jahren erinnerte. In dem allgemeinen Gedränge konnte ich nur mit einem bescheidenen ‹Ja› antworten. Dann fügte ich hinzu: «Ich erinnere mich sehr gut. Ich würde gerne wieder mit dir arbeiten, wenn du dazu bereit bist.» Der Gedanke schien ihr sehr zu gefallen. Wir hätten uns länger unterhalten, aber die allgemeine Aufregung über unsere Ankunft nahm mich völlig in Anspruch. Ehe wir zu unserem neuen Lager fuhren, sagte ich ihr, wie sehr ich mich darüber gefreut hätte, sie wieder zu sehen. «Du bist ein sehr wichtiger Mensch in meinem Herzen.» Ich hörte mich diese Worte sprechen und wußte, daß ich es genauso empfand. Trotzdem spürte ich auch eine merkwürdige Distanziertheit. Inmitten der anderen wirkte sie so zerbrechlich und klein – beinahe unbedeutend. War sie wirklich die Frau, über deren Leben ich jahrelang nachgedacht und mit der ich mich soviel beschäftigt hatte?

In der nächsten Zeit war ich ganz damit beschäftigt, eine neue Arbeit zu organisieren. Ich sah Nisa erst einen Monat später wieder. Sie brachte mir frischen Honig, den sie und Bo entdeckt hatten. Es war reiner Honig ohne Waben – ein wirklich kostbares Geschenk. Wir sprachen über allgemeine Dinge und kamen überein, wieder zusammenzuarbeiten, sobald ich meine derzeitige Untersuchung abgeschlossen hatte.

Das nächste Mal traf ich sie an einem späten Nachmittag. Ich hatte ein paar Leute zu einer Versammlung gefahren, die von der

Regierung veranstaltet wurde und auf der es um die Landrechte ging. Ich hielt in Nisas Dorf. Nisa kam sofort zum Wagen gelaufen. Sie begrüßte mich hastig und erklärte, Bo und ihre Nichte seien sehr krank, Bo würde vielleicht sogar sterben. Sie bat mich, die beiden mit in unser Lager zu nehmen und gesund zu pflegen. Bo lag unter vielen Decken und war offensichtlich ernsthaft krank. Ihre Nichte saß neben ihm. Sie schien kräftiger zu sein, aber beiden ging es wirklich nicht gut. Wir halfen ihnen, auf den Wagen zu steigen. Dort drängten sich bereits so viele Menschen, daß Nisa erklärte, sie werde die sechs Meilen zu Fuß gehen. Als sie einige Stunden später dort ankam, baute sie nicht weit von mir entfernt eine Hütte für ihre Familie. Nach dreitägiger Behandlung war die kleine Nukha wieder gesund, und Bo ging es sehr viel besser. Nisa sagte, er könne zum erstenmal seit Wochen wieder laufen. Sie erklärte, wir hätten ihm das Leben gerettet.

Obwohl wir so nahe beieinander lebten, sahen wir uns selten. Meine Tage waren völlig verplant, und abends war ich erschöpft. Auch Nisa hielt sich nur selten im Lager auf. Meist sammelte sie oder besuchte die vier Dörfer in der Umgebung. Als ich mich eines Abends am Feuer ausruhte, kamen zwei Männer, die ich gut kannte, aus einem der Dörfer, um mich zu besuchen. Ich stellte Teewasser auf, wir saßen am Feuer und wärmten uns. Bald gesellten sich Nisa und später Bo und ihre Nichte zu uns. Wir fühlten uns alle wohl, der Tee war heiß und köstlich. Wir unterhielten uns freundschaftlich über alles mögliche: die unterschiedlichen Heilmethoden der Kung und der Weißen, Neuigkeiten aus den umliegenden Dörfern und die Ereignisse unseres täglichen Lebens.

Ich freute mich über die Möglichkeit, den Kontakt zu Nisa auf diese ungezwungene und freundschaftliche Weise wiederaufzunehmen. Ich beobachtete sie aufmerksam und hörte mir genau an, was sie sagte. Sie sah sehr gut aus und wirkte glücklich. Offensichtlich war sie über Bos wiedergewonnene Gesundheit froh. Sie flirtete, lachte und sorgte dafür, daß das Gespräch lebhaft und interessant blieb. Allmählich beherrschte sie die Szene und erzählte lustige Geschichten über Menschen und Ereignisse. Ihr Charme wirkte ansteckend. Unser Gelächter feuerte sie zu noch lebendigeren Beschreibungen an. Unsere Gäste schienen sich ebenso zu amüsieren wie ich. Wie gebannt versuchte ich, die Frau vor mir mit der

Stimme in Einklang zu bringen, die ich von den Tonbändern so gut kannte. Wieder einmal beeindruckte sie mich zutiefst. Zum erstenmal seit Monaten hatte ich die Möglichkeit, über sie nachzudenken. Ich hatte das Gefühl, sie völlig neu zu entdecken.

Während ich ihr zusah, wurde mir immer deutlicher bewußt, daß unsere Zusammenarbeit weitergehen sollte und mußte. Die Interviews mit den anderen Frauen, die gerade hinter mir lagen, hatten mir bewiesen, daß Nisa sich nicht grundsätzlich von ihnen unterschied. Aber Nisa war ungewöhnlich beredt, und sie hatte größere Verluste erlitten. Trotzdem war sie in allen wichtigen Aspekten eine typische Kungfrau.

Plötzlich wurde meine Aufmerksamkeit von einer fliegenden Ameise mit einem großen, wurmähnlichen Körper und beinahe transparenten Flügeln gefangengenommen. Sie landete auf der heißen Erde neben dem Feuer. Sie krümmte und drehte sich, und schließlich gelang es ihr, sich aus dem Bereich der Flammen zu entfernen. Sie flog davon, kam aber sofort wieder und flog auf die Flammen zu. Wieder landete sie auf der heißen Erde, befreite sich und wiederholte den Sturzflug in die todbringende Nähe der glühenden Holzkohlen.

Die Unterhaltung stockte, als wir alle fasziniert das Tier beobachteten. Schließlich landete die Ameise zu dicht am Feuer. So sehr sie auch kämpfte, sie konnte sich nicht mehr befreien. Im nächsten Moment wäre sie verbrannt. Mit einer schnellen Bewegung holte sie Nisa aus der Hitze. Sie lag bewegungslos auf der kühlen Erde, startete aber noch einmal zu dem gefährlichen Abenteuer. Wieder landete sie zu dicht am Feuer, und Nisa rettete sie.

Aber diesmal nahm sie die Ameise hoch und steckte einen dünnen Zweig durch den Hinterleib. Die vordere Hälfte – mit Kopf und Flügeln – blieb beweglich. Sie stieß den Zweig in den Boden und berührte das Insekt sanft mit den Fingern. Es schlug wie rasend mit den Flügeln und wand sich um den Zweig, ohne sich befreien zu können. Danach bewegte es sich nicht mehr. Wieder klopfte Nisa gegen das Holz, und das Insekt reagierte mit derselben frenetischen Kraftanstrengung.

Ich sah entsetzt zu. Bei meinem ersten Aufenthalt hatte ich mich – nicht leicht – damit abgefunden, daß die Kung wilde Tiere töteten und aßen. Ich hatte auch beobachtet, daß man diese Art von

Termiten zu Hunderten im Feuer röstete – eine Delikatesse für Kung, Weiße und Bantus gleichermaßen –, aber Nisa tat etwas anderes. Es war in meinen Augen eine sinnlose Folter.

Aber Nisa fesselte meine Aufmerksamkeit: Sie hatte begonnen, Kopf und Oberkörper rhythmisch zu bewegen. Zunächst verstand ich nicht, was sie tat. Dann wurde es deutlich. Wenn das Insekt sich aufrichtete, richtete sich Nisas Körper ebenfalls auf, wenn das Insekt kreiste, sich wand und krümmte, tat Nisa das gleiche. Gesicht und Oberkörper spiegelten die Qual des Insekts mit unfaßlicher Subtilität wider. Aus ihrem Verhalten sprach so viel Mitgefühl, daß die Situation eine eigenartige Schönheit gewann. Mein Widerwille schwand nicht, aber er verblaßte angesichts der wachsenden Erkenntnis, welche Macht ihr kreativer Geist über mich besaß. Ich wollte so schnell wie möglich die Arbeit mit ihr wieder aufnehmen.

Trotz meiner Begeisterung erinnerte mich der Vorfall auch an die kulturelle Kluft, die zwischen mir und Nisa bestand. Es durfte mich daher nicht überraschen, wenn manche meiner Fragen nicht spontan beantwortet wurden oder Antworten provozierten, die ich vielleicht gar nicht hören wollte. Die unterschiedliche Herkunft würde immer zwischen uns stehen, selbst wenn ich dies manchmal zu leugnen versuchte.

Einige Monate später nahmen Nisa und ich unsere Gespräche wieder auf. Ich hatte inzwischen die Interviews für die Untersuchung des Menstruationszyklus abgeschlossen. Wie zuvor bestellte ich sie in unser Lager, und sie kam in Begleitung von Bo und ihrer Nichte. Sie wollten in unserem Lager leben, bis Nisa und ich die Arbeit beendet hatten.

Das erste Interview begann freundschaftlich und herzlich. Ich hatte das Tonband laufen und sagte, wie gut sie vor Jahren erzählt habe. Ich sprach über einige wichtige Phasen ihres Lebens und erwähnte viele Einzelheiten in der Hoffnung, sie mit meiner Anteilnahme zu beeindrucken. In der spaßhaften Weise der Kung sprach ich dann über ihr mangelndes Interesse an mir. «Aber du hast mich im Verlauf der Jahre sicher vergessen. Vielleicht liegt dir nichts mehr an unserer Zusammenarbeit. Vielleicht weigerst du dich, mir Antwort zu geben, wenn ich dich etwas frage.»

Ihre Antwort erstaunte mich, denn sie erinnerte sich beinahe wörtlich an Teile unseres letzten Gesprächs vor vier Jahren. «Ich habe weder unsere Arbeit vergessen, noch habe ich dich vergessen. Sind wir nicht vor Jahren übereingekommen, daß ich mir Gedanken über die Dinge mache, die ich sehe, und sie in meiner Brust trage, bis du zurückkommst. Hast du nicht gesagt, daß wir eines Tages über solche Dinge sprechen würden, wenn du wieder hier bist? Habe ich nicht vieles gesehen und trage es in mir, um es dir zu berichten?» Jetzt war es an ihr, mir Fragen zu stellen. «Jetzt bist du zurückgekommen, und du hast mit allen anderen gearbeitet, aber nicht mit mir. Es ist deutlich, daß du mich vergessen hast.»

Ich erklärte, daß meine Interviews diesesmal ein anderes Ziel hätten. Sie beschäftigten sich mit dem, was die jüngeren Frauen Tag für Tag taten. Ich sagte ihr, daß bei der Arbeit, die wir vor Jahren begonnen hatten und die sich mit der Vergangenheit ebenso beschäftigte wie mit der Gegenwart, niemand sie ersetzen könne. Deshalb hätte ich mir während meiner Abwesenheit ihre Interviews so sorgfältig angehört, und deshalb wolle ich jetzt wieder mit ihr arbeiten. Meine Erklärung schien sie zu befriedigen. Sie sprach mit Begeisterung davon, verschiedenste Abschnitte ihres Lebens mir zu erzählen und zu untersuchen – wie früher. Danach würden wir sie wieder wegschließen, und dann wäre unsere Arbeit beendet. Sie ermahnte mich, sorgfältig auf alles zu achten, was sie sagte.

Ich schlug vor, wir sollten damit beginnen, über Dinge zu sprechen, die sie während meiner Abwesenheit erlebt hatte. Die folgende Unterhaltung war persönlich und herzlich, allerdings auch sehr gelassen. Nisa sprach hauptsächlich über Männer und Liebhaber im eigenen Leben und aus dem anderer Frauen. Sie begann Namen zu erwähnen, wurde dann aber wieder vorsichtig. «Vielleicht erzählst du etwas, wenn du alles weißt.» Die Bemerkung schien aber reine Formsache zu sein, denn noch ehe ich protestieren konnte, fuhr sie an der Stelle fort, an der sie aufgehört hatte. Sie sprach über das Ende ihrer Beziehung zu Debe – eine Affäre, die damals begonnen hatte und bis vor kurzem dauerte. Sie sprach auch über ihre Liebe zu Kantla – dem Mann, der seit der Kindheit eine wichtige Rolle in ihrem Leben spielte. «Er ist wirklich ein wichtiger Mann in meinem Leben . . . er ist der Mann mit den grauen Haaren. Er ist wie ein Ehemann zu mir.» Sie erwähnte auch andere Männer, sagte aber: «Ich treffe sie nur sehr selten. Mein Mann würde mich umbringen, wenn er etwas erfahren würde!»

Wie war das Verhältnis zwischen ihnen? Sie sagte: «Mein Mann und ich . . . wir leben und leben und leben zusammen. Erst dann kommt er zu mir, und wir schlafen miteinander. Wir leben weiter, und erst an einem fernen Tag kommt er wieder zu mir. So ist es zwischen uns gewesen.» Dann fügte sie hinzu: «Denn er ist der Mann in meiner Hütte.» Ich erinnerte mich an ihre damaligen Klagen und fragte: «Ist das gut oder schlecht?» Sie antwortete: «Das ist gut . . . sehr gut.» Aber hatte sie nicht vor Jahren geglaubt, daß ihr Mann das Interesse an ihr verloren hatte, weil er nicht regelmäßig mit ihr schlief? Sie antwortete: «Gelegentlich schimpfe ich immer noch mit ihm, weil er nicht oft genug mit mir schläft: ‹Weist du mich ab?› Aber er sagt: ‹Wir leben zusammen, wie es sein soll.› So war es die ganze Zeit über. Wir leben, dann sind wir zusammen, wir leben, und dann sind wir wieder zusammen.»

Nichts mehr von dem Leid, das dieses Thema vor Jahren hervorgerufen hatte. Ich fragte: «Und eure Herzen? Sind eure Herzen noch immer für den anderen offen?» Sie antwortete: «Ja, unsere Herzen lieben sich und sind noch immer für den anderen offen.» «Streitet ihr euch noch immer?» «Nur selten. Und wenn, dann geht es üblicherweise ums Essen, weil ich zuviel weggebe . . . dann fragt er: ‹Was machst du, warum gibst du jedem? Wann geben die anderen uns etwas? Wenn wir etwas zu essen haben, sollten wir es alleine essen.› Aber ich sage: ‹Du willst nur wieder schimpfen.› Und er antwortet: ‹Weil du schlecht bist, weil du eine schlechte Frau bist, die jemanden sieht und ihm zu essen gibt . . . und dann sieht sie wieder einen und gibt auch ihm zu essen. Weißt du nicht, daß unser Essen für dich und dein Kind bestimmt ist, damit es sich satt essen kann? Auf diese Weise hast du am Ende nichts für dich.›». «Ist das eine ernsthafte Auseinandersetzung?» «Nein, es ist eigentlich nichts. Wir streiten uns ein bißchen, dann hören wir auf und lieben uns wieder.»

Es entstand eine Pause, während ich ein neues Band einlegte. Als wir weitersprachen, sagte sie plötzlich: «Eine Frau, wenn sie nichts zu essen hat . . .» Sie machte eine Pause und lachte. Ich lachte ebenfalls. Das Gespräch hatte sich wieder dem Sex zugewandt. Sie fuhr fort: «So hält eine Frau sich am Leben. Aber niemand tut das für mich.» Ich überlegte, ob das ein Weg war, um ihre Unzufriedenheit mit Bo auszudrücken, und fragte noch einmal nach ihrer Beziehung zu ihm. Sie antwortete: «Heute liebt mein Mann mich sehr gut . . . mit Kraft und Genuß . . . wie vor langer Zeit. Es lag nur an meinen Perioden, daß er nicht zu mir kam.» Ich erinnerte sie daran, daß sie bereits keine Periode mehr hatte, als wir unsere ersten Gespräche begannen, und doch hatte ihr Mann nicht oft mit ihr geschlafen. Sie stimmte zu, sprach aber weiter, als gäbe es darüber nichts mehr zu diskutieren. «Sex ist nicht so wichtig. Der Mann liebt dich in der Nacht . . . und das ist alles.» Sie sah meinen fragenden Blick und fügte hinzu: «Ja . . . was sollte ihn auch bedeutend machen?»

Sie maß auch der Menstruation keine große Rolle zu. «Als meine Regel ausblieb, blieb sie eben aus. Das war alles. Ich hatte keine Angst und keine Schmerzen.» Die Erinnerungen an die Ängste zur Zeit der Menopause waren verblaßt. Sie wiederholte ihre frühere Bitte nach einem Medikament, das sie wieder fruchtbar machen würde, nicht und hatte sich offensichtlich damit abgefunden, keine Kinder mehr zu bekommen.

Ich fragte: «Die Jahre meiner Abwesenheit . . . waren es gute Jahre für dich, oder haben sie dir Leid gebracht?» Sie antwortete: «Ich war nicht unglücklich.» Sie interpretierte die Frage noch einmal und sprach über ihre Beziehungen zu Männern: «Obwohl ich mit einem Mann zusammen war und dann zu einem anderen übergewechselt bin, hat mein Herz nicht gelitten.» Sie erzählte, daß einige Männer sie gewollt hatten. Sie hatten alles versucht, um mit ihr zusammenzusein. Aber manchmal verliebte sie sich auch in die Männer. «Nicht alle Männer haben in ihrem Herzen Platz für mich. Aber das hat mir wenig Leid verursacht.»

Sie wiederholte, wie wichtig Kantla in ihrem Leben immer noch war, und fügte mit offensichtlichem Vergnügen hinzu: «Aber er ist eifersüchtig und wirft mir vor, ich hätte zu viele Männer. Das tut er, weil er soviel für mich empfindet.» Auch Besa, ihr früherer Mann, wollte sie immer noch. «Er sagt, eines Tages wird er mich Bo wegnehmen.» Aber sie ignorierte sein Interesse und sagte zu ihm: «Wir haben uns vor langer Zeit getrennt. Also hör auf, heute mit mir darüber zu reden.»

Ich war mit diesem Interview zufrieden – es war recht gut gegangen. Zwischen uns hatten eine wohltuende Vertrautheit und Ungezwungenheit bestanden. Nisa war ernsthaft bereit, über persönliche Dinge zu sprechen. Sie hatte Interesse an unserer Arbeit.

Als am Tonbandgerät vorübergehend eine Störung auftrat, versicherte sie sich, daß ihre Stimme deutlich zu hören war, und erst dann sprach sie weiter. Alles war so einfach, daß ich das Gefühl hatte, ich sei nie weg gewesen.

Aber etwas war anders. Es war der Klang ihrer Stimme. Nisa sprach mühelos, ungezwungen und ruhig. Diesmal erkannte ich Dinge, die ich vor Jahren nicht bemerkte. Das Leben schien für sie nicht mehr annähernd so schmerzlich zu sein, nicht mehr so qualvoll. Obwohl sich in ihrer Beziehung zu Bo kaum etwas verändert hatte, brachte sie das nicht mehr aus dem Gleichgewicht. Auch ihre Beziehungen zu anderen Männern waren nicht viel anders als vor Jahren. Aber auch darüber machte sie sich keine großen Sorgen. Die folgenden Interviews verstärkten diesen ersten Eindruck. Sie war glücklicher und ausgeglichener. Im Lauf der Jahre kam es immer wieder zu Situationen, unter denen sie litt, und es gab Dinge, die sie selbst jetzt noch bekümmerten. Aber die meisten Probleme der Vergangenheit, die mit starken Emotionen besetzt waren, schienen inzwischen gelöst zu sein.

Das Leben, sagte sie, war im wesentlichen gut. «In den letzten vier Jahren hatte ich immer genug zu essen.» Sie ging noch immer sammeln, aber hin und wieder bat sie die Bantus in der Nähe um Milch und Maismehl, um «weichere Nahrung». Aber das tat sie nur in größeren Abständen, denn wenn sie zu oft fragte, würden die Bantus sagen: «Wieso bittest du jeden Tag um Essen, obwohl du eine Zhuntwasi bist?» Natürlich könnten sie mehr von den Bantus haben, wenn Nisa oder Bo für sie arbeiten würden, aber das wollen sie nicht. Vor einigen Jahren hatten sie es getan, aber: «Für die Hereros zu arbeiten ist nicht gut. Ich mach das nicht wieder. Man bekommt nicht genug für die Arbeit. Sie geben einem nur zu essen, kein Geld, mit dem man Decken oder Kleider kaufen kann.»

Deshalb lebten sie und Bo nicht in der Nähe der Bantus. «Wir sind lieber unter Zhuntwasis.» Deshalb tat sie alles, um sich und ihre Familie selbst zu versorgen. «Wir ernähren uns von Mongongonüssen, Baobabfrüchten, Shawurzeln und anderen Wurzeln, die ich sammle.» Aber die Nußbäume standen in großer Entfernung, und Bo begleitete sie üblicherweise dorthin. An manchen Tagen blieb sie zu Hause und machte Ketten aus Straußeneierschalen, hölzernen Perlen (im Stil der Bantus) oder Musikinstrumente, die sie an einen

Agenten der Regierung verkaufte, der regelmäßig in die Dörfer kam. «Dann nehme ich das Geld und kaufe damit eine Decke im Laden.» Oder sie kauft Mais von den Bantus, den sie trocknet, zerstampft und für die Familie kocht. Die Zukunft sah für sie nicht viel anders aus.

Sie und Bo hatten sich vertragen und «einander geliebt». «Wir sitzen gerne zusammen und reden.» Sie stritten sich nur noch selten und wenn, dann nur wegen Kleinigkeiten. Sie gab zu, daß sie am häufigsten den Streit provozierte. Meist ging es dabei um das Essen. Sie sagte ihm, sie sei hungrig. «Warum sitzt du hier und sorgst nicht dafür, daß ich etwas zu essen habe. Geh und stell die Fallen, dann können wir vielleicht ein Perlhuhn essen. Warum soll mir der Magen knurren?» Wenn sie mit ihm schimpft, schreit er zurück: «Die anderen Frauen gehen für ihre Familien sammeln. Warum tust du das nicht?» Ein solcher Streit endet dann damit, daß sie sagt: «Ich will nicht mit den Frauen gehen. Sie sind mir zu langsam. Gehen wir doch zusammen. Wenn ich ohne dich gehe, kann ich nur so viel mitbringen, daß es für heute reicht, und morgen muß ich dann wieder gehen. Zusammen tragen wir genug für ein paar Tage. Also gehen wir und arbeiten. Schließlich können wir nicht vorgeben, Kinder zu sein, die nur spielen.» Dann marschieren sie zusammen in den Busch und sammeln genug für sich und andere.

Der Tod von Kxaru, der Frau ihres ältesten Bruders und einer engen Freundin von Nisa, war das Ereignis, unter dem sie in den letzten vier Jahren am meisten gelitten hatte. «In meinem Herzen war kein Zorn . . . nur Schmerzen. Es waren die Schmerzen, die man fühlt, wenn ein Mensch stirbt, den man liebt.» Dann erklärte sie: «Nachdem du gegangen warst, lebten Kxaru und ich weiter in unserem Dorf in Gausha. Wir saßen zusammen, unterhielten uns und arbeiteten zusammen. So war es schon immer gewesen. Wir stritten uns nie. Aber die Krankheit saß in ihr und tötete sie schließlich. Gott tat das. Er riß sie von uns weg. Alle weinten, als sie starb. Der Schmerz über ihren Verlust war sehr groß. Ich weinte und mußte immer daran denken, wie sehr ich sie geliebt hatte. Ich fragte Gott, warum er sie mir weggenommen hatte. Ich fühlte mich elend. Schließlich sagte ihr Mann . . . mein älterer Bruder . . . ich solle nicht mehr trauern.»

«Aber ich vermißte sie, und mein Herz wollte nicht in unserem

Dorf bleiben. Es gab niemanden mehr, bei dem ich sitzen wollte. Ich sah keinen älteren Menschen, mit dem ich mich unterhalten konnte. Die meisten dort sind jung und leben bei den Hereros. Wenn ich bei den Hereros lebe, sehen wir die Dinge anders. Deshalb beschloß ich, dahin zu ziehen, wo es Leute für mich gab. Mein Herz war mutlos, und ich glaubte, das hier sei ein guter Platz, um zu bleiben, bis die Trauer vergangen ist . . . die Trauer, die mit dem Tod kommt. Der Schmerz ist jetzt gegangen . . . aber nur ein bißchen.»

Nach Kxarus Tod kümmerte sich Nisa um ihre Tochter. «Kxarus Tochter tat mir leid. Ich sah, daß sie keine Mutter mehr hatte, die ihr half, und deshalb tat ich manches für sie. Schließlich brachte ich sie in mein Dorf. Jetzt nennt sie mich Mutter und hilft mir bei meinen Pflichten.»

Nisa kümmerte sich auch immer noch um Nukha, die Tochter ihres jüngeren Bruders. «Ja, ich sorge immer noch für sie. Ihr Vater sagte vor langer Zeit zu mir: ‹Behandele sie, als sei sie deine eigene Tochter.› Und das habe ich getan, denn ich liebe diese Kleine wirklich, die ich großziehe. Wenn wir zusammen sind, erzählt sie mir Dinge, und wir unterhalten uns. Ich wollte sogar das nächstjüngere Kind meines Bruders zu mir nehmen, aber mein Bruder gab es mir nicht.»

Das neue Dorf war klein; es lebten nur wenige Sanfamilien dort, und es lag in relativ großer Entfernung von den Hererodörfern, mit denen die Kung eine Wasserstelle teilten. Emotionale und praktische Hilfe erhielt Nisa von ihrer Cousine Kokobe. Kokobe und ihr Mann arbeiteten für die Hereros, und sie besaßen drei Kühe. Es gab nur wenig Milch, denn die Kühe weideten in der Nähe eines anderen Dorfes und waren auch dort untergebracht. «Wenn die Kühe zurückkommen, bringt Kokobes Mann Milch und gibt uns davon.» Bo und Nisa besaßen selbst keine Kühe. «Beinahe hatten wir eine, aber mein Mann kaufte statt dessen einen Esel.» Bo und Nisa hielten jetzt zum erstenmal Ziegen. Vor einigen Monaten hatten sie sogar ein paar Melonenfelder angelegt, und Nisa verkaufte, was sie selbst nicht brauchten. Die Saat hatte sie neben ein paar Melonen und Mais von den Hereros bekommen.

Nisa und Kokobe sind sehr eng befreundet. «Nachdem Kxaru tot war, suchte ich einen Ort, in dem ich leben wollte. Aber ich wußte nicht, wohin ich gehen sollte. Eines Tages besuchte uns Kokobe und sah, daß wir allein und ohne Freunde lebten. Sie forderte uns auf, mit ihr zu gehen und in ihrem Dorf zu leben. Das taten wir.» Dieses Arrangement hatte sich offensichtlich gut bewährt. «Seit ich hier bin, war immer jemand da, der gut für mich sorgte. Wir streiten uns oft, beinahe jeden Tag . . . über das Essen . . . aber das ist nie ernst gemeint. Eigentlich kommen wir gut miteinander aus.»

Sie stritten oft miteinander, und praktisch immer, wenn die eine etwas hatte und die andere nicht. Sie warfen sich gegenseitig vor, geizig zu sein. «Ich habe dir so viel Honig gegeben, aber du gibst mir nie Honig.» Oder wenn die eine um etwas bat, gab die andere zur Antwort: «Ich habe dir doch schon Mongongonüsse gegeben. Warum hast du sie alle auf einmal gegessen?» Ein Streit konnte auch etwa so beginnen: «Vor kurzem hattest du Fleisch, aber ich habe dich nicht um etwas davon gebeten.» «Ja, das ist richtig, aber habe ich dir gestern etwa nichts von dem Perlhuhn gegeben? Heute hast du Fleisch und willst mir nichts geben.» Solche Wortgefechte endeten üblicherweise mit einer Versöhnung.

Auseinandersetzungen scheint es in beinahe unzähligen Varianten zu geben. Nisa beschrieb eine ausführlich. Sie kochte Essen und sagte: «Davon werde ich nichts weggeben», und aß alles selbst. Sie dachte: «Wenn die anderen zu essen haben, denken sie auch nicht ans Teilen. Sie essen und essen und essen. Nur ich gebe immer, und trotzdem wollen sie ständig mehr. Warum soll ich also heute etwas von dem abgeben, was ich gekocht habe?» Sie saß allein vor ihrer Hütte und gab weder Kokobe noch den anderen etwas.

Am nächsten Morgen kam Kokobe zu ihr und sagte: «Sag mal, bist du jemand, den ich nicht kenne? Bist du vielleicht nicht mit mir verwandt? Habe ich nicht gestern mit eigenen Augen gesehen, daß du etwas hattest, das wie Fleisch aussah? Gib mir schon davon, damit ich es mir in den Mund stecken kann, um zu sehen, wie es schmeckt. Wenn du mir nichts gibst, behandelst du mich schlecht, und du weißt, daß du in meiner Schuld stehst.» Nisa antwortete: «Oh! Ich kann es nicht mehr hören, daß du immer so redest. Warum sollte ich etwas, das mir gehört, nicht einfach essen? Warum schreist du mich an und behauptest, ich hätte dir etwas weggenommen? Ich habe nur gekocht und gegessen, was mir gehört.»

Kokobes Bruder und seine Frau lebten ebenfalls im Dorf.

Manchmal ergriffen sie bei den Streitigkeiten Partei. «Einmal beschimpften Kokobes Bruder und ich Kokobe. Sie begann zu weinen. Ich sah das und schimpfte mit ihrem Bruder: ‹Sieh dir an, was wir getan haben. Zu zweit auf sie loszugehen! Jetzt weint sie.› Ich begann ebenfalls zu weinen, und da saßen wir zwei dann und weinten zusammen.»

Nicht alle von Nisas derzeitigen Beziehungen mit Frauen waren zufriedenstellend. Ihr älterer Bruder heiratete bald nach Kxarus Tod wieder. Sie beklagte sich über die neue Schwägerin: «Wir mögen uns nicht. Sie kam nicht, um mir zu sagen, daß sie meinen älteren Bruder heiraten wollte. Er auch nicht.» Seit dem Umzug hatte Nisa die beiden nur einmal besucht. Damals war sie krank und brauchte Hilfe. Nisas Bruder und seine Frau waren bedeutende Heiler und führten für sie die traditionelle Heilzeremonie durch. Nisa war geheilt worden, hatte sie aber seither nicht wieder besucht.

Mit der Frau ihres jüngeren Bruders vertrug sie sich besser, und sie hatte sogar gehofft, daß die ganze Familie in ihr Dorf ziehen würde. Aber ihr Bruder arbeitete für die Hereros und wollte nicht umziehen. Nisa glaubte, wenn sie dort geblieben wäre: «. . . hätte ich mich die ganze Zeit mit seiner Frau gestritten.» Auch dabei wäre es im wesentlichen nur um unwichtige Dinge wie Essen gegangen, aber sie sagt: «Ich hätte es schließlich nicht mehr ausgehalten.»

Über das Thema Sex und Männer sprach Nisa ebenso ausführlich wie früher, und ihre Erzählungen waren unbeschwert und humorvoll. Auch ihre Selbstdarstellung als alte Frau – «ich bin so alt, daß ich beinahe schon tot bin, aber hin und wieder möchte ich einen Mann» – waren eher heiter als bitter. Spaßhaft erzählte sie, sie habe nur ein echtes Problem, und dies sei ein unangenehmes Stechen in den Genitalien. Ich verstand nicht genau, was sie damit meinte, und bat sie, es ausführlicher zu erklären. «Du hast wirklich keine Ahnung, Marjorie. Das Stechen ist die Lust, die Lust nach einem Mann. Ich muß dir das beibringen, denn du bist immer noch ein Kind.» Sie machte sich über mich lustig, lachte und deutete mit dem Finger auf mich: «Das sind deine Genitalien. Wenn ein Mann sich nicht dafür interessiert, stechen sie und stechen und stechen. Sie geraten in Erregung und verlangen nach einem Mann. Erst wenn ein Mann seine Arbeit tut, hört das Stechen auf.»

An einem anderen Tag war sie ernsthafter. Sie berichtete, sie habe in der Zwischenzeit ein paar Liebhaber gehabt. «Ein paar neue und ein paar alte. Es ist sehr wichtig, sich einen Liebhaber zu suchen, der einem hilft, der einem zu mehr als nur Sex verhilft . . . keinen Mann, der einem nichts schenkt.» Sie traf sich nur selten mit ihren Liebhabern, meist wenn Bo nicht im Dorf war oder wenn sie Holz sammelte und Wasser holte. «Denn eine Frau fürchtet ihren Mann. Sie muß schlau sein. Sie möchte nicht, daß er etwas erfährt.»

Sie sprach auch über Kantla, den Mann, den sie «von Anfang an kannte». Sie sagte, ihre Beziehung sei noch immer sehr intensiv, aber sie war besorgt, daß er durch seine Beziehungen zu anderen Frauen geschlechtskrank werden könnte. «Ich glaube nicht, daß er eine solche Krankheit hat, aber die anderen Frauen werden sie ihm geben, und dann bekomme ich sie auch. Das möchte ich auf keinen Fall.» Sie war sich sehr sicher, daß er Affären hatte. «Glaubst du, ein älterer Mann wie Kantla genießt es nicht, mit Frauen zusammenzusein?»

Er war erst vor kurzem zu ihr gekommen, als Bo gerade nicht im Dorf gewesen war, und wollte mit ihr schlafen. Aber sie weigerte sich. Sie hatte zu viele Kinder – Nukha, Nukhas ältere Schwester und Kxarus Tochter – und fürchtete, eines würde sie verraten. Deshalb schickte sie Kantla weg. Er war wütend, schimpfte mit ihr und behauptete, dies sei nicht der wahre Grund. «Aber er kommt wieder, dann nehme ich ihn mit in die Hütte, und wir beide legen uns zusammen, denn mein Herz ist immer noch bei ihm. Er ist doch ein sehr wichtiger Mann in meinem Leben. Einmal schicke ich ihn weg, und dann schlafe ich wieder mit ihm. So ist es eben.»

Am Ende eines langen Interviews, in dem wir über die Vergangenheit gesprochen hatten, schwieg Nisa nach der Beschreibung einer Krankheit, von der sie sich erst kürzlich erholt hatte. Beinahe reflektierend sagte sie dann sehr sanft: «So war mein Leben», und etwas nachdrücklicher fügte sie hinzu: «Ich spreche über sehr große und sehr wichtige Dinge . . . über Dinge, an denen ich gelitten habe.» Beinahe flüsternd zählte sie sie auf: «Die Kinder, die ich geboren habe, die groß wurden und starben . . . der ältere Mann neben mir, mein Ehemann, dessen Tod ich beinahe nicht überlebte . . . sie haben mir großes Leid verursacht.»

In unserem letzten Interview erzählte sie mir einen Traum, den sie in der Nacht davor gehabt hatte: «Ich träumte, ich ging allein zum Brunnen, aber als ich meine Wasserbehälter füllte, fiel ich hinein. Ich zitterte und starb beinahe vor Angst. Ich versuchte, mich an den Rändern festzuhalten, aber ich rutschte ab. Ich versuchte es wieder und fiel wieder zurück. Schließlich gelang es mir, mich an einem Stock zu halten und herauszuklettern. Kein Mensch war in der Nähe.»

Im Verlauf des Gesprächs erwähnte ich meine Absicht, unsere Arbeit zu veröffentlichen. Ich erklärte Nisa, ich sei der Ansicht, die Menschen in meinem Land würden gern etwas über ihr Leben erfahren. Auch meine Freunde hatten zu mir gesagt: «Warum schreibst du kein Buch, damit die Leute etwas über die Frau erfahren, mit der du gesprochen hast?» Ich sagte Nisa, daß ich das gern tun würde, aber ich wolle zuerst mit ihr darüber sprechen. Ich hätte vor, die Geschichten aus allen Interviews zu übersetzen, sie zu Papier zu bringen, und aus diesem Papier würde ein Buch werden. Die Namen würde ich ändern, damit man weder sie noch die Menschen, über die sie gesprochen hatte, wiedererkennen könne. Die Arbeit würde lange dauern, vermutlich einige Jahre. Ich wisse nicht, ob die Leute ein solches Buch kaufen würden, aber wenn sie es täten, würde ich ihr einen Teil des Geldes geben, das ich damit verdiene. Ich würde auch Geld für Projekte geben – etwa für die Schule oder den Brunnen – die allen zugute kämen. Denn auch die anderen seien sehr großzügig zu mir gewesen. Aber ich wolle zuerst wissen, was sie von dem Plan hielt. «Bist du damit einverstanden, daß andere erfahren, worüber wir gesprochen haben?» Nisa fragte: «Meinst du die Menschen in deinem Land?» Ich antwortete: «Ja, hauptsächlich sie. Aber da ich die Namen ändere, würde selbst ein Tswana, der das Buch liest, nicht wissen, von wem die Rede ist.» Ich wiederholte meine Frage noch einmal: «Also was denkst du, ist es eine gute oder eine schlechte Idee?»

Sie schien mich zunächst nicht zu verstehen. Das Buch, von dem ich sprach, schien in ihren Augen im wesentlichen meine eigene Angelegenheit zu sein. «Wenn du es tun willst, ist es gut. Aber du mußt es tun, nicht ich.» Ich stimmte ihr zu, erklärte aber, es sei wichtig, daß sie genau wisse, was ich plane, da im Mittelpunkt des Buches die Geschichte ihres Lebens stehen würde. Das verstand sie. «Ja, das ist gut. Du wirst von hier weggehen, und wenn du weg bist, wirst du schreiben. Dann werden die anderen sagen: ‹Also darüber hast du mit dieser Frau gesprochen. Das sind also ihre Worte. So heißt sie.› Und wenn ihnen dein Buch gefällt, werden sie es kaufen und dir Geld dafür geben.» Ich fügte hinzu: «Und ich werde dir Geld geben und auch den anderen.» Sie sagte: «Ja, unsere Arbeit war sehr wichtig, und wir haben gut gearbeitet.»

Ich sprach wieder davon, daß ich ihren Namen und den Namen der Orte ändern würde, an denen sie und die anderen lebten. «. . . damit niemand weiß, wer du bist. Ich glaube, ich werde dich ‹Nisa› nennen und sagen, du lebst in . . .» ich überlegte, und Nisa, der diese Idee gefiel, schlug vor: «Gausha. Du sagst: ‹Nisa lebt manchmal in Gausha, in den Mongongowäldern, tief im Busch.› Das wird ihnen gefallen.» Ich erwiderte: «Ja, und wenn ich von deinen Ehemännern spreche, sage ich: ‹Nisa war früher mit Tashay verheiratet, und jetzt ist Bo ihr Mann.›» Sie lachte über die Namen, die ich für die Männer erfunden hatte. «Ja, Bo, der Mann, der in Gausha lebt. Eh-hey, meine Nichte!»

Es blieb noch zu klären, ob es Geschichten gab, die ich nicht erwähnen sollte. Im Verlauf der zweiten Serie von Interviews hatte ich bewußt noch einmal über die wichtigsten Ereignisse ihres Lebens gesprochen, damit uns alles ins Gedächtnis gerufen wurde, worüber ich schreiben wollte. Ich fragte Nisa: «Wir haben in den vergangenen Wochen über die Geschichte deines Lebens gesprochen, über die Geschichten, die du mir vor Jahren erzählt hast, und über die Geschichten, die neu hinzugekommen sind . . . Geschichten aus der Gegenwart und der Vergangenheit. Ich habe vor, diese Geschichten . . . die fröhlichen und die traurigen in das Buch aufzunehmen, das ich auch deiner Ansicht nach schreiben soll. Aber vielleicht möchtest du nicht, daß ich über alles schreibe. Vielleicht gibt es Dinge, von denen du glaubst, daß andere sie nicht erfahren sollen. Wenn du willst, lasse ich sie einfach aus. Oder glaubst du, alles, was du gesagt hast, kann in das Buch aufgenommen werden?» Sie antwortete lebhaft: «Alles, worüber wir beide gesprochen haben . . . alles, was das Tonbandgerät, dieser alte Mann gehört hat, möchte zu Papier gebracht werden.»

Vorsichtshalber sprach ich davon, daß es lange dauern würde, bis das Buch geschrieben sei, und über die Ungewißheit, damit Geld zu verdienen. «. . . denn manchmal betrachten sich die Leute ein Buch und lassen es im Regal stehen.» Nisa fügte hinzu: «Ja, sie sagen: ‹Sehr nett›, aber ihre Herzen interessieren sich nicht dafür. Wenn sie uns beiden helfen und es kaufen ... und wenn du mir hilfst, kaufe ich eine Kuh.» Ich sagte: «Wir müssen warten und sehen, was daraus wird.»

Sie begriff, daß noch viel Arbeit damit verbunden war. «Ja, dieser alte Mann wird dir dabei helfen. Er wird reden, und du wirst schreiben. Ihr beide werdet das zusammen tun. Und auch wir zwei ... er und ich. Wir zwei werden reden, denn ich bin es doch, die redet, oder?» Ich antwortete: «Ja, ich werde deine Worte mit nach Hause nehmen, und auch wenn ich dann allein bin, kann ich schreiben.»

Angeregt stellte sie sich meine Arbeit vor, und ihre Phantasie erwies sich als richtig: «Ja, du wirst mir zuhören, und wenn ich etwas sage, worüber du lachen mußt, wirst du laut auflachen und mich loben: ‹Eh-hey, Tante! Ja, du bist noch immer bei mir.› Du wirst mich lieben, weil ich immer noch bei dir bin.» Ich stimmte zu: «Ja, ich werde mir alle unsere Gespräche anhören ... die Gespräche von damals und die Gespräche von heute. Eines Tages werden wir sehen, was daraus geworden ist.» Sie sagte: «Meine Nichte ... meine Nichte, du denkst wirklich an mich.»

In einem Dorf der Kung spürte man wenig von dem unbewohnten Busch, der bis dicht an die Hütten heranreichte. Die Bewohner saßen vor ihren Hütten, arbeiteten, ruhten sich aus oder besuchten Nachbarn. Das Leben fand im Freien statt, vor den Augen aller und meist in ihrer Gesellschaft. Die Kinder spielten friedlich mitten unter den Erwachsenen oder auf einem nahe gelegenen gerodeten Platz. Dieser ständige Strom von Gesprächen, Aktivitäten und Bewegungen war tagsüber für das Dorf charakteristisch. Und auch abends, wenn die Mahlzeiten gekocht, wenn gegessen wurde und die Feuer brannten, ging das fröhliche Leben und Treiben weiter.

Dies war die Welt der Kung, eine Welt für Menschen. Vielleicht teilten einige Männer und Frauen eine Zeitlang ihr Leben mit mir, weil menschliche Bindungen für sie so wichtig sind. Ich war jung, und Nisa sprach mit mir, als wolle sie mich leiten. Es war, als spräche sie zu der Frau, zu der ich werden sollte. Sie behandelte mich mit Achtung, und sie machte mir ein großes Geschenk: Sie öffnete mir die Tür zu einer reichen Welt, die es bald nicht mehr geben wird. Praktisch alle meine Erfahrungen sind durch die Welt der Kung und Nisas Sehweise gefärbt und bereichert worden. Ich werde sie nie vergessen, und ich hoffe, sie wird auch mich nicht vergessen – mich, ihre Schwester in der Ferne.

Anmerkungen

1. Früheste Erinnerungen

1 Nisa erinnert sich in diesem Kapitel vermutlich an ihr Leben als Drei- bis Sechsjährige (ca. 1924–1927). Nancy Howell erstellte einen Kalender, der auf Ereignissen mit bekannten Daten und auf der strikten Rangordnung nach Alter aller Kung beruht. Dadurch sind genaue Altersschätzungen (mit einer Abweichung von einem oder zwei Jahren bei Erwachsenen und wenigen Monaten bei Kindern oder Jugendlichen) möglich.

2 «totschlagen»: Solche Ausdrücke werden als Drohung benutzt. Sie entsprechen etwa unserem «wenn du das noch einmal tust, schlage ich dich windelweich».

3 «vollmachen»: Das Kungwort Zee ist ein umgangssprachlicher Ausdruck für Defäkation. Er wird benutzt, um dem Angesprochenen anschaulich zu bedeuten, welche Angst man ihm einjagen will. Er ist mit unserem «sich vor Angst die Hose vollmachen» vergleichbar.

4 Mutter!: Mit diesem Ausruf will man die Wahrheit des Gesagten bekräftigen. Man kann es mit unserem «ich schwöre» vergleichen. In diesem Sinn verwenden die Kung auch «Großmutter» und «unsere Mütter».

5 Fälle von Kindermord sind sehr selten (siehe Kapitel 2).

6 «dein Gesicht in Stücke spalten» – wörtliche Übersetzung eines Kungidioms, mit der Bedeutung «dein Leben ruinieren».

7 Beschimpfungen mit Anspielungen auf die Genitalien sind sehr häufig und werden im Scherz, aber auch im Zorn gebraucht. Aber selbst im Zorn sind sie nicht unbedingt sehr ernst gemeint.

8 Zhuntwa: Der Name, mit dem die Kung sich selbst bezeichnen. Er bedeutet wörtlich «die wahren Menschen».

2. Familienleben

1 Nisa erinnert sich in diesem Kapitel vermutlich an ihr Leben als Vier- bis Achtjährige (ca. 1925–1929). Ich lebte und lebte: Wörtliche Übersetzung einer Redewendung, die beliebig oft wiederholt und

häufig benutzt wird. Jede Wiederholung ist dabei Ausdruck einer gewissen Zeitspanne – ein dramatisches Mittel beim Geschichtenerzählen.

2 «fick dich selbst» – eine typische Beschimpfung.

3 Außer einem Wort, das eindeutig die Menstruation bezeichnet, gibt es eine Reihe häufig gebrauchter Idiome mit derselben Bedeutung, die sich alle auf den Mond beziehen: «zum Mond gehen», «den Mond sehen», «mit dem Mond sein». Darin spiegelt sich die Bedeutung des Mondes wider, der den Frauen erleichtert, den Zyklus zu verfolgen. Und sie sind Ausdruck der Vorstellung, mit den mächtigen Naturgewalten in Einklang zu stehen.

4 Führer: Vermutlich ein Hinweis auf die Tswanaführer. Bei den Kung gibt es diese Position nicht.

5 Männer und Frauen sprechen davon, Kinder zu empfangen und zu gebären. Sie benutzen in beiden Fällen das Wort *ge*.

6 Die Kung sind sehr viel hellhäutiger als ihre Nachbarn, die Bantus.

3. Leben im Busch

1 Nisa erinnert sich in diesem Kapitel vermutlich an ihr Leben als Fünf- bis Achtjährige (ca. 1926–1929).

2 Die Sprache der Kung kennt viele verschiedene und spezifische Worte für «tragen». In diesem Fall geht es um die traditionelle Methode, in Streifen geschnittenes Fleisch an Stöcke zu hängen, die die Männer auf den Schultern tragen.

3 «in den Busch müssen» – ein Euphemismus für Defäkation oder Urinieren; manchmal wird auch eine deutlichere Redewendung benutzt.

4 Die ersten Gefahren, die einer Frau in den Sinn kommen, wenn sie im Busch ein rennendes und schreiendes Kind sieht, sind Bisse – entweder von Schlangen oder Raubtieren.

5 Wenn ein Kung sagt: «Das kleine Akaziendickicht in der Nähe des Hügels neben dem Nyae Nyae Baobab», ist dies für den Zuhörer eine ebenso genaue und deutliche Orientierungshilfe, als wenn wir sagen würden «das Haus am Goetheplatz Ecke Schillerstraße». Es ist sehr schwierig, Äußerungen der Kung über ihre Umgebung wiederzugeben, denn ihre Sprache besitzt einen Reichtum an Details für Landschaft und Vegetation, den unsere Sprache nicht kennt.

4. Entdeckung der Sexualität

1 Nisa erinnert sich in diesem Kapitel vermutlich an ihr Leben als Sechs- bis Zwölfjährige (ca. 1927–1933).

2 Das Pronomen der dritten Person Singular ist in der Kungsprache nicht geschlechtsgebunden. Wo es in der Erzählung im Neutrum auftaucht, habe ich es mit «sie» oder «ihr» wiedergegeben.

3 «sich lieben» – wörtliche Übersetzung von *akwe,* in diesem Zusammenhang ein Euphemismus für Geschlechtsverkehr. Andere Umschreibungen sind: *ante* – sich selbst mögen; *gu ante* – sich selbst nehmen; *gu akwe* – sich gegenseitig nehmen; *du sikwasi* – ihre Arbeit tun. Die hier beschriebene Position beim Geschlechtsverkehr gilt als diskrete Methode, um zu vermeiden, daß das Kind aufwacht.

4 «sich Sorgen machen»: das Kungwort heißt *kua.* Es wird in Fällen benutzt, in denen man bei uns Furcht, Achtung oder Ehrfurcht einsetzen könnte.

5 Wörtliche Übersetzung des Begriffs *Naro ante* – was soviel heißt wie «lernen».

6 «besteigen» – das Kungwort ist *tchi.* Es klingt sehr umgangssprachlich, aber kaum vulgär.

7 Das Gebiet im Osten ist dichter von anderen Leuten besiedelt – Hereros und Tswanas –. Die Kung assoziieren damit Kultur, Kontakt und Veränderung.

8 Eine Frau kann durchaus noch schwanger werden, nachdem ihre älteste Tochter bereits Mutter ist. Deshalb ist es nicht ungewöhnlich, daß die Kinder Tanten und Onkel als Spielgefährten haben.

5. Probeehen

1 Nisa erinnert sich in diesem Kapitel vermutlich an ihr Leben als Zwölf- bis Fünfzehnjährige (ca. 1933–1936).

2 Es ist nur ein einziger Fall bekannt, in dem eine Kungfrau gleichzeitig mehr als einen Mann geheiratet hat.

3 Nur ein kleiner Prozentsatz der Frauen heiratet Hereros oder Tswanas; meist sind sie dann Nebenfrauen. Herero- oder Tswanafrauen heiraten niemals Kungmänner.

6. Ehe

1 Nisa erinnert sich in diesem Kapitel vermutlich an ihr Leben als Fünfzehn- bis Achtzehnjährige (ca. 1936–1939).

2 «die Ohren aufbrechen» – wörtliche Übersetzung eines Idioms, für das es in unserer Sprache keine Entsprechung gibt.

3 Die Kung sind am Körper kaum behaart. Die Frauen haben sehr lange Schamlippen. Die Vergrößerung der Schamlippen ist deshalb ein auffälligeres Zeichen für das Einsetzen der Pubertät als die Schamhaare (daher auch die vielen Anspielungen auf die großen Schamlippen).

4 *Nahrung* und *essen* sind bei den Kung allgemein gebräuchliche Metaphern für Sex. Sie behaupten jedoch, oralen Sex nicht zu kennen oder zu praktizieren.

5 Regelmäßige Zurufe sind das übliche Mittel, um den Kontakt in einer Gruppe aufrechtzuerhalten, die in der Landschaft verstreut geht. Das absichtliche Unterlassen eines Antwortrufs ist eine deutliche Botschaft.

6 Nisas Zurückhaltung in dieser Situation (trotz der Aufregung, ihre Mutter wiederzusehen) ist ein Gebot, an das ein Mädchen sich zwischen der ersten und zweiten Periode halten muß. Dies gilt auch während der Tänze und noch eine gewisse Zeit danach.

7 Die Worte «mögen» und «lieben» entsprechen der unterschiedlichen Betonung, mit der Nisa das Wort *are* aussprach.

7. Frauen und Nebenfrauen

1 Die Kung können mühelos an den Spuren eines Menschen erkennen, um wen es sich handelt – wenn sie den Betreffenden gut kennen. Sie betrachten aufmerksam den Abdruck im Sand und entnehmen daraus viel über die Situation und das Verhalten des Betreffenden.

2 Nisas Großvater hatte offensichtlich drei Frauen gleichzeitig – ein sehr seltener Fall.

3 Nisas Erfahrungen als Nebenfrau stammen wahrscheinlich aus der Zeit, als sie zwischen siebzehn und neunzehn Jahre alt war (ca. 1938–1940)

8. Das erste Kind

1 Nisa erinnert sich in diesem Kapitel vermutlich an ihr Leben als Achtzehn- bis Einundzwanzigjährige (1939–1942).
2 Nisas Aussagen über die Sitten anderer Stämme können, müssen aber nicht richtig sein.
3 «Zorn bei der Geburt» – ein Ausdruck für die Schmerzen der Geburt.
4 «das Herz kann eine Frau im Stich lassen» – ein Ausdruck für bewußtlos werden.
5 Der Gruß ist eine Formalität von größter Bedeutung im Leben der Kung. Durch die Art der Begrüßung zeigt man, was man füreinander empfindet.

9. Mutterschaft und Verlust

1 Nisa erinnert sich in diesem Kapitel vermutlich an ihr Leben als Zwanzig- bis Dreißigjährige (ca. 1941–1951).
2 Die Kung glauben, daß in der Kindheit viele Krankheiten von einem Vogelgeist verursacht werden. Solche Krankheiten unterscheidet man deutlich von anderen, die von den Geistern der Vorfahren geschickt werden. Die Heilung findet durch ein bestimmtes Ritual statt, das man nur bei Kleinkindern anwendet.
3 Diese Reise führte zu einer großen Veränderung in Nisas Leben. Von nun an stand sie in engerem Kontakt mit Tswanas und Hereros. Zu diesem Zeitpunkt war sie vermutlich dreißig Jahre alt.
4 Tashay war vermutlich zwischen fünfunddreißig und vierzig Jahre alt, als er starb. Seine Eltern lebten beide noch.
5 Die Kung sprechen selten davon, daß eine Krankheit durch böse Absichten anderer Lebender verursacht wird. Das glauben nur die Tswanas. Aus den Beschuldigungen spricht deutlich der Einfluß der Tswanas.

10. Veränderungen

1 Von nun ab lebte Nisa meist in der Nähe von Tswana- und Hererodörfern.
2 Wahrscheinlich war Nisa einunddreißig oder zweiunddreißig, als sie Besa heiratete (ca. 1956).

11. Frauen und Männer

1 Dieses Kapitel umfaßt fünf Jahre und beginnt, als Nisa Anfang Dreißig war (etwa Mitte der fünfziger Jahre).
2 Ihr Mann und ihre Kinder waren bei ihr.
3 Der Rand ist die südafrikanische Währung, die damals (vor der Unabhängigkeit von Botswana) in Betschuanaland gesetzliches Zahlungsmittel war. Sein Wert lag bei etwa $ 1.20 bis $ 1.50. Fünf Rand waren für die Kung eine beachtliche Summe – entsprechend etwa dem Verdienst von zwei Monaten.
4 «. . . wenn er sie genießt» – ein Euphemismus für Geschlechtsverkehr.
5 Der Scheidungsvorgang in traditioneller Weise wäre vermutlich weniger kompliziert und schneller gewesen.
6 Nisa und Bo heirateten etwa 1957, als Nisa sechsunddreißig Jahre alt war.

12. Liebhaber

1 Die Erinnerungen in diesem Kapitel umfassen Nisas ganzes Leben als erwachsene Frau.
2 «Was für ein Ding ist er?» – eine starke Version von «Was für ein Mann ist er?».
3 Zu den Euphemismen für Orgasmus gehören «fertig werden», «voll sein», und «lebendig gemacht werden». Sie werden von Männer und Frauen gleichermaßen verwendet.
4 Die Kung kennen ein Wort für Klitoris (tsun nu) und sind sich ihrer Funktion bei der sexuellen Erregung bewußt.

13. Das Ritual der Heilung

1 Jeder Heiler, der von einer Reise in die Welt der Geister zurückkehrt, scheint eine andere Schilderung zu geben.

14. Weitere Verluste

1 Ein traditionelles Saiteninstrument.
2 Nai heiratete vermutlich im Alter von fünfzehn und war sechzehn oder siebzehn, als sie starb. Ein ähnlicher Todesfall ist nicht bekannt.

3 Die Ziegen wurden angeboten, um den Vorfall zu einem Abschluß zu bringen und nicht als Entschädigung. Der junge Mann wurde nicht des Mordes angeklagt, sondern einer Form des Totschlags. Im Fall von Mord wäre er zu einer Gefängnisstrafe im Osten verurteilt worden, worauf Nisa drängte.

4 «Schattenexperte» – ein Ausdruck für junge Männer, die viel Zeit damit verbringen, im Schatten zu liegen.

5 Kxau war wahrscheinlich fünfzehn Jahre alt, als er starb. Da er bereits seinen ersten Bock erlegt hatte, galt er als heiratsfähig.

6 Dies ist bei einem so kleinen Kind sehr ungewöhnlich und spricht von Nisas starkem Verlangen nach einem Kind und dem Wunsch ihres Bruders, ihr dazu zu verhelfen.

15. Altern

1 Nisa war ungefähr siebenunddreißig, als ihr Sohn starb und sie keine Kinder mehr hatte (ca. 1958).

2 Sie war etwa vierzig, als sie noch einmal schwanger wurde. Mit neunundvierzig (1970) kam ihre Menopause.

3 Dies ist der einzige Hinweis einer Kungfrau auf Beschwerden durch die Menopause. Da Nisa damals darüber klagte, ist er vermutlich wahrheitsgetreuer als die Berichte anderer Frauen, die rückblickend Probleme durch die Menopause leugnen.

4 Der Ausdruck «Traum» bedeutet wörtlich «eine Versammlung der Geister».

Nachwort

1 Nisa und die Namen aller anderen Kung sind Pseudonyme. Es sind typische Kungnamen, aber um das Lesen nicht zu erschweren, wurde auf die Wiedergabe der Klicklaute verzichtet. Das gleiche gilt für die Ortsnamen.

2 Das Dobegebiet gehört zu Botswana (fünfundsiebzig Prozent) und Namibia (fünfundzwanzig Prozent). Wenn ich vom Dobegebiet spreche, beziehe ich mich ausschließlich auf den Teil in Botswana (statistische Angaben ausgenommen). Nyae Nyae ist die Bezeichnung für das Gebiet, das zu Namibia gehört.

3 Das Tabakrauchen hat bei den Kung keine lange Tradition. Sie lernten es vermutlich von den Hereros, vor den ersten Kontakten mit

Europäern. Als die Anthropologen zu ihnen kamen, bestand bereits ein starkes Interesse, ja sogar Verlangen nach Tabak.

4 Die Verwandtschaftsbezeichnung, die Nisa mir gegenüber benutzte, wurde durch ihre tatsächliche Verwandtschaft mit meiner Namensträgerin Hwantla bestimmt (Nisas Tante). Ich wurde genealogisch entsprechend eingestuft, als ich ihren Namen annahm.

5 Die Kung glauben an zahlreiche übernatürliche Wesen, wobei eines über alle anderen herrscht. Sein Name ist Kauha, und ich habe ihn mit «Gott» übersetzt. Die anderen Geister werden LLganwasi genannt.

6 Kalahari People's Fund c/o Cultural Survival, 11, Divinity Avenue, Cambridge, Mass. 02138

neue frau

Lange bevor man in einer breiten Öffentlichkeit über die Situation der Frauen in der Männergesellschaft zu diskutieren begann, veröffentlichte der Rowohlt Verlag die grundlegendsten Werke zu diesem Themenkreis von Simone de Beauvoir, Betty Friedan, Phyllis Chesler u. a.
Mit der Reihe „neue frau" wird diese Tradition fortgesetzt.

» ***Bücher, die einen Beitrag zur praktisch gelebten Rollenbefreiung leisten können*** *NDR* «

Elisabeth Albertsen
Das Dritte
Geschichte einer Entscheidung (4135)

Joan Barfoot
Eine Hütte für mich allein
Roman (4818) August '81

Simone de Beauvoir
Marcelle, Chantal, Lisa . . .
Ein Roman in Erzählungen (4755)

Marie Cardinal
Der Schlüssel liegt unter der Matte
(4557)

Schattenmund
(4333)

Die Irlandreise
Roman einer Ehe (4806)

Martien Carton
Eine Frau ist eine Frau ist eine . . .
(4302)

Phyllis Chesler
Mutter werden
Die Geschichte einer Verwandlung (4655)

Kate Chopin
Das Erwachen
Roman (4507)

Judith Beth Cohen
Jahreszeiten
Roman aus Vermont (4313)

Colette
Meine Lehrjahre
(4595)

Blaue Flamme
(4371)

Sido *(4905)*

Eleanor Coppola
Vielleicht bin ich zu nah *(4634)*

Robyn Davidson
Spuren
(5001) Sept. '82

Margaret Drabble
Gold unterm Sand
Roman (4262)

Porträt einer Tüchtigen *(4978)*

Françoise d'Eaubonne
Das Geheimnis des Mandelplaneten
Ein Science-fiction-Roman (4253)

Monika Feth
Examen *(4569)*

Barbara Frischmuth
Die Klosterschule
(4469)

Charlotte Perkins Gilman
Herland *(4607)*

Evelyne und Claude Gutman
In der Mitte des Betts
Roman (4143)

Christine Haidegger
Zum Fenster hinaus
(4494)

Aritha van Herk
Alle meine Schweine
(4968) Juni '82

985/5

Sylvia Hoffmann
Kältetraining *(4892)*

Maryse Holder
Ich atme mit dem Herzen *(4620)*

Margit-Heide Irgang
Einfach mal ja sagen
Eine Geschichte (4767)

Eva Jones
Dreizehn
Roman (4413)

Diana Kempff
Fettfleck
Roman (4666)

Sarah Kirsch
Die Pantherfrau
Fünf Frauen in der DDR (4216)

Liv Køltzow
Die Geschichte des Mädchens Eli
Roman (4323)

Lauf, Mann! *(4879)*

Joyce Reiser
Zerschnittene Fäden
(5014) Oktober '82

Margot Lang (Hg.)
Mein Vater
Frauen erzählen vom ersten Mann ihres Lebens (4357)

Violette Leduc
Die Bastardin
Vorwort von Simone de Beauvoir (4179)

Aïcha Lemsine
Die Entpuppung
Ein Eintwicklungsroman (4402)

Doris Lessing
Der Sommer vor der Dunkelheit
Roman (4170)

Vilma Link
Vorzimmer *(4382)*

Margaret Logan
Eine Tour zum Horzont
Auf Rädern von Paris nach Rom (4794)

Lizzy Sara May
Vater und Tochter
(4244)

Blanche McCrary Boyd
Trauer über den Tod der Magie *(4480)*

Margaret Mead
Brombeerblüten im Winter
Ein befreites Leben (4226)

Isabel Miller
Patience & Sarah
Roman (4152)

Herdis Møllehave
Le und die Knotenmänner
Roman (4689)

Toni Morrison
Sehr blaue Augen
Roman (4392)

Maria Nurowska
Jenseits ist der Tod
Roman (4781)

Erika Pluhar
Aus Tagebüchern
(4865)

Helma Sanders-Brahms
Deutschland, bleiche Mutter. *Filmerzählung (4453)*

Emma Santos
Ich habe Emma S. getötet *(4161)*

Herrad Schenk
Abrechnung *(4424)*

Maria Scherer
Pas de deux *(4918)*

Cornelia Schmalz-Jacobsen
Klimawechsel
Berichte aus dem politischen Parterre (4713)

Marjorie Shostak
Nisa erzählt
(4978) Juli '82

Victoria Thérame
Die Taxifahrerin
(4235)

Die Pianistin
(4958) Mai '82

Märta Tikkanen
Wie vergewaltige ich einen Mann? *(4581)*

Die Liebesgeschichte des Jahrhunderts
(4701)

Esther Tusquets
Aller Sommer Meer
(4519)

Die Liebe ist ein seltsames Spiel
(4989) August '82

Maria Wimmer
Die Kindheit auf dem Lande *(4291)*

rororo

Brigitte Schwaiger

Wie kommt das Salz ins Meer
Roman
rororo 4324

Mein spanisches Dorf
Roman
rororo 4657

«Lange Abwesenheit»
Roman
rororo 4950

rororo

1036/2

Gabriele Wohmann

Abschied für länger
Roman
rororo 1178

Ein unwiderstehlicher Mann
Erzählungen
rororo 1906

Habgier
Erzählungen
rororo 4213

Schönes Gehege
Roman
rororo 4292

Böse Streiche
Das dicke Wilhelmchen
Erzählungen
rororo 4414

Vor der Hochzeit
Erzählungen
rororo 4609

Wanda Lords Gespenster
Rendezvous
Hörspiele
rororo 4679

Wir sind eine Familie
Erzählungen
rororo 4808

Große Liebe/
Nachkommenschaften
Fernsehspiele
rororo 4922

rororo

913/7

Caterina Saviane

Verlorene Stunden

Leben mit sechzehn.
Deutsch von Sigrid Vagt.
144 Seiten. Kart.

«Verlorene Stunden» ist der Zustandsbericht eines jungen Mädchens auf der Kippe zwischen behütetem Kind und erfahrener Frau. Caterina Saviane schreibt in diesem Niemandsland, das in ihr einen Lebensüberdruß schafft, noch bevor das Leben richtig losgegangen ist. Aber immer wieder unterbricht sie die Melancholie durch den Versuch der Ironie, parodiert sie Selbstmitleid: sie nimmt ihre Einsamkeit achselzuckend als Ausgangspunkt.

Rowohlt

1017/1

Cheryl Benard Edit Schlaffer

Die ganz gewöhnliche Gewalt in der Ehe
Texte zu einer Soziologie von Macht und Liebe
rororo aktuell 4358

Notizen über Besuche auf dem Land
Ein grauer Blick ins Grüne
rororo sachbuch 7462

Der Mann auf der Straße
Über das merkwürdige Verhalten von Männern
in ganz alltäglichen Situationen
rororo sachbuch 7305

Liebesgeschichten aus dem Patriarchat
Von der übermäßigen Bereitschaft der Frauen,
sich mit dem Vorhandenen zu arrangieren.
288 Seiten. Brosch.

Rowohlt

1087/1

Rita Mae Brown

Rubinroter Dschungel

Roman
Deutsch von
Barbara Scriba-Sethe
255 Seiten. Kart.

«Das Prädikat ‹ein ehrliches Buch› wird an zu viele verlogene Werke vergeben. Hier ist es angebracht.»
EMMA

Jacke wie Hose

Roman
Deutsch von Margarete Längsfeld
380 Seiten. Doppelkart.

«Ich glaube, daß Rita Mae Brown Geschichte Revue passieren läßt, um ihre Überzeugung zu stützen, daß das, was in der ersten Hälfte unseres Jahrhunderts für das Leben der Frau gehalten wurde, nur Äußerlichkeiten erfaßte, nicht die unter der Oberfläche verborgene Wirklichkeit.»
Washington Post Book World.

Rowohlt

978/2

Claire Bretécher

«Die komischen Typen, die dieser Zeichnerin den Ruhm eingetragen haben, des heutigen ‹ Frankreiches bester Soziologe › zu sein, sind keine Schönheiten: Die blasse, blonde Madame Bretécher stattet sie vorwiegend mit strähnigen Haaren, schlabbrigen Pullis und Klumpschuhen aus. Oft hocken sie auf dem Fußboden oder lümmeln ungraziös auf Sofas – ‹ aber immer ›, bemerkte der rechte Figaro ›, ‹ auf Sofas von Knoll ›. Die Frauenzeitschrift ‹ Elle › definierte diese Schicht als ‹ die neue bürgerliche Klasse, in der man das Gewissen links trägt, die Frauen Feministinnen sind und die Männer ebenfalls, es sei denn, man bezweifelte ihre Virilität ›. Konversative können sich an Claire Bretéchers ‹ Progressiven ›-Verspottung erbauen, insbesondere Feminismus-Geschädigte finden bei ihren ‹ Frustrierten › Trost.»

DER SPIEGEL über «Die Frustrierten»

Die Frustrierten 1
72 Seiten Comics. Kart.

Die Frustrierten 2
64 Seiten Comics. Kart.

Die Frustrierten 3
64 Seiten Comics. Kart.

Die Frustrierten 4
64 Seiten Comics. Kart.

Die Frustrierten 5
64 Seiten Comics. Kart.

Als Rowohlt-Nachttischbändchen ist erschienen:

Frühlingserwachen

Zwei Bildgeschichten für frustrierte Eltern
120 Seiten. Geb.

Rowohlt

993/4